当代城市规划著作大系

城市路网结构体系规划

蔡军 著

中国建筑工业出版社

图书在版编目（CIP）数据

城市路网结构体系规划/蔡军著. —北京：中国建筑工业出版社，2008
（当代城市规划著作大系）
ISBN 978-7-112-09902-3

Ⅰ.城… Ⅱ.蔡… Ⅲ.城市道路-交通运输规划 Ⅳ.U491.1

中国版本图书馆 CIP 数据核字（2008）第 019258 号

道路交通体系是城市机能运转不可缺少的重要组成部分。但现有的路网规划理论与方法在逻辑分析、量化分析、设计方法层面还存在诸多不足。本书在回顾我国城市路网研究成果的基础上，首先从路网评价的内容出发提出功能结构、等级结构、布局结构、组织结构等城市路网规划需要研究的问题，并进一步在自下而上的战术研究基础上建立了路网规划的微观技术支撑体系，结合定量分析结论构建了 11 种基本路网组织模式。同时本书在自上而下的战略研究基础上构建了路网宏观组织结构，并指出合理配置路网资源、循序渐进地扩容升级、促进道路系统与城市用地的协调发展是缓解城市交通问题的必由之路。

本书对现有的路网规划理论和方法进行了补充与深化，为我国城市规划建设与道路交通规划提供了理论和技术支撑，具有较高的参考价值。

责任编辑：陆新之　黄　翊
责任设计：崔兰萍
责任校对：梁珊珊　王雪竹

当代城市规划著作大系
城市路网结构体系规划
蔡军　著
*
中国建筑工业出版社出版、发行（北京西郊百万庄）
各地新华书店、建筑书店经销
北京嘉泰利德公司制版
世界知识印刷厂印刷
*

开本：850×1168 毫米　1/16　印张：19¼　字数：492 千字
2008 年 8 月第一版　　2008 年 8 月第一次印刷
印数：1—3000 册　　定价：**49.00** 元
ISBN 978-7-112-09902-3
(16710)

版权所有　翻印必究
如有印装质量问题，可寄本社退换
（邮政编码 100037）

出版前言

城市化进程的加快和城市经济的高速发展，是当代中国城市两个最鲜明的特征。城市发展问题也越来越受到社会各界的重视。在当今这个快速发展的特定时期，许多城市都面临着前所未有的机遇，也都有着强劲的发展动力。如何应对这些机遇，如何实现科学规划、协调发展，无疑是摆在每一位城市规划、建设、管理工作者面前需要认真研究和探索的重大课题。

中国建筑工业出版社是建设部直属的中央一级专业科技出版社。50多年来，我社一直肩负着整理、保护、弘扬中华民族优秀的建筑文化，促进中国建筑业科技进步，宣传中国建设成就的历史使命，为我国广大建设工作者奉献了大量优秀的建筑精品图书。

近年来，在城市规划领域，我社集中出版了一大批学术著作，为总结城市规划实践经验，推介城市规划研究成果，促进城市规划学术交流，作出了重要的贡献。

为更好地服务读者，服务行业，我社通过对图书选题的细致研究和对作者的认真筛选，精心策划了这套"当代城市规划著作大系"。

之所以命名为"当代城市规划著作大系"，一方面是因为这套书的内容十分丰富，囊括了城市规划研究中的众多领域，涉及经济学、社会学、管理学等多个学科，力求用多学科、多视角的方法来指引当代城市规划实践，充分体现城市规划实践内容与研究领域不断丰富与延展的特点，实践性与综合性并重的学科特征；另一方面是因为这套书的作者涵盖面非常广，既有业界著名的专家学者，也有行业内崭露头角的中青年学者，完全反映了我社既重视知名专家学者又关注中青年学者，不拘一格遴选作者的出版方针。

在如今这个大变迁的时代，"当代城市规划著作大系"中每本著作的作者，都是在不断实践、不断探索、不断提高的基础上，怀着一种不拘泥、不盲从、不妄断、不迷信的真正的科学态度，凭借着自身不寻常的智慧、勇气和毅力，孜孜不倦，笔耕不辍，才最终完成这一部部的心血之作。寄望于这套"当代城市规划著作大系"，能够进一步丰富当代城市规划理论研究，能够更好地指引当代中国城市规划实践，能够为更多的读者所喜爱。如此，才无憾于作者漫漫长灯下的孤诣与苦心。

中国建筑工业出版社
2008年1月15日

前　言

道路交通体系是城市机能运转不可缺少的重要组成部分。路网规划在城市总体规划、城市详细规划，尤其是城市交通规划中处于非常重要的地位。但关于路网规划的理论与方法的论述并不多见，在城市规划、交通规划的相关书籍中往往仅有寥寥数页，不够系统，不够完善，并在逻辑分析、量化分析、设计方法层面存在诸多不足。

路网规划的核心任务是合理配置道路空间资源。路网的服务对象、服务内容、服务量度（质、量）、服务时间（远期、近期、周期）、路网与服务对象的关系决定了路网必须具有成长性、高效性、层次性、适应性、引导性五个基本特征。这是全面评价路网体系和路网规划的五项基本内容。

作为城市这一复杂巨系统的子系统，城市路网包括四个方面的内容：即自身属性、形态、结构和容量。由于结构不同，路网系统的容量也不相同。路网系统完成的各项任务构成就是路网的功能结构，主要包括两类职能：交通运输空间提供、公共活动空间提供。按照路网所提供的交通运输空间、公共活动空间的重要程度可以对城市路网体系进行等级划分，这就是路网的等级结构。不同功能、等级的道路在城市空间上的位置关系就是路网的布局结构。这些不同等级、不同区位、不同功能的道路，在不同的时间、时期，其功能会有所变化，且具有彼此联系、衔接、转换的特点。对这些联系、衔接和转换过程的安排，就是路网的组织结构，主要包括时空利用（局部节点或路段）、建设发展过程控制两个方面。城市路网的功能结构是城市交通空间与公共空间需求发展的结果；城市路网的等级结构是路网组织结构规划与实施的结果；城市路网的布局结构是城市路网在不同区域的功能结构、组织结构、等级结构相互影响的结果。

我国当前存在的交通问题，与现有路网规划理论和设计方法的不足有着千丝万缕的联系。我国以往的路网结构概念往往仅指路网的功能与等级结构。路网的等级结构一般按道路的车速、流量、功能进行划分，是以机动车为主体的划分方式；而我国的路网规划理论与方法很少涉及路网组织结构。路网结构体系规划的理论与方法是路网规划首先需要解决的问题，这是合理配置道路空间资源的基本前提。

在大量研究的基础上，本书得以完成。目的在于进一步完善城市路网规划的理论体系，论证规范建议指标的合理性，找寻规范建议结构体系难以落实的原因，探索促进城市路网结构体系合理发展的策略与技术手段，力求合理有序地建设与使用有限的道路资源，更大程度地支撑城市活动体系的高效运行，满足多层次的交通需求。

感谢同济大学杨东援教授、潘海啸教授，以及南京城市交通研究所杨涛教授对本书前期成果的指导；感谢同济大学杨佩昆教授对本书成稿提出的宝贵意见。

蔡　军

2008 年 1 月于大连

目　录

1 绪论 ……………………………………………………………………………… 1
1.1 引言 ………………………………………………………………………… 3
1.2 面对问题的困惑 …………………………………………………………… 3
1.3 当前研究成果的不足 ……………………………………………………… 4
1.4 研究课题的提出 …………………………………………………………… 7
 1.4.1 路网系统评价 ………………………………………………………… 8
 1.4.2 研究重点确定 ………………………………………………………… 8
1.5 本书的内容组织 …………………………………………………………… 9
参考文献 ………………………………………………………………………… 11

2 城市道路网的基本模式与相关概念 …………………………………………… 13
2.1 路网基本模式划分 ………………………………………………………… 15
2.2 路网图形模式分类 ………………………………………………………… 15
2.3 路网交通组织模式分类 …………………………………………………… 16
2.4 路网的基本技术指标 ……………………………………………………… 17
2.5 本章小结 …………………………………………………………………… 17
参考文献 ………………………………………………………………………… 17

3 路网组成元件及其理论通行能力分析 ………………………………………… 19
3.1 路网基本组成元件分析 …………………………………………………… 21
3.2 交通流理论 ………………………………………………………………… 21
3.3 机动车路段交通特性分析 ………………………………………………… 21
 3.3.1 基本通行能力 ………………………………………………………… 21
 3.3.2 交叉口间距与路段通行能力折减 …………………………………… 24
 3.3.3 多车道折减系数 ……………………………………………………… 29
 3.3.4 交叉口间距及其他因素对路段车速的影响 ………………………… 30
 3.3.5 公交专用道与非专用道的交通特性分析 …………………………… 31
 3.3.6 快速路交通流特性分析 ……………………………………………… 32

3.4　非机动车路段交通特性分析 ………………………………………………… 33
3.5　交叉口的交通特性分析 …………………………………………………… 33
　　3.5.1　纯机动车交叉口 …………………………………………………… 34
　　3.5.2　非机动车交叉口 …………………………………………………… 37
　　3.5.3　混合交叉口 ………………………………………………………… 37
3.6　本章小结 …………………………………………………………………… 41
参考文献 …………………………………………………………………………… 41

4　路网运输效率分析 …………………………………………………………… 43
4.1　以往的路网运输效率分析 ………………………………………………… 45
4.2　新的路网运输效率概念 …………………………………………………… 45
4.3　基本公式推导 ……………………………………………………………… 46
4.4　路网规划效率评价指标的基本作用 ……………………………………… 47
　　4.4.1　路网效率评价指标间的基本关系 ………………………………… 47
　　4.4.2　路网运输效率评价指标与传统技术指标的基本关系 …………… 48
4.5　路网运输效率评价指标的应用 …………………………………………… 49
　　4.5.1　交通设施基本造价、交通设施占地与路网规划模式的合理选择 … 49
　　4.5.2　协调交通组织情况下的路网运输效率分析 ……………………… 52
　　4.5.3　单向交通组织的运输效率分析 …………………………………… 53
　　4.5.4　不同交通方式的运输效率比较 …………………………………… 56
4.6　本章小结 …………………………………………………………………… 60
参考文献 …………………………………………………………………………… 60

5　交通协同控制的基本规律认识 ……………………………………………… 61
5.1　灯控平交体系的基本规律认识 …………………………………………… 63
　　5.1.1　极少连续转向 ……………………………………………………… 63
　　5.1.2　插队优先 …………………………………………………………… 63
　　5.1.3　木桶定律 …………………………………………………………… 63
　　5.1.4　车队离散 …………………………………………………………… 63
　　5.1.5　信号灯周期与交叉口通行能力增幅递减、延误递增规律 ……… 64
5.2　绿波协同体系的基本规律认识 …………………………………………… 64
　　5.2.1　相位与周期协调 …………………………………………………… 64
　　5.2.2　归队原则 …………………………………………………………… 65
　　5.2.3　双向空档递减规律 ………………………………………………… 65

5.2.4	单向空档一致	65
5.2.5	相位尽量最少	66
5.2.6	单向交通线控效果分析	66
5.3	公交运行协同性分析	66
5.4	本章小结	67
参考文献		68

6 合理路网密度确定 ... 69

6.1	目前对交叉口最佳间距的认识	71
6.1.1	当前主要观点分析	71
6.1.2	规范中的观点冲突	72
6.1.3	目前主要的推理方法分析	72
6.1.4	现有推理方法评析	74
6.2	居民个体交通出行效率分析法与最佳路网密度确定	76
6.2.1	居民出行效率分析法的基本原理	76
6.2.2	居民出行效率分析法的形成	77
6.2.3	公式参数取值范围分析	80
6.2.4	干路网最佳间距分析	81
6.2.5	步行与自行车的交通需求	83
6.2.6	对居民出行效率法的进一步分析	84
6.3	公交运行与最佳路网密度分析	84
6.3.1	最佳公交线网密度的公式推导	85
6.3.2	城市中心区的最佳线网密度分析	87
6.3.3	公交最佳站距分析	91
6.3.4	城市边缘区最佳公交线网密度分析	100
6.3.5	基本结论	102
6.4	转向比例与最佳路网密度	102
6.4.1	分析条件假设	103
6.4.2	左转与右转比例公式推导	103
6.4.3	合理干路网密度分析	104
6.5	交通迂回系数与最佳路网密度分析	106
6.5.1	概念确立	106
6.5.2	一般性公式的推导	107
6.5.3	街区外交通迂回系数的运用	108

  6.5.4 单向交通情况下的街区外交通迂回系数分析……………………… 112
  6.5.5 运输效率综合比较与合理路网间距选择………………………… 113
 6.6 交通需求强度与适宜的干路网密度分析………………………………… 115
 6.7 快速路的适宜路网密度分析……………………………………………… 116
  6.7.1 最大居民出行时耗与快速路路网密度分析……………………… 116
  6.7.2 用地节约与快速路路网密度分析………………………………… 119
  6.7.3 城市发展布局优化与快速路路网密度分析……………………… 119
  6.7.4 立交桥最小间距与快速路路网密度分析………………………… 120
 6.8 本章小结…………………………………………………………………… 121
 参考文献……………………………………………………………………………… 122

7 路网组织模式构建………………………………………………………… 123
 7.1 路网模式构建的外部条件确定…………………………………………… 125
  7.1.1 交通用地比例分析………………………………………………… 125
  7.1.2 道路宽度、路网间距的比较范围界定…………………………… 127
  7.1.3 应考虑的交通方式和交通用地面积计量分析…………………… 128
  7.1.4 路网模式的比较前提与主要比较内容确定……………………… 128
 7.2 路网组织模式：断面分流模式分析……………………………………… 129
  7.2.1 模式简介…………………………………………………………… 129
  7.2.2 纯机动车模式……………………………………………………… 130
  7.2.3 机非断面分流组合模式…………………………………………… 133
  7.2.4 断面分流模式与路网分流模式比较……………………………… 135
 7.3 路网组织模式：降序组合………………………………………………… 138
  7.3.1 模式简介…………………………………………………………… 138
  7.3.2 通行能力计算……………………………………………………… 139
  7.3.3 路网模式改进——取消左转交通的其他办法…………………… 140
  7.3.4 不同路网模式的综合指标分析…………………………………… 142
 7.4 路网组织模式：机非内外交换…………………………………………… 143
  7.4.1 基本设想…………………………………………………………… 143
  7.4.2 具体实施方式……………………………………………………… 145
  7.4.3 适用范围与主要技术参数………………………………………… 148
  7.4.4 改良方案技术的经济分析………………………………………… 149
 7.5 单向平面分流体系………………………………………………………… 153
  7.5.1 路网基本统计指标………………………………………………… 153

7.5.2 路段与进口车道通行能力比较	154
7.5.3 交叉口信号配置与通行能力比较	154
7.5.4 交叉口的协调性分析	160
7.5.5 路网运输特性分析	161
7.6 路网组织模式总结	163
7.7 本章小结	170
参考文献	171

8 路网等级结构分析 … 173

- 8.1 路网等级结构的定义 … 175
- 8.2 国外道路等级划分 … 175
- 8.3 我国道路等级划分 … 177
  - 8.3.1 历史演变 … 177
  - 8.3.2 现行分类方法 … 177
  - 8.3.3 现行道路等级分类的基本原则 … 178
  - 8.3.4 现行分类的主要问题 … 180
- 8.4 改善道路等级结构的几点建议 … 182
- 8.5 本章小结 … 185
- 参考文献 … 186

9 路网宏观组织结构分析 … 187

- 9.1 我国城市交通问题解析 … 189
  - 9.1.1 城市交通问题的普遍性原因 … 189
  - 9.1.2 城市交通问题的客观原因分析 … 190
  - 9.1.3 城市交通问题的主观原因分析 … 191
  - 9.1.4 城市路网的结构性问题分析 … 192
  - 9.1.5 对交通问题形成原因的进一步剖析 … 192
- 9.2 城市布局结构的发展战略目标确定 … 201
  - 9.2.1 现代城市空间规划思想的形成 … 202
  - 9.2.2 城市布局结构发展战略分析 … 202
  - 9.2.3 城市布局结构发展战略选择 … 208
- 9.3 城市交通与城市土地利用的相互作用分析 … 209
  - 9.3.1 城市交通与城市土地利用相互作用的一般描述 … 209
  - 9.3.2 交通方式与城市布局的相互关系分析 … 209

9.4 促进道路交通与城市布局协调发展的基本措施……223
  9.4.1 交通需求管理的局限性与交通体系扩容升级的必要性……223
  9.4.2 道路交通体系升级的门槛效应与渐进策略的可行性分析……223
  9.4.3 我国城市交通结构恶化的部分原因与渐进策略的突破口……224
  9.4.4 基本策略：干预道路资源配置，优化交通结构……229
9.5 城市结构单元的路网组织结构分析……238
  9.5.1 中心区路网组织结构分析……239
  9.5.2 城市发展轴路网组织结构分析……243
  9.5.3 居住区路网组织结构分析……256
  9.5.4 城市快速路系统分析……261
  9.5.5 路网结构单元组合……270
9.6 本章小结……272
参考文献……273

10 结论与展望……275

10.1 主要结论……277
10.2 需要进一步探讨的问题……282

附录……283
  附录Ⅰ：Vissim 微观交通仿真在本书路网组织模式中的应用……285
  附录Ⅱ：各路网模式的交叉口信号组织……292

后记……296

1

绪论

1.1 引　　言

城市是复杂、开放的巨系统。物与人的流动是城市发展与存在的必要条件，这些必要的流动形成了城市交通。一条条的道路①组成了城市道路网，成为城市交通的重要载体。纵观城市发展历程，道路交通对城市发展和布局演变起到了巨大的支撑与引导作用。即使大城市、特大城市需要发展轨道交通，但该体系从无到有、从有到完善需要一个漫长的进程；即便这些城市建立了完善的轨道交通体系，道路交通依然是轨道交通不可或缺的重要支撑。

1.2 面对问题的困惑

我国的城市路网研究伴随交通问题的出现而不断展开，主要出现在1980年代至今的20余年的时间里。在此期间，涌现了大量的研究成果，并介绍了国外路网规划的一些经验。1980年代末，我国开始编制《城市道路交通规划设计规范》，并于1995年实施。《城市道路交通规划设计规范》是路网研究成果的集大成者。自规范实施之后，我国的路网规划有了较大进步，规范在我国的城市交通与路网规划编制中发挥了巨大的作用，但城市交通依然问题重重。

问题之一：机非混行，交通效率偏低

机非断面分流造就了三块板道路，三块板道路造就了交叉口的机非混行。强调速度的道路等级划分却与慢速的自行车捆在一起。调查研究表明：北京调查交叉口的饱和通行能力仅相当于东京的77%~85%[1]。众所周知，路网分流有利于提高交通运输效率，但迄今为止依然是三块板道路一统天下的格局。难舍难分的三块板道路几乎伴随城市成长的全过程，出于技术的无奈，还是源于最佳选择？路网应如何分流？分流路网的运输效率又会如何？

问题之二：路网等级结构失调，路网密度偏低

不少专家指出，我国城市路网密度偏低。有的学者对北京与伦敦作了对比[2]：伦敦市区只有很少的几个立交桥，北京市区与伦敦市区人口相当，但机动车拥有率较低，还拥有世界上最高密度的立交桥，而伦敦的交通效率却比北京高出许多。除了一些不可比的因素外（如地铁的密度不同），很重要的一个原因就是路网—土地利用模式的差异。伦敦的道路窄而密，因而伦敦得以组织高效率的单向交通系统（2/3 的路段为单行线）；而北京的道路则是宽而稀。

上述对比涉及路网密度、交通组织问题。到底什么样的路网密度是合理的？规范建议

---

① 本书所说的城市道路包括路（road）、街（street）两层含义。路主要是指道路的交通功能，侧重于车辆运行；街主要指路的公共空间功能，侧重于人的活动。

的道路等级与路网密度要求是否正确？为什么难以实现？旧区是历史遗留问题，新区开发又是谁的责任？规范认为不同等级道路的路网密度级配（自低级到高级）应当为金字塔形，但我国不少城市往往为倒金字塔、梭形。造成这一问题的原因是什么？是技术问题，还是道路性质、等级的定义与分类问题？

问题之三：公交难以优先，居民出行结构不合理

多年来，我国的公交出行比例一直下滑，自行车和电动助动车、摩托车承担着远距离交通，占用了更多的道路面积。呼吁了若干年并基本达成共识的公交优先却总是步履维艰。公交应如何优先？路网是否允许？现有的公交线网密度、站距是否合理？路网密度与合理的公交线网密度是否匹配？公交导向型社区应如何组织交通？中国城市很可能在未形成发达的公共交通体系之前，机动化私人交通已经开始大量发展，竞争不过自行车的公交，又如何迎接小汽车的挑战？

问题之四：道路功能不清，有路无街

在我国多数城市，主干路基本成为主要商业街的代名词。我国一直强调理清道路功能，商家却热衷于在干路两侧发展商业，清理道路功能的强制手段屡屡失效。如果让规划管理人员去开店，也只会做出与商家同样的选择，"己所不欲勿施于人，己所欲施于人"。目前有路（街）让人们开店吗？有相关法律与规定吗？能执行下去吗？理清道路功能是规划人员的异想天开，还是现有的路网规划与实施措施存在不足？

1.3　当前研究成果的不足

我国对城市路网的研究与认识正在不断加深，但依然很难缓解或解决上述问题。既有研究成果存在如下问题：

问题之一：路网密度、干路间距存在模糊认识与较大分歧

多数国家和地区对路网间距提出设计要求，主要反映在干路间距上，但各国采用的标准并不一致。在我国，关于合理路网间距的观点也不一致，主要存在三种：

（1）小间距、高密度规划观点

这种观点一般认为通过加密路网可以更好地解决城市交通问题，比如杨佩昆、徐循初、文国玮、赵晶夫等学者。杨佩昆教授强调加大干路网密度，徐循初教授则在《城市道路交通规划设计规范》GB50220-95讲解材料中大力强调支路建设，本书认为加密干路与加密支路的观点比较接近[1]。

（2）大间距、低密度规划观点

这一观点主要强调路段的车速与通行能力，期望通过稀而宽的路网体系解决交通问题，认为合理的干路网间距为800~1200m，干路交叉口之间不再建设十字交叉的支路。

---

[1]　对于不贯穿的支路（支路与干路为丁字路口），如果长度较短，那么这些支路只能起到集散道路的作用，与贯穿性长支路（与干路十字相交）的作用大不相同。如果支路较长，按双向4条机动车道考虑，其作用与次干路并没有明显的差别。

(3) 含糊的规划观点

《城市道路与交通》、《城市规划原理》指出干路间距宜为800~1000m，却没有说明这一数值的由来，在默认干路之间允许增加支路的同时，却没有说明支路与干路的衔接方式，而支路与城市干路的衔接方式关系到支路的便捷性、连通性，对支路体系的影响很大。因此只能认为这是一种含糊的观点。

上述观点在我国《城市道路交通规划设计规范》GB50220-95的城市道路系统章节中也有所体现。规范说明明确提出支路的作用主要为"达"，并在7.3.4条指出"支路应与次干路和居住区、工业区、市中心区、市政公用设施、交通设施等的内部道路相连接"。在表7.2.14-1中明确表示支路与主干路、次干路可以采用红绿灯控制交叉口进行衔接。既然采用红绿灯控制，支路与干路交叉口采用丁字路口或十字路口对主干路的影响应当差别不大，但规范中的表7.4.2并没有列出支路与主干路交叉口采用十字或T形交叉口衔接时的灯控交叉口通行能力；规范说明材料指出城市道路应当窄一些、密一些，但规范建议的干路网密度却没有落实这一点①（表1-1）。

根据《城市道路交通规划设计规范》GB50220-95建议的大中城市路网密度计算得出的不同等级道路的路网间距　　表1-1

道路级别	主干路	次干路	支 路	干路合计	主次支合计
建议路网密度（km/km²）	0.8~1.2	1.2~1.4	3~4	2.0~2.6	5.0~6.6
交叉口间距（km）	1.6~2.5	1.4~1.6	0.5~0.6	0.8~1.0	0.3~0.4

注：1. 根据规范要求的路网密度，按照方格网道路进行推算可以得出不同等级道路的路网间距。上述计算假定在方格网道路情况下，如果路网形式不同、区位不同，路网间距应当有所不同。

2. 因为城市不同用地上的支路密度不同，所以不宜结合主次支路的综合密度计算交叉口间距。本表如此推算的目的仅在于得出一个一般性的间距概念，而且多数规划人员往往也是按照上述数值进行路网规划的。

路网密度是路网规划的关键指标，该指标与城市布局特征、居民出行特征、各种交通方式的运输特性、交通管理手段等因素具有何种关系？路网密度不仅需要不同城市的比对，不仅需要不同国家与地区间的规范与数据参照，更需要理性的逻辑与量化分析，这样才能打破莫衷一是的僵局。

问题之二：路网规划缺乏必要的技术支撑

不少学者提出了路网结构体系的改善建议以及确定合理路网密度的方法，并在城市规划、城市建设中也进行了大量的尝试；不少城市增设与改建步行商业街，新建城市高等级道路体系，并对这一体系的建设经验进行了总结。但许多观点意犹未尽，理论层面上的分析多于技术层面的分析，缺乏必要的技术支撑。我国传统的城市路网规划理论往往忽视交通管理内容，规划设计人员并不确切知道如何增加支路。四岔路口与丁字路口冲突点数量的简单对比无疑给人一种增加"枝路"的误导。

---

① 虽然城市路网未必为方格网，但至少会有一些城市是。那么在这些城市，当干路间距达到800~1000m，路网密度也就可以满足规范的建议指标，则会导致干路网密度偏低。

根据规范规定,绿地、工业用地、仓储用地、居住小区(合计占城市用地的 50% 左右)的内部道路不属于城市支路,那么规范建议的支路网密度就是平均支路网密度的 2 倍。主次支的建议路网密度累计为 8~10km/km²,那么相应的主次支路网平均间距为 200~250m。虽然规范对支路布置方式提出了建议,但支干路交叉口的衔接方式与交通管理手段依然没有明确。因此需要解决支路与干路交通组织的技术问题,否则支路只能做成"枝路"。

城市规划领域很少涉及交通管理,许多规划人员对交通管理了解不多。在多数情况下,城市路网是由城市规划师,而不是由交通工程师完成的。规划师做出的路网可能会在交通管理与交通控制层面出现问题。而且智能化交通管理、公交优先是否需要新的路网规划原则、理论、技术手段与之适应尚不可知。

路网分流可以提高交通运输效率,但国内的路网分流仅限于少数城市的少数地区,在新城区规划实践中较少得到运用。而国外的路网分流也往往仅限于机动车与步行体系,如佩里的邻里单位、雷德邦的分流体系、英国的扩大街坊、德国规划师莱肖的树枝状路网。1967 年设计的密尔顿·凯恩斯,干路多采用环形交叉口,居住区内部设置了步行与自行车道路系统,设置了大量的人行立交和支、干路非互通立交,自行车与步行就安排在这些线路上。其典型的居住用地单元为 1.0km×1.0km(图 1-1[3]);卫星影像的标尺为 910m。密尔顿·凯恩斯的分流路网造价较高,干路网密度偏低,适用于私人机动化交通,对我国城市来讲并不适合。日本筑波科学城则考虑了不在同一平面的人、机动车分流系统,比较适合城市中心区建设。

1990 年代以后,"新城市主义"在西方国家兴起,日趋成为主流化的规划理论和思想运动。新城市主义者倡导回归"以人为中心"的设计思想,重塑具有多样性、人性化、社区感的城镇生活氛围。基于现代主义思想的现行政策法规和规划条例,奉行功能分隔,倾向于汽车主导,忽视公共领域,漠视人文精神和自然环境。Andres Duany 和 Elizabeth Plater-Zyberk 夫妇提出了"传统邻里发展模式"(Traditional Neighborhood Development, TND),而 Peter Calthorpe 则提出了"公交主导发展模式"(Transit-Oriented Development, TOD)。TND 与 TOD 成为新城市主义规划思想的典型代表。在新城市主义的规划实践中,两者嵌套在一起,其共同之处则体现出新城市主义规划设计的最基本特点:紧凑、适宜步行、功能复合、可支付性以及环境珍视。[4]

新城市主义倡导步行与公共交通,但并不排斥

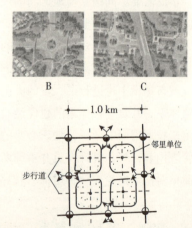

图 1-1 密尔顿·凯恩斯典型的居住单元

汽车出行，并不否认汽车在现代生活中的必要性。对于如何安排汽车出行、如何联接街坊与其他功能区、如何组织城市道路系统，他们有自己的见解。新城市主义反对在郊区蔓延中颇为流行的"一根藤上几个瓜"或者"树枝状"的道路结构，因为这种结构体系的运输效率偏低，并且会造成主干路（藤、主枝）上的交通压力过大，容易导致交通堵塞。他们推崇的是传统市镇沿革已久的"网格状"道路系统，因为这种系统一方面便于紧凑化布局，另一方面可以提供灵活多变的出行路线，可以疏解干道上的交通压力，减少堵塞，提高运输效率。新城市主义也不赞成将高速路及大型立交桥引入市区，因为这些交通元素对城市形态、结构、功能具有强烈的切割、阻隔、肢解效应。而且高速路与立交桥在市区内纵横交错，将极大地损害城市环境的宜人性，破坏城市生活与公共活动氛围，最终导致城市的"荒凉化"。正确的做法是将这些交通元素布置在城市边缘，与城市处于"相切"的位置关系。新城市主义推崇的传统市镇路网是否可以解决我国的机动车与非机动车分流问题？

路网规划不仅包括总体规划阶段的道路网规划，还包括详细规划阶段的道路网规划。城市交通设计是提高路网通行能力的关键环节，在详细规划中应当有所体现。如果采用合理的交通设计手段，平面交叉口的通行能力可以大幅度提高。比如，杨晓光教授借用英国经验，采用左转二步停车法将厦门莲坂环形交叉口的通行能力提高到 8000 辆/h 以上[5]，是传统环形交叉口通行能力的 2~3 倍。交通设计在路网运输效率的提高中到底有多大的作用？以前的经验数据还是否可靠？交通设计会对路网规划的基本原则与规划理论产生多大影响？

问题之三：路网分期建设研究不足，路网的动态利用很少论及

凯文·林奇提到了一种"交互的路网"，并描述了这一路网的形成过程和可能的变化过程。[6]英国的 J·M·汤姆逊在《城市布局与交通规划》中指出："城市的结构，城市的大小及其扩展，城市生活的方式及特点全都是由城市交通系统的性质和服务质量来决定的……交通与城市布局之间的相互影响又使确定交通功能这一任务大大复杂化……"[7]伴随城市发展，城市功能布局在变，交通设施在变，这一切都在连续的过程中发生。因此，发展的过程性是城市与城市交通发展的一个显著特点。在这个过程中道路的性质与功能也在发生变化，即道路是动态利用的。目前的做法往往是总希望合理的路网与用地布局一次出现，忽略了城市发展与用地开发的过程性，并没有形成真正的分期建设与动态利用观念。

1.4 研究课题的提出

我国城市路网规划理论体系的不足主要表现在逻辑与量化分析层面，还不能从理论与技术层面解决路网的合理加密问题，尚未构建出廉价、连续、高效的平面路网分流体系。本研究将进一步完善城市路网规划的理论体系，论证规范建议指标的合理性，找寻规范建议结构体系难以落实的原因，探索促进城市路网结构体系合理发展的策略与技术手段，力求合理有序地建设与使用有限的道路资源，更大程度地支撑城市活动体系的高效运行，满足多层次的交通需求。

1.4.1 路网系统评价

路网的服务对象、服务内容、服务量度（质、量）、服务时间（远期、近期、周期）、路网与服务对象的关系决定了路网必须具有成长性、高效性、适应性、层次性、引导性五个基本特征。这是全面评价路网体系的五项基本内容。

(1) 成长性

一个合理的、与用地布局配套的路网体系是经历若干年，甚至几十年生长而成的。路网服务的长期性决定了路网必须与城市用地开发相匹配，应具有良好的成长性，适应城市规模扩大、机动化水平提高带来的合理交通需求增长。

(2) 高效性

路网建设需要花费大量的资金，占用大量的用地。路网提供的服务，也就是路网的产出（完成的客货运周转量）应当尽可能大，即应使用较少的道路设施（用地投入、资金投入）更大程度地满足人与物的流动需求，并达到合理的服务水平。

(3) 适应性

城市的客货运交通需求具有明显的周期性，比如日周期、周周期、年周期。另外，路网还必须满足特殊情况下的交通需求，比如局部路段的因故阻塞、游行集会、城市灾害等。在路网与城市的成长期间，城市居民的出行方式、流量、流向也会发生较大的变化。在成长过程中，路网应当具有适应性。

(4) 层次性

路网是为全体市民服务的，他们的交通需求层次不同，如出行距离、速度、舒适度、可达性等方面的差异。路网应当满足不同群体、不同需求层次的基本交通需求，这是社会公平的必要体现。

(5) 引导性

路网与城市活动体系的基本关系决定了路网与城市布局的基本关系。从路网的运输效率来看，高效的运输方式所占的比例越高，路网的运输效率也越高，合理的路网应当有利于高效运输方式的运行。路网还具有培育城市交通走廊的作用，而这些交通走廊有可能发展为道路内或道路外高效运输系统，合理的路网应当具有这种引导作用。从微观层面来看，路网承载的客流与两侧的用地开发密切相关，两侧用地的微观布局又与路网交通组织模式、交通方式密不可分。合理的路网应有利于促进城市微观布局结构的健康发展。

1.4.2 研究重点确定

正如全永燊所说"任何一个交通子系统均包括四个方面的内容：即自身属性、形态、结构和容量。这里的属性是指系统本身属于哪一类系统，如载体子系统或运输子系统等等；系统的形态是指它的空间形态和运行形态；系统的结构主要指功能层次结构；容量主要指系统的承载能力。在过去一段时间里，我们往往只注重空间容量，忽视功能结构。特别是在道路网规划中，过去的指标如道路密度、用地率等都反映空间容量尺度，由于结构不同，反映出来的容量大不相同，比如青岛与北京"[8]。上述分析指出了路网结构的重要性。

以往的路网结构往往指路网的等级结构。路网的等级结构一般按道路的车速、流量、功能进行划分，是机动车为主体的划分方式。我国的设计规范将道路等级划分为快速路、主干路、次干路、支路。但路网评价的五项基本内容无法用等级结构全面涵盖。本书用路网的功能结构、等级结构、布局结构、组织结构来体现路网应达到的设计目标。

路网系统完成的各项任务构成就是路网的功能结构，主要包括两类职能：交通运输空间提供、公共活动空间提供。按交通方式进行划分，交通运输空间可分为自行车系统、机动车系统、步行系统；机动车系统又可以划分为货运、客运两部分，客运又可以划分为公共交通、非公共交通两部分。公共活动空间可以分为商业、办公等各种活动的沿街面需求。按照所提供的交通运输空间、公共活动空间的重要程度又可以对城市道路体系进行等级划分，称为道路等级结构。路网布局结构指不同功能、等级的道路在城市空间上的位置关系。而这些不同等级、不同区位、不同功能的道路，在不同的时间，其功能会有所变化，这些道路具有彼此联系、衔接、转换的基本特点。路网组织结构是对这些联系、衔接和转换过程的安排，主要包括时空利用（局部节点或路段）、建设发展过程控制两个方面。

路网的功能结构、等级结构、布局结构、组织结构构成了路网规划的主要内容。我国当前存在的交通问题与现有路网规划理论的不足有着千丝万缕的联系，本书从战术与战略两个角度，采用定量与定性分析的方法，以城市路网结构体系为主体，对相关理论与设计方法进行了深入探讨。

1.5 本书的内容组织

第1章主要讨论课题的来源、研究意义与重点。

第2章对路网的基本模式和路网关键技术指标的定义进行了讨论。

第3章分析了路网的基本组成元件，对交通流理论和路网基本元件的通行能力的计算方法进行了讨论。

第4章主要以路网运输效率为基础，提出了评判路网优劣的基本方法，将主要研究目标锁定在协调控制的平交路网体系上。

第5章归纳了交通协同控制体系的基本规律，总结了城市交通组织的基本原则，找出路网规划基本思路。

第6章通过逻辑与量化分析，着重讨论路网密度的合理取值。

第7章构建并优选路网组织模式，从路网交通组织角度支撑与落实第6章的分析结论。

第8章对我国道路等级划分的基本原则及存在问题进行了分析，对我国的城市路网等级结构体系改善提出建议策略。

第9章以路网组织结构体系为主导，对合理交通用地模式的选择与引导，对路网资源的扩容、配置，对城市不同组成地区的路网组成元件的动态实施进行了分析。

第10章总结主要研究成果，指出需要进一步探讨与深化的问题。

本书内容架构见图1-2。

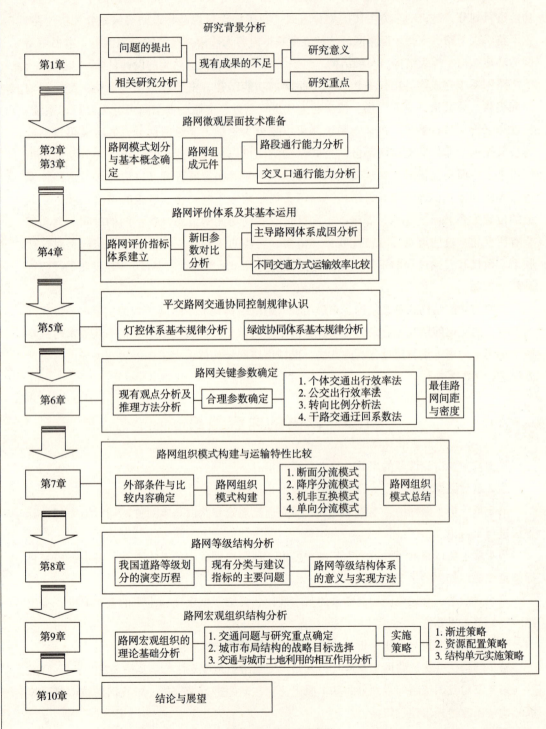

图1-2 本书内容架构

参考文献

[1] 陆化普，隋亚刚，吴海燕. 城市道路信号交叉口饱和交通量的实测分析和改善措施 [J]. 城市发展研究，1998 (5).

[2] 赵燕菁. 从计划到市场：城市微观道路——用地模式的转变 [J]. 城市规划，2002，26 (10).

[3] 沈玉麟. 外国城市建设史 [M]. 北京：中国建筑工业出版社，1982.

[4] 黄建中. 我国特大城市用地发展与客运交通模式研究 [D]. 上海：同济大学博士学位论文，2003.

[5] 杨晓光. 厦门市莲坂环形交叉口交通改善方案. 2003年昆明国际智能交通技术与设备展览会. [2003-9-7] http/www.chinautc.com.

[6] （美）凯文·林奇. 城市形态 [M]. 林庆怡等译. 华夏出版社，2001.

[7] （英）J·M·汤姆逊. 城市布局与交通规划 [M]. 倪文彦，陶五馨译. 北京：中国建筑工业出版社，1982.

[8] 全永燊. 城市交通系统基本属性和规律初探 [J]. 城市规划，1999 (6).

2

城市道路网的基本模式与相关概念

2.1 路网基本模式划分

路网的视觉印象是由线组成的网状图案。模式（pattern）表示图案花样、范式，这里借用模式一词表示路网的图形（图案）分类、基本交通组织（范式）分类。路网分类有助于归纳、总结不同路网形式的交通特性。

2.2 路网图形模式分类

按图形特征，路网基本可以分为：棋盘式、放射加环式、方格网加放射式、三角式、六角形式、自由式、综合式。[1]J·麦克卢斯基对城市路网型式也进行了分析，该分析主要针对城市内部道路，分为串联型、放射型、蛛网型、树枝型、棋盘型。[2]各路网形式的特点如下：

（1）放射加环式

放射式路网能够保证城市边缘各区与市中心的方便联系，但是靠近市中心的各区之间的联系较困难，不可避免地造成市中心交通超载，适于客流量不大的城市（图2-1）。大城市往往采用放射加环式。城市边缘区之间的交通流主要分布在环路上，放射干路承担交通量往往大于环路。

（2）棋盘式

该模式没有明显的市中心交通枢纽，在纵横两个方向上均有多条平行道路，大多数交通出行者都有较多的可选路径，有助于将交通分布在各条车道上，整个系统的通行能力较大（图2-2）。缺点是对角线方向缺乏便利联系。纽约市中心就是这种路网形式，我国不少平原城市也多采用该路网模式。

（3）方格网加放射式

这类路网又可称为棋盘加对角线。它兼具棋盘式和放射式的优点，但有可能增加交叉口交通组织的复杂性。该路网模式也可以将中心区的路处理为方格网，外围为环状加放射。

（4）三角式

三角式路网在欧洲一些国家比较常见，干道的交角往往为锐角，建筑布局和交通组织不便。

（5）六角形式

六角形路网（图2-3），交叉口为三岔口，线型曲折迂回，可以降低车速，主要用于居住区、疗养区道路。

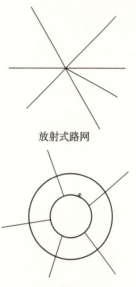

图2-1 放射与环形放射路网示意

图2-2 棋盘式网示意

(6) 自由式

自由式路网通常结合地形布置，比如青岛市老城区。规则的自由式路网与棋盘式路网的差异不大，但不规则的自由式与规则的自由式路网的差异较大。不规则的自由式路网一般不适合城市交通组织，在园林规划中经常采用。

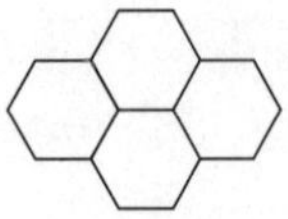

图2-3 六角形路网示意

(7) 综合式

该路网比较多见，具有前面几种路网的优点，可以克服它们的缺点。北京、上海、合肥等市的路网均属于这种模式。

M·C·费舍里松对不同路网模式进行了可达性计算，并分析了平均非直线系数（表2-1）。一般来讲，非直线系数小于1.15的路网为优良；1.15~1.25之间为中等；大于1.25为不佳。

不同路网模式的非直线系数 表2-1

路网图式	交通联系总距离（km）	交通联系平均距离（km）	按空中线路的总距离（km）	平均非直线系数	周边各区之间的联系		
					交通联系总次数	其中经过市中心的次数	经过市中心的次数占总次数的百分比（%）
放射式	1877	13	1250	1.49	132	132	100
放射加环式	1355	9.4	1260	1.08	132	60	46
棋盘式	1548	10.7	1347	1.15	132	4	3
方格网加放射式	1450	10.1	1347	1.08	132	60	16
六角形式	1570	10.9	1270	1.24	132	22	17

资料来源：M·C·费舍里松. 城市交通 [M]. 任福田等译. 中国建筑工业出版社，1984：15.

2.3 路网交通组织模式分类

城市交通包括多种交通方式，可以将这些交通方式分布在同一条道路的不同断面上，也可以分布在不同的道路上。根据分流程度可以进一步进行划分。

分流对应的概念就是交通混合。交通混合是指：①一条路上行驶着不同类型的机动车，机动车的大小、快慢、性能差异较大；②一条路上行驶着机动车和非机动车；③机动车、非机动车、行人二者或三者混合。[3] 混合交通一般情况下指机动车、非机动车、行人的混合。如果一条道路上分布的交通方式各行其道，将其称为断面分流。如果一条道路上只容纳一种交通方式，不同交通方式分布在不同的道路上，则称为路网分流。不同出行距离的人们对出行速度要求不同，为同种交通方式提供较高等级的道路，使远、近距离出行分离，有时也称为交通分流。但本书将这种分流划归到道路等级结构划分中，后文所谈及的交通分流不包括同种交通方式的快慢分流。路网分流可以只是路网中的一部分，根据路网的交通分流程度，又可以分为局部分流、完全分流两类。

严格的交叉口交通分流必须建立在立体交叉基础上。如果不同交通方式在不同时间、短距离使用同一道路空间，称为时空分流，如自行车专用路与机动车专用路的平面垂直交叉。道路可分为单向行驶和双向行驶两类，单向行驶又分为局部单行、完全单行两类。

2.4　路网的基本技术指标

本书涉及与城市路网有关的技术指标，为避免歧义，在此对这些概念进行界定。路网规划一般采用道路面积率、人均道路面积、路网密度、车均道路面积表示路网的总量和平均量的多少。道路面积率指道路用地面积占城市用地面积的百分比，是路网间距与道路宽度的综合指标。路网密度指单位城市建设用地内的道路总长度，单位：km/km^2。车均道路用地面积是指道路用地面积与服务车辆的比值，单位：$m^2/车$。人均道路面积为城市人口的人均城市道路面积，单位：$m^2/人$。[4] 路网连接度反映道路网络的成熟程度，其值越高，表明路网中的断头路越少，成环成网率越高。道路等级指按道路在城市交通中的地位划分的级别高低，我国的城市道路可分为四类：快速路、主干路、次干路、支路。路网间距指相邻道路的距离，往往与交叉口间距一致。城市道路红线是城市道路用地与其他城市用地的分界线，道路红线宽度与城市道路的断面宽度并不完全一致。

2.5　本章小结

本章主要分析了路网模式的基本分类及其优缺点，明确了路网分流的基本概念和含义，界定了路网的技术指标。

参考文献

[1]（英）J·M·汤姆逊. 城市布局与交通规划［M］. 倪文彦, 陶五馨译. 北京：中国建筑工业出版社, 1982.

[2]（英）J·麦克卢斯基. 道路型式与城市景观［M］. 张坤一, 卢绍曾译. 北京：中国建筑工业出版社, 1992.

[3] 顾尚华. 论混合交通的危害与对策［J］. 中国市政工程, 1998（1）.

[4] 陆化普等. 城市交通管理评价体系［M］. 北京：人民交通出版社, 2003.

3

路网组成元件及其理论通行能力分析

3.1　路网基本组成元件分析

路网基本组成元件包括交叉口、路段两大类，还可以根据路段与交叉口通行的交通方式、交通组织方式、交叉口的形式进行细分。交通方式包括机动车、非机动车、行人，交通组织形式包括单向交通、双向交通（或其他断面交通组织形式），交叉口形式包括立交、平交（三岔口、四岔口等）等。这三种分类标准组合在一起就形成了若干交叉口模式。路段可以根据路边是否停车、有无公交站点、有无出租停靠站、有无单位出入口进行划分。本章对这两大类路网组成单元的交通运输特性及相关交通流理论进行评析，为后续研究奠定技术支撑。

3.2　交通流理论

从 1930 年代，人们就开始对交通流理论进行研究。1930～1940 年代主要为自由流理论研究阶段，即研究交通密度低、车头间距较大、车辆处于自由行驶状态下的交通流特征，这一阶段多采用概率论和数理统计的方法进行研究。从 1950 年代起，由于交通流中各种车辆的独立性越来越弱，交通流研究进入了非自由流理论研究阶段，即主要研究对象转变为密度较高、车头间距较小、车辆行驶受头车影响和限制的非自由交通流。1953 年 Pipes 发表了交通动力学的研究论文，1959 年 12 月在美国底特律举行了首届国际交通流理论学术讨论会，成为较系统的现代交通流理论诞生的重要标志。这一时期的主要理论成果有车辆跟驰理论、流体动力学模拟理论、车辆排队理论。[1]

1970 年代，上述理论得到了进一步发展和完善。1975 年美国运输研究委员会的 Gerlugh 和 Huber 在 1964 年美国公路研究委员会第 79 号专题报告"交通流理论入门"的基础上修订、编写了《交通流理论》（Traffic Flow Theory，美国运输科学研究所专题报告 165 号），系统阐述了这一时期交通流理论的研究成果。1980 年代至今，交通流理论研究进展缓慢，本质上仍沿用 1950 年代的跟驰模型和流体动力学模拟，虽在具体细节上有所改进，但总体上未见重大突破。这是因为参研人员开始多为交通工程人员，他们的研究多针对交通硬件设施，缺乏必要的理论基础。后来虽有一些应用数学、力学和控制理论工作者介入，但其研究出发点仍是基于流体力学模拟的方法和思想。比较有代表性的有将交通流看成不可压缩流体的 Payne 模型（1971）、Papageorgiou（1983）模型，"与流体动力学相一致"的 Carlos. F. Daganzo 的元胞传输模型（Cell Transmission Model，1994）。[1]

3.3　机动车路段交通特性分析

3.3.1　基本通行能力

分析交通流理论发展进程的目的在于了解通行能力理论，期望得出基本通行能力（理想条件下的最大通行能力），并知道这些结论值可能存在的问题。

通过交通观测，格林希尔治对道路上的车流量、车流密度、流速进行了统计，分析了车流速度与流量之间的基本关系（图3-1）。[2]

1994年美国道路通行能力手册采用的平均车速与道路通行能力见图3-2，德国、英国的研究成果见图3-3、图3-4。[2]车流密度、流速、流量之间的关系见图3-5、图3-6。

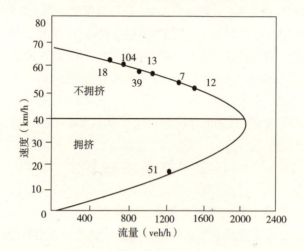

图3-1 格林希尔治速度—流量模型

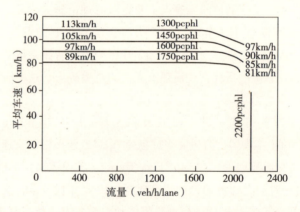

图3-2 1994年美国道路通行能力手册采用的平均车速与道路通行能力

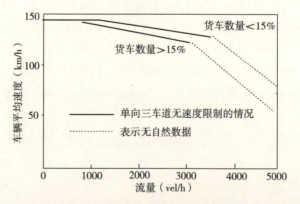

图3-3 德国研究出的车速—流量曲线

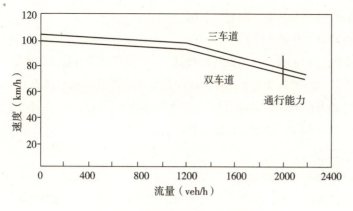

图3-4 英国研究的速度—流量曲线

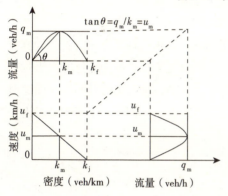

图3-5 格林希尔治的流、密、速三维模型

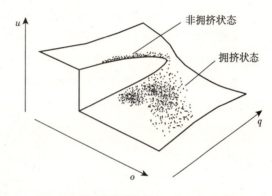

图3-6 基于突变理论的流、密、速三维模型

周伟、王秉纲回顾了现行路段通行能力的计算方法,剖析了该方法在理论体系和实际应用方面存在的问题,在全面分析行车间距特性的基础上,提出了路段通行能力分析的理论体系和新定义。[3]分析模型与跟驰理论基本一致,但引入了期望安全间距。周伟、王秉纲用该模型分析了高速公路的通行能力,其分析结论见表3-1。

周伟、王秉纲计算得出的道路通行能力				表3-1
自由流车速(km/h)	120	100	80	60
实际通行能力(pcu/h)	2400	2280	2100	1800
临界车速(km/h)	96	76	56	36
临界密度(pcu/km)	25	35	38	50
临界间距(m/pcu)	40	33	27	20

我国的京深高速的交通观测结果和国外的一些观测结果与周伟、王秉纲的计算结论基本接近。我国的《城市道路设计规范》提出了城市道路的建议通行能力(表3-2)。

我国《城市道路设计规范》建议的道路通行能力					表3-2
车速(km/h)	20	30	40	50	60
通行能力(pcu/h)	1380	1550	1640	1690	1730

根据各国的通行能力分析,得到以下结论:
① 基本通行能力存在最大值;
② 道路的自由流车速越大(道路等级越高),最大理论通行能力越大;
③ 单向多车道道路的每车道通行能力比单向单车道道路的通行能力大;
④ 基本通行能力在 1400~2500 之间,变化范围较大;
⑤ 当车流密度过大时,道路通行能力会出现突变。

3.3.2 交叉口间距与路段通行能力折减

城市路网的交叉口较多,需要考虑交叉口间距对路段通行能力的影响。平面交叉口在城市路网中较多见,本节主要讨论平交路口对路段通行能力的影响。

(1) 以往的交叉口间距与路段通行能力折减系数

《城市道路与交通》[4]指出了交叉口间距对路段通行能力影响的计算方法,这一计算方法也在《城市道路设计》[5]中得到了使用。该方法认为平面交叉口对路段通行能力干扰很大。在城市中,交叉口数量多,车辆要经常制动、停歇、启动,所消耗的时间占行驶总时间的比重较大,从而使道路通行能力下降。降低程度可用系数 $\alpha_{交}$ 表示,$\alpha_{交}$ 等于路段上的非延误行程时间与在交叉口阻滞后的行程时间之比。[4][5]

公式如下:

$$\alpha_{交} = \frac{l/v}{l/v + v/2a + v/2b + \Delta} \qquad (3.3.2-1)$$

式中 $\alpha_{交}$——交叉口路段通行能力的折减系数;
l——交叉口之间的距离(m);
v——路段上的行车速度(m/s);
a——汽车启动平均加速度(m/s²),小汽车为 0.8m/s²,大车为 0.6m/s²;
b——汽车制动平均加速度(m/s²),小汽车为 1.7m/s²,大车为 1.3m/s²;
Δ——交叉口上车辆停歇时间(s)。

M·C·费舍里松将上述公式用于交叉口间距对干路通行能力的折减计算。[6]在 60km/h 的路段车速、48 秒和 80 秒的信号灯周期、20 和 35 秒绿灯条件下,计算得出的交叉口的停歇时间分别为 12 和 20 秒。利用上述数据对折减系数进行了计算并得出结论:当交叉口间距从 200m 提高到 800m 时,干路通行能力可以提高 80%。

(2) 谭惠丽的研究结论

谭惠丽认为主干路的设置(如主干路和支路的长度、交叉口数量、流通性)是根据实际需要及交通发展确定的[7],主干路的畅通与否直接影响到整个交通网络的运行效率。而如何对主干路进行管理和控制以提高主干路的利用率,这实际是自组织/组织合作问题。谭惠丽等采用周期性边界条件,利用改进的 Nagel-Schreckenberg 模型,建立了城市主干路交通流模型,研究了红绿灯周期、刹车概率、转入概率、转出概率对交通流的影响。用元胞自动机模型模拟二维交通流,通过交叉口设置的红绿灯,研究交通激波的形成和传播;对于一定的红绿灯周期,交通流量出现多个极值现象;在交叉口间隔相同的情况下,对于一定的红绿灯周期,在一定的车辆密度范围内,交通流量是一个与密度无关的常量;在车辆密度较高的情况下,交叉口间距大于某一值后(大于160),交通流量保持恒值(图3-7)。

(3) 本书的分析方法

谭惠丽的结论与费舍里松的结论存在矛盾。从物理意义来看,折减系数的计算公式并没有出现通行能力代码,不能用于通行能力折减。

将式(3.3.2-1)改写如下:

$$\alpha_{交} = \frac{l/v}{l/v + v/2a + v/2b + \Delta}$$

$$= \frac{l}{\dfrac{l/v + v/2a + v/2b + \Delta}{v}}$$

$$= \frac{v_{误}}{v} \quad (3.3.2-2)$$

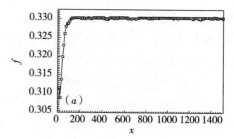

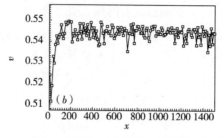

$\rho=0.6$, $a_1=2000$, $a_4=14000$, $N=16000$, $p_k^{in}=p_k^{out}=0.2$ ($k=1-4$), $T=200$ ($T_G=T_R=100$), f, v 随中间两交叉口间距 x 的变化情况

图3-7 交通流量计算结论

由式(3.3.2-2)可见,$\alpha_{交}$是对路段车速的折减。M·C·费舍里松也在其著作中应用这一公式对路段车速进行折减,他将这一系数同时应用于路段通行能力与路段车速折减,用该系数乘上理论通行能力就可以得到交叉口折减后的车道通行能力。[4][5]

由图3-1可见,在50km/h与25km/h的情况下,车道通行能力基本相同,可用 N 表示。假定一条车道上的车队以25km/h的速度从上一交叉口进入这一路段;另一车道上的车队以50km/h的车速从上一交叉口进入这一路段;两车队均在交叉口停歇15秒。设交叉口间距为600m,根据上述公式,在25km/h的情况下,折减系数为0.78;路段车速为50km/h的情况下,折减系数为0.56。各自折减后的路段通行能力为 $0.78N$ 和 $0.56N$。然而,事实并非如此。不妨设在同一个时段、同一路段,某一方向有两个车道,且两个车道完全隔离,均达到最大流量 N。两个车队同时从上一交叉口出发,该时刻为0秒。在这一交叉口,两个车队的前进方向在第43.2秒变为红灯,直到第101.4秒才变为绿灯,绿灯持续40秒。那么慢速车队将在86.4秒到达这一交叉口,等待15秒。而快速车队比慢速车队提前43.2秒到达这一交叉口,等待58.2秒。从计算公式来看,快速车队停歇时间比慢速车队长,快速车队的通行能力折减系数应当小于慢速车队。但根据交叉口通行能力理论,在第101.4秒之后的40秒的绿灯时间内,各自通过的车辆数相同、通行能力相同,因此交叉口延误造成的路段通行能力折减系数相同。

交叉口的形式、信号配时不同,通行能力不同。讨论折减系数之前必须明确折减系数的求取条件。在本节中,折减系数计算的前提条件是:完全协同的信号交叉口,道路平顺、车种单一(按小汽车考虑)。路段上的车流在下游交叉口可以分为三个方向:直行、右转、左转;在路段上也分为三个方向:直行、右转、左转(右转、左转指路段中的车辆转向进入两侧地块)。设路段转向车辆有临时停靠的位置,不会干扰干路的通行能力。两侧的用地也有车辆进出路段，进入路段的车辆多于离开路段的车辆，则路段的车流密度上升，反之就会下降。现在不妨简化问题：①忽略路段上的转入与转出车辆，假定路段通行能力刚好达到最佳状态，即没有一辆连续直行的车辆会在绿波带内过不了交叉口；②路网为方格网，路段上的转入与转出车辆相同，路段上的车流密度不变；③相交道路级别相同、流量相同、转向比例相同。

这种路网单元可组成一个无限的均质路网体系。对于这样的路网体系来讲，每个交叉口的灯时配置、通行能力均相同。上游交叉口、下游路段、下游交叉口之间的彼此影响，路段、交叉口通行能力的最低值决定了路网通行能力，任何一个元件的实际通行能力不会大于这个数值。这个假定路网完全实现交通协同，最佳相位差一般为红绿灯周期的一半或整数倍，这里按一半考虑（整数倍不常用）。

每个交叉口均会存在一定的灯时浪费（图3-8）。由于转向交通的存在，总有车辆在交叉口候驶，所以存在候驶司机的反应时间延误和车辆加速期间的时间延误，绿灯时间并未完全得到利用。车队实际利用的时间比绿灯时间有所拖后。绿灯和黄灯内各有时间损失，称为前损失时间和后损失时间。前损失时间一般为2秒，黄灯利用时间一般为1.5秒，因此损失0.5秒。

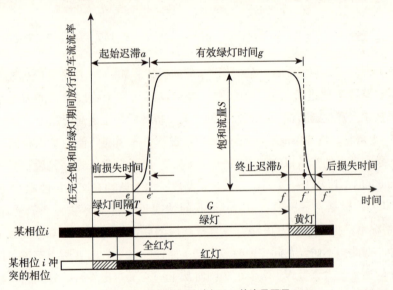

图3-8 绿灯期间通过交叉口的流量图示

交叉口连续通行车队的车头时距一般为2秒。等候车队所在的车道通行能力要达到1800辆/h，需要将速度增加到4m/s。车辆加速度取0.8m/s^2，那么在0~5秒期间，车道通行能力由0达到1800辆/h，这段时间的平均通行能力为900辆/h。计入信号损失，则有$T/2-6.5$秒的时间通行能力为1800辆/h（T为交叉口的信号周期）。这样在半个周期内，进口车道的平均通行能力为$1800 \times (5/2 + T/2 - 6.5)/(T/2) = 1800 \times (T/2 - 4)/(T/2)$。

交叉口的相位越多，则无效灯时越多。现将交叉口红绿灯信号控制带来的直行无效灯时设为$T_{无效}$，直行车辆占的比例为$\lambda_{直}$；那么交叉口的直行进口车道通行能力为$n \times 1800 \times (T/2 - T_{无效})/T$。显然对于形式、灯时配置相同的交叉口，$T_{无效}$为常数。$L/(T/2)$就是平均路段车速，这样就可以建立周期、交叉口间距、路段车速、通行能力之间的基本关系。可采用进口制约、出口制约的方式确定交叉口间距、交叉口通行能力对路段通行能力的影响。代入 $T = 2 \times L/V$，那么：

$$\alpha_{交} = \{[n \times 1800 \times (T/2 - T_{无效})/T]/\lambda_{直}\}/(1800n)$$
$$= (0.5 - T_{无效}/T)/\lambda_{直} = 0.5(1 - VT_{无效}/L)/\lambda_{直} \quad (3.3.2-3)$$

式中　$\alpha_{交}$——交叉口间距对路段通行能力的折减系数；

　　　n——直行车道数；

　　　$T_{无效}$——进口方向每个周期的直行无效灯时（s）；

　　　T——红绿灯周期（s）；

　　　$\lambda_{直}$——直行车辆占交叉口实际通过流量的比例；

　　　L——交叉口间距（m）。

根据交通流理论，V 存在最佳值，而且对于同一等级的道路来讲，自由流车速一致，V 的取值范围较小。那么很容易得出交叉口间距与路段通行能力的基本关系（图3-9）。该折减系数可用于交叉口对路段理论通行能力的折减，但该图只能表明一种趋势，对于不同的交叉口信号配置，曲线并不相同。另外，在路段距离较长时，车队会出现离散。

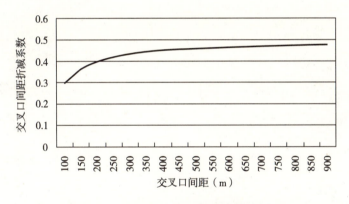

图3-9　交叉口间距与路段通行能力的基本关系

还需要讨论理想条件下的折减系数的极值问题。交叉口出口段的车辆由右转、左转、直行三部分构成。右转车在整个周期内均可以通行，左转车在左转绿灯时内通行，直行车在直行绿灯时内通行，出口段在整个周期内均可以通行。考虑车辆过交叉口后不会出现二次停车，增加进口道直行车道会导致车辆在出口车道出现延误或停车，因此进口段直行车道最多和出口段数量相同。交叉口一般设置一条或两条左转车道，两条或三条直行车道。在左转专用灯时内，直行车道不通行，每增加一辆左转车辆，直行车道的通行能力每周期减少2~3辆。一般来讲，对于双向行驶的交叉口，如果左转比例较大或交叉口的交通量较大，多相位交通组织的通行能力高于两相位。下面按四相位交叉口控制方式进行分析，得出灯时损失与左转比例之间的关系。

$$t_{直效} = T/2 - t_{左} - t_{直误} \quad (3.3.2-4)$$

$$\alpha_{折减} = \left(\frac{T/2 - t_{左} - t_{直误}}{T}\right)/\lambda_{直} = \left(0.5 - \frac{t_{左} + t_{直误}}{T}\right)/\lambda_{直} \quad (3.3.2-5)$$

$$\frac{\lambda_{左}}{\lambda_{直}} = \frac{mt_{左效}/2}{nt_{直效}/2} = \frac{mt_{左效}}{nt_{直效}} \tag{3.3.2-6}$$

$$t_{左效} = \frac{nt_{直效}\lambda_{左}}{m\lambda_{直}} \tag{3.3.2-7}$$

$$t_{左效} + t_{直效} + t_{直误} + t_{左误} = T/2 \tag{3.3.2-8}$$

$$\frac{nt_{直效}\lambda_{左}}{m\lambda_{直}} + t_{直效} + t_{直误} + t_{左误} = T/2 \tag{3.3.2-9}$$

$$t_{直效} = \frac{T/2 - t_{直误} - t_{左误}}{\frac{n\lambda_{左}}{m\lambda_{直}} + 1} \tag{3.3.2-10}$$

将式（3.3.2-4~3.3.2-10）代入式（3.3.2-5）得：

$$\alpha_{折减} = \left(0.5 - \frac{\frac{nt_{直}\lambda_{左}t_{左效}}{m\lambda_{直}} + t_{直误} + t_{左误}}{T}\right) \Big/ \lambda_{直} = \left(0.5 - \frac{\frac{n\frac{T/2}{\frac{n\lambda_{左}}{m\lambda_{直}}+1}\lambda_{左}}{\lambda_{直}} + t_{直误} + t_{左误}}{T}\right) \Big/ \lambda_{直}$$

$$= \left(0.5 - \frac{\frac{nT/2\lambda_{左}}{\lambda_{直}\frac{n\lambda_{左}}{m\lambda_{直}}+1} + t_{直误} + t_{左误}}{T}\right) \Big/ \lambda_{直} = \left(0.5 - \frac{t_{直误} + t_{左误}}{T} - \frac{nT/2\lambda_{左}}{n\lambda_{左} + m\lambda_{直}}\right) \Big/ \lambda_{直}$$

$$= \left(0.5 - \frac{t_{直误} + t_{左误}}{T} - \frac{\lambda_{左}}{2\left(\lambda_{左} + \frac{m\lambda_{直}}{n}\right)}\right) \Big/ \lambda_{直}$$

$$= \left(0.5 - \frac{8}{T} - \frac{\lambda_{左}}{2\left(\lambda_{左} + \frac{m\lambda_{直}}{n}\right)}\right) \Big/ \lambda_{直}$$

通常情况下 $T \leq 120$ 秒，所以：

$$\alpha_{折减} \leq \left(0.5 - \frac{8}{120} - \frac{\lambda_{左}}{2\left(\lambda_{左} + \frac{m\lambda_{直}}{n}\right)}\right) \Big/ \lambda_{直} = \left(0.433 - \frac{2\lambda_{左}}{\lambda_{左} + \frac{m\lambda_{直}}{n}}\right) \Big/ \lambda_{直}$$

$$= \left(0.433 - \frac{\lambda_{左}}{2\left(\lambda_{左} + \frac{m\lambda_{直}}{n}\right)}\right) \Big/ \lambda_{直} \tag{3.3.2-11}$$

式中 $\alpha_{折减}$——交叉口间距对路段通行能力的折减系数；

$t_{左效}$——左转车辆的有效绿灯时间（s）；

n——进口道直行车道数；

$t_{直效}$——直行车辆的有效绿灯时间（s）；

m——左转车道数；

$\lambda_{左}$——左转车辆占进口车辆的比例；

$\lambda_{直}$——直行车辆占进口车辆的比例；

$t_{直误}$——直行专用灯时无效时间（s）；

$t_{左误}$——左转专用灯时无效时间（s）；

T——交叉口信号周期（s）。

交叉口的红绿灯灯时一般小于 120 秒（当大于 120 秒时，交叉口通行能力的增加很少，但延误增加很多），信号灯周期取 120 秒，左转与直行延误各 4 秒，左转车道数取 1，直行车道数取 3，计算结果见图 3-10。一般直行比例很少低于 60%，且在直行比例小于 60% 的情况下转向比例较高（此时的左转比例往往也较高，极少低于 10%）。所以对于大多数情况来讲，交叉口对路段能力的折减系数小于 0.5，而且左转比例越大，折减系数越小。对于多数情况来讲，只要在绿波时段内保证路段通行能力达到基本通行能力的一半，就可以使交叉口流量达到饱和。

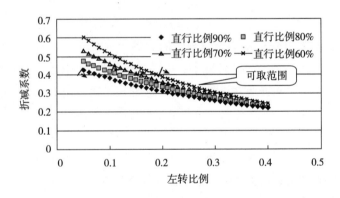

图 3-10 交叉口转向比例对路段通行能力折减系数的影响

3.3.3 多车道折减系数

一条道路上的车辆往往由三部分组成：迅速通过部分、进出周围地块部分、路边临时停靠部分。道路的车道太多、太少均不利于通行能力提高。由图 3-11[2] 可见，在同样车速情况下，多车道道路每条车道的通行能力较高，这是因为超车有利于提高通行能力（否则慢车压住快车），这一点在公路交通中比较突出。在城市道路上，由于存在公交停靠、自行车过街、行人过街等干扰因素，车道数量较多的道路受到阻塞的可能性较小。

低等级道路（双向两车道的折减系数包括优先级折减、超车干扰折减和停靠折减）的通行能力一般为理论通行能力的 30% 左右。但对于高等级道路来讲，车道并非越多越好，因为过多的路段车道会导致交叉口通行能力很难与之匹配，并造成行人过街困难。

另外，车道折减还与转向车辆的比例有关。假设转向车道、快慢车道隔离较好，如果没有转向车辆，在道路通行能力接近饱和的情况下，内外车道的通行能力差别极小。但如果转向车辆较多，那么发生分离、会合的概率加大，道路通行能力受损。交叉口进口一般只有一条左转、右转车道，转向车辆必须进入相应车道。路段车道越多、流量越大，发生分离、会合的可能性越大。且公交、慢车道通常设在道路右侧，所以右侧车道的通行能力一般较低。

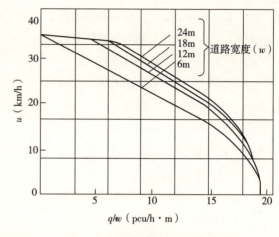

图 3-11 英国多车道道路通行能力

目前采用的道路车道折减系数为：1/0.9/0.8/0.7/0.6（自左侧起第一条车道、第二条车道、第三条车道、第四条车道、第五条车道）。不能将上述折减系数再乘上交叉口间距折减系数作为最后的路段通行能力。因为当交叉口折减将路段通行能力限制在800pcu/h以下时，交换车道一般不会造成与立体交叉口附近类似的折减，而且在平交体系中，内外车道通行能力之和也不应大于路段车道数与900pcu/h的乘积。

3.3.4 交叉口间距及其他因素对路段车速的影响

式（3.3.2-2）可用于交叉口间距对平均车速的折减。陈学武、王炜等针对我国的交通管制现状，利用南京道路交通调查资料，研究了路段交通控制下的交通流特性，建立了机非隔离的交通性道路、商业性道路和机非混合行驶道路的特性函数。[8]

（1）机非分离行驶的交通性道路

该类道路主要指三块板、四块板及非机动车与机动车分隔较好的道路，机非在路段上互不干扰。公交站点通常设在护栏边或分隔带快车道一侧，其停靠、启动会对正常行车形成干扰。另外在护栏开口处或分隔带断口等过街通道处，车流状态与车速也会受到干扰。这类道路的车速影响因素主要有：

①机动车交通饱和度；
②单位长度道路上的过街通道数；
③单位长度、单位时间路边停车次数。

由调查数据拟合得到的路段特性函数如下，相关系数为0.81：

$$V = 62.70 - 26.50X_1 - 9.03X_2 - 11.16X_3 \quad (3.3.4-1)$$

式中 V——路段行程车速，km/h；

X_1——机动车交通负荷度，取值区间（0.1~0.9）；

X_2——路段长度内过街通道数（个/km），包括能对穿的支路路口，根据调查数据，取值区间（0~2）；

X_3——每公里道路长度内每10min 的公交站点停车辆次,根据调查数据,取值区间 (0~4)。

(2) 商业性道路

对于商业性道路,拟合公式如下,相关系数0.81:

$$V = 58.60 - 44.20X_1 - 4.53X_2 - 0.25X_3 \quad (3.3.4-2)$$

式中 X_1 取值区间 (0.1~0.7);X_2 取值区间 (0~3);X_3 取值区间 (0~5)。

(3) 对于机非混行道路

对于机非混行道路,拟合公式如下,相关系数0.803:

$$V = 42.66 - 7.56X_1 - 15.38X_2 - 0.65X_3 \quad (3.3.4-3)$$

式中 V——路段行程车速,km/h;

X_1——机动车交通负荷度,取值区间 (0.1~0.9);

X_2——非机动车交通负荷度,取值区间 (0.1~0.9);

X_3——每公里道路长度内每10min 的公交站点停车辆次,包括停车场停车、公交站点停车,根据调查数据,取值区间 (0~10)。

上述回归公式基于南京市的道路交通调查资料,具有一定的局限性,比如式 (3.3.4-1)。如果在1km 范围内对穿支路达到两条,那么支路的交叉口间距为333m,假设支路也采用红绿灯控制,且协调较好,并实现主路优先,主路车速不一定会受到如此大的影响(比如大连市富国街至花园广场的单行线路,交叉口间距约150m,但车速依然较高),上述回归分析并未考虑这一因素。

路边停车是城市中常见的停车方式,而停车到达和停车出发对路段交通流造成的延误,目前尚未有明确的数学模型和计算方法。梁军[9]等针对双向两车道的道路采用路边垂直式停车方式的情况,建立了计算停车到达和出发导致路段交通流延误的模型和公式,就这一问题作出了初步探索。梁军等对路段交通流延误的分析计算可以为评价路段服务水平提供依据;根据具体路段的受干扰程度,可以为是否允许路边停车提供决策依据;在进行交通分配时,可用于确定更合理的路阻系数。

3.3.5 公交专用道与非专用道的交通特性分析

黄艳君等通过实际调查数据分析,分别建立了路段上无公交专用道及设置不同形式的公交专用道条件下公交车与社会车辆的速度模型,并对比分析了车辆的运行状态和车速变化特征,为确定公交专用道的设置条件以及公交专用道的效益评价等提供技术支持和量化的参考依据。[10]

混合行驶时公交车与社会车辆车速分析见图3-12,设公交专用道后公交车速见图3-13。社会车辆的平均车速比公交车速高,尤其在接近自由流状态时,道路饱和度很低,车辆基本以接近

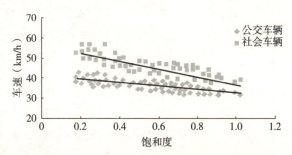

图3-12 无公交专用道情况下的车速—饱和度关系

道路的设计车速行驶,差值较大;随着饱和度增加,车辆逐渐变为跟驰行驶,社会车辆受到的干扰更加明显,车速降低较快;当饱和度接近1时,社会车辆与公交车的车速更为接近。显然在饱和度较大的情况下,设置公交专用道能明显提高公交行驶速度。

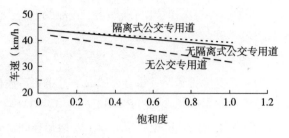

图3-13 不同条件下的公交车速对照图

3.3.6 快速路交通流特性分析

郭继孚等基于对北京市两条城市快速环路的实地检测数据,分析了北京城市快速路的速度、流量和密度三个参数之间的关系以及在不同车道之间的差异,并与国外有关数据进行了对比(见图3-14)。结果表明,当前我国城市快速路的交通流特性与国外高速公路的交通流特性在有些方面相似,而在有些方面则存在较大的差异。我国城市快速路在设计标准、服务对象以及交通规则等方面同国外高速公路相比有较大区别,它们的交通流特性也存在较大的不同。表述速度与流量关系的几个主要参数如自由流速度、通行能力、堵塞密度等也存在明显差异[11]:

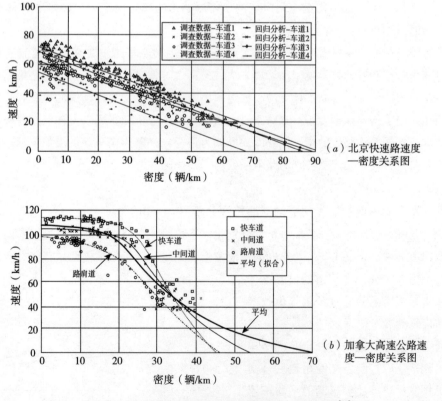

图3-14 北京快速路与国外高速公路的速度、密度比较[11]

①城市快速路出入口间距小，进出快速路车流量大，交织严重，因此自由流速度低，自由流速度保持性差，车速随交通量增加或车流密度增大迅速下降；而国外高速公路的自由流车速可以保持在一定的水平上，服务相当大的交通流量。

②城市快速路通行能力观测到的最大15分钟流率为1600~2000辆标准车/h，而国外相应数值为2000~2500辆标准车/h，两者差距较大。

③城市快速路的车流速度随车流密度线性递减，自由流速保持性差，而国外高速路的速度和密度间的关系呈反"S"曲线，自由流速可以保持较大的车流密度；城市快速路的拥挤密度较国外高速公路大，或者说，当发生交通拥堵时，我国城市快速路上车辆间的平均间距小。

④在多车道（单向三车道以上）城市快速路上，车流较少时，车辆主要集中在中间车道上行驶，车流较大时，外侧车道通过量和车速均较里侧车道略低。

由于当前国内高速公路普遍尚未达到或接近饱和，无法将北京城市快速路的数据与国内的高速公路数据进行对比。比较结论提醒我们在研究设计我国城市快速路时要注意我国的具体情况，避免直接引用国外数据可能带来的偏差。[11]

3.4 非机动车路段交通特性分析

自行车基本通行能力为2200辆/h。我国目前带分隔良好的道路一般每米道路宽度取2000辆/h，有红绿灯控制的路段取1000辆/h。[12] 自行车主要由人力驱动，由于人的体质原因车速相差较大。另外车速还受地形、气候、心理的影响，一般变化在10~18km/h左右。自行车通行能力与行驶速度关系见图3-15，图3-16为行人过街对自行车通行能力的干扰。

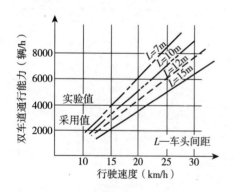

图3-15 自行车通行能力与行驶速度的关系

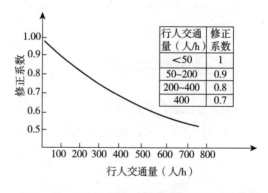

图3-16 行人过街对自行车路段通行能力的影响

3.5 交叉口的交通特性分析

本节主要研究十字路口，不对其他路口形式进行讨论。对于无信号控制的交叉口、有信号控制的交叉口，伴随左、直、右比例与交通量的差异，交叉口通行能力也不相同。如果考虑机动车与非机动车之间的干扰，通行能力计算就更复杂。下面从纯机动车交叉口、自行车交叉口、机非混行交叉口三个方面进行分析。

3.5.1 纯机动车交叉口

（1）无信号交叉口①

间隙接受理论是计算公路无信号交叉口通行能力的主要方法之一，临界间隙和随车时距是其中2个重要参数。交叉口的不同几何构成，不同的车辆组成以及车流量大小都影响着临界间隙值的大小。在我国道路交通条件下，确定具有代表性的公路交叉口临界间隙和随车时距值，具有重要意义。高海龙等[13]的调查研究表明：

①不同交叉口的临界间隙不尽相同，不同的地区有一定的差别，但差别不大；

②临界间隙与车辆性能有关，随着车型的由小变大，临界间隙值也逐渐增大；

③交叉口处不同车辆具有完全不同的临界间隙，这主要是由于车辆本身的性能和交通规则造成的。同一车型，随着其穿越交叉口难度的增加，临界间隙增大。如左转与直行相比，左转车的临界间隙值大。

从观测值看，不同车型都具有最小的跟车时距值，其值为：轻型车为2.0s，中型车为2.5s，重型车为3.0s，拖挂车为3.0s。临界间隙观测值见表3-3。

临界间隙观测值　　　　　表3-3

运动方向	临界间隙（s）				随车间隙（s）			
	小型车	中型车	大型车	拖挂车	小型车	中型车	大型车	拖挂车
左转	5.77	6.91	7.48	8.05	2.58	3.17	3.75	4.81
直行	4.81	5.77	7.11	7.18	1.89	2.66	2.72	4.27
右转	2.94	3.69	4.15	4.62		2.20	2.69	3.06

（2）信号控制交叉口[14]

①冲突点法

冲突点法以冲突点为控制点，只有通过冲突点的车辆才认为通过了交叉口。该方法是同济大学提出的，考虑到了混合交通的特点。车辆通过一个冲突点的通行能力为：

$$N = \frac{t_{绿} - \alpha_m - \beta}{h_m} + m \quad (3.5.1-1)$$

式中　$t_{绿}$——绿灯时长；

　　　m——进口道直行车道的条数；

　　　α_m——穿越空挡所损失的时间，一条直行车道时 $\alpha_m = g(\tau - 2h_1)$，两条直行车道时 $\alpha_m = g(2\tau - 3h_2)$；

---

① 无信号控制的交叉口在城市主要道路上很少采用，在此不展开讨论。

h_m——车流紧接通过冲突点的安全车头时距,进口只有一条直行车道时取 h_1,进口有两条直行车道时取 h_2。

其中 g 为直行车流中,一个绿灯时长内出现的可穿越空挡,可根据直行车的流量,按空挡的概率分布算得。

经绿灯初期驶出的直行车辆,均系红灯时到达,并停积在停车线上待行,这些车辆以最小安全车头时距通过冲突点,基本上属定长分布,所以必须先知道绿灯期间到达的车辆数,然后再按空挡分布计算可穿越空挡数。到达属泊松分布时,空挡分布按负指数分布计算;到达分布属二项分布或广义泊松分布时,空挡分布按爱尔朗分布计算;h_1 为一条车流紧接运行通过冲突点的安全车头时距。混合交通情况下,若用小汽车为折算单位计算流量时,h_1 取小汽车的安全车头时距;若直接用混合交通流量,h_1 取混合交通的计算车头时距,此时需假设左转车同直行车在组成比例上相近,左转车车头时距同直行车车头时距相等;h_2 为有两条并排直行车流时,相当于一条车流的等价车头时距;$\tau = \tau_{前} + \tau_{后}$ 为直行车流中能穿越左转车的"可穿越空挡"时长,$\tau_{前}$ 为前挡,$\tau_{后}$ 为后挡;β 为有、无专用左转车道的得失时间,有左转专用道时,$\beta = t_{左头} - t_{直尾}$,$t_{左头}$、$t_{直尾}$ 分别为左转头车、直行尾车从停车线驶到冲突点所需的时间。

这个交叉口的通行能力为:

$$N = \frac{3600}{T_c} \sum N' \qquad (3.5.1-2)$$

式中 $\sum N'$——一个周期内,通过各冲突点的通行能力之和,包括通过右转专用车道的右转车实际到达数(或设计到达数);

T_c——信号周期时长(s)。

②停车线法

该方法由北京市政设计院提出。它以进口道的停车线为控制面,车辆只要通过该断面就被认为通过交叉口。停车线法中,各车道的通行能力计算公式如下所述。

a. 一条专用直行车道的通行能力:

$$N_{直} = \frac{3600 t'_{绿} - t_{损}}{T_c t_{间}} \qquad (3.5.1-3)$$

式中 T_c 为信号周期(s);$N_{直}$ 为一条直行车道的设计通行能力(pcu/h);$t'_{绿}$ 为相位绿灯时间(s);$t_{损}$ 为一个周期内的绿灯时间损失时间(s),包括启动、加速时间,通常在绿灯前的黄灯时间已做好准备,待绿灯一亮即可启动,故一般只计加速时间损失,而不计反应和启动时间损失,而加速时间损失可用 $t_{加} = v/2a$ 计算;v 为直行车辆通过交叉口的车速(m/s),一般取 15km/h;a 为平均加速度(m/s²),据实际观察,小汽车为 0.6~0.7m/s²,中型车为 0.5~0.6m/s²,大型车为 0.4~0.5m/s²;$t_{间}$ 为前后两车接连通过停车线的平均间隔时间(s),对于单纯的小汽车车流平均为 2.5s,大型车平均为 3.5s。

对于混合行驶的车辆可将其分为小型车和大型车两类,如果通道车所占比例不大,可将其归入大型车;如果通道车所占比例很大,则需单独计算。一条右转专用车道的通行能力原则上可按直行方法计算,将直行的通过时间换算成右转的通过时间,计算公式如下:

$$N_{右} = \frac{3600}{t_{右}} \tag{3.5.1-4}$$

式中 $t_{右}$ 为前后两车右转连续驶过停车线断面的间隔时间（s）。根据观测，大、小车各占一半时平均为4.5s，单纯是小车其平均值为3.0~3.6s。在没有过街行人和自行车阻滞情况下一条右转车道的通行能力达1000~1200pcu/h，实际上由于过街行人、自行车的影响变化很大，一般视具体情况进行分析。多采用减去行人、自行车占用时间，余下为可供右转车通行时间。

b. 一条左转专用车道的通行能力：

$$N_{左} = \frac{t_{黄绿} - \frac{v_{左}}{2a'}}{t_{右}} \frac{3600}{T_c} \tag{3.5.1-5}$$

式中 $t_{黄绿}$ 为一个周期内专用于通过左转车的黄绿灯时间（s）；$v_{左}$ 为一个周期内左转车的通过速度（m/s）；a' 为左转车平均加速度（m/s²）；$t_{左}$ 为左转车通过停车的车头时距（s）；其余同上。

c. 不设专用左转信号时一条左转车道的通行能力：

根据中国的交通规则，绿灯时允许车辆直行或右转，在不妨碍直行车行驶的条件下准许车辆左转。黄灯亮时就不准许车辆左转、调头或右转，但已越过停车线的车辆可以继续前进。因此，实现左转有三种可能，即利用绿灯初期通过、利用对向直行车的可插间隙通过、利用黄灯时间通过。通过的左转车总数为：

$$N_{左} = \frac{3600}{T_c}(n_1 + n_2 + n_3) \tag{3.5.1-6}$$

式中 n_1 为一个周期内，超前对向直行车通过冲突点的左转车辆数（保证安全的前提下）；$n_2 = (N_{直} - N'_{直})/2$（单位：辆/周期）；$N_{直} = (t''_{绿} - v/(2a))/t_i$（单位：辆/周期）；$N'_{直}$ 为一个周期实际到达的直行车数（单位：辆/周期）；$t''_{绿}$ 为一个周期内绿灯时间（s）；v 为直行车辆的平均速度（m/s）；t_i 为直行车辆的车头时距（s）；$n_3 = (t_{黄} - t_{损})/t_{左}$（单位：辆/周期）；$t_{损} = v/(2a)$ 为由于加速而损失的黄灯时间（s），其余同上。

d. 直、左混行时一条车道的通行能力：

对于同一条车道上有直、左混行时，因去向各异相互干扰，甚至引起停车。因此，应乘以适当的折减系数 K，同时由于左转车通过时间约为直行车通过时间的1.75倍，则：

$$N_{直左} = N_{直}\left(1 - \frac{3}{4}n_{左}\right)K \tag{3.5.1-7}$$

式中 $n_{左}$ 为左转车比例；K 为折减系数，取0.7~0.9，其余同上。

e. 直、右混行时一条车道的通行能力：

由于右转车所占时间一般为直行车的1.5倍（原理同上），则

$$N_{直右} = N_{直}\left(1 - \frac{1}{2}n_{右}\right)K \tag{3.5.1-8}$$

式中 $n_{右}$ 为右转车比例。

则整个交叉口的通行能力为各个进口的直行、左转、右转各项通行能力之和。

③美国法

该方法分两部分，其计算机动车道通行能力部分参照美国《道路通行能力手册》（HCM，1994）。在计算交叉口通行能力时，涉及了"车道组"这一概念。它是将交叉口的各车道根据交叉口的几何形状、几个方向流量的分配，将所有的车道分成几组。每一车道组的饱和流率计算如下：

$$s = s_0 N f_W f_{HV} f_g f_p f_{bb} f_a f_{RT} f_{LT} \qquad (3.5.1-9)$$

式中 s 为车道组饱和流率；s_0 为车道组在理想条件下的饱和流率；N 为车道组中车道数；f_W 为车道宽度修正系数；f_{HV} 为交通流中大中型修正系数；f_g 为引道坡度修正系数；f_p 为停车修正系数；f_{bb} 为公交车（站台）阻塞系数；f_a 为地区类型修正系数；f_{RT} 为右转修正系数（包括行人流的影响）；f_{LT} 为左转修正系数。

在 HCM 中，s_0 取每车道 1900pcu/h。车道组中车道数目由现实的具体情况（有无左、右转专用道）而定。折减系数参考《通行能力手册》。该车道组的通行能力为：

$$C = s\lambda \qquad (3.5.1-10)$$

式中 C 为车道组通行能力（pcu/h）；s 为车道组饱和流率；λ 为该相位绿信比（由交叉口配时软件给出）。

④上海法

上海市《城市道路交叉口规划与设计规程》采用的计算方法与美国的 HCM 法比较接近。在计算交叉口通行能力时，本书采用上海设计规程中的计算方法与建议指标。

3.5.2 非机动车交叉口

关于这方面的研究较少。根据文国玮的建议[15]，自行车在交叉口饱和度为优的情况下的交通状况：车速任意，横向空间不受干扰，自由舒适。可见无信号控制的自行车交叉口通行能力可以达到信号控制下的 40%。该书介绍说：独立自行车系统的环形交叉口通行能力约 6000 辆/h，灯控交叉口约 10000 辆/h。根据杨晓光的描述：自行车的交通行为与行人类似，具有较高的集结性[16]。一般交叉口进口段的每米自行车道的通行能力取 2000 辆/绿灯小时。

3.5.3 混合交叉口

可以说我国目前的三块板道路①已经基本解决了路段混行问题，路段通行能力与速度基本可以保证。但交叉口作为城市路网中的节点，汇聚了不同方向的交通流，绿灯时间损失，特别是机非混行，使交叉口的通行能力远远低于路段，成为路网上的交通瓶颈，是城市路网中最常见、最普遍、最直接的交通拥堵发生源，同时也是交通事故多发地。因此，需要对交叉口的交通特性、影响交叉口饱和交通量的主要因素进行深入分析，找出交叉口

---

① 本书所指的三块板道路为广义概念，即人行道、自行车道、机动车道、自行车道、人行道的道路断面交通组织方式，而不是狭义的具有分隔带的道路断面。

拥堵原因，进一步研究探讨提高交叉口通行能力的措施和有关的实施条件，并对措施的实施效果进行量化评价。这是提高整个城市路网通行能力，缓解交通堵塞的最有效、最直接的办法之一。

（1）国外的理论研究

①早期研究几乎不考虑自行车

交通工程分析表明混合交通环境下的车辆行为对道路通行能力有很大影响。从微观层次上研究车辆运行行为的方法主要是通过车辆跟驰（Car-following）模型和换道（Lane-changing）模型开展的。尽管最早的跟车模型研究始于1950年代末期，但目前较具影响的跟车与换道模型是 Gipps 提出的。这些模型已被许多微观模拟模型所采用，在实践中产生了广泛的影响。过去研究交通流微观行为的一个不足是关于车辆类型的设定，例如，大多数模型假定不同种类的交通流（类）有相同的跟车行为，即跟车的规则没有与车辆类别联系起来。这种假定使得这类模型在刻画实际问题时难以令人满意。因此，研究特定类的跟车模型对研究微观交通流的模拟具有重要现实意义。[17]

目前，国外关于这一领域的研究重点体现在三个方面：一是道路上不同类型机动车形成的"混合"交通的行为分析，这种"混合"与我国机动车与非机动车的"混合"有所不同；二是车辆在不同道路路况下（如拥挤与非拥挤状态）的行为分析，而此前的研究主要集中在自由流条件下的行为研究；三是有道路实时信息可用时车辆行驶与路径选择行为分析，这与近年来智能交通系统（ITS）技术的研究和发展有很大关系。这些研究都没有考虑非机动车。

②最近的研究开始关注自行车

在发达国家，近年来随着人们对交通环境问题的重视，自行车作为一种健康的运输方式，利用率有所上升，因此人们越来越多地重视非机动车研究。例如，《自行车交通》定性分析了流量不大情况下自行车对道路机动车流的影响和道路几何设计理念。不过，总的来看，国外对自行车出行行为的分析还不充分。例如，对有信号交叉口的研究虽然有许多成果，但关于交叉口自行车对机动车和通行能力影响的研究却很少；这与大多数发达国家自行车流量较少、自行车引发的问题不多有关。Allen 等人通过对美国一些城市自行车的调查，分析了自行车对有信号平面交叉口通行能力的影响，提出用自行车通行利用率对通行能力进行计算。研究结论表明：考虑自行车流量后，机动车交叉口饱和流率（Saturation flow rate）明显低于美国《道路通行能力手册》（HCM）的建议水平；《加拿大信号交叉口能力规程》也提出了计算饱和流率时的调整系数。按照 HCM 的建议，当交叉口没有专门的自行车设施、自行车与机动车共享车道宽度在 4.3m 以内时，自行车对右转车辆的影响效果可以通过 HCM 建议的系数将自行车转换为当量客车来考虑。另外一些研究认为：当行人流量比较大时，自行车对交叉口通行能力的影响很小，即行人与自行车对交叉口通行能力的影响是相互关联的。国内外专家均已认识到：在自行车流量较大条件下，现行（如 HCM）方法严重地高估了道路平面交叉口的通行能力。[17]

（2）我国的相关研究

与发达国家相比，我国自行车交通有以下特点：一是我国大多数交通拥挤城市的道路自行车流量规模远大于西方多数国家，以自行车为主体的非机动车流对道路机动车的行驶产生了极大的影响，尤其是在城市地区；二是我国大多数街道上有专门的自行车行驶车道，而西方多数国家道路上自行车车道较窄，甚至没有专门的行驶车道。作为一个非机动车大国，机动车与非机动车之间的混合交通是我国大城市道路交通拥挤的重要原因之一。

①机非混行交叉口的一般特点

交叉口机非混行不同于增加两条机动车道，自行车的加入使交叉口的冲突点增加很多。对于两相位交叉口，纯机动车只有两个冲突点，而加入自行车后增加到18个，其中10个由自行车左转引起。另外，我国城市居民自行车出行较多，主要集中在上下班高峰。自行车的交叉口停驶率较高，具有很强的集结性。这是由于机动车车速与自行车车速比例不协调（一般1:3最佳，即机动车相位差为半个周期，而自行车用一个半周期时间通过这一路段，自行车的平均车速一般为12~15km/h，而机动车的车速一般为30~45km/h）。另外自行车车速与人的体力、出行目的有关，车速变化范围大，再加上路段过长，自行车队离散程度较大。这样交叉口聚集的自行车较多，多为下车再上车，延长了过交叉口的时间。

②李建新等的计算机模拟研究

针对这一状况，李建新等分析了非机动车在有信号平面交叉口内的行驶行为[17]，建立了有信号交叉口通行能力的计算模型，分析了在非机动车流量较大条件下交叉口通行能力的变化特点，简要分析了自行车专用相位的运行效果，提出了基本结论，为进一步建立交叉口的混合交通流仿真模型提供了理论基础。

表3-4是按机动车通过交叉口平均车速10.6km/h计算的，这一服务水平较低，信号周期也较长。表3-4可绘制成图3-17，不难看出：自行车流量较少时，它对直行车的影响与左转机动车的影响重合，其单独占用的绿灯时间不多，对通行能力影响不大；随着自行车数量的增多，其占用的绿灯时间增加，机动车的通行能力急剧减少。此外，表3-4假定左转机动车可优先通过路口，实际上左转与直行的能力分配过程比较复杂。如果设立专门左转车道，这种影响可以减少。

不同非机动车交通流下的交叉口通行能力表　　　　　表3-4

非机动车流量	非机动车道通行能力（左转，辆/h）	机动车道通行能力（左转，辆/h）	机动车道通行能力（直行，辆/h）	机动车道通行能力（右转，辆/h）
0	0	300	1860	2160
左转10/直行20	300	300	1860	1935
左转20/直行40	300	300	1860	1785
左转20/直行20	600	600	1560	1860
左转20/直行40	600	600	1560	1710
左转30/直行20	900	900	1260	1785
左转30/直行40	900	900	1260	1635
左转50/直行50	1500	1500	660	1410
左转50/直行100	1500	1500	660	1035

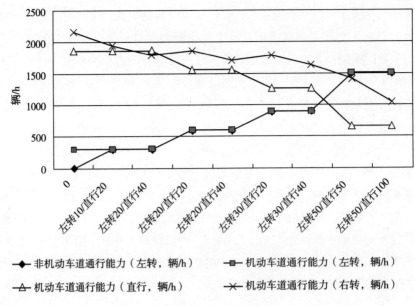

图 3-17 不同非机动车交通流下的交叉口通行能力

而路口的实际情况一般较复杂，通行能力的计算还需要考虑路口的具体条件。例如，自行车起动时刻，自行车抢先占领冲突区应通过一定的概率来刻画，左转机动车与对向直行车抢占冲突区也是一个概率事件等。从这一点来看，采用模拟方法来研究交叉口的复杂过程是一种比较有效的手段。我国实践表明：自行车往往较机动车拥有更多的路权。这种背景下，当自行车流量比较大时，有信号路口的信号周期越短，越有利于非机动车，周期越长，越有利于机动车。这也是目前我国许多路口开始增设自行车专用信号相位、延长信号周期时间，以增大机动车通行能力的重要理由。不过，随着信号相位的增多，信号周期延长，在非高峰条件下的延误也有所增长。

③陆化普等的对比研究

通过影响交叉口饱和交通量的主要因素分析可以对城市道路交叉口的交通流特性进行比较研究。陆化普等分别在中国北京和日本东京进行了交叉口饱和交通量和路口延误调查[18]。该比较分析的重点是信号交叉口饱和交通量及影响饱和交通量的主要因素。无论用哪一种计算方法计算，北京市区交叉口的饱和交通量均低于东京市区交叉口的饱和交通量，东京市区交叉口的饱和交通量是北京的1.3倍左右。

陆化普认为北京市区交叉口的饱和交通量低于日本东京的主要原因为：a. 非机动车干扰。由于大多数道路在机动车和自行车道之间没有物理隔离设施，在早晚交通量高峰时间，自行车不时侵入机动车道，致使机动车受到侧向干扰很大。b. 行人干扰。由于汽车化进程迅速，交通参与者的交通安全意识淡薄，故违反交通规则的现象比较严重。比如虽然人行过街横道是红灯，一些行人却强行穿越马路，致使机动车又不得不减速慢行。c. 车辆性能。中国城市使用的机动车，破旧车辆比重较大，车辆性能同国外相比差距较大，车检制度亦不够严格。车辆性能相差较大的车辆混合行驶，致使性能好的车辆也无法发挥其作用，受慢速车的制约，使饱和交通量降低。d. 渠化交通不充分。e. 交通心理影响。f. 不规范的交通行为。同东京相比，北京市区交叉口的清场损失时间过长，有些交叉口虽然已经放行某一方向的车辆，但到了交叉口中心，却无法通过交叉口，等待垂直方向红灯抢行的行人和车辆通过。而北京市区机动车的起车延误却很小，好多车在前方信号尚未变成绿灯时就已经起车。起车早，清场时间长，使机动车迟迟不能通过交叉口，这种争道抢行、互不相让的不规范的交通行为，导致车辆行人均堵塞在交叉口，致使交叉口的交通秩序极其混乱，形成交通瓶颈。[18]

④徐立群的研究

徐立群等以一个典型十字形信号交叉口为例，分别用目前中国常用的三种计算通行能力方法（冲突点法、停车线法、美国法）计算该交叉口的通行能力，并将结果与实测通行能力进行比较[14]（表3-5）。比较结果显示冲突点法算得的结果与实测结果最接近，而停车线法和美国法计算得到的结果都偏大。因此，冲突点法是一种较适用于中国交通条件及混合交通流特性的通行能力计算方法。而且认为该计算方法证实了美国学者关于混合交通情况下（HCM）对机动车通行能力的高估。笔者认为这并不表明停车线法存在很大问题，因为式中有很多参数可选，而且交通情况比较复杂，正如陆化普提出的几点原因。但其研究至少证明一点，美国的交叉口通行能力比中国的机非混行交叉口的机动车通行能力高，约高出15%左右。

不同方法计算得出的交叉口通行能力（pcu/h）　　　　表3-5

实测结果	计算结果		
	冲突点法	停车线法	美国法
5516	5568	5910	6389

3.6 本章小结

本章对路网组成元件进行了分类，并对路段、交叉口的通行能力理论及影响系数进行了分析，指出了我国原有交叉口间距对路段通行能力折减系数的逻辑性错误，为下一步的路网组合模式奠定了理论基础。

分析表明，即使是一个组成元件，分析理论、计算方法、考虑问题的重点、具体交通条件不同，其分析结果也不同。基本可以认为混合交通使机动车交通流量受到较大影响，但还很难得出混合交通情况下的交叉口综合交通运输效率是否比分流情况更高的结论。

参考文献

[1] 贺国光，冯蔚东，刘豹. 交通流理论评述［J］. 系统工程学报，1998，13（3）.
[2] 王殿海. 交通流理论［M］. 北京：人民交通出版社，2002.
[3] 周伟，王秉纲. 路段通行能力的理论探讨［J］. 交通运输工程学报，2001，1（2）.
[4] 武汉建筑材料工业学院，同济大学，重庆建筑工程学院. 城市道路与交通［M］. 北京：中国建筑工业出版社，1981.
[5] 周荣沾. 城市道路设计［M］. 北京：人民交通出版社，1999.

[6] （苏）M·C·费舍里松. 城市交通［M］. 任福田等译. 北京：中国建筑工业出版社，1984.

[7] 潭惠丽等. 交通灯控制下主干道的交通流研究［J］. 物理学报，2003，52（5）.

[8] 陈学武，王炜等. 交通管制情况下的路段交通特性研究［J］. 公路交通科技，2000，17（3）.

[9] 梁军，李旭宏等. 路边停车对路段交通流的影响研究［J］. 公路交通科技，2003，20（2）.

[10] 黄艳君，陈学武，张卫华. 公交专用道设置前后路段交通流模型的比较［J］. 华中科技大学学报（城市科学版），2003，20（4）.

[11] 郭继孚，全永燊等. 北京城市快速路速度流量研究［J］. 城市规划，2000，24（11）.

[12] 王殿海. 交通流理论［M］. 北京：人民交通出版社，2002.

[13] 高海龙，王炜等. 交叉口通行能力的综合计算法［J］. 公路交通科技，2001（1）.

[14] 徐立群，吴聪，杨兆升. 信号交叉口通行能力计算方法［J］. 交通运输工程学报，2001，1（1）.

[15] 文国玮. 城市道路交通与交通系统规划［M］. 北京：清华大学出版社，2001.

[16] 杨晓光. 城市交通设计指南［M］. 北京：人民交通出版社，2003.

[17] 李建新，毛保华. 混合交通环境下有信号平面交叉口通行能力研究［J］. 交通运输系统工程与信息，2001，1（2）.

[18] 陆化普，隋亚刚，吴海燕. 城市道路信号交叉口饱和交通量的实测分析和改善措施［J］. 城市发展研究，1998（5）.

4

路网运输效率分析

路网运输效率是路网体系评价的关键参数。以往的路网运输效率概念比较复杂，物理意义也并不十分明确。只有澄清路网运输效率概念，才能对交通方式、交通组织、路网模式进行正确评价。

4.1 以往的路网运输效率分析

《北京宣言：中国城市交通发展战略研究》指出"城市交通的根本目的是完成人和物的移动，而不是交通个体的移动"。[1] 那么"人和物的移动"是指路网在单位时间完成的客运量、货运量还是客运周转量、货运周转量？宣言并没有明确指出。目前国内外经常使用的路网运输效率评价概念作为路网容量。陈春妹[2]在其博士学位论文《路网容量研究》中对路网容量概念进行了全面的分析，并指出路网容量的概念与物理意义并不完全相同。该文指出时空消耗法（一维模型）即在道路时空总资源的约束条件下所能容纳的交通个体数，根据定义，其单位为 $pcu/(km \cdot h)$，物理意义等同于道路网交通密度；二维模型即在道路时空总资源的约束条件下，在单位时间内路网道路空间所能容纳的交通个体数，根据定义，其单位为 $pcu/(m^2 \cdot h)$。前者为单位时间内单位道路长度上所能容纳的交通个体数，后者为单位时间内单位道路面积所能容纳的交通个体数。

4.2 新的路网运输效率概念①

路网作为一个整体，它的任务就是在某一时间内把需要运输的货物、人员从一个地方转移到另一个地方，这就是路网体系的产出，即客货运周转量。建设这个系统的投入包括城市用地和建设费用，还包括日常运营费用。路网的运输效率可以用单位交通用地投入、交通设施资金投入来衡量。但无论道路用地、资金投入，均位于一定的城市建设用地之中，那么很容易产生第三个路网效率衡量指标，即单位城市建设用地内的道路体系在单位时间完成的客货运周转量。

这里将单位城市建设用地范围内所有交通设施在单位时间所需要完成的客货周转量称为城市建设用地交通需求强度，单位为车公里/$(km^2 \cdot h)$ 或人公里/$(km^2 \cdot h)$。某块城市建设用地的交通需求强度与城市建设用地交通承载强度的比值也就表示这块用地的交通服务水平或者服务质量，称为路网饱和度。该值与道路饱和度的概念基本一致，无量纲，数值越大，交通服务水平越低。对于城市的不同区位，这个数值可能不同。如果交通设施配置使路网饱和度越均衡，那么交通设施配置越有效（我国的城市交通管理评价指标体系也指出了这一问题[3]）。这就产生了影响路网运输效率的第四个衡量指标——路网饱和度。

路网运输效率衡量指标如下：

---

① 严格的路网运输效率应当按照路网的生命周期考虑，即在该生命周期内，所有产出（正与负）与所有投入（个人、政府、资金、用地）的比值大小。交通设施的生命周期比较容易确定，但路网的生命周期难以确定，正负产出又十分复杂，涉及环境、能源、用地产出⋯⋯投入又包括政府与个人两部分，因此准确而全面的投入与产出难以确定。本书仅以交通设施的一次性投入、用地投入为主要投资成本，产出仅考虑路网完成的客货运周转量。

（1）交通用地交通运输效率，即单位面积交通用地在单位时间内完成的客运、货运周转量，单位为车公里/（km²·h）或人公里/（km²·h），简称交通用地交通承载强度，用 S_T 表示。

（2）交通设施投资交通运输效率，即单位交通设施投资在单位时间内所完成的客运、货运周转量，单位为车公里/（万元·h）或人公里/（万元·h），简称设施投资交通承载强度，用 S_M 表示。

（3）城市建设用地交通运输效率，在某城市建设用地范围内的所有交通设施在单位时间内完成的客运、货运周转量，单位为车公里/（km²·h）或人公里/（km²·h），简称城市建设用地交通承载强度，用 S_L 表示。

（4）某块城市建设用地的交通需求强度与城市建设用地交通承载强度的比值也就表示这块用地的交通服务水平或者服务质量，简称为路网饱和度，用 S_{ER} 表示。

4.3 基本公式推导

根据上述定义，现在就可以构建城市路网运输效率计算公式。假定全市有 n 个交通小区，其中的 i 交通小区的城市建设用地客、货交通承载强度为 S_{LP}^i 和 S_{LG}^i，该小区在某一时段的客、货运最大容许路网饱和度为 S_{ERP}^i 和 S_{ERG}^i。那么全市的路网在这一时段的客、货运运输效率可以用城市建设用地交通承载强度、交通用地交通承载强度、设施投资交通承载强度表达。

公式如下：

$$S_{LG} = \frac{\sum_{i}^{n} \sum (S_{LG}^i \times S_{ERG}^i \times A^i)}{A} \qquad (4.3-1)$$

式中 S_{LG}——全市城市建设用地货运交通承载强度（车公里/（km²·h）或吨公里/（km²·h））；

S_{LG}^i——第 i 交通小区城市建设用地货运交通承载强度（车公里/（km²·h）或吨公里/（km²·h））；

S_{ERG}^i——第 i 交通小区城市建设用地容许货运服务水平；

A^i——第 i 交通小区城市建设用地面积（km²）；

A——城市建设用地面积（km²）。

$$S_{TG} = \frac{S_{LG} A}{A_{GT}} = \frac{S_{LG} A}{\sum_{i}^{n} A_{GT}^i} \qquad (4.3-2)$$

式中 S_{TG}——全市货运道路用地交通承载强度（车公里/（km²·h）或吨公里/（km²·h））；

A_{GT}——全市货运道路用地面积（km²）；

A_{GT}^i——第 i 交通小区货运道路用地面积（km²）；

A——城市建设用地面积（km²）。

$$S_{MG} = \frac{S_{LG} A}{M_{MG}} = \frac{S_{LG} A}{\sum_{i}^{n} M_{MG}^i} \qquad (4.3-3)$$

式中　S_{MG}——全市货运道路投资交通承载强度（车公里/(万元·h) 或吨公里/(万元·h)）；
　　　M_{MG}——全市货运道路投资（万元）；
　　　M_{MG}^i——第 i 交通小区全市货运道路投资（万元）；
　　　A——城市建设用地面积（km^2）。

$$S_{LP} = \frac{\sum_i^n \sum S_{LP}^i \times S_{ERP}^i A^i}{A} \tag{4.3-4}$$

式中　S_{LP}——全市城市建设用地客运交通承载强度（人公里/(km^2·h)）；
　　　S_{LP}^i——第 i 交通小区城市建设用地客运交通承载强度（人公里/(km^2·h)）；
　　　S_{ERP}^i——第 i 交通小区城市建设用地容许客运服务水平；
　　　A^i——第 i 交通小区城市建设用地面积（km^2）；
　　　A——城市建设用地面积（km^2）。

$$S_{TP} = \frac{S_{LP} A}{A_{PT}} = \frac{S_{LP} A}{\sum_i^n A_{PT}^i} \tag{4.3-5}$$

式中　S_{TP}——全市客运道路用地交通承载强度（人公里/(km^2·h)）；
　　　A_{PT}——全市客运道路用地面积（km^2）；
　　　A_{PT}^i——第 i 交通小区客运道路用地面积（km^2）；
　　　A——城市建设用地面积。

$$S_{MP} = \frac{S_{LP} A}{M_{MP}} = \frac{S_{LP} A}{\sum_i^n M_{MP}^i} \tag{4.3-6}$$

式中　S_{MP}——全市客运道路投资交通承载强度（人公里/(万元·h)）；
　　　M_{MP}——全市客运道路投资（万元）；
　　　M_{MP}^i——第 i 交通小区全市客运道路投资（万元）；
　　　A——城市建设用地面积。

4.4　路网规划效率评价指标的基本作用

4.4.1　路网效率评价指标间的基本关系

前面提到了 4 个路网效率评价指标。现在需要讨论这些指标与原有路网规划技术指标之间的关系及指标的基本应用。路网饱和度是衡量路网设施配置与城市布局是否协调的主要指标；城市建设用地交通承载强度反映了全市或某一区位配置的交通设施的最大通行能力；设施投资交通承载强度则反映了全市或某一区位配置的交通设施的投入成本与通行能力的关系；交通用地交通承载强度则反映了交通用地比例与路网通行能力的关系。后三个指标是路网设计好坏的主要评价指标，是对同一问题的不同侧面的反映。原有的路网规划技术指标一般包括路网密度、路网间距、道路连通度、道路等级结构等。这些指标是路网规划的基本指导依据与统计结果，但没有建立路网规划与路网通行能力之间的基本关系。

而新的路网运输效率评价指标可以提供这些数据，即花多少钱、用多少地提供多大的通行能力，完成多少客货运任务。

城市建设用地交通承载强度、路网饱和度、城市建设用地交通需求强度建立了城市用地布局与交通设施配置的基本关系。传统综合交通规划需要设计一个比较确定的道路网，而城市建设用地交通承载强度、路网饱和度、城市建设用地交通需求强度概念的确立可以将综合交通规划与具体的路网规划在一定程度上剥离。只需要假定每个交通小区之间有一条道路①联系在一起就可以了，然后借助计算机对交通流量进行分配，可以得到每个交通小区所需要承担的交通需求强度。根据这一小区的具体交通设施布置就可以得出城市建设用地交通承载强度，求出该小区的路网饱和度。根据路网模式、交通结构预先计算交通小区的城市建设用地交通承载强度，该值存在合理的取值范围。城市路网能否与城市用地布局匹配就演变为单个交通单元的路网饱和度求取，符合要求则可行，否则就需要调整城市布局结构或调整局部与整体的交通结构或设施配置。

4.4.2 路网运输效率评价指标与传统技术指标的基本关系

设城市某一用地范围（编号为 X）内有 j 种交通方式，该用地的面积为 F^x（km²）。该用地范围单位时间可以完成的客运任务为 P^x，单位为人公里/h，i 交通方式单位时间完成的任务为 P_i^x，单位为人公里/h。那么下列公式成立：

$$P^x = \sum_{i=1}^{j} P_i^x \qquad (4.4.2-1)$$

该交通方式在该范围内某一时段内所有 k 个路段每小时完成的客运周转量 P_{iq}^x 之和也就等于 P_i^x。设 i 交通方式的 q 路段断面实际通行能力为 M_{iq}^x（人/h）。该路段的车速为 V_{iq}^x（km/h），每车道宽度为 W_i^x（m），每车占据的道路长度平均为 L_{iq}^x（m），那么每车占用的道路空间 A_{iq}^x（m²）$= W_i^x \times L_{iq}^x$（图 4-4），设每车实际容纳人数平均为 n_{iq}^x（人/车），每小时通过的车辆数为 N_{iq}^x（辆/h），那么 $L_{iq}^x = V_{iq}^x / N_{iq}^x$。设该路的路段长度为 L_i^x。该路每车道单位时间完成的客运周转量 $P_{iq}^x = N_{iq}^x \times n_{iq}^x \times V_{iq}^x = [(L_i^x \times W_i^x)/A_{iq}^x] \times n_{iq}^x \times V_{iq}^x = [(L_i^x \times W_i^x)/(W_i^x \times L_{iq}^x)] \times n_{iq}^x \times V_{iq}^x = [L_i^x/L_{iq}^x] \times n_{iq}^x \times V_{iq}^x = [L_i^x/(V_{iq}^x/N_{iq}^x)] \times n_{iq}^x \times V_{iq}^x = L_i^x \times N_{iq}^x \times n_{iq}^x$。该路每车道单位道路面积单位时间完成的客运周转量 $S_{iq}^x = P_{iq}^x/(W_i^x \times L_i^x) = L_i^x \times N_{iq}^x \times n_{iq}^x/(W_i^x \times L_i^x) = N_{iq}^x \times n_{iq}^x/W_i^x = M_{iq}^x/W_i^x$（人/(m·h)），该单位的物理意义等同于人公里/km²·h。可见对于某种交通方式来讲，每米宽度的通行能力就是这种交通方式与其他交通方式进行交通效率比较的关键数值。

对于整个研究范围来讲，i 交通方式每小时完成的运输任务 P_i^x 为：

$$P_i^x = \sum_{q=1}^{k} (L_i^x \times N_{iq}^x \times n_{iq}^x) \qquad (4.4.2-2)$$

设该交通方式所有车道的路网密度为 δ_i^x（km/km²），那么：

---

① 这条路相当于一组道路，可在后续规划中进一步完成道路组的规划设计任务，这样可以将较多的时间精力用于战略方案的选择上。

$$\delta_i^x = \frac{\sum_{q=1}^{k} L_i^x}{F^x} \qquad (4.4.2-3)$$

设 i 交通方式的所有路段断面平均实际通行能力为 $M_{i\text{平均}}^x$（人/(车道·h)），那么：

$$P_i^x = M_{i\text{平均}}^x \times \delta_i^x \times F^x \qquad (4.4.2-4)$$

设 i 交通方式在该区每平方公里用地内所完成的交通承载强度为 S_i^x（人公里/(km²·h)），那么：

$$S_i^x = P_i^x / F^x = M_{i\text{平均}}^x \delta_i^x \qquad (4.4.2-5)$$

对于所有交通方式来讲，该研究范围的城市建设用地交通承载强度为：

$$S^x = \sum_{i=1}^{j} S_i^x = \sum_{i=1}^{j} (M_{i\text{平均}}^x \times \delta_i^x) \qquad (4.4.2-6)$$

i 交通方式的交通用地比例 $R_i^x = \delta_i^x \times W_i^x$，那么上式可改写为：

$$S^x = \sum_{i=1}^{j} S_i^x = \sum_{i=1}^{j} M_{i\text{平均}}^x \times \delta_i^x = \sum_{i=1}^{j} \left(\frac{M_{i\text{平均}}^x}{W_i^x} R_i^x \right) \qquad (4.4.2-7)$$

式中 R_i^x——X 小区 i 交通方式的道路用地比例；

$M_{i\text{平均}}^x$——X 小区 i 交通方式的平均通行能力；

W_i^x——X 小区 i 交通方式的一条车道的宽度。

式 (4.4.2-7) 表明城市建设用地的交通承载强度主要与交通用地比例有关，与该交通方式在该区的平均断面通行能力有关。对于某一城区，交通用地比例越大（在一定数值范围内），高效交通方式占的比例越高，不同交通方式之间的干扰与交通方式的内部干扰越小，该城区的城市建设用地交通承载强度就越高。

4.5 路网运输效率评价指标的应用

4.5.1 交通设施基本造价、交通设施占地与路网规划模式的合理选择

（1）交通设施基本造价与街道的公共空间功能决定了平交路网应当成为城市道路的主要组成部分

高架路每平方米的造价（不考虑拆迁费用）约为地面城市道路的十多倍。采用红绿灯控制的平交路网体系的道路通行能力约为理论通行能力的一半，而高架与立交体系可以使道路的通行能力接近理论值。

从城市用地开发的角度来看，任何用地必须与城市街道相联系。立交体系属于连续快速运输体系，如果行人、自行车与这一体系平交，将非常危险。这里假想建设一个全立交的机动车路网体系。首先立交之间的距离不能太近，否则车流难以实现交织。假定立交之间的距离至少按1km考虑（合理取值见第6章），立交匝道与引桥长度按150m考虑，那么交叉口之间可用于与其他道路衔接的部分为700m。如果在700m之间再建设平交路口，那么立交体系的效率就会下降一半，得不偿失。那么立交体系只有通过匝道与城市用地相连，两侧再安排城市用地。这些用地的沿街面长度应至少与目前所需要的沿街面一致，那

么至少还需要提供 2km/km² 的道路密度。这样总的路网密度为 4km/km²。虽然立交体系效率较高，但完成同样的客运任务，因为匝道、立交本身占地面积较大，其运输效率没有想像的那么高。而提供 2.5 倍车道密度的主干路体系也可以起到同样的作用，造价却低得多。但提供密度较小的快速路，却能起到在更大程度上节约道路用地的作用（立交与匝道在该体系中占的用地比例较小）。当城市用地紧张时，交通设施用地的浪费，也就意味着其他用地的不足。对于用地紧张的大城市、特大城市，或城市的某些区位，考虑用地短缺原因，往往选择高架与立交体系。但对于大多数情况来说，从道路设施造价与两侧的土地利用来讲，平交路网应当成为城市道路的主要组成部分。

（2）交通用地承载强度最佳决定了平交体系应当优选绿波交通组织

平交路网的交叉口需要采用信号灯控制，否则通行能力较低，也不安全。绿波交通可以协调不同交叉口，组成一组组的车队，这样可以减少交叉口延误，提高路网运输效率。绿波交通以缩短交叉口与路段延误为目标，这就要求交叉口、路段通行能力彼此协调，而且是绿波通行带内的通行能力协调。在绿波交通组织中，主体车队通过时的路段通行能力也就决定了这种交通组织方式在最小延误情况下的最大通行能力，即交叉口最大通行能力约等于进口车道数与车道最大通行能力乘积的一半。

事实上，即使采用平交体系，交叉口的通行能力也可以与路段最大通行能力匹配，比如高速公路收费口，但在交叉口进口段与出口段会形成两个大型侯驶区。本书将这种交叉口与路段组织方式称为非协调路段饱和模式。图 4-1 为本文要研究的这类交叉口模式平面布置与交叉口信号控制，图 4-2 为按绿波交通组织方式的平面布置与交叉口信号控制，通行能力计算见表 4-1、表 4-2。

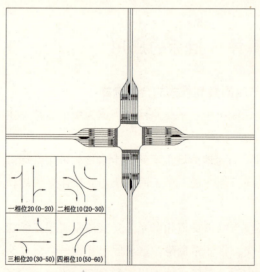

图 4-1 非协调路段饱和模式

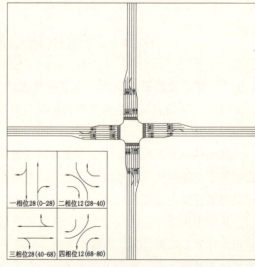

图 4-2 绿波交通组织方式

非协调路段饱和模式红绿灯周期按 60 秒考虑，每个进口周期到达车辆数为 120 辆，在绿灯放行时这 120 辆车可以一次通过。这些车辆是按先后顺序排队的，红灯期间车辆也连续不断地到达，平均每 2 秒到达 1 辆，这些车辆将平均等候 15 秒。过交叉口之后，由于路段出口通行能力不足,出口每2秒通过1辆车,这些车需要60秒才能疏散,平均每辆车延误15秒。显然由于该交叉口的存在,每车平均延误30秒。

绿波交通模式通行能力计算　　　　　　　　　　　　表4-1

东\西\南\北进口	左	直	右
车道数(条/进口)	1	2	1
基本饱和流量(pcu/h)	1800	3600	1650
非红灯时间(s)	12	28	80
有效灯时(s)	8	24	80
转弯半径修正系数	1	1	0.8
行人过街修正系数	1	1	0.5
车道宽度修正系数	1	1	1
大车修正系数	1	1	1
饱和流量(pcu/h)	180	1080	660

注:左直右比例按10%、80%、10%考虑。

非协调路段饱和模式通行能力计算　　　　　　　　　表4-2

东\西\南\北进口	左	直	右
车道数(条/进口)	1	3	1
基本饱和流量(pcu/h)	1800	3600	1650
非红灯时间(s)	10	20	60
有效灯时(s)	6	16	60
转弯半径修正系数	1	1	0.8
行人过街修正系数	1	1	0.5
车道宽度修正系数	1	1	1
大车修正系数	1	1	1
饱和流量(pcu/h)	180	1440	660

注:左直右比例按10%、80%、10%考虑。

如果采用交通设施承载强度进行评价,就可以得出这两种模式的优劣。假定交叉口间距为400m。非协调路段饱和模式在16km² 城市用地内,每辆车需占用90秒,运行400m,每周期通过120辆车,每小时完成2880车公里的周转量,占用11700m² 道路用地,交通用地交通运输效率为0.246车公里/(m²·h);协调的绿波交通组织在16hm² 城市用地内,每辆车需占用40秒,运行400m,每周期通过80辆车,每小时也完成2880车公里的周转量,占用13300m² 的道路用地,交通用地交通运输效率为0.216车公里/(m²·h)。显然前者的交通用地交通运输效率大于后者,约高出13%,但非协调模式的交通延误却很大。

从道路两侧用地的联系来看,非协调路段饱和模式的车流将道路两侧的用地截然分开,两侧的交通联系很难采用平面交叉方式。如果采用,行人过街将导致路段通行能力下降。绿波交通组织方式可以允许的路段中间二次过街,行人的步行速度按1.2m/s考虑,在不影响车道通行能力的情况下,每周期的行人实际可利用绿灯时间为20秒,每小时可以通过800～1000人以上。如果非协调路段饱和模式的路段中过街人数达到这一数值，每周期平均有9个人过街，平均步行速度按1.2m/s考虑，人行横道宽度按5m考虑，车行道宽度为7m，则至少占用5秒时间，那么机动车道每小时至少损失450秒机动车绿灯时间，路段通行能力下降为1575pcu/h，该模式的交通用地交通运输效率也就下降为0.215车公里/($m^2 \cdot h$)，略高于绿波交通组织。即使人们仅在交叉口过街，忽略非协调模式因此造成的通行能力降低，还应考虑两侧的用地车辆进出问题。由于绿波交通模式的路段约有一半时间空闲，这一问题很容易解决。而非协调模式则不能解决这一问题，如果要保持路段通行能力，所有的车辆均应禁止左转进出两侧的用地。那么左转车辆将不得不绕行，由左转变为右转，绕行距离约1200m，机动车的平均出行距离一般在7～10km以内。而左转进出地块的车辆约50%，造成的无效交通占总交通量的6%～8%以上，因此非协调模式的实际运输效率至少会下降6%～8%。

根据规范建议，干路路网密度的合理范围为2.0～2.6km/km²，干路间距约800～1000m，其间还存在次干路、支路、单位出入口。在这样的交叉口间距范围内，非协调路段饱和模式并没有优势可言。况且，对于路段为4～6车道的道路来讲，非协调路段饱和模式将导致交叉口尺度过大，行人过街困难，更不足取。因此绿波交通模式的交通用地承载强度、时间延误均优于非协调路段饱和模式，人们倾向于选择这种交通组织模式。

4.5.2 协调交通组织情况下的路网运输效率分析

（1）方格网道路

在绿波体系中，路段越长（交叉口间距越大），进口道饱和通行能力越大，所需要信号周期越长，绿信比越高。如果信号相位差按周期的一半考虑，则可以提供最大的路网密度。周期长短、交叉口间距会影响交叉口通行能力和路段通行能力。如果按交叉口距离与路段通行能力的关系式 $N_{路段}=f(L)$，根据绿波交通要求 $L=(T/2)\times V_{路段}$，那么就可以得求出城市建设用地交通承载强度与交叉口间距的表达公式。由式（4.5.2-1）可见，交通承载能力与交叉口通行能力成正比，与交叉口间距成反比。

$$S_{承载}=\delta_{机动车}N_{路段}=\frac{2nL}{L^2}N_{路段}=\frac{2nN_{路段}}{L}=\frac{N_{交}}{V_{路段}T} \qquad (4.5.2-1)$$

式中 $S_{承载}$——路网建设用地交通承载强度（车公里/($km^2 \cdot h$)）；

$V_{路段}$——线控路段设计车速（km/h）；

$\delta_{机动车}$——机动车道密度（条/km²）；

T——红绿灯周期（s）；

$N_{交}$——交叉口通行能力（辆/h）；

$N_{路段}$——红绿灯交通组织情况下的路段通行能力（辆/h）；

n——路段的单向直行车道数。

（2）矩形道路

设路网单元长宽比为 k（$k>1$），宽边长度为 a，那么路网密度为 $(1+k)/a$，显然 k 越大路网密度越大；横向车流的速度为 $ka/(T/2)$，纵向为 $a/(T/2)$。设纵横方向的绿灯灯时相同，每周期通过的车辆均为 N。在一个周期内 N 辆车在纵向走了距离 a，N 辆车在横向走了距离 ka。设这个交叉口的服务范围的用地面积为 A，那么 $A=ka^2$。则这块地的交通承载强度为：

$$\begin{aligned}
S_{\text{承载}} &= [(N \times k \times a/1000 + N \times a/1000)/(A/1000^2)]/(0.5T/3600) \\
&= 7.2 \times 10^6 \times N[(k \times a + Na)/A]/T \\
&= 7.2 \times 10^6 \times N[(k+1)a/A]/T \\
&= 7.2 \times 10^6 \times N[(k+1)(A/k)^{0.5}/A]/T \\
&= 7.2 \times 10^6 \times N[(k+1) \cdot k^{-0.5}/A^{0.5}]/T
\end{aligned} \quad (4.5.2-2)$$

式中 $S_{\text{承载}}$——交通承载强度（车公里/(km²·h)）；

$\quad\quad\quad N$——每周期通过的车辆（辆）；

$\quad\quad\quad k$——路网单元长宽比；

$\quad\quad\quad a$——路网窄边长度（m）；

$\quad\quad\quad A$——路网单元围合的用地面积（m²）；

$\quad\quad\quad T$——信号周期长（s）。

A 为定值，当 $k=1$ 时，$S_{\text{承载}}$ 最小；k（$k>1$）越大，$S_{\text{承载}}$ 越大。对于纵横交通量均衡的道路来讲，纵横交通强度相同，要求 $N \times ka = N \times a$，那么 $k=1$。但对于纵横不均衡的交通来讲，k 会大于 1。因此，不均衡的交通量与路网布局有利于提高路网承载强度。但即使对于不均衡的交通量，k 的取值也并非越大越好。由于最佳车速的变化范围为 30~60km/h，如果 k 达到 3，那么纵横车速之比为 3，则一个方向的速度为 10~20km/h，通行能力迅速下降，只能采用增加短方向的车道数的办法，将导致某一方向交通设施用地交通运输效率下降。因此矩形路网的长宽比不宜大于 3，最好为 1.0~1.5。这种矩形路网比较适合具有主导流向的交通需求。

4.5.3 单向交通组织的运输效率分析

虽然单向交通组织减少了交叉口的冲突点数量，有利于提高路网通行能力，但会造成一定程度的交通迂回。假定路网为方格网，路段车道数相同、交叉口进口段车道数相同，根据式（4.5.2-1），只要比较交叉口的通行能力就可以得出不同交通组织情况下的路网运输效率，再将计算得出交叉口通行能力折算为有效通行能力就可得出比较结果，判定单向交通的适用条件。

(1) 基本假设条件

假定在目的街区，从一个路口到其他路口的概率相同。在双向行驶条件下，进出地块的车辆在目的街区的平均距离为 4/3 路段长，组织单向交通时为 7/3 路段长。由于组织单向交通，出行者在出发街区与目的街区共增加 $\lambda L_{\text{街}}$（$L_{\text{街}}$ 为单向行驶街区的街区尺度，按方格网道路考虑）。设单行系统所涉及的车辆在单行系统内的平均出行距离为 $L_{\text{出}}$，当 $\lambda L_{\text{街}}/L_{\text{出}}$ 小于由于单行道提高的运输效率时，单向交通的运输效率才高于双向交通组织。

(2) 单向交通组织的设置条件分析

设路网间距为 $L_{\text{街}}$，且路网围合的街区内无次级道路连通街区外的道路。路段平均车速

为 V，单行系统所涉及的车辆在单行系统内的平均出行距离为 $L_{出}$，红绿灯周期为 T，左转比例为 $r_{左}$，右转比例为 $r_{右}$，直行比例为 $r_{直}$。现在为两相位信号灯组织，在交叉口已拓宽的情况下（进口道均为左直直右四个车道，无自行车干扰），目前出现交通阻塞，现提供如下方案：

方案1：延长两相位信号周期；

方案2：组织单行体系；

方案3：采用两相位信号周期左转绕街坊行驶；

方案4：采用四相位信号周期。

现在对四者的交通效率进行比较。由于交叉口间距一致，所以无论采取什么交通组织方式，交叉口间距对路段通行能力的影响为定值。现在以两相位信号灯组织为对比对象分析各自的优缺点。

①方案1：延长两相位信号周期

两相位信号灯交叉口的通行能力取决于左转与直行车道冲突点的通行能力。每周期会延误 $t_{误}$ 秒，包括司机反应时间、等候车辆加速过程延误的时间，一般为4秒。左转车的比例决定了左转与直行车道冲突点的通行能力，设该点通过的车辆为 $N_{冲}$，$N_{冲} = N_{左} + N_{直} = N_{左} \times (1 + 0.5r_{直}/r_{左})$，左转临界间隙取6秒，直行车头时距一般取2秒，那么 $2N_{直} + 6N_{左} = 3600$ 秒，则 $N_{左} = (1800 - N_{直})/3 = 600 - N_{左}(1 + 0.5r_{直}/r_{左})/3$，且 $N_{左} = 600/[1 + (1 + 0.5r_{直}/r_{左})/3]$，$N_{交有效绿灯} = N_{左}/r_{左} = 600/[1 + (1 + 0.5r_{直}/r_{左})/3]/r_{左}$。$N_{交2} = N_{交有效绿灯} \times (1 - t_{误}/T) = 600/[1 + (1 + 0.5r_{直}/r_{左})/3] \times a_{交}$。

②方案2：组织单行体系①

组织单行体系会导致绕行距离增加，设无效出行距离增加为 $L_{单无效}$。对于出发地与目的地均在该系统内的出行，平均增加长度为 $(23/12)L_{街}$，那么居民的出行距离增加为 $L_{出} + (23/12)L_{街}$；如果只有一端需要进入街区内部则增加的出行距离为 $L_{出} + (7/4)L_{街}$。如果出发地与目的地均不在该系统内，那么来回两次的平均绕行距离为 $L_{街}$，绕行点位于系统边缘。设目的地在系统内的出行占总出行的比例为 $r_{内}$。交叉口的通行能力可达到 $N_{交单} = 8 \times 900 \times (1 - t_{误单}/T) \times a_{交} = 7200(1 - t_{误}/T) \times a_{交}$，有效通行能力为 $N_{交单效} = N_{交单} \times [L_{出}/(L_{出} + r_{内}L_{单无效})]$。

③方案3：采用两相位信号、左转绕街坊行驶

如果组织左转车辆绕街坊行驶，那么左转车辆会增加出行距离，设为 $L_{2无效}$，对所有车辆来讲，平均增加的无效出行距离为 $r_{左} \times L_{2无效}$。这个交叉口的有效通行能力为 $N_{交2左绕} = [8 \times 900 \times (1 - t_{误}/T) \times a_{交}] \times [L_{出}/(L_{出} + r_{左} \times L_{2无效})]$。$L_{2无效}$ 最大为 $4L_{街}$，如果附近有支路可用，一般为400~600m，这里按 $L_{街}$ 考虑。

④方案4：采用四相位信号周期

采用四相位信号灯也可以提高交叉口通行能力。这个交叉口的左、直车道数比值为1:2，那么左转有效灯时与直行有效灯时的比值为 $2r_{左} : r_{直}$。每周期延误时间为 $t_{误交4}$。那么，$T/2 = t_{左绿效} + t_{直绿效} + t_{误交4}/2 = t_{直绿效} \times (1 + 2r_{左}/r_{直})$，$t_{直绿效} = (T/2 - t_{误交4}/2)/(1 + 2r_{左}/$

---

① 该组织模式与第7章第6节的路网组织模式6相同。

$r_直$)。左转车头间距与直行车头间距均为2秒，那么交叉口的通行能力 $N_{交4} = a_交 \times (t_{直绿效}/r_直) \times (3600/T) \times 4 = a_交 \times (14400/T) \times \{[(T/2 - t_{误交4}/2)/(1 + 2r_左/r_直)]/r_直\}$。

那么方案1、2、3、4的交叉口有效通行能力为：

$$N_{交2} = N_{交有效绿灯} \times (1 - t_误/T) = 600/[1 + (1 + 0.5r_直/r_左)/3] \times a_交 \qquad (4.5.3-1)$$

$$N_{交单效} = 7200(1 - t_{误单}/T) \times [L_出/(L_出 + r_内(4/7L_{单无效}) + (1 - r_内) \times 7L_{单无效})] \times a_交 \qquad (4.5.3-2)$$

$$N_{交2左绕} = 7200(1 - t_{误交2左绕}/T) \times [L_出/(L_出 + r_左 \times L_{2无效})] \times a_交 \qquad (4.5.3-3)$$

$$N_{交4} = (14400/T) \times \{[(T/2 - t_{误交4}/2)/(1 + 2r_左/r_直)]/r_直\} \times a_交 \qquad (4.5.3-4)$$

设 $e_{交4} = N_{交4}/N_{交单效}$，$e_{交2左绕} = N_{交2左绕}/N_{交单效}$，$e_{交2} = N_{交2}/N_{交单效}$，如果三个数值均小于1，则应当选择单行系统，如果有大于1的，那么哪个数值大就选择哪种组织方式。现在需要讨论上述公式中各量的取值。$t_{误单}$取6秒，$t_{误交2左绕}$取8秒，$t_{误交4}$取12秒，V取36或30km/h。计算结果表明，$r_左$越大，$L_出$越大，$r_内$越小，越适合组织单行交通。$r_左$取值范围为0.1~0.2，$L_出$取2~4km。

单行区往往位于中心区附近，用地开发强度大，吸引力大，考虑该市的面积为150km²。图4-3为在单行区内平均出行距离为4km，车速为36km/h的情况，左转比例为0.2时，不同交通组织方式与路网间距的关系。可以调整各数据得表4-3。由表4-3可见，单行交通系统应当在交叉口间距较小，左转比例较高，穿越交通较多的情况下选用，且路网间距一般不大于250m（路网密度宜大于8km/km²）。但伴随交叉口间距减少，交叉口对路段的通行能力影响加大，最小路网间距一般不小于150m。那么适合组织单向交通的路网间距为150~250m，最大不宜超过300m。而单向交通使本区范围内居民的出行效率有所降低，从一定程度上来讲有失公平。因此，对于某几个交叉口的堵塞，在红绿灯周期不长的情况下，应首先延长红绿灯周期；但如果车速较低，周期已经较长，应优选左转绕街坊行驶；如果堵塞区域很大，路网较密，穿越交通较大，则宜选取单行系统；如果某一方向路网较密，穿越交通较大，那么可以选择对称道路，组织单行体系。

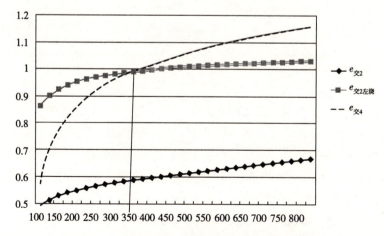

图4-3 不同交通组织方式的运输效率与路网间距的关系
注：平均出行距离为4km，车速36km/h，左转比例0.2。

在不同情况下选取单向交通体系的最大路网间距 表4-3

$r_{左}$	$L_{出}$ (km)	V (km/h)	$L_{街}$ (m)
0.2	4	36	<375
0.15	3	36	<275
0.2	4	30	<250
0.1	3	36	<225
0.15	3	30	<250
0.1	3	30	<225
0.1	2	30	<200

4.5.4 不同交通方式的运输效率比较

根据路网运输效率概念可以对不同交通方式进行交通运输效率比较，为交通结构优化奠定技术支撑。由于路网中的全面比较会因为外部条件的差异而具有较大的变动，这里仅就不同交通方式的路段运输效率进行讨论。不同交通方式的运输特性见表4-4。

不同交通方式的运输特性 表4-4

交通方式	运量（人/h）	运输速度（km/h）	道路人均占用面积（m²/人）	特点
自行车	2000	10~15	6~10	低成本，无污染，灵活
小汽车	3000	20~50	10~20	高成本，投入大，污染较重
常规公交	6000~9000	20~50	1~2	成本低，投入少，人均资源消耗和环境污染小
轻轨	10000~30000	40~60	高架轨道：0.25 专用道：0.25	建设和运营成本较高，运输成本较低，能源和环境污染小，运输效率高
地铁	30000以上	40~60	不占用地面面积	建设和运营成本较高，运输成本较低，能源和环境污染小，运输效率高

资料来源：陆化普等. 城市交通管理评价体系[M]. 北京：人民交通出版社，2003：132.

根据前文分析，单位道路断面宽度上单位时间内通过的人数就是某交通方式的路段交通运输效率。现在就用这一概念对我国目前常用的交通方式进行比较，并采用表4-4的通行能力进行计算。经单位转换，可以得到单位人公里客运周转量消耗的道路时空资源，计算结果见表4-6。表4-5是印度的道路交通数据分析结果。规范讲解材料指出："根据城市中各种交通方式的动态空间占用面积比较，10辆自行车与2辆小汽车与1辆载客90人的公交车相当"，每客公里占用的动态空间比值为9:30:1。表4-5与规范中使用的单位为人/m²。但自行车、公交、小汽车的运输速度并不相同，而且即便是采用人/m²的单位，表4-5与规范讲解材料的差异也较大。

各种车辆的能源利用率与空间利用率　　　　　　　　　　表 4-5

交通方式	以公共汽车乘客所占的空间为1，各种车辆所占的道路空间的相对值	以公共汽车乘客运送一个客公里的能耗为1，各种车辆能源消耗相对值
常规公交	1.0	1.0
小汽车	4.7	4.0
两轮摩托车	5.0	1.6
自行车	7.5	—

资料来源：陆化普等．城市交通管理评价体系［M］．北京：人民交通出版社，2003：132．

本书的交通设施用地运输效率与时空占用计算结果　　　　　表 4-6

交通方式	交通设施用地运输效率（人公里/(m²·h))	以公共汽车乘客所占的空间为1，各种车辆所占的道路空间的相对值
自行车	1.71	2
小汽车	0.86	4
常规公交	1.71~2.57（2.5~3.4）	1（取最大值）
轻轨	—	—
地铁	—	—

注：括号内包括夹杂在公交之间的小汽车；括号外前面为公交专用道。

（1）本文采用本章的交通运输效率分析方法进行分析（图 4-4）

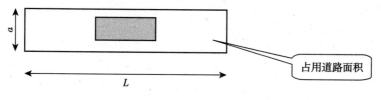

图 4-4　运输单元占用的道路面积

①对于自行车（每小时 2000 人次/车道），通行能力 $Q = 2000$ 辆/h，车速 $v = 15$km/h，宽度 $b = 3.5/3 = 1.16$m，长度 $L = v/Q = 7.5$m，每车人数 $n = 1$ 人，这个单元每小时完成 $M = nv = 15$ 人公里。交通用地运输效率 $= M/(a \times L) = nv/(a \times v/Q) = nQ/a = 1.71$ 人公里/$(m^2 \cdot h)$。

②对于小汽车（每小时 3000 人次/车道），通行能力 $Q = 1800$ 辆/h，车速 $v = 48$km/h，宽度 $b = 3.5$，长度 $L = v/Q = 26.7$m，每车人数 $n = 1.67$ 人，这个单元每小时完成 $M = nv = 72$ 人公里。交通用地运输效率 $= M/(a \times L) = nv/(a \times v/Q) = nQ/a = 0.86$ 人公里/$(m^2 \cdot h)$。

③对于公交车（公交专用道每小时 3 万人次/车道），通行能力 $Q = 333$ 辆/h（考虑多站台），车速 $v = 48$km/h，宽度 $b = 3.5$m，长度 $L = v/Q = 144$m，每车人数 $n = 90$ 人，这个单元每小时完成 $M = nv = 4320$ 人公里，交通用地运输效率 $= M/(a \times L) = nv/(a \times v/Q) = nQ/a = 8.57$ 人公里/$(m^2 \cdot h)$。

④对于公交车（公交每小时 9000 人次/车道，每小时发 100 车次，$Q_\text{公} = 100$ 辆/h，一辆公交换算为于 2 辆小汽车，小汽车通行能力为 1600 辆/h），通行能力 $Q = 1800$ 辆/h，车速 $v = 48$ km/h，宽度 $b = 3.5$，长度 $L = 2v/Q = 53.4$ m，每车人数 $n = 90$ 人，这个单元每小时完成 $M = nv = 4320$ 人公里，公交交通用地运输效率 $= M/(a \times L) = nv/(a \times 2v/Q) = nQ/2a = 25.7$ 人公里/$(m^2 \cdot h)$；小汽车交通用地运输效率 0.86 人公里/$(m^2 \cdot h)$；整条道路 $= (3.5 \times 26 \times 26.7 \times 1600 \times 0.86 + 3.5 \times 26 \times 53.4 \times 100 \times 25.7)/(1800 \times 3.5 \times 26 \times 26.7) = (1600 \times 0.86 + 2 \times 100 \times 25.7)/1800 = 3.62$ 人公里/$(m^2 \cdot h)$；公交与小汽车完成的客运周转量比值 $= 3.73 : 1$。

不同交通方式的交通用地运输效率比为：

自行车:公交专用道:混合:小汽车 $= 2 : 10 : 4 : 1$

每客公里占用动态空间的比值为：

自行车:公交专用道:混合:小汽车 $= 2 : 0.4 : 1.0 : 4$

（2）法国学者的计算方法如下[4]：

城市空间消耗（USC，单位：$(m^2 \cdot h)$/人）的数学公式：

①停车时的城市空间消耗

$$USC_p = \frac{Sh}{n} \tag{4.5.4-1}$$

式中 USC_p——停车时的城市空间消耗（$(m^2 \cdot h)$/人）

　　　S——用于停车的空间（m^2）

　　　h——停车时间（h）

　　　n——使用中平均每年服务人数（人）

②通行时的城市空间消耗

$$USC_T = \frac{WL}{F(s)\,n} \tag{4.5.4-2}$$

式中 USC_T——通行时的城市空间消耗（$(m^2 \cdot h)$/人）

　　　W——车道宽度（m）

　　　L——出行长度（m^2）

　　　$F(s)$——平均车速时的理想车流量（pcu/h）

　　　n——平均每车乘坐人数（人）

③城市空间消耗（USC）总和

$$USC = USC_T + USC_p \tag{4.5.4-3}$$

计算结论见表 4-7。

计算表明差异主要表现在自行车上。很难想像自行车每完成 1 客公里客运周转量所占用的道路空间比小汽车大。如果是这样，如果将我国的自行车道转为机动车道，机动化反而会减轻我国城市的交通压力。某些学者还认为，目前的自行车道全天利用率较低。本书也承认这一点。因为自行车主要是上下班代步工具，而机动车则承担了非高峰的大量业务出行,所以非高峰期间利用率较高。但如果私人汽车增加,汽车作为上班交通工具的比例大增,其非高峰期间利用率将与目前的自行车差不多。表4-5的引用数据可能导致人们刻意排挤自行车交通,对解决我国的交通问题十分不利。

巴黎在交通设施理想容量下 5km 出行人均 USC（m^2/h） 表 4-7

交通方式		停车时的 USC	通行时的 USC	USC 合计
私人小汽车 （1.25 人/辆）	上班 9 小时	72	18	90
	休闲 3 小时	24	18	43
	购物 1.5 小时	12	18	30
自行车	上班 9 小时	13.5	7.5	21
	休闲 3 小时	4.5	7.5	12
	购物 1.5 小时	2.3	7.5	10
公共汽车 （50 人/辆）	无优先通行权	0	3	3
	公交专用道 （60 辆/h）	0	6	6
	公交专用道 （30 辆/h）	0	12	12
轻轨（3000 人/h）		0	6	6
地铁（30000 人/h）		0	1	1
郊区铁路（30000 人/h）		0	1.5	1.5

资料来源：李芳译. 大都市地区的城市结构评价——根据交通方式的优先度或私人小汽车使用的水平 [J]. 国外城市规划. 1994（1）：10.

不同交通方式道路时空占用计算结果比较 表 4-8

交通方式	本文计算	法国计算	印度统计
自行车	2	2	7.5
小汽车	4	6	4.7
常规公交	1	1	1
公交专用道	—	2/4	—
轻轨	—	2	—
地铁	—	0.15	—

注：以公共汽车乘客所占的空间为1，各种车辆所占的道路空间的相对值。

另外由于机动车道与自行车道的路基不同,从交通设施的建设投资效率来看,自行车具有较大优势。而且自行车交通的速度底、噪音小,可以和居住区内的道路融为一体,也就是说自行车可以起到将街坊内道路转化为城市道路的作用,那么可用于城市交通的用地面积会大幅度增加。可以将自行车排斥在城市主干路体系之外,但必须组织完善而连续的自行车路网体系,否则得不偿失。俞孔坚提出城市景观基础设施建设的11大战略,建设非机动车绿色通道就是其中之一，并对这一体系的建设提出了多种建议。[5]这是应当建设独立非机动车体系的另一论证。

4.6　本章小结

本章采用交通承载强度概念建立了路网运输效率评价体系，并对高架路体系、快速路体系、干路体系、城市路网应采用的主要路网形式（矩形、方格路网）在绿波交通组织情况下的路网运输效率进行了讨论，分析了单行路网体系的适宜路网间距及适用条件，对不同交通方式的路段运输效率进行了比较，为后面的路网模式评价提供了技术支持。将路网结构体系的研究重点锁定在平交协同控制路网体系内。实现机非适度分流，减少二者之间的相互干扰，构建多种交通方式协调共存的路网体系是下一步的主要工作内容。

参考文献

[1] 城市规划编辑部. 北京宣言：中国城市交通发展战略研究［J］. 城市规划，1996（4）.

[2] 陈春妹. 路网容量研究［D］. 北京：北京工业大学博士论文，2002.

[3] 陆化普等. 城市交通管理评价体系［M］. 北京：人民交通出版社，2003.

[4] 李芳译. 大都市地区的城市结构评价——根据交通方式的优先度或私人小汽车使用的水平［J］. 国外城市规划，1994（1）.

[5] 俞孔坚，李迪华. 城市景观之路——与市长们交流［M］. 北京：中国建筑工业出版社，2003.

5

交通协同控制的基本规律认识

根据第4章的论述，协同控制的平交系统是城市路网的必然选择。充分认识交通协同控制体系的基本规律有助于构建高效的路网体系。基本协同方式包括线控与面控两种，本章对其基本运行规律展开分析。

5.1 灯控平交体系的基本规律认识

5.1.1 极少连续转向

在路网体系中，一般连续左转或连续右转的车辆较少，即使有，也多发生在交叉口附近的转入目的地，否则这些车辆会返回原地或就地转圈。左转加右转或右转加左转的转向组合比例极小，因为在方格网的道路体系中，一般只需一次转弯就可以到达目的街区。所以相邻交叉口极少出现连续转向的车辆，直行与一次转向的组合最多。其他路网体系也具有这一特点。

5.1.2 插队优先

对于灯控系统，路段总有接近一半的时间空闲。路段两侧的用地可以不断向路段输送车辆，这些车辆总是夹在前后两个车队之间。如果该车队进入该路段附近用地的车辆与离开的车辆数量相同，则车队排在最后的车辆连续通过的可能性大；如果较少，车队中原有车辆在队列中位置则会后移，可能被挤出绿波通行带。也就是说车队最后车辆能否顺利通过交叉口是由两侧用地进入车队车辆与离开车辆的差值决定的，即由这段道路两侧用地引起的车辆净增量决定。这样就不断发生插队现象，车辆在整条道路上的排队顺序不断变化，两侧用地的插队车辆不断挤排后来车辆，这种现象称为插队优先。[①] 由于存在这一现象，路段车流密度可能不断增加，以至拥塞。

5.1.3 木桶定律

木桶原理（短板效应）是指形成木桶的最低的木条决定了木桶最多能装多少水。道路体系也是如此，道路系统的薄弱环节决定了道路的最大通行能力。上一路段输入量—交叉口进口输入量—交叉口出口输出量—下一路段输入量类似于河道的上下游关系，哪一个环节不能及时排水，都会出现水位上涨。薄弱环节决定了路网的最大通行能力。

5.1.4 车队离散

交通信号将驶离交叉口的车流分割成一段一段的车队，而车队中每辆车的速度又各不相同，往往前车较快后车较慢，车队在向下游的行驶过程中变得越来越长，这种现象叫作"车队散布"（图5-1）。定量描述车队散布规律是信号灯协调控制的关键技术。有许多学者倾注了很大的热情研究车队的散布模型，刘灿齐、杨佩昆运用流体动力学模拟理论微观

---

① 这里的插队优先具有特殊的含义，是符合交通规则的驾驶行为。

地分析了车队在信号灯交叉口的排队队长的变化特性[1],并以此为基础,研究车队散布中的密度变化规律,提出密度散布模型,将该模型用于推导散布车队尾部在下游信号灯被截车辆数的数学表达式。

$$A(d,t) = \begin{cases} \dfrac{3d}{80} - 1.5t & 0 \leqslant t \leqslant \dfrac{d}{40} \\ 0 & t > \dfrac{d}{40} \end{cases} \quad (5.1.4-1)$$

式中 d 为交叉口间距(m)。上游交叉口在 0 时刻开始为绿灯,下游交叉口在 t 时刻开始为绿灯。很明显,伴随交叉口间距的增加,车队离散度越大,被截留的车辆数增加。如果交叉口通行能力低,必然导致绿灯期间交叉口出口路段饱和度低,车头间距大,那么车辆加速、超车的

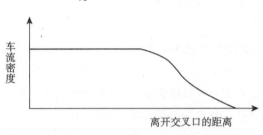

图 5-1 车流密度随离开交叉口的距离的变化

可能性大,因而越具有离散的可能性。路段越长,车队离散程度越大。车队离散是车流密度低、路段过长、车辆快于绿波带速造成的。若车队离散过大,绿波交通就会失去作用。

5.1.5 信号灯周期与交叉口通行能力增幅递减、延误递增规律

在单点信号交叉口,对于随机到达的车辆,如果交叉口未达到饱和,其平均延误时间略小于信号周期的 1/4。在相位转换的时候,相位之间必须存在绿灯间隔。如果没有,先前放行车队的尾车就可能与后面放行车队的头车相撞。对于一定的交叉口平面布置,由于相位转换造成的交叉口延误为定值,数值大小与交叉口的相位配置有关。一般当交叉口信号周期长于 120 秒时,通行能力提高缓慢,而延误增长很快。[2] 因此依靠增加交叉口周期长度来增加交叉口通行能力的作用是有限的,所以交叉口的红绿灯周期一般应小于 120 秒。

5.2 绿波协同体系的基本规律认识

5.2.1 相位与周期协调

为了实现绿波组织,必须错开纵、横道路车队的到达时间。如果在横向车队通过交叉口之后,纵向车队刚好到达,则实现了绿波协同。对于方格网道路,纵横方向的绿灯时间之和等于周期长减去绿灯间隔时间。临近交叉口的相位差应由车流密度决定的路段行驶时间确定。各方向的绿信比与各自的交通量、道路性质、等级有关。对于流量、间距基本一致的路网,相邻交叉口的相位差最好为红绿灯周期的一半。如果路网间距相差较大且没有规律,一般很难组织绿波交通。在线控与面控系统中,各交叉口的红绿灯周期应当一致,并且往往采用合理配时后的最长信号周期作为控制系统的

周期长度。[3]

5.2.2 归队原则

绿波将车辆分隔成组，如果能够有效分组，那么纵向与横向车队就可以在交叉口将时间错开，不停歇地通过。理想状态就是：纵向车队刚一离开交叉口，横向车队马上到达交叉口，横向车队一离开，纵向车队马上到达。这样交叉口就可以在不同方向车队的连续行驶过程中发挥最大效率。但总会有车辆随机出现在路段上，这些车辆必须进入绿波车队，才能连续不停歇地行驶。这些车辆可以在路段归队，也可以在交叉口归队，其时间延误与归队位置无关，平均为1/4周期。根据极少连续转向规律，转向车辆往往来自上游的直行车队，左转与右转车辆在通过该交叉口后，往往赶不上另一条道路上的直行车队，那么将在下一交叉口平均等候约1/4周期的时间。这些车辆在过交叉口之后，只要有足够的候驶区、适合的周期长度，便不至于排到上游交叉口，并能有合适的时间在下游交叉口该方向的绿灯灯时开始之前抵达候驶车队尾部，那么交叉口的交通供应能力就可以得到保证，且不会出现二次停车。

5.2.3 双向空档递减规律

穿越空档是路段某一位置一个方向或两个方向容许车辆或行人通行的时间长度（s）。根据归队原则，在路段中间设置协调的红绿灯，对主路基本没有影响。两个方向均为空的一次穿越空档用 t_1 表示。对于完全协调的绿波交通体系（方格网道路），设交叉口间距为 L，相交道路的绿信比相同。一次穿越的时间随离开交叉口距离的增加而减小（图5-2）。设离开距离为 L_1，那么：

$$t_1 = [1 - L_1/(L/2)] \times (T/2) - t_{误} \quad (5.2.3-1)$$

式中 t_1——路段上的一次穿越空档（s）;
  L——主路交叉口间距（m）;
  L_1——距主路交叉口的距离（m）;
  $t_{误}$——启动延误与清场时间（s）;
  T——红绿灯周期（s）。

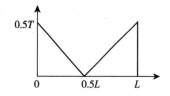

图5-2 双向交通穿越空档分布

5.2.4 单向空档一致

对于单向交通来讲，在任何位置的一次穿越街道的时间空档均接近半个周期。对于双向行驶的道路，如果行人二次过街，也是如此。从一侧到路段中间或穿越单向道路的容许穿越时间为：

$$t_2 = T/2 - t_{误} \quad (5.2.4-1)$$

式中 t_2——路段上的一次穿越空档（s）;
  $t_{误}$——启动延误与清场时间（s）;
  T——红绿灯周期（s）。

这是单向交通优于双向交通的突出特点之一，为慢速交通穿越干路提供了有利条件。

5.2.5 相位尽量最少

在相位转换时，必然存在最小绿灯间隔时间，否则会在交叉口出现交通冲突，容易发生交通事故，导致交叉口秩序混乱，通行能力降低。增加相位也就意味着绿灯间隔时间的总量增加和交叉口总延误时间的增加。王炜教授指出"具有简单的两相位的交叉口，有利于采用线控制，设有多个左转相位的交叉口则不利于线控制"[3]。

5.2.6 单向交通线控效果分析[4]

在采用线控制的情况下，单向交通不会因为交叉口间距的不等产生问题，很容易根据交叉口间距安排绿灯时间起步差。绿灯时间可以充分利用，从而增加"绿波通行带"的宽度，因此线控效果优于双向交通。

5.3 公交运行协同性分析

公交运行与社会车辆运行的最大差异在于公交存在停站时间，间歇行驶，而社会车辆为连续行驶。如果使红绿灯周期与公交每站之间的运行时间和停站时间之和等于或小于交叉口的红绿灯周期，公交也可以实现直行方向的协同性，停站时间使公交在绿波头部与尾部之间变动（图 5-3a，图中粗实线表示公交的行驶情况）。也应当看到，对于多相位交叉口，直行方向的绿灯长度相对较短（图 5-3b，公交的容许停靠站时间长度相差悬殊，不便于公交运行），这就增加了公交运行与多相位协同信号体系实现协调的难度。而对于单向运行的交通体系来讲，路段中间的相位差刚好为一个周期，符合公

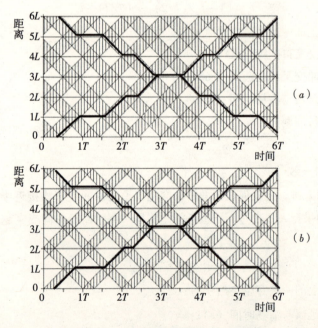

图 5-3 公交在绿波协同控制中的运行情况

交运行特点，为公交线路选择提供了新思路。为此，笔者运用vissim软件包建立了在单向交通体系中增加自行车专用道、公交线路的模型。模型单向路网的间距为300m（图5-4），红绿灯周期为60秒。公交的停站时间按20秒上下浮动2秒考虑，公交的期望行驶速度按35～40km/h考虑，公交运送速度的模拟值大于18km/h。模拟显示的运行状况与最初设想取得了高度一致。图5-5对单向

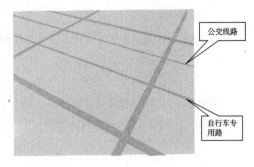

图5-4 单向交通与公交线路布置模拟

交通情况下增加公交专用路或自行车专用路的通行情况进行了分析。在图5-5中图 a 所示路网模式下，路网间距按400m考虑（单向干路之间，图 a 中的虚线表示双向公交、自行车专用路，实线为单向干路），红绿灯周期按70秒考虑，根据图 b 的分析，公交的运送速度为20.57km/h，自行车的速度为10.28km/h。

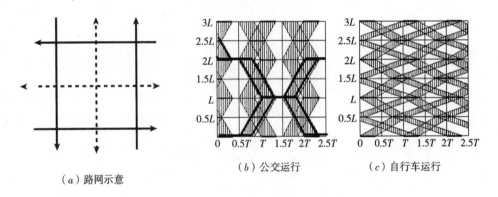

图5-5 单向交通中的公交与自行车专用路布置及其运行分析

由上述分析可见，从公交、单向交通的运行特性可以发现通过增加路网密度，借用支路体系构建公交专用系统、自行车专用系统的可行性。

5.4 本章小结

极少连续转向、散车归队决定了随机进入车辆延误时间与归队位置无关；相位协调决定了路网必须均匀有序；双向空档递减决定了增加支路的位置应当尽量接近交叉口；单向空档一致反映了单向行驶道路的可穿越时间的分布规律；插队优先表明绿波交通与红绿灯交通控制的局限性；木桶定律说明路网通行能力存在极限，突破薄弱环节是解决问题的关键；车队离散表明路段过长可以使绿波交通失效；相位最少定律决定了相位越少，绿波交通越有效；公交运行的协同规律与社会车辆之间的差异说明了公交运行与社会车辆之间存在矛盾，这一现象也同时为公交的线路组织提供了新的思路。

参考文献

［1］刘灿齐，杨佩昆. 车队密度散布模型及在车队截尾问题上的应用［J］. 中国公路学报，2001，14（1）.

［2］杨晓光. 城市交通设计指南［M］. 北京：人民交通出版社，2003.

［3］王炜. 城市交通管理规划指南［M］. 北京：人民交通出版社，2003.

［4］杨佩昆，张树升. 交通管理与控制［M］. 北京：人民交通出版社，2000.

6

合理路网密度确定

路网密度是城市路网的关键参数,该参数与交叉口间距密切相关。对交叉口合理间距的认识关系到路网密度的落实,我国路网密度偏低在很大程度上与规划人员对交叉口合理间距的认识有关。在回顾以往有关交叉口合理间距的不同观点和推理过程的基础上,本章从多个角度探讨合理的路网间距、合理的路网密度。

6.1 目前对交叉口最佳间距的认识

6.1.1 当前主要观点分析

(1) 国外一般观点

多数国家和地区对路网间距提出设计要求,主要反映在干路间距上。但各国采用的标准并不一致,例如荷兰规定在市区 800～1000m 范围内不准有穿越交通;丹麦哥本哈根的旧居住区把大约 700m 的用地范围以外的道路定为外部道路;德国慕尼黑根据绿波交通控制经验,建议干路间距以 700～1000m 为宜;前苏联城市规划规定改建区干路间距为 600～800m,新建区为 800～1200m[1];美国城市多采用方格路网,间距较近(包括支路),比如华盛顿、纽约,有的为 60～70m,有的为 100～200m(目前这些地区多组织单向交通);根据英国的经验,干路间距以 250～700m 为宜。[2]

(2) 国内一般观点

在我国,关于合理路网间距的观点也不一致。主要存在三类观点:

①小间距、高密度规划观点

这种观点一般认为通过加密路网可以更好地解决城市交通问题,比如文国玮[3]、赵晶夫[4]、杨佩昆[5]、徐循初[6]等学者。杨佩昆教授强调加大干路网密度,徐循初教授则在《城市道路交通规划设计规范》(GB50220-95)讲解材料中大力强调支路建设。笔者认为杨佩昆教授与徐循初教授的观点比较接近①。

②大间距、低密度规划观点

这一观点主要强调路段的车速与通行能力,期望通过稀而宽的路网体系解决交通问题,认为合理的干路网间距为 800～1200m,其间不再建设十字交叉的支路。比如周荣沾的《城市道路设计》[7]。

③含糊的规划观点

《城市道路与交通》、《城市规划原理》指出干路间距宜为 800～1000m[8][9],却没有说明这一数值的由来,在默认干路之间允许增加支路的同时,却没有说明支路与干路的衔接方式。而支路与城市干路的衔接方式对支路的作用影响较大,因此只能认为这是一种含糊的观点。同济大学主编的《全国注册城市规划师职业考试指南》建议的交叉口间距也具有含糊性。该书建议的快速路交叉口间距为 1500～2000m,城市主干路为 700～1200m,城市

---

① 对于不贯穿的支路(支路与干路为丁字路口),如果长度较短,这些支路只能起到集散道路的作用,与贯穿性长支路(与干路十字相交)的作用大不相同。如果支路较长,按双向4条机动车道考虑,其作用与次干路并没有明显差别。

次干路为 350~700m，一般道路为 150~250m。[10] 这里就会产生歧义，交叉口间距是指所有交叉口的间距还是指与自身等级一致的道路交叉口的间距，这些交叉口是十字型还是丁字型？如果指所有的交叉口，则属于低密度观点；如果不包括与次级道路的十字型交叉口，则可列入高密度观点之列。该书指出"根据城市建设的经验，大城市的道路网密度以 4~6km/km² 为宜。一般情况下，城市中心区的路网密度大一些，道路间距为 300~400m，密度为 5~6km/km²；市区中部次之，道路间距 500m 左右，密度为 4km/km²；边缘区最小，道路间距 600~800m，密度 3km/km²。"

6.1.2 规范中的观点冲突

上述观点在我国《城市道路交通规划设计规范》GB50220-95 的城市道路系统章节中也有所体现。规范说明明确提出支路的作用主要为"达"，并在 7.3.4 条指出"支路应与次干路和居住区、工业区、市中心区、市政公用设施、交通设施等的内部道路相连接"；在表 7.2.14-1 中明确表明支路与主干路、次干路可以采用红绿灯控制交叉口进行衔接。既然采用红绿灯控制，支路采用丁字路口与十字路口对主干路的影响应当差别不大，但表 7.4.2 并没有列出支路与主干路交叉口采用十字或 T 型交叉口衔接时的灯控交叉口通行能力。规范说明指出城市道路应当窄一些、密一些，但在规范建议的干路网密度却没有落实这一点①（表 6-1）。

根据《城市道路交通规划设计规范》GB50220-95 建议
大中城市路网密度计算得出的不同等级道路的路网间距　　　　表 6-1

道路级别	主干路	次干路	支路	干路合计	主次支合计
建议路网密度（km/km²）	0.8~1.2	1.2~1.4	3~4	2.0~2.6	5.0~6.6
交叉口间距（km）	1.6~2.5	1.4~1.6	0.5~0.6	0.8~1.0	0.3~0.4

注：根据规范要求的路网密度，按照方格网道路进行推算可以得出不同等级道路的路网间距。上述计算假定在方格网道路情况下，如果路网形式不同，区位不同路网间距应当有所不同。

6.1.3 目前主要的推理方法分析

综合国内外不同观点，合理干路网间距的跨越幅度为 250~1200m。关于合理路网（交叉口）间距，周荣沾、M·C·费舍里松、赵晶夫、杨佩昆对此做出了分析。另外还可以根据最佳公交线网密度进行推算，而其他观点多为经验值，有些并未说明资料来源。

（1）推理之一：交叉口间距与路段通行能力折减系数法

交叉口距离越近，那么路段通行能力越低。当交叉口距离无限长的时候，通行能力接近理论通行能力。这是很容易理解的常识。折减系数公式推导详见第 3 章式 (3.3.2-1)。

---

① 虽然城市路网未必为方格网，但至少会有一些城市是。在这些城市，如果干路间距达到 800~1000m，路网就可以满足规范建议的城市干路路网密度建议指标，从而导致干路网密度偏低。

M·C·费舍里松将该系数用于计算交叉口间距对干路通行能力的折减，并得出结论：当交叉口间距从200m提高到800m时，干路通行能力可以提高80%。并提出"在建筑密集的老区里，可以采用限制某些方向通行、只允许右转的措施提高干路通行能力"[1]（图6-1）。该书指出，考虑居民步行到达公交站点的时间不大于4~6分钟，且满足居民出行方便的一般要求，那么与此相适应的干道网密度为2.0~3.5km/km^2，相当于干路间距600~1000m。我国不少学者与城市规划教科书也认可这一间距（至少以前是）。目前，交叉口间距从200m提高到800m，路段通行能力可以提高80%的结论还应用于交通规划中对路段通行能力的计算。[11]

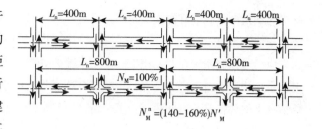

图6-1 提高干线道路通行能力的方法

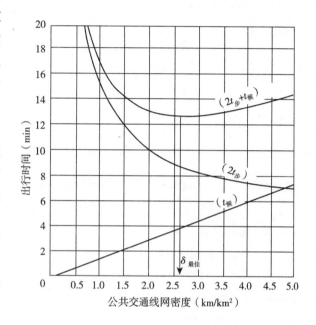

图6-2 最佳公交线网密度与步行时间、候车时间的关系

（2）推理之二：公交最佳线网密度法与最佳站距法

根据城市公共汽（电）车的运行速度和步行速度可以求出城市公交线路网的最佳密度，约为2.5~3.0km/km^2，相应的公交线路网间距为0.6~0.8km（图6-2）。大城市或城市中心区，居民密度高，客流集中，不仅线路重复多，而且线网密度也较高；反之，小城市与大城市边缘地区，公交线路网密度宜用低值。从站点布置来看，公交站点宜布置在道路交叉口附近，这样有利于乘客换乘。当非车内时间最短时，我们可以求得最佳站距，这个数值约为0.5~0.6km。一般城市中心区站距小，边缘区站距大。[8] 由此可见，600~800m城市干路间距基本可以满足公交线网布置要求。

（3）推理之三：交通控制理论法

如果信号灯实行联动，就可以使各路段的汽车只要按一定速度行驶，在通过一个交叉口后，都会遇上绿灯显示，这称为"绿波通行带"。"绿波交通"可以使路网的通行能力与车速提高20%左右，在城市交通组织中起着重要作用。"绿波交通"要求车辆一组一组地通过交叉口，但是当交叉口间距达到800m或更长时，超车现象就会发生，车队会趋于离散，交叉口就不能有效同步，难以保持"绿波通行"。[4] 当路段通行时间恰好为红绿灯周期一半时，能够使道路系统在提供较多交叉口的情况下达到"绿波交通"的最佳效果。在不同车速、不同红绿灯周期情况下,适宜的交叉口间距见表6-2。交叉口的红绿灯周期一般为60~90秒,路段车速一般小于50km/h,所以合适的交叉口间距为400~600m。另外,我国学者通过对SCOOT自适应信号控制系统在北京市实际应用状况的分析,指出当相邻两交叉口的间距不大于500m时,系统通车效益较高。杨佩昆教授结合美国学者的互联指数对不同路段平均车速、转向比例情况下的最佳交叉口间距进行了分析,也基本得出上述结论。[5]

不同周期与车速情况下适宜的交叉口间距　　　　表6-2

L (m) \ T (s) \ V (km/h)	60	70	80	90
24	200	230	270	300
30	250	290	330	380
36	300	350	400	450
48	400	470	540	600
60	500	580	650	750

注:$L = VT/2$,计算时取近似值。T 红绿灯周期,L 交叉口间距,V 道路平均速度。

6.1.4 现有推理方法评析

(1) $\alpha_{交}$ 的使用存在逻辑错误

这一折减系数存在逻辑错误,详见第3章。而且,根据数学原理,$\alpha_{交}$ 无限接近1,只能得出交叉口间距越大越好的结论。所以上述方法不仅不能得出最佳交叉口间距,而且运用这种方法求取最佳交叉口间距也是不合理的。

(2) 公交线网密度的应用与最佳站距分析存在不足

我国采用的公交站距分析理论与 M·C·费舍里松提到的理论有些类似。根据最佳站距公式 [式 (6.1.4-2)][8],如果每站上下人数越少,那么最佳站距越小。显然,该公式不能解释市中心乘客上下时间长,但站距反而小的问题。另外,如果站距小,则公交加速减速次数越多,加速减速损失时间越大,$V_{送}$ 不会为定值。所以公式推导还应当考虑运送速度随站距减小而减小的实际情况。

$$t_{总} = 2t_{步} + t_{上下} \times L_{乘}/d + t_{候} + t_{乘}$$

$$= \frac{2d}{3V_{步}} + \frac{L_{乘} t_{上下}}{d} + \frac{L_{乘}}{v_{送}} \quad (6.1.4-1)$$

式中　d——站距 (m);

$V_{步}$——步行平均速度 (m/s);

$L_{乘}$——乘客平均乘距 (m);

$t_{上下}$——乘客上下时间 (s);

$v_{送}$——公交运送速度 (m/s)。

对 $t_{总}$ 求导,得:

$$d_{最佳} = \sqrt{V_{步} L_{乘} t_{上下}} \qquad (6.1.4-2)$$

《城市道路与交通》对公交最佳线网密度进行了分析，如果非车内时间最少，即步行到站、步行离站、候车时间最短，那么此时的线网密度为最佳密度[8]，公式如下：

$$\delta_{最佳} = \sqrt{\frac{2 W_{行} V_{营}}{3 F \mu V_{步}}} \qquad (6.1.4-3)$$

式中 $\delta_{最佳}$——最佳公交线网密度（km/km²）；

$W_{行}$——公交线路上配备的公交车辆数（辆）；

$V_{营}$——公交在线路上来回周转的速度（km/h）；

F——公交线网服务城区的面积（km²）；

μ——公交线路重复系数。

显然，最佳公交线网密度与城市单位用地上运行的公交车辆数的平方根成正比。而公交车辆数应当与公交客运量成正比，如果公交出行比例增加，公交车辆数应当随之增长，那么最佳公交线网密度也随之增加。当公交出行比例从5%增加到20%时，公交车辆拥有率约增加到4倍，那么最佳公交线网密度扩大1倍。图6-3为每平方公里城市用地拥有3台、6台、10台公交车辆情况下的非车内时间随公交线网密度的变化情况。由图可以看出，只有在公交车辆拥有率较低的情况下，最佳线网密度才介于2.5~3.0km/km²之间。但我国目前许多城市的公交车辆增加很快（表6-3）。对于这些城市来讲，适合的公交线网密度就应该很大。如果将路网中的支路与干路均以丁字路口衔接，支路就不可能安排公交运行，稀疏的干路只能提高公交线路重复系数，必然造成居民步行时间增加，公交应有的效率难以发挥。同时由于线路重复系数太高，往往导致公交站点通行能力不足，公交运力难以提高。如果将其中一部分支路与城市干路采用十字路口衔接，且道路较长，那么这些支路就可以布置公交线路，从某种意义来看，这些支路的交通作用与城市次干路相差无几。因此，城市需要加密支路或加密干路。

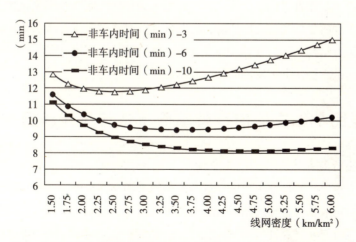

图6-3 每平方公里城市用地拥有公交车辆数量与最佳公交线网密度分析

1998 年我国部分特大城市公交车辆拥有量　　　　　表 6-3

城市	北京	天津	上海	广州	石家庄	沈阳	南京	重庆	杭州	武汉
公交车辆数（标台）	12125	3888	17860	5545	977	2762	2678	3244	1670	5034
城市建设用地面积（km²）	488	371	549	274	104	202	178	239	168	204
拥有率（标台/km²）	24.8	10.5	32.5	20.2	9.4	13.7	15.0	13.6	9.9	24.7
（年份）公交出行比例	(86) 16%	(90) 8.3%	(95) 17.2%	(98) 17.5%			(97) 8.2%		(97) 8.7%	(98) 21.7%

数据来源：城市交通. http：//www. Chianautc. com. 2003-5-19.

（3）交通控制理论法的不足之处

对于居民出行来讲，还需要全面考虑居民出行效率问题（居民出行效率是指居民以最少的时间完成所需要的出行任务）。众所周知，城市道路围合的街坊内道路车速较低。如果街坊越大，那么街坊内的出行时间越长。而绿波交通组织分析法仅考虑到外部车速与通行能力提高的要求，并未考虑街坊内出行时间增加问题。街坊内的时耗和街坊外的时耗都与居民的出行距离有关，因此合理路网间距也应当与居民平均出行距离有关，但交通控制理论并没有考虑这一问题。杨佩昆教授的分析方法采用的转向与直行比例范围较大，这个比例是否有规律可循，是否需要进一步限定？而且绿波交通控制理论还没有将自行车和公交适合的路网间距考虑在内。另外，还需要考虑不同性质、不同区位城市用地的合理路网间距要求。

不可否认，我国的路段通行能力交叉口间距折减系数公式推导明显受前苏联影响，或多或少是我国城市干路网密度不足的原因之一。虽然杨佩昆教授等采用的交通控制理论分析法还有待于进一步完善，但已经将交通管理引入到路网间距与路网密度的分析中；尽管最佳公交线网密度的分析过程是理性的，但对最佳公交线网密度分析结论的滥用则反映了理论与实践的盲目结合。国内外路网规划的经验与分析结果可以借鉴，但经验未必都对，严谨科学态度的缺乏将使城市发展蒙受巨大损失。

6.2 居民个体交通出行效率分析法与最佳路网密度确定

6.2.1 居民出行效率分析法的基本原理

居民个体交通出行效率是指居民以最少的时间采用个体交通方式完成所需要的出行任务，简称居民出行效率。合理的路网间距与街区尺度应当有助于提高居民出行效率。居民每次出行的出行时间 $t_总$ 包括出发区街区内的出行时间 $t_{街始}$、街区外的出行时间 $t_{街外}$、到达街区的街区内出行时间 $t_{街终}$。如果路网间距越大，那么街区尺度越大，人们在本街区内所行走的路程就越长。由于街区内道路车速低，所以街区内出行时间趋于增加；街区越小，路网间距越小,交叉口减速带来的延误增加,街道外出行时间增长。另外街区尺度大,也就意味着协调交叉口的红绿灯周期较长,那么车辆随机进入干路系统、在系统内因转弯造成的交通延误增加。在这里要讨论街区尺度 $L_{街}$ 与人们每次出行的总出行时间的关系,期望得出最佳的路网间距与街区尺度。

6.2.2 居民出行效率分析法的形成

首先以机动车为例,基本假设与公式推导过程如下:

(1) 基本假设

在研究问题之前,首先作一些假设[①]:①要讨论的路网为方格网路网体系;②该路网完全做到绿波交通,相位差为半个周期;③车辆在运行时没有出现交通阻塞,交叉口饱和度较低;④居民各方向的出行分布相同;⑤各街区的交通吸发量相同。

(2) 公式推导

在图 6-4 中,黑线代表道路网络,每个方格为一个街区,1 号街区为出发街区,n 为到达街区。设街区内路网所形成的平均街区内出行距离为 $\lambda_{始} \times L_{街}$ 和 $\lambda_{终} \times L_{街}$,沿道路连续直行的车辆在每个交叉口的平均延误为 $t_{直交误}$,交叉口对直行车辆的车速干扰程度为 α。路段延误为 $t_{段误}$,该值与两侧单位出入口多少、行人、自行车过街有关,与出入口密度成正比,与街区外居民出行距离成正比。这里不考虑行人与自行车过街的影响,仅考虑路段出入口密度 ρ 对车速的影响。设每个出入口对路段速度的干扰系数为 β。无任何延误的街道外出行时间用 $t_{无误}$ 表示。

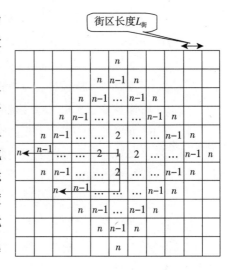

图 6-4 路网基本模式假定

那么,居民每次出行的总出行时间与各部分的时间可用以下公式表达:

$$t_{街始} = \lambda_{始} L_{街}/V_{支} \quad (6.2.2-1)$$

$$t_{街终} = \lambda_{终} L_{街}/V_{支} \quad (6.2.2-2)$$

$$t_{无误} = \frac{L_{出} - \lambda_{始} L_{街} - \lambda_{终} L_{街}}{V_{干}} \quad (6.2.2-3)$$

$$t_{交误} = \left(\frac{L_{出} - \lambda_{始} L_{街} - \lambda_{终} L_{街}}{L_{街}} - 2\right)\left(\frac{\alpha V_{干}/a + \alpha V_{干}/b}{2} + \Delta\right) \quad (6.2.2-4)$$

$$t_{段误} = \rho (L_{出} - \lambda_{始} L_{街} - \lambda_{终} L_{街})(\beta V_{干}/a + \beta V_{干}/b)/2 \quad (6.2.2-5)$$

$$t_{随误} = t_{出随误} + t_{转随误} + t_{入随误} = \lambda_{转} T \quad (6.2.2-6)$$

$$T = L_{街}/V_{干} + L_{街} \rho (\beta V_{干}/a + \beta V_{干}/b)/2 + (\alpha V_{干}/a + \alpha V_{干}/b)/2 \quad (6.2.2-7)$$

---

① 做出假设的目的在于简化整个过程,否则变量太多,无法比较。

$$t_{总} = t_{随误} + t_{交误} + t_{无误} + t_{段误} + t_{街始} + t_{街终} \quad (6.2.2-8)$$

式中 $t_{街始}$——出发街区的街区内平均出行时间（s）；

$\lambda_{始}$——出发街区的平均街坊内出行距离与街区宽度 $L_{街}$ 的比值；

$L_{街}$——街区宽度（m）；

$V_{支}$——街区内机动车平均速度（m/s）；

$t_{街终}$——终到街区的街区内平均出行时间（s）；

$\lambda_{终}$——终到街区的平均街坊内出行距离与街区宽度 $L_{街}$ 的比值；

$t_{无误}$——街区外出行路段无任何延误情况下的出行时间（s）；

$L_{出}$——居民机动车平均出行距离（m）；

$t_{交误}$——在交叉口无停车延误情况下的车速降低时间延误（s）；

α——直行车辆在交叉口车速的速度降低系数；

$t_{段误}$——路段上由于单个支路与集散道路路口干扰引起的时间延误（s）；

ρ——路段上支路与集散道路交叉口的密度（个/km）；

β——路段上单个支路与集散道路交叉口对车速的影响系数；

$V_{干}$——干路设计车速（m/s）；

$t_{随误}$——车辆进入绿波带、途中转弯、最终进入终到街区的转入等候时间（s）；

$t_{出随误}$——车辆在首次进入绿波带的平均等候时间（s）；

$t_{转随误}$——车辆在途中转弯出现的时间延误（s）；

$t_{入随误}$——车辆在转入目的街区的时间延误（s）；

T——红绿灯周期（s）；

$t_{总}$——从出发点到目的地的总出行时间（s）；

$a、b$——机动车启动加速度与制动减速度（m/s^2）；

$\lambda_{转}$——车辆转弯、进出干路系统所产生的随机延误时间与红绿灯周期的关系；

Δ——从上一交叉口绿灯放行时过来的直行车辆在这一交叉口的停歇延误时间(s)。

代入各式，可以求出 $t_{总}$

令
$$t_{总} = \frac{A}{L_{街}} + L_{街} B + C \quad (6.2.2-9)$$

那么：

$$A = \left(\frac{\alpha V_{干}(1/a + 1/b)}{2} + \Delta\right) L_{出} \quad (6.2.2-10)$$

$$B = (\lambda_{始} + \lambda_{终})(1/V_{支} - 1/V_{干}) + \rho \beta V_{干}(1/a + 1/b)\left(\frac{\lambda_{始} + \lambda_{终}}{2} + \lambda_{转}/2\right) + \frac{\lambda_{转}}{V_{干}}$$

$$(6.2.2-11)$$

$$C = \alpha V_{干}(1/a + 1/b)/2(\lambda_{转} - \lambda_{始} - \lambda_{终} - 2) + L_{出}/V_{干}$$
$$+ L_{出} \rho \beta V_{干}(1/a + 1/b)/2 - (\lambda_{始} + \lambda_{终} + 2)\Delta \quad (6.2.2-12)$$

对于出行距离 $L_{出}$，如果 $t_{总}$ 最小，那么此时的 $L_{街}$ 为最佳街区宽度。对 $t_{总}$ 求导可以得：

$$L_{街最佳} = \sqrt{\frac{A}{B}} \qquad (6.2.2-13)$$

可见 $L_{街最佳}$ 与 α、a、b、$\lambda_{始}$、$\lambda_{终}$、$\lambda_{转}$、$V_{支}$、$V_{干}$、ρ、β、$L_{出平均}$、Δ 有关。a、b 为机动车加速度与减速度，分别取 0.8 和 1.3m/s² （小汽车的加速度可以达到 1.7m/s²，这里取大型汽车的减速度，主要考虑车队最前面的车辆可能为大型车辆，选小值增加了交叉口加减速时间延误，使最佳街区尺度略偏大）；对于协同交叉口，在饱和度较低的时候，Δ 为 0；$V_{支}$ 取街区内平均车速，$V_{干}$ 取干路设计车速；α 与交叉口的饱和程度、交叉口之间的协调性有关，如果取 0.4，则表示交叉口直行车辆的平均通过速度为干路设计车速的 60%；ρ 取 0.005，即每 200m 设一个集散道路，单位用地宽度按 100m 考虑，两个单位合用一个集散道路；β 为集散道路对干路车速的降低程度，β 取 0.2，则表示干路车速比设计速度平均降低 20%；$L_{出}$ 为机动车平均出行距离（km/次）。居民出行多为基家出行，这里仅考虑从家出去，认为回来就是出发的反过程。考虑街区内不允许其他交通穿过的要求，街坊内路网按图 6-5 左侧方式组织。设居民去每个方向的概率相同，根据计算，$\lambda_{始}$ 介于 0.48~0.33 之间，这里按二者的平均值 0.4 计算；而 $\lambda_{终}$ 分两种情况（进入街区内、仅到达街道上），根据出行目的构成，各占一半，所以 $\lambda_{终}$ 按 0.24~0.16 考虑，取均值 0.2（分析见图 6-5）。本文还假定出行者从家中出来便可以进入小汽车。但事实并非如此，如果需要步行到车库，可能会出现车库顺路与否的情况，如果车库在接近支路或集散道路出口的地方，那么其街区内速度为步行速度。本文均按机动车的平均速度计算，这种估算使街区内的通行时间减少，那么 $L_{街最佳}$ 略偏大。

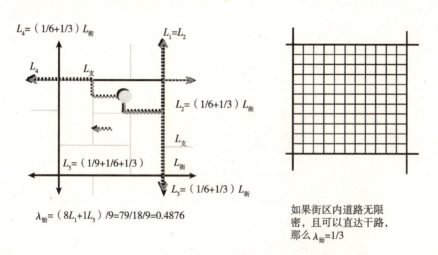

图 6-5 起点街区与终点街区内部平均出行距离与街区尺度的关系

根据图 6-4，如果居民从第一个街区去第 n 个街区，那么首先需要进入街区外围道路系统（下统称干路，概念与规范规定的城市干路不同）。进入城市道路时，车辆为随机进入，平均等候时间为 1/4 红绿灯周期。而大部分车辆中途需要转一次弯（不转弯车辆仅占 $1/(4L_{出}/L_{街})$，数量极少，可以忽略），转弯时车辆会延误 1/4 周期。在进入目的街区时，左右转的概率各为50%，右转没有时间延误，左转平均时间延误为1/4周期，那么进入目的街区的平均延误为1/8周期，则干路系统内的随机延误时间系数$\lambda_{转}$平均为5/8。

（3）公式测试

根据上述数据，可以求出不同平均出行距离情况下的最佳街道宽度和在这种情况下的全程车速与干路平均车速（表6-4）。图6-6为在出行距离为5km情况下，不同街区宽度对总出行时间的影响。从图6-6可以看出在机动车出行距离为5km时，最佳街区宽度为500m左右，计算结果为551m（产生差异的主要原因在于图6-6的交叉口间距为整百）。

在α为0.4、ρ取0.005、β取0.2、$V_{支}$取20km/h、
$V_{干}$取60km/h情况下的最佳街区宽度　　　　　　表6-4

$L_{出平均}$（km/次）	$L_{街最佳}$（m）	全程平均速度（km/h）	干路平均速度（km/h）	红绿灯周期（s）
1	247	24.29	34.6	51.3
2	349	26.86	37.4	67.0
3	427	28.28	38.9	79.1
4	493	29.24	39.8	89.2
5	551	29.95	40.4	98.2
6	604	30.50	40.9	106.3
7	652	30.95	41.3	113.7
8	697	31.33	41.6	120.6
9	740	31.65	41.9	127.1
10	780	31.93	42.1	133.3

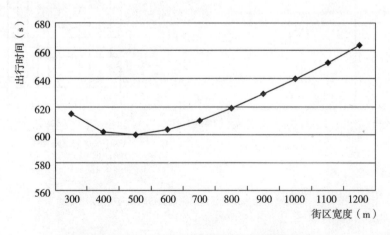

图6-6　5km出行时总出行时间与街区宽度的关系

6.2.3　公式参数取值范围分析

（1）α的数值范围

现在需要考虑各参考系数的变化趋势与范围。在交叉口协调的情况下，直行车队一般只有前面几辆车受到交叉口影响，速度有所降低。两相位信号灯交叉口对直行车辆的速度影响最大，平均速度较低。另外，城市交通设施往往赶不上交通量的增长，接近饱和状态，在这种状态下，交叉口多采用多相位交通信号控制。对于四相位交叉口，直行车辆中仅有前面几辆在接近交叉口即将启动的停驶车辆时车速有所降低，但降低幅度不大。路段的车速多在60km/h以内，交叉口非停歇的直行车辆的平均速度应大于20km/h。那么α的取值应小于0.8，大于0.3。

(2) 街区内车速$V_\text{支}$的取值范围

考虑安全原因，街区内的最高车速一般低于30km/h，平均车速应低于25km/h。

(3) β的取值范围

β的取值与交通秩序、路段最大车速有关。车速越大，司机经过交叉口时越容易担心；交通秩序越乱，支路上违章车辆、行人、自行车进入干路的可能性越大。但支路交叉口一般需要避让主路车辆，如果交叉口直行车辆的平均速度仅达到42km/h，在路段上每个出入口或次级交叉口速度干扰很小，β取0.1。

(4) Δ的取值范围

Δ与交叉口饱和度有关，应当大于或等于0，如果交叉口饱和度较小，该值应当接近0。本节主要讨论交叉口未饱和情况下、理想状态下的最佳交叉口间距。因此取$\Delta = 0$。

(5) 机动车平均出行距离的取值范围

机动车平均出行距离是确定最佳路网间距的关键因素。我国城市面积一般为10~500km^2，目前的机动车平均出行距离约在10km左右。以南宁市为例：2002年南宁市客车平均出行距离为11.81km，从出行目的来看，业务出行占了很大的比例（50.52%），其次为上下班出行（39.64%），出租车平均每客乘距4.93km，摩托车平均出行距离为5.4km。汽车进入家庭之后机动车的平均出行距离不一定进一步增加，而且将来需要建设快速路，远距离的出行可以使用快速路，城市干路体系上的平均出行距离也未必会随城市平均出行距离的增加而无限度增长。如果20km的出行就会利用快速路，那么根据出行距离分布规律，客车在平交路网体系内的平均出行距离应当在10km以下，约7~8km，因此客车的平均出行距离宜取10km以下的数值。从国外都市区的居民平均机动车出行距离来看，伦敦为7.1km，纽约13.2km，巴黎5.4km[12]（统计年份1989/1990），可见上述取值也是合理的。

6.2.4 干路网最佳间距分析

(1) 街区外完全为干路体系时的街区宽度

根据《城市道路交通规划设计规范》GB50220-95建议的次干路设计车速为40km/h，主干路的设计车速为60km/h，二者路网密度相当，那么二者的平均速度为50km/h。代入这一数值，可以求得在外围只有干路体系情况下的最佳街区宽度（表6-5）。

在 α 为 0.3、ρ 取 0.005、β 取 0.1、$V_{支}$ 取 25km/h、$V_{干}$
取 50km/h 情况下的最佳街区宽度　　　　　　　　表 6-5

$L_{出平均}$ (km/次)	$L_{街最佳}$ (m)	全程平均速度 (km/h)	干路平均速度 (km/h)	红绿灯周期 (s)
1	218	27.97	36.6	42.9
2	308	30.68	38.9	57.1
3	378	32.14	39.9	68.1
4	436	33.10	40.6	77.3
5	487	33.81	41.1	85.4
6	534	34.36	41.4	92.8
7	577	34.80	41.7	99.6
8	617	35.17	41.9	105.9
9	654	35.48	42.1	111.8
10	689	35.75	42.3	117.4

我国的机动车出行距离一般介于 4~10km 之间，那么最佳的干路网间距为 436~689m。如果外围道路设计车速平均值取 40km/h，信号灯按四相位考虑（α 取 0.2），计算结果见表 6-6。干路网的最佳间距为 318~503m，相应的红绿灯周期为 65~100 秒。在 α 为 0.67，$V_{干}$ 取 60km/h 情况下，可以得出最佳街区宽度的最大值（表 6-7）。由表 6-7 可见，在最不利情况下，干路网间距最大不会超过 1100m。但在红绿灯周期大于 120 秒后，交叉口通行能力增加不大，时间延误却很大。因此大间距路网可以采用交叉口相位差为一个周期的处理方法，但这也就意味着计算假设前提被打破，路段中间还可以增加十字路口，路网还可以加密，而且对干路车速基本没有影响。所以即使按最不利情况考虑，最佳路网间距也不会太大。我国客运机动车平均出行距离（指 OD 点均在市内）可按 5~8km 考虑，最佳路网间距应为 355~600m。

在 α 为 0.2、ρ 取 0.005、β 取 0.1、$V_{支}$ 取 25km/h、$V_{干}$
取 40km/h 情况下的最佳街区宽度　　　　　　　　表 6-6

$L_{出平均}$ (km/次)	$L_{街最佳}$ (m)	全程平均速度 (km/h)	干路平均速度 (km/h)	红绿灯周期 (s)
1	159	26.60	32.8	34.9
2	225	28.58	34.1	47.5
3	275	29.60	34.7	57.1
4	318	30.25	35.1	65.3
5	355	30.72	35.3	72.4
6	389	31.08	35.5	78.9
7	420	31.36	35.7	84.9
8	449	31.60	35.8	90.4
9	477	31.79	35.9	95.7
10	503	31.96	36.0	100.6

在 α 为 0.67、ρ 取 0.005、β 取 0.1、$V_\text{支}$ 取 25km/h、$V_\text{干}$
取 60km/h 情况下的最佳街区宽度 表 6-7

$L_\text{出平均}$ (km/次)	$L_\text{街最佳}$ (m)	全程平均速度 (km/h)	干路平均速度 (km/h)	红绿灯周期 (s)
1	357	26.08	36.0	71.4
2	505	29.21	39.7	91.7
3	619	31.07	41.6	107.2
4	715	32.37	42.8	120.3
5	799	33.36	43.6	131.9
6	875	34.14	44.3	142.3
7	945	34.78	44.8	151.9
8	1010	35.33	45.2	160.8
9	1072	35.80	45.6	169.2
10	1130	36.21	45.9	177.1

(2) 计算结果与其他学者分析结论的比较

根据上述分析，本文认为陆建、王炜[13]提出的不同地区路网密度与间距建议指标是合理的：①中心区道路交叉口间距为 300~400m，道路网密度为 5~6km/km²；②市区中部道路交叉口间距为 500m 左右，道路网密度为 4km/km² 左右；③市区外围道路交叉口间距为 600~800m，道路网密度为 3km/km² 左右；④全市平均道路网密度为 4~6km/km²。但如果上述建议路网密度已包括支路，则建议密度偏低。

杨佩昆教授结合公交运行、交通信号控制系统要求得出适宜的干路交叉口间距为 500m 左右的结论。需增加一点补充：当交叉口间距不大于 500m 时，交通系统协调性趋于增加，500m 左右的路网间距比较合理。杨佩昆教授对现行《城市道路交通规划设计规范》中的城市干道网密度提出修改建议："在新一轮规范修订时，建议把大、中城市的干道网密度提高到不小于 4km/km²"[5]，而且 4~5km/km² 的干路网密度是与我国机动车平均出行距离相符的合理路网密度。

6.2.5 步行与自行车的交通需求

(1) 步行交通的需求

步行交通在街区内与街区外的速度差异很小，而且行人与行人之间的穿越不需要红绿灯控制，公式计算的前提不再存在。人们的近距离出行多依靠步行，对于 300~600m 宽度的街区，密集的路网与稀疏的内部路网的平均街区内出行距离差了 45~90m，时间差为 45~90秒。人为了少走几步路，就会抄近路，何况差了几十米。如果我们观察一下步行时代的城市或以步行为主的乡村、居住小区，就会发现减少步行路密度所带来的麻烦。行人不希望碰到汽车，不希望碰到红灯，只是车辆使人们不能随意穿行。规范建议行人过街人行横道之间的距离宜为 250~300m，这是与机动车路网、开发地块大小、集散道路相匹配的间距，但对于街道两侧具有多个人流吸引点的道路来讲，间距似乎偏大。

（2）自行车交通的需求

自行车的路段平均车速为12～15km/h，自行车在交叉口的平均车速为10km/h左右，在路段行驶时速度基本不受干扰。街区内车速取12km/h，街区外路段取15km/h，计算结果见表6-8。出行距离为3～10km时，最佳街区宽度为165～260m。我国城市居民的自行车平均距离一般小于6～7km，那么相应的最佳街区宽度为200m左右。

在 α 为0.3、ρ 取0.005、β 取0.1、$V_支$ 取12km/h、$V_干$ 取15km/h情况下的自行车围合街区最佳宽度　　　　表6-8

$L_{出平均}$ (km/次)	$L_{街最佳}$ (m)	全程平均速度 (km/h)	干路平均速度 (km/h)	红绿灯周期 (s)
1	82	12.61	14.0	42.4
2	116	13.15	14.2	58.9
3	143	13.41	14.3	71.6
4	165	13.57	14.4	82.3
5	184	13.68	14.5	91.7
6	202	13.77	14.5	100.2
7	218	13.84	14.5	108.0
8	233	13.89	14.5	115.3
9	247	13.94	14.6	122.2
10	260	13.97	14.6	128.6

注：自行车具有加速、减速快的特点，加减速速度采用机动车的2倍进行计算。

6.2.6 对居民出行效率法的进一步分析

对于机动车出行来讲，本书计算得出的数据与交通控制理论得出的数据基本一致，但本书所采用的方法反映了远近距离出行对路网合理间距要求的差异，为交通控制理论得出的结论提供了更有力的证据。同时也反映出自行车出行、机动车出行对路网合理间距要求之间的差异。150～200m间距的自行车适宜路网与400～600m的机动车适宜路网能否相互匹配还需要进一步研究。

绿波组织的交叉口一般不会超过10个（5km左右），路段上的实际车速很可能不能达到设计车速。城市中交通量大的区位应当选用较小的路网间距，外围选择较大的路网间距。另外，居民出行效率法所考虑的计算条件要比现实简单许多，没有考虑公交运行的要求，也没有对单向交通进行分析，研究还有待深入。

6.3　公交运行与最佳路网密度分析

公交线网密度是公交规划的关键技术参数。式（6.3-1）为求取合理公交线网密度的常用公式[3][8]。

$$\delta_{最佳} = \sqrt{\frac{2W_{行}V_{营}}{3F\mu V_{步}}} \qquad (6.3-1)$$

式中　$\delta_{最佳}$——最佳公交线网密度（km/km²）；

　　　$W_{行}$——公交线路上配备的公交车辆数（辆）；

　　　$V_{营}$——公交在线路上来回周转的速度（km/h）；

　　　F——公交线网服务城区的面积（km²）；

　　　μ——公交线路重复系数。

我国城市的人口密度一般接近 1 万人/km²，那么可以推算出我国的城市建设公交拥有量为 3~18 标台/km²，平均 12 标台/km² 左右。公交线网重复系数约 1.2~1.5（图 6-7）。根据式（6.3-1），全市最佳公交线网密度为 2.5~5.1km/km²，按平均值考虑为 4.2km/km²。取值范围很大，与现有规范的建议指标也有较大的差距。因此，本书对公交线网的合理指标展开分析。

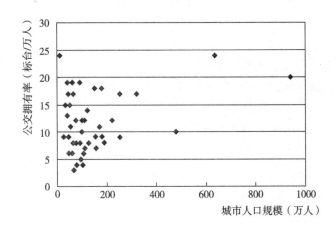

图 6-7　我国部分城市的公交拥有率（2001 年）

（根据陆锡明．综合交通规划［M］．上海：同济大学出版社，2003：91~93 绘制而成）

6.3.1　最佳公交线网密度的公式推导

公交线网密度（δ）是指在有公交服务的城市用地面积（F）中，有公交服务道路中心线的总长度（$L_{网}$）。那么：

$$\delta = \frac{L_{网}}{F} \ (km/km^2) \qquad (6.3.1-1)$$

在一个人口数量一定的城市中，客运周转量基本一定，变化不大。换句话说，为完成一定客运任务的公交车辆数也就一定了。这时，若公交线网越密（图 6-8，图中的圆圈为站点，L 为线网间距），居民出门到站点的步行距离和从站点到达目的地的步行距离越短；但线网越密，总的线路长度越长，每条线路上每公里所能分配到的车辆数越少，行车间隔时间增加，居民候车时间随之增加。反之，则居民出门到站点的步行距离和从站点到达目的地的步行距离越长，候车时间越短。对每一个乘客来讲，需要步行到站、离站、候车时间之和最短，即他始终关心的是非车内时间最短：$t_{非车内} = 2t_{步} + t_{候}$ 最小。[8]

$$t_{步} = \frac{60(L_{向线} + L_{向站})}{V_{步}} \quad (6.3.1-2)$$

式中 $t_{步}$——步行到站时间（min）；
$L_{向线}$——步行到线距离（km）；
$L_{向站}$——步行到站距离（km）；
$V_{步}$——步行速度（km/h）。

在公交线网为方格网的布局中（图6-8），$\delta = 2L/L^2 = 2/L$。全市近似的平均值：$L_{向线} = 1/(3\delta)$，$L_{向站} = d/4$（d为公交站距）。候车时间平均为行车间隔时间的一半，下式成立：

$$t_{候} = \frac{L_{线} \cdot 60}{W_{行} V_{营}} \quad (6.3.1-3)$$

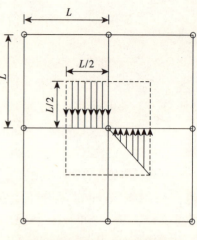

图6-8 乘客步行到线的示意图

式中 $t_{候}$——乘客平均候车时间（min）；
$L_{线}$——公交线路长度（km）；
$W_{行}$——公交运营车辆数（辆）；
$V_{营}$——公交运营速度（km/h）。

对全市而言，公交线路长度为：

$$L_{线} = F\delta\mu \quad (6.3.1-4)$$

式中 F——有公交服务的城区面积（km²）；
μ——公交线路重复系数。

将式（6.3.1-4）、式（6.3.1-3）、式（6.3.1-2）代入 $t_{非车内} = 2t_{步} + t_{候}$ 得：

$$t_{非车内} = 2 \times \frac{(L_{向线} + L_{向站})}{V_{步}} + \frac{L_{线} \cdot 60}{W_{行} V_{营}}$$

$$= 2 \times \frac{60\left(\frac{1}{3\delta} + \frac{d}{4}\right)}{V_{步}} + \frac{F\mu \cdot 60}{W_{行} V_{营}}$$

$$= \frac{1}{\delta}\left(\frac{40}{V_{步}}\right) + \delta\left(\frac{F\mu \cdot 60}{W_{行} V_{营}}\right) + \frac{30d}{V_{步}} \quad (6.3.1-5)$$

令 $A = \frac{2}{3V_{步}}$，$B = \frac{F\mu \cdot 60}{W_{行} V_{营}}$，$C = \frac{d}{2V_{步}}$。可见 $t_{步}$ 与 $t_{候}$ 均为 δ 的函数，对式（6.3.1-5）求导就可以得出最佳公交线网密度。

令

$$\frac{d\left[\frac{1}{\delta}A + \delta B + C\right]}{d\delta} = 0 \quad (6.3.1-6)$$

那么

$$\delta_{最佳} = \sqrt{\frac{A}{B}} = \sqrt{\frac{2W_{行} V_{营}}{3F\mu V_{步}}} \quad (6.3.1-7)$$

6.3.2 城市中心区的最佳线网密度分析

现有公式的推导过程认为：在公交线网为方格网的布局中，全市近似的步行到线、到站距离的平均值[13]：$L_{向线}=1/(3\delta)$，$L_{向站}=d/4$（d 为公交站距）。为了进一步核实这一平均数值的合理性，笔者绘制了图 6-9、图 6-10。可将站点 D 的吸引范围确定为 $L/2$ 的方格，ABCD 范围内的路网为极密的、与公交线路平行的方格网（参考文献也是这样考虑的，这一点并没有什么分歧）。假定 ABCD 范围内的公交乘客分布是均匀的，密度为 ρ（人/km²），在 ΔL 见方的区域内有 $\rho(\Delta L)^2$ 位乘客。现在开始考虑步行到线的平均距离。由图 6-9 可知，AD 斜线北侧的乘客倾向于先走到 BD 道路上，然后再走向站点 D；AD 斜线南侧的乘客倾向于先走到 CD 道路上，然后再走向站点 D。这两部分乘客的平均到线距离应当相同，ABD 范围内的总乘客数为 $\rho L^2/8$ 人。由于 ΔL 无限小，从 D 点向北第 $K\Delta L$ 横排的乘客人数为 $K\rho(\Delta L)^2$，这些人走到距离 D 点 $K\Delta L$ 距离的平均步行距离为 $K\Delta L/2$，这些乘客的总步行到线距离 $f_1(K)$ 为：

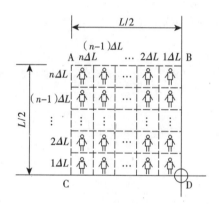

图 6-9　乘客步行到线放大示意图 1

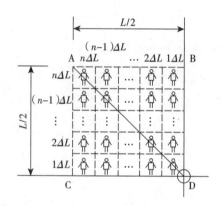

图 6-10　乘客步行到线放大示意图 2

$$f_1(K)=K\rho(\Delta L)^2 \times K\Delta L/2 = K^2\rho(\Delta L)^3/2 \qquad (6.3.2-1)$$

设 ABD 范围内所有乘客垂直到达 BD 线的距离之和为 $f_1(ABD)$，那么：

$$f_1(ABD)=\sum_{K=0}^{n}f_1(K)=\frac{[1+2^2+3^2\cdots(n-1)^2+n^2]\rho(\Delta L)^3}{2} \qquad (6.3.2-2)$$

ABD 范围内共有乘客 $\rho L^2/8$ 人，那么人均步行到线距离为：

$$\begin{aligned}
L_{向线} &= \frac{[1+2^2+3^2\cdots(n-1)^2+n^2]\rho(\Delta L)^3}{\dfrac{2\rho L^2}{8}} \\
&= \frac{[1+2^2+3^2\cdots(n-1)^2+n^2](\Delta L)^3}{\dfrac{2(2n\Delta L)^2}{8}} = \frac{[1+2^2+3^2\cdots(n-1)^2+n^2]\Delta L}{n^2} \\
&= \frac{\int_l^n k^2}{n^2}\Delta L = \frac{\dfrac{n^3}{3}}{n^2}\Delta L = \frac{1}{3}n\Delta L = \frac{1}{3}(L/2) = \frac{1}{6}L = \frac{1}{3}\times\frac{L}{2}=\frac{1}{3\delta} \qquad (6.3.2-3)
\end{aligned}$$

显然，在原公式推导过程中 $L_{向线} = 1/(3\delta)$ 是正确的。但既然是 ABD 范围内的乘客均垂直走到 BD 线上，那么 BD 线上的乘客分布就不是一致的。即距离 D 点越远分布人数越多，见图 6-11 右侧箭头的垂直线（与图 6-10 中的方位有所不同，将其绕站点逆时针旋转 90°便与图 6-10 中的情况对应起来）。从图 6-9 中 D 点向北第 $K\Delta L$ 点的乘客人数为 $K\rho(\Delta L)^2$，这些人走到 D 点的距离为 $K\Delta L$。这些乘客从 $K\Delta L$ 位置到 D 点的总步行距离 $f_2(K)$ 为：

$$f_2(K) = K\rho(\Delta L)^2 \times K\Delta L/2 = K^2\rho(\Delta L)^3/2$$

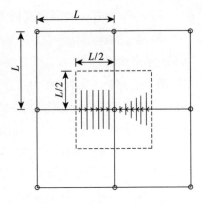

图 6-11 乘客步行到站的示意图

ABD 范围内所有乘客到达 D 点的距离之和 $f_2(ABD)$ 为：

$$f_2(ABD) = \sum_{K=0}^{n} f_2(K)$$
$$= [1 + 2^2 + 3^2 \cdots (n-1)^2 + n^2]\rho(\Delta L)^3 \quad (6.3.2-4)$$

平均到站距离 $L_{向站}$ 为：

$$L_{向站} = \frac{[1 + 2^2 + 3^2 \cdots (n-1)^2 + n^2]\rho(\Delta L)^3}{\frac{\rho L^2}{8}} \quad (6.3.2-5)$$

$$= \frac{[1 + 2^2 + 3^2 \cdots (n-1)^2 + n^2](\Delta L)^3}{\frac{(2n\Delta L)^2}{8}} = \frac{2[1 + 2^2 + 3^2 \cdots (n-1)^2 + n^2]\Delta L}{n^2}$$

$$= \frac{2\int_1^n k^2}{n^2}\Delta L = \frac{\frac{2n^3}{3}}{n^2}\Delta L = \frac{2}{3}n\Delta L = \frac{2}{3}(L/2) = \frac{1}{3}L = \frac{2}{3} \times \frac{L}{2} = \frac{2}{3\delta} \quad (6.3.2-6)$$

那么：

$$t_{步} = \frac{60(L_{向线} + L_{向站})}{V_{步}} = \frac{60\left(\frac{1}{3\delta} + \frac{2}{3\delta}\right)}{V_{步}} = \frac{60}{V_{步}\delta} \quad (6.3.2-7)$$

实际上平均到站的步行距离的计算并没有那么复杂，本书为了与参考文献的计算过程对比才采用了这种方法。在图中，乘客到站的行进方向只有东西向与南北向两个方向，先走南北向与先走东西向的平均距离是一致的，即 ABCD 范围内的所有乘客可先走向 BD 线（$L_{向线} = L/4$），再走向 D 站点（$L_{向站} = L/4$），很容易计算出平均到站距离为 $L/2$，即 $1/\delta$，同样可得到式（6.3.2-7）。

另外，式（6.3.1-7）的推导过程认为站距与线网密度无关，但从图 6-8 的站点布局来看，二者关系很大。其实站距 d 与线网间距 L 是相等的。可能会有人说，站距可以与线网间距不一致，但也就意味着站点不在交叉口附近，或者交叉口的站点之间有其他站点。那么每个站点的吸引范围就不再为方形，参考文献假定的计算前提也就不再存在。但有一点依然不可否认，只要交叉口之间的站点数量一定，线网间距越大，则站点间距越大，因此站距仍然和线网密度有关。现在依然按照参考文献假定的情况进行推导。

实际上乘客对时间的感觉并不相同，感觉等候时间总是很长。国外在计算出行成本时，一般将等候时间的2倍作为实际计算时间。而且，在城市中心区内运行的公交车辆数又多于城市边缘区。对于特大城市来讲，城市中心区的规模约在 $10\sim12\text{km}^2$，城市规模约在 100km^2 以上，而外围区的公交线路几乎都需要与城市中心区联系，那么中心区的线路条数为外围区的 $3\sim4$ 倍。如果城市外围的公交线网重复系数取1，那么中心区将达到 $3\sim4$，比如大连、南宁的城市中心区公交线网重复系数就接近4。因此应给式（6.3.2-9）增加两个调整系数：将式（6.3.2-7）、式（6.3.1-3）代入 $t_{非车内}=2t_{步}+t_{候}$ 得：

$$t_{非车内}=2K_1\frac{(L_{向线}+L_{向站})}{V_{步}}+\frac{L_{线}60}{K_2W_{行}V_{营}}$$

$$=2K_1\frac{60}{V_{步}\delta}+\frac{F\delta\mu 60}{K_2W_{行}V_{营}}$$

$$=\frac{1}{\delta}\left(\frac{K_1 120}{V_{步}}\right)+\delta\left(\frac{F\mu 60}{K_2W_{行}V_{营}}\right) \quad (6.3.2-8)$$

对式（6.3.2-8）求导得：

$$\delta_{最佳}=\sqrt{\frac{2K_2W_{行}V_{营}}{F\mu_{中}K_1V_{步}}} \quad (6.3.2-9)$$

式中 K_1——等候时间感觉系数；

K_2——城市中心区公交拥有率调节系数；

$\mu_{中}$——城市中心区公交线网重复系数。

城市中心区的公交线网重复系数取4，公交拥有率调节系数取2，等候时间感觉系数取2，在公交线网密度从 $1\sim9\text{km}/\text{km}^2$ 的情况下，求出的公交非车内时间见图6-12。在全市公交拥有率达到6标台$/\text{km}^2$的情况下，最佳公交线网密度为 $3.0\sim3.5\text{km}/\text{km}^2$，此时的公交发车间隔约 $6\sim10$ 分钟，相当于每个站点每 $1.5\sim2.5$ 分钟通过1辆公交车。在全市公交拥有率达到12标台$/\text{km}^2$的情况下，最佳公交线网密度为 $4.0\sim5.5\text{km}/\text{km}^2$，此时的公交发车间隔约 $6\sim8$ 分钟，相当于每个站点每 $1.5\sim2.0$ 分钟通过1辆公交车。在全市公交拥有量达到18标台$/\text{km}^2$的情况下，最佳公交线网密度为 $4.5\sim7.0\text{km}/\text{km}^2$，此时的公交发车间隔约 $4\sim7$ 分钟，相当于每个站点每 $1.0\sim1.7$ 分钟通过1辆公交车，但在公交线网密度大于 $5.50\text{km}/\text{km}^2$ 之后，增加公交线网密度对减少非车内时间的作用已经很小。

我国《城市道路交通规划设计规范》建议的公交拥有率为 $6\sim12$ 标台/万人。国外学者的研究结果表明当每平方公里的城市用地中的公交车辆数达到 $15\sim25$ 辆时公交平均出行成本可以达到最低[3]（图6-13）。根据图6-13对公交车辆拥有率与公交出行成本的分析，我国规范建议的万人公交拥有率控制指标还是比较适合的（略偏低）。在规范建议的公交拥有量的前提下，城市中心区的公交线网密度最佳值为 $3\sim5.5\text{km}/\text{km}^2$，如果公交拥有率提高，$4\sim5\text{km}/\text{km}^2$ 的线网密度基本可以满足公交线网的设置要求。

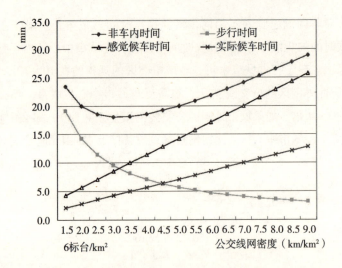

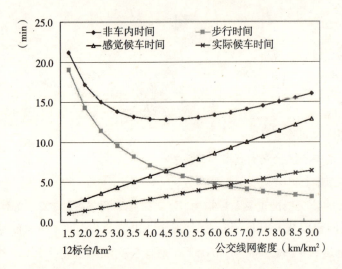

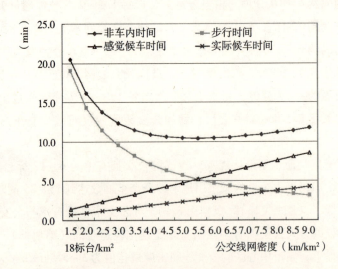

图 6-12　城市中心区最佳线网密度分析

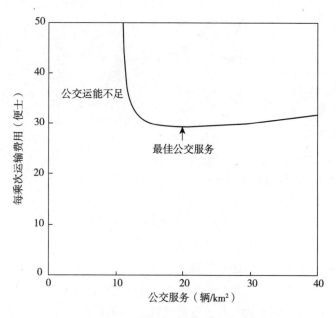

图 6-13 公交供应能力与乘客平均出行成本之间的关系

6.3.3 公交最佳站距分析

（1）公式推导

实际上式（6.3.2-9）还存在一个问题：计算结论是否符合最佳站距要求？参考文献中的最佳站距分析方法与公式推导为：在车内的乘客，总希望车辆尽快到达下车目的地，最好中途一站不停；而对于中途上下车的乘客来讲，他们最好出门就是车站，下车就是目的地，使他们的步行时间最少。因此，个人对站距的要求不同，即使对于同一位乘客来讲，要求也不同。根据上述原理，如果使乘客的步行与车内时间之和最短，也就可以求出最佳站距。公式推导如下[1]（为了便于讨论，本书对公式单位进行了转换）：

$$t_{步} = \left(\frac{1}{3\delta} + \frac{d}{4}\right)/v_{步} \tag{6.3.3-1}$$

$$t_{车} = \frac{L_{乘}}{v_{送}} = \frac{L_{乘}}{v_{行}} + \left(\frac{L_{乘}}{d} - 1\right)t_{站} \tag{6.3.3-2}$$

$$t_{总} = 2t_{步} + t_{车} = 2\left(\frac{1}{3\delta} + \frac{d}{4}\right)/v_{步} + \frac{L_{乘}}{v_{行}} + \left(\frac{L_{乘}}{d} - 1\right)t_{站} \tag{6.3.3-3}$$

$$= d\frac{1}{2v_{步}} + \frac{1}{d}L_{乘}t_{站} + \frac{2}{3\delta v_{步}} + \frac{L_{乘}}{v_{行}} - t_{站} \tag{6.3.3-4}$$

令 $A = \frac{1}{2v_{步}}$，$B = L_{乘}t_{站}$，$C = \frac{2}{3\delta v_{步}} + \frac{L_{乘}}{v_{行}} - t_{站}$

那么 $t_{总} = dA + \frac{1}{d}B + C$

对 $t_{总}$ 求导，得：

$$d_{最佳} = \sqrt{\frac{B}{A}} = \sqrt{2v_{步} L_{乘} t_{站}} \qquad (6.3.3-5)$$

式中　d——站距（m）；

　　　$v_{步}$——步行平均速度（m/s）；

　　　$L_{乘}$——乘客平均乘距（m）；

　　　$t_{站}$——站点停靠时间（s）；

　　　$v_{送}$——公交运送速度（m/s）；

　　　$v_{行}$——公交运行速度（m/s）；

　　　$t_{总}$——乘客总出行时间（s）（未计入候车时间）。

（2）式（6.3.3-5）推导过程的不足之处

①忽略了站距对公交运行车速的影响

公交运送速度的定义为：公共交通车辆在线路首末站之间的行程时间（包括各站之间的行驶时间和各站停靠时间）除行程长度所得到的平均速度。公交运行速度的定义为：公共交通车辆在线路首末站之间的行程时间（包括各站之间的行驶时间，不包括各站停靠时间）除行程长度所得到的平均速度，可见式（6.3.3-2）是正确的。但公交每次停站均会发生加减速带来的时间延误，站距越小，则公交加速减速次数越多，加速减速损失时间越大，$v_{行}$ 不会为定值，该值与站距 d 有关。

②忽略了站距对停站时间的影响

$t_{站}$ 与每站的上下乘客数量有关。如果公交沿线乘客为定值，那么线路单位长度上的平均乘客数就是一个常数。站距越小，每站的上下人数越少，$t_{站}$ 越小。因此 $t_{站}$ 也与站距有关。

③未考虑交通信号控制和道路交通状况

公交的车速还受到红绿灯、道路上的交通状况的影响，公交运行速度、运送速度均与之有关；公交站点一般布置在交叉口附近，与路网间距有关。式（6.3.3-5）的推导也没有对此进行分析。

（3）与国外分析结论的比较

图 6-14 为国外学者提供的最佳站距理论值[14]，该计算结果与伦敦中心区达到了较好的吻合。图 6-14 表明：在通常情况下，公交最佳站距为 300~400m。美国学者的公交站距分析过程比较简单[15]，主要通过站距对公交行驶速度的影响来进行判断，并没有考虑乘客上下时间、乘距。因为乘客上下时间是与乘客密度、公交运力、发车频率密切相关的。对于达到一定服务水平的公交来讲，可以将乘客上下时间视为常数，那么公交站距的最佳值也就与此无关。他们选用的加速、减速参数、最大容许车速与我国并没有差异。该书得出如下结论：公交站距应介于 400~600m 之间，最小不宜小于 300m。国外某些城市的公交专用道平均站距小于我国的建议指标（表 6-9），苏黎世 96% 的居民步行到站距离不超过 300m，轨道交通站距平均为 350m。[16]这也印证了上述理论值在站点规划中所起到的作用。

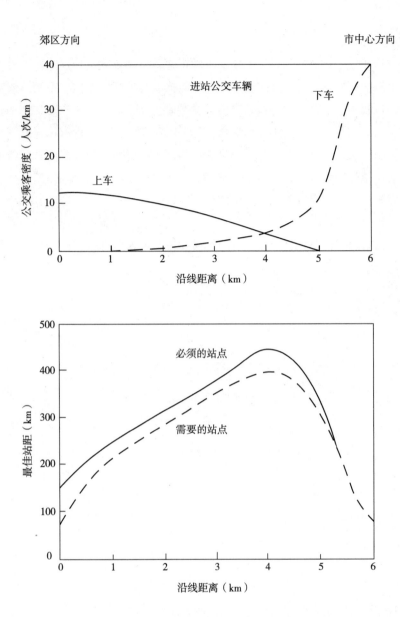

图 6-14 最佳站距与乘客上下、距中心区距离的关系

部分城市公交专用道系统的单向高峰流量平均站距及运输速度   表 6-9

城市名称	高峰小时单向流量 （千人次/h）	车站站距 （m）	平均运输速度 （km/h）
圣保罗	20	600	18
巴西利亚	26	580	21
阿比让	19	400	11
伊斯兰堡	11	310	12
安卡拉	7	310	12
库里蒂巴	9	430	21

资料来源：陆锡明．中国特色大容量快速公共交通系统的探索 [J]．城市交通，2003，1（3）：57．

（4）对式（6.3.3-5）的修正

与国外的最佳站距建议数值相比，我国《城市道路交通规划设计规范》的站距建议数值偏大。本书拟对我国的计算公式进行修正，从而找到合理的站距取值范围。假定有红绿灯控制的交叉口间距与站距一致。设公交沿线的乘客上下密度为 ρ，单位人次/m。那么每站的乘客上下人次就等于 ρ 与站距 d 的乘积。公交车辆在运行时按没有优先权考虑，因此在饱和度较大的时候，公交不可能超车，只能跟驰，所以公交的最大容许车速与道路上的车流密度有关，与绿波交通组织的绿波带速有关。另外，由于公交车辆的动力因素较小、一般多为超载运行，考虑乘客安全，公交的最大容许车速 v_{max}，一般小于40km/h。公交车在车速从0加速到 v_{max} 或从 v_{max} 减速到0的过程中均会发生加减速时间延误。另外，公交在交叉口还会出现时间延误，包括加减速时间延误和停车延误两部分，这一延误仅与交叉口的灯时配置、饱和度有关，与站距无关。

根据上述分析可以对公交最佳站距公式进行如下修正：

对 $t_{站}$、$v_{行}$ 的修正：

$$t_{站} = nt_{上下每人} + t_{站延误} \quad (6.3.3-6)$$

$$v_{行} = d/[(d-l_{加减})/v_{max} + t_{加减}/2] \quad (6.3.3-7)$$

$$t_{加减} = v_{max}/a + v_{max}/b \quad (6.3.3-8)$$

$$n = \rho d \quad (6.3.3-9)$$

$$l_{加减} = v_{max}^2 (1/a + 1/b)/2 \quad (6.3.3-10)$$

$v_{max} \leq 2d/T$ 且 $v_{max} \leq 11.11 \text{m/s}$

原公式：

$$t_{步} = [1/(3\delta) + d/4]/v_{步} \quad (6.3.3-11)$$

$$t_{车} = L_{乘}/v_{送} = L_{乘}/v_{行} + (L_{乘}/d - 1)(t_{站} + \Delta) \quad (6.3.3-12)$$

$$t_{总} = 2t_{步} + t_{车} \quad (6.3.3-13)$$

将式（6.3.3-4~6.3.3-12）代入式（6.3.3-13）得：

$$t_{总} = [1/(3\delta) + d/4]/v_{步} + L_{乘}/v_{行} + (L_{乘}/d - 1)(t_{站} + \Delta) \quad (6.3.3-14)$$

$$= d(0.5/v_{步} - \rho t_{上下每人}) + 1/d[L_{乘} v_{max}(1/a + 1/b)/2 + L_{乘}(t_{站延误} + \Delta)]$$

$$+ [2/3/(v_{步}\delta) + L_{乘}/v_{max} + L_{乘}\rho t_{上下每人} - t_{站延误} - \Delta]$$

令 $A_1 = 0.5/v_{步} - \rho t_{上下每人}$，$B_1 = L_{乘} v_{max}(1/a + 1/b)/2 + L_{乘}(t_{站延误} + \Delta)$，$C_1 = 2/3/(v_{步}\delta) + L_{乘}/v_{max} + L_{乘}\rho t_{上下每人} - t_{站延误} - \Delta$

那么 $t_{总} = dA_1 + B_1/d + C_1$

对 $t_{总}$ 求导，得：

$$d_{最佳} = \sqrt{B_1/A_1} \quad (6.3.3-15)$$

式中 d——站距（m）；

$v_{步}$——步行平均速度（m/s）；
$L_{乘}$——乘客平均乘距（m）；
$t_{站}$——站点停靠时间（s）；
$v_{送}$——公交运送速度（m/s）；
$v_{行}$——公交运行速度（m/s）；
$t_{总}$——乘客总出行时间（s）（未计入候车时间）；
$t_{站延误}$——公交每次停站开关门及进出干扰造成的时间延误（s）；
ρ——单位线路长度乘客密度（人/m）；
n——每站乘客上下人数（人/m）；
$t_{上下每人}$——乘客平均上下时间（s/人次）；
$t_{加减}$——公交每次停站加减速时间（s）；
$l_{加减}$——公交每次停站加减速时间内行驶的距离（m）；
v_{max}——公交正常行驶时最大容许车速（m/s）；
Δ——公交在交叉口的时间延误（s）。

（5）公式修正前后计算结果比较

修正前后的计算公式均与乘客上下时间有关。根据上海市公交调查，每人次乘客上下所需要的时间见表6-10[17]。

上海市公交上客时间调查（s/人次） 表6-10

付费方式 站位剩余率	投币	专人售票
50%以下	2.0	1.8
50%以上	2.4	2.1

根据表6-10的统计数据，可以进一步得出公交平均停站时间。按照目前的情况，每标台公交车一般在满载时最多可乘载100名乘客，假设平均站距为d（m），合计共$m+1$个站。那么一辆公交车在线路上从一端到另一端最多完成$100md/1000$客公里的运输任务。乘客平均乘距为$L_{乘}/1000$km，那么平均每站上客人数为$100md/L_{乘}$。假定$d=500\sim 800$m，$L_{乘}=4000\sim 6000$m，那么每站平均上客人数为8.3~20人。按无人售票方式考虑，那么每站的乘客上下时间为16.6~40秒。如果每站延误时间按5秒考虑，那么停站时间约21.6~45秒。步行速度一般为1.2m/s。那么根据上述数据可求出最佳站距的取值范围，式（6.3.3-5）

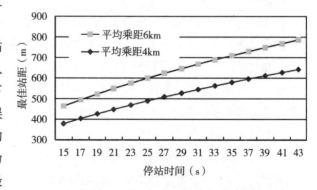

图6-15 根据式（6.3.3-5）计算得出的最佳公交站距

计算结果见图 6-15。当平均乘距取 6km 时，公交最佳站距为 550~800m；当平均乘距取 4km 时，公交最佳站距为 450~650m（有些学者得出最佳站距为 570~760m[18]），取值范围为 450~800m。有些文献取 500~600m，规范取 500~800m。

下面再看一下式（6.3.3-15）的计算结论。公交车辆的加速度一般取 0.8~1.2m/s²，本书取平均值 1.0m/s²；减速度取 1.0~1.5m/s²，本书取平均值 1.2m/s²；在交通量较小的情况下，虽然路段车速可以取高值，考虑乘客安全与公交车辆的动力性能，公交最大容许车速 v_{max} 取 40km/h，即 11.11m/s；当道路上车流量较大时，v_{max} 取 30km/h，即 8.33m/s；公交车在交叉口的平均延误 Δ 取 5~10 秒。根据式（6.3.3-15）计算公式建议的站距范围，上下客总和按上客的 2 倍考虑，可推算出 ρ 介于 0.03~0.05 人/米之间。式（6.3.3-15）计算结果见图 6-16、图 6-17、图 6-18，计算条件见表 6-11。

图 6-16、图 6-17、图 6-18 中最佳站距与乘客全程速度减算条件表　　表 6-11

计算条件	单位	1	2	3	4	5	6	7	8
$L_{乘}$	m	6000	6000	6000	6000	4000	4000	4000	4000
v_{max}	m/s	11.11	11.11	8.33	8.33	11.11	11.11	8.33	8.33
a	m/s²	1.00	1.00	1.00	1.00	1.00	1.00	1.00	1.00
b	m/s²	1.20	1.20	1.20	1.20	1.20	1.20	1.20	1.20
$v_{步}$	m/s	1.2	1.2	1.2	1.2	1.2	1.2	1.2	1.2
$t_{上下每人}$	s	1.0	1.2	1.0	1.2	1.0	1.2	1.0	1.2

注：1. 表中 1~8 与图 6-16、图 6-17、图 6-18 中最佳站距与乘客全程速度后面的数字相对应；
　　2. 由于 ρ 包括上下乘客，$t_{上下每人}$ 取表 6-10 调查数据的一半。

在公交车辆的交叉口延误取 5 秒，$t_{站延误}$ 取 5 秒时，在 $L_{乘}$、v_{max}、$t_{上下每人}$ 的可能变化范围内，最佳站距介于 430~580m 之间；在公交车辆交叉口延误取 5 秒，$t_{站延误}$ 取 3 秒时，在 $L_{乘}$、v_{max}、$t_{上下每人}$ 的可能变化范围内，最佳站距介于 400~560m 之间；在公交车辆交叉口延误取 10 秒，$t_{站延误}$ 取 5 秒时，在 $L_{乘}$、v_{max}、$t_{上下每人}$ 的可能变化范围内，最佳站距介于 480~660m 之间。

图 6-16、图 6-17、图 6-18 表明：①乘客平均乘距越大，最佳站距越大，而且是最佳站距的主要影响因素；②乘客上下密度越大，最佳站距越大，但影响较小；③最大容许车速越大，最佳站距越大；④乘客平均上下时间越长，最佳站距越大；⑤$t_{站延误}$ 越大，最佳站距越大；⑥交叉口延误越大，最佳站距越大，并且是影响最佳站距的主要因素；⑦修正后的最佳站距取值范围明显小于式（6.3.3-5）的计算结果。

多数城市的路段公交平均最大容许车速高于 25km/h，公交乘客密度（上客或下客）不超过 40 人。公交线路长度一般在 6~12km，终点站延误时间不超过 9 分钟。每站的开关门、进出站延误约 3~5 秒。可见公交最佳站距集中在 400~600m 之间，对应的公交线网密度为 3.3~5km/km²。

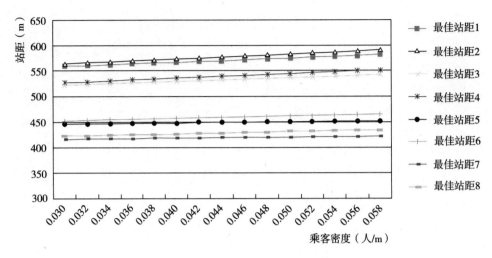

图 6-16　在不同条件下计算出的公交最佳站距（Δ 取 5 秒，$t_{站延误}$ 取 5 秒）

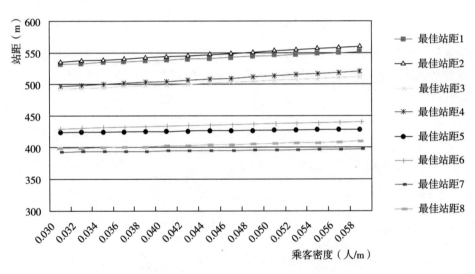

图 6-17　在不同条件下计算出的公交最佳站距（Δ 取 5 秒，$t_{站延误}$ 取 3 秒）

（6）路网间距与最佳站距的基本关系

在交通协调控制的情况下，无论站距为多少、交叉口间距为多少，公交转向造成的交叉口延误均只与信号灯周期有关，因此最佳站距可以不考虑转向带来的延误。假定公交站距与灯控交叉口间距一致，并位于交叉口出口段。公交在相邻灯控交叉口之间至少需要停靠一次供乘客上下，公交加减速的延误时间为 $t_{加减延误}$，乘客上下时间按 15 秒考虑。红绿灯周期按 60～90 秒考虑。其他车辆是在几乎没有停车延误的情况下顺利通过交叉口。而公交必须停车供乘客上下，因此每站就会至少延误 15 秒，公交的最高车速又有所限制，所以公交很难与绿波保持同步。但如果公交车利用等候红灯的时间停站上下乘客，那么就可以按照图 6-19 所示的理想模式与绿波带保持同步。此时公交的平均运送速度可以达到绿波带速的一半或一半偏上，约有一半的时间可以达到最大容许车速

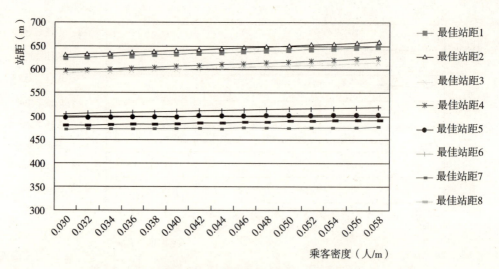

图 6-18　在不同条件下计算出的公交最佳站距（Δ 取 10 秒，$t_{站延误}$ 取 5 秒）

40km/h（大站快车实际也是利用上述原理运行，只不过在一些站点不再停靠，每少一站就减少半个周期的时间延误）。如果公交乘客停站时间过长或交叉口饱和度过大，则会出现非理想状态的运行模式，公交运行速度会明显下降。

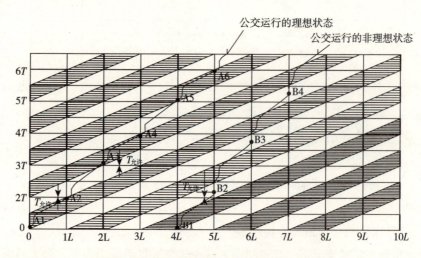

图 6-19　公共汽车在绿波交通组织情况下的运行

①理想状态下的乘客容许上下时间

根据理想状态与红绿灯周期长度，可以得出保证理想运行状态时的最大容许乘客上下时间。$t_{站延误}$ 取 5 秒，如果公交在两个信号灯交叉口之间仅停一站，那么每站可供乘客上下的时间为：

$$t_{允1} = T - [(1+\alpha)v_{max}(1/a + 1/b)/2] - [d - 1/2 v_{max}^2(1/a + 1/b)(1+\alpha)]/v_{max} - 5$$
$$= T - 18.2 - L_{街}/v_{max} = T/2 - 18.2 \tag{6.3.3-16}$$

式中 $t_{允1}$——交叉口之间仅设一站，最多容许的乘客上下时间（s）；

T——交叉口信号周期（s）；

其他符号含义同前面的公式。

如果允许公交停站两次的时间刚好等于 T，那么允许乘客上下时间为：

$$\begin{aligned}t_{允2} &= \{T - [(2+\alpha)v_{max}(1/a+1/b)/2] - [L_{街} -\\ &\quad 1/2v_{max}^2(1/a+1/b)(2+\alpha)]/v_{max} - 10\}/2\\ &= \{T - 32.4 - L_{街}/v_{max}\}/2 = T/4 - 16.2 \end{aligned} \quad (6.3.3-17)$$

式中 $t_{允2}$——交叉口之间仅设两站，每站最多容许的乘客上下时间（s）；

其他符号含义同前面的公式。

那么，公交的合适站距最好使红绿灯周期允许的乘客上下时间与实际需求的乘客上下时间一致。红绿灯周期一般为 60~90 秒，干路路段平均车速按 40km/h 考虑，交叉口间距为 333~470m，$t_{允1}$ 为 11.8~26.8 秒，$t_{允2}$ 为 0~6.8 秒（在 60 秒周期情况下，$t_{允2}$ 太小）。如果红绿灯周期达到 120 秒，$t_{允2}$ 为 14.3 秒，平均站距 333m，与 60 秒的情况基本一致，但 $t_{允2}$ 也偏小。当红绿灯周期取 70 秒以上时，基本能使公交具有一定时间容许乘客上下时间，相应的站距为 350~600m。

另外，从公交公司自身的效益来看，根据我国目前的案价制度，居民平均乘距越短，每站的上下人数越多，上车人数越多，公交的盈利越大。所以缩短站距，把公交的平均运送速度保持在路段平均车速的一半略上，充分利用绿波交通允许的乘客上下时间吸引更多的乘客，对任何乘距的乘客和公交公司来讲，都会获益。如果公交最佳站距与干路网间距取 600m，即使红绿灯周期达到 120 秒，绿波带速依然可以达到 36km/h，公交的运送速度可以达到 18km/h。而红绿灯周期一般为 60~90 秒，那么通常情况下的适合站距为 400~500m，400~500m 的站距或路网间距可以基本保证公交的运送速度。因此本书建议普通公交线路的站距不宜大于 600m，以 400~500m 之间为宜。

② 非理想状态下的应对措施

a. 加大发车频率，降低候车时间，缩短乘客上下时间

从图 6-19 来看，当公交在绿灯末经过交叉口时，可能会因为交叉口饱和度太高而不能通过。设 $t_{余}$ 为红绿灯周期允许的乘客上下时间与实际乘客上下时间之差。如果 $t_{余}$ 大，那么公交按照理想模式运行的可能性越大。增加发车频率不仅具有减少候车时间的作用，还可以减少每站的乘客上下时间，有利于提高公交车速。另外，缩短乘客上下时间还可以采用扩大车门、降低汽车低盘高度的方法实现。但我国目前采用的无人售票车辆，前门较窄，每位乘客的上车时间较长，应当从车辆选型与设计上进行改进。

b. 公交优先

当灯控系统的道路路段平均车速接近 25km/h，如果不采取公交优先措施，即使按最佳状态运行，任何距离的出行也总是自行车比公交快，交通结构将迅速恶化。如果路段车道允许、且公交线路密集，应当考虑开辟公交专用道。南京市的公交调查表明：交叉口延误占整个公交车运行时间的比例为 25%~33%，而在德国，这个比例约为 2%~15%。[19] 我国应对交叉口的公交优先给予重视，这是保证公交运送速度的重

要措施之一。

c. 开设大站快车

如果开设大站快车，则可以较大幅度提高公交运送速度。但大站快车会增加居民的步行到站时间，不利于吸引近距离出行者。在大站快车吸引远距离公交出行的情况下，普通公交线路的平均乘距会缩短，那么普通公交线路的最佳站距的取值范围也会缩小。

上述分析表明，原最佳站距计算公式忽略了许多不应忽略的内容，修正后的计算公式将这些因素考虑在内，结合不同参数的取值范围进行推算，进一步缩小了最佳站距的取值范围，并找到了影响最佳站距的关键因素。伴随公交优先措施的实施和交通管理的进一步优化、公交车辆性能的改进，公交车的交叉口延误会进一步缩小，公交最佳站距的取值还应适度缩小。

根据最佳站距分析，只是当公交线网密度计算值大于 5km/km² 时，式（6.3.3-15）才表现出不足。由图 6-12 可见，在线网密度大于 5km/km² 时，增加线网密度对减少非车内时间的作用较小。此时，正是站距对运送速度影响最大的时候（即线网密度过大，运送速度变小导致运营速度降低，候车时间增加）。因此可以认为在式（6.3.3-15）计算得出的公交线网密度小于 5km/km² 时，其计算结果是可信的。同时也不排除使站距保持在 400m 左右，加密公交线网的合理性。

6.3.4 城市边缘区最佳公交线网密度分析

城市边缘区的公交线网往往为放射线路。在城市边缘区，对于接近方格网的道路体系，其公交线网密度为双向均衡布置的一半，即 $\delta = 1L/L^2 = 1/L$。假定站距与公交线网间距一致，那么：

$$L_{向线} = \frac{1}{4}L = \frac{1}{4\delta} \tag{6.3.4-1}$$

$$L_{向站} = \frac{1}{4}L = \frac{1}{4\delta} \tag{6.3.4-2}$$

$$\begin{aligned}
t_{非车内} &= 2\frac{(L_{向线} + L_{向站})60}{V_步} + \frac{L_线 60}{W_行 V_营} \\
&= \frac{60}{V_步 \delta} + \frac{F\delta\mu 60}{W_行 V_营} \\
&= \frac{1}{\delta}\left(\frac{60}{V_步}\right) + \delta\left(\frac{F\mu 60}{W_行 V_营}\right)
\end{aligned} \tag{6.3.4-3}$$

对式（6.3.4-3）求导得[①]：

[①] 前文采用候车感觉系数的做法导致中心区的最佳线网密度计算值偏低。如果候车感觉系数取 2，在公交拥有率取 5 标台/万人的情况下，最佳线网密度为 1.72，在不采用候车时间感觉系数计算结果的正负 5% 变动范围内。另外由于计算得出的平均候车时间较小，本书不再采用前文城市中心区计算公式所采用的候车时间感觉系数。而且公交车辆拥有率越高，候车时间越短。伴随候车时间的进一步缩短，采用候车时间感觉系数的意义越小。

$$\delta_{最佳} = \sqrt{\frac{W_行 V_营}{F\mu V_步}} \qquad (6.3.4-4)$$

如果平均站距与公交线网间距无关,那么边缘区的最佳公交线网密度为:

$$\delta_{最佳} = \sqrt{\frac{W_行 V_营}{2F\mu V_步}} \qquad (6.3.4-5)$$

由式（6.3.4-3）可见，城市边缘区合理的公交线网间距为中心区的40%左右。每万人公交拥有率按5标台考虑，最佳线网间距为2.4km/km²。由图6-20可见，在2.0~4.5km/km²之间时，非车内时间变化很小；由图6-21可见，在1.8~3.2km/km²之间时，非车内时间变化也很小。如果把8标台/万人、12标台/万人代入，以各自情况下的最小非车内时间为比较值，即在曲线纵坐标为1的时候，所对应的公交线网密度为最佳值。在计算条件下，最少非车内时间均小于10分钟。当变化范围小于5%时，相差的时间为0.5分钟，对人们的出行时间来讲，已经非常小。因此可以认为纵坐标1.05以下的曲线对应的公交线网密度均可视为最佳值。那么两种方法中任何一种计算的最佳值实际上均在另一种方法的5%范围所对应的最佳路网密度取值范围内。在实际情况中，两种计算方式的假定条件均可能出现。所以可以将两种计算方法计算所得的小于最短出行时间1.05倍所对应的公交线网密度的交集的最小值作为最佳线网密度。这一数值既符合式（6.3.4-4）的计算结果也符合式（6.3.4-5）的计算结果。但通常情况下，另一方向不可能一条公交线路也没有，至少另一方向的线网间距不应大于2km。因此最佳线网密度为2.3~3.5km/km²。

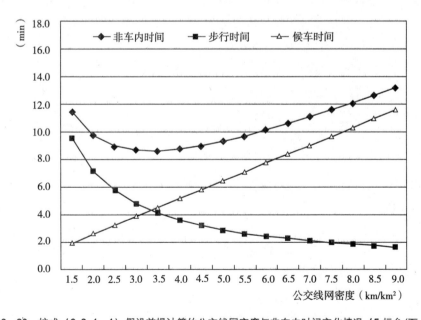

图6-20 按式（6.3.4-4）假设前提计算的公交线网密度与非车内时间变化情况（5标台/万人）

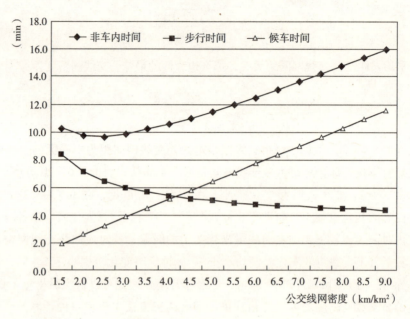

图 6-21 按式 (6.3.4-5) 假设前提计算的公交线网密度与非车内时间变化情况 (5 标台/万人)

6.3.5 基本结论

虽然我国的《城市道路交通规划设计规范》也认可式 (6.3.1-1) 得出的理论数据，比如规范说明中指出"按照理论分析，全市以 $2.5km/km^2$ 为宜"，但规范 3.2.2 中也指出城市中心区的公交线网密度应达到 $3\sim4km/km^2$，城市边缘区应达到 $2\sim2.5km/km^2$。实际上我国部分公交比较发达的城市中心区的公交线网密度有的已经远远高于规范建议的指标，比如大连市城市中心区达到了 $6km/km^2$[20]。而伦敦、巴黎、纽约的中心区公交线网密度分别达到了 $18km/km^2$、$9km/km^2$、$16km/km^2$[12]。另外，规范 7.3.4.3 条款明确提出"支路应当满足公共交通线路运行的要求"，显然规范也有提高公交线网密度的期望，并为公交线网加密留出了余地。但我国的路网密度较稀，支路体系不健全，断头路、丁字路太多，给我国的公交线网加密带来了巨大的困难。也许近期公交车辆少，需要较低的线网密度，但大力发展公交是大势所趋。因此容许开辟公交线路的路网密度必须达到 $4km/km^2$ 以上，否则只能增加线路重复系数，公交的运输效率难以发挥出来。

6.4 转向比例与最佳路网密度

左转比例是影响城市交叉口通行能力的关键因素，左转、右转比例的高低还是影响交通控制体系组织效率的关键因素。可以将左转、右转比例作为与路网关键参数相关的一般概率事件进行分析，有助于找出左转与右转比例的基本规律，为路网规划与交叉口设计提供必要的参考依据。

6.4.1 分析条件假设

首先将城市道路网假设为方格网（图6-4），设街区宽度（交叉口间距）为$L_{街}$，居民出行定义为居民从本街区到达另一个街区。居民平均出行距离为$nL_{街}$到$1L_{街}$，其可能分布可用图6-23表示。分布概率与出发街区到目的街区的距离有关，可以用函数$f(m)$表示，即居民出行距离为$mL_{街}$的概率为$f(m)$。如果假定每个街区都为均质的，那么街区1的居民到任何距离为$mL_{街}$的街区的出行概率相同。

6.4.2 左转与右转比例公式推导

这里考虑居民从街区1出发。对于出行距离为$mL_{街}$的居民来讲，有若干条路径可以选择。由于存在交叉口转向延误，所以居民一般只转一次弯，先走长边与先走短边所需要的出行时间基本相同，所以可以认为先走长边与先走短边的概率相同。根据前面的假设，该区向西出发的居民占出行距离为$mL_{街}$的总出行量P的50%，其中转向南侧的与转向北侧的各占一半，那么从出发街区向西的道路上分布的从街区1出发的总人数为$0.5P$。由图6-4可见，距离出发街区为$mL_{街}$的街区总数为$4m$个，其中该街区西侧有$2m$个，那么出发街区到其中任何一个街区的人数为$P/(4m)$。每经过一个路口，向西行进的总人数减少$0.5P/m$，直到最后一个路口减少到$0.25P/m$。出发街区西侧有m个路口，每个路口（1到m个路口）来自街区1的人数依次为：第一个路口为$0.5P$，第二个路口为$0.5P(1-1/m)$，第三个路口为$0.5P(1-2/m)$，第四个路口为$0.5P(1-3/m)$……第$m-1$个路口为$1.0P/m$，第m个路口为$0.5P/m$，该路各路口通过的总人数$P_{总}=0.5P\times(m+1)/2$，那么左转或右转占通过总人数的比例为$0.25P:P_{总}=0.25P:0.5P\times((m+1)/2)\approx1:(m+1)$。

出行距离为$mL_{街}$的出行者占该街区出发总人数的比例为$f(m)$，设街区1出行者总数为N，那么出行距离从$1L_{街}$到$nL_{街}$左转总量为：

$N\times1/2\times f(1)+N\times1/3\times f(2)+N\times1/4\times f(3)+N\times1/5\times f(4)\cdots\cdots+N\times1/(m+1)\times f(m)\cdots\cdots+N\times1/(n)\times f(n-1)+N\times1/(n+1)\times f(n)=\sum_{1}^{i}N\times[1/(n+1)]f(n)$

那么左转或右转比例$R_{左}$与$R_{右}$为：

$$R_{左}=R_{右}=\frac{N\sum_{1}^{i}1/(n+1)f(n)}{N}=\sum_{1}^{i}[1/(n+1)]f(n) \quad (6.4.2-1)$$

居民出行比例随出行距离的变化一般呈现出图6-22的分布规律。图6-23为平均出行距离为4km情况下的居民出行分布模拟。这样就可以结合模拟公式计算出转向比例。但这种算法太复杂，而且数据难以获得。所以尽管存在误差，可以用平均出行距离简单估算转向比例。设居民平均出行距离为$L_{平均}$；那么可以得到式（6.4.2-2）。根据前面的假定条件，可以用该式表示全市平均转向比例和每个交叉口的平均转向比例。即：

$$R_{左}\approx R_{右}\approx 1/\left(1+\frac{L_{平均}}{L_{街}}\right) \quad (6.4.2-2)$$

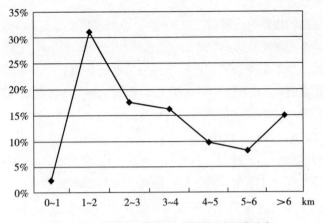

图 6-22 邯郸主城区 2001 年居民出行距离分布

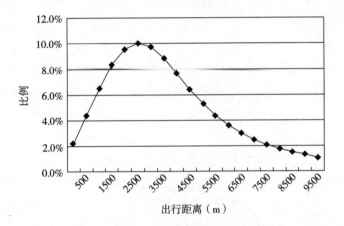

图 6-23 居民出行距离分布模拟（平均 4km）

6.4.3 合理干路网密度分析

虽然式（6.4.2-2）不能准确得出某个交叉口的转向比例，但却可以得出居民平均出行距离、街区尺度与转向比例之间的基本关系与变化趋势。由式（6.4.2-2）可见，宽而稀的路网，街区尺度、左转比例较大。所以通过扩大路网间距和加宽道路提高道路通行能力的做法会因为左转比例的增加而存在通行能力降低的可能。而且绿波交通主要保证直行车队以最小延误通过，因此转向车辆则会发生平均约 1/4 周期的延误。所以，转向车辆越多，红绿灯交叉口控制体系造成的延误越大。美国学者推出了一个表达交通信号控制系统通车效益的"互联指数"公式，公式如下[5]：

$$I = 0.5/(1+T)[Xq/Q-1] \quad (6.4.3-1)$$

式中 I——互联指数；

T——车辆在两相邻信号交叉口间的平均行程时间（min），

其中 $T = L/V$ （6.4.3-2）

L——相邻信号交叉口间距（m）；

V——平均行程车速（m/min）；

X——来自上游交叉口车流的条数，即从上游交叉口驶入下游交叉口的直行车道和左右转弯车道的总和（条）；

q——来自上游交叉口的直行车交通量（辆/h）；

Q——到达下游交叉口的交通量总和，即从上游交叉口驶入下游交叉口的直行车加左右转弯车辆的总和（辆/h）。

作为评价交通信号控制系统交通效益的一个指标，经测试，得出区分非系统控制与系统控制交通效益分界的互联指数标准，最好大于 0.43，不低于 0.35。

设交叉口的直行车辆占该进口的总流量的比例为 $R_{直}$。根据定义和本文的转向比例计算假定条件，下式成立：

$$R_{直} = 1 - R_{左} - R_{右} = 1 - 2 / \left(1 + \frac{L_{平均}}{L_{街}}\right) \qquad (6.4.3-3)$$

将式（6.4.3-3）、式（6.4.3-2）代入式（6.4.3-1），由于 $L_{街} = L$，整理后可得：

$$L_{街}^2 \left(\frac{I}{V}\right) + L_{街}\left(I + \frac{2IL_{平均}}{V} + 0.5X + 0.5\right) + \left(IL_{平均} - 0.5XL_{平均} + 0.5L_{平均}\right) = 0$$

$$(6.4.3-4)$$

设 $A = \dfrac{I}{V}$，$B = I + \dfrac{2IL_{平均}}{V} + 0.5X + 0.5$，$C = IL_{平均} - 0.5XL_{平均} + 0.5L_{平均}$

可以求出合理的交叉口间距为：

$$L_{街} = \frac{-B + \sqrt{B^2 - 4AC}}{2A} \qquad (6.4.3-5)$$

根据互联指数的取值范围，平均行程车速 V 按 30~36km/h 考虑，合理交叉口间距的取值范围见表 6-12。可见，合理的交叉口间距随居民机动车平均出行距离、平均行程速度、路段车道数（表中考虑进口道增加左转、右转各 1 条车道）的增大而增大，伴随互联指数的增大而减小。影响合理交叉口间距的主要因素为居民机动车平均出行距离和平均行程速度，及互联指数。

交叉口间距、居民平均出行距离、道路车速、道路车道数、互联指数之间的关系　　表 6-12

I	$L_{平均}$ (km)	V (km/h)	X	$L_{街}$ (km)	I	$L_{平均}$ (km)	V (km/h)	X	$L_{街}$ (km)
0.4	3	36	5	0.61	0.35	3	36	5	0.68
0.4	3.5	36	5	0.66	0.35	3.5	36	5	0.73
0.4	4	36	5	0.70	0.35	4	36	5	0.78
0.4	4.5	36	5	0.73	0.35	4.5	36	5	0.82
0.4	5	36	5	0.76	0.35	5	36	5	0.85
0.4	3	36	4	0.46	0.35	3	36	4	0.52

续表

I	$L_{平均}$ (km)	V (km/h)	X	$L_{街}$ (km)	I	$L_{平均}$ (km)	V (km/h)	X	$L_{街}$ (km)
0.4	3.5	36	4	0.49	0.35	3.5	36	4	0.55
0.4	4	36	4	0.51	0.35	4	36	4	0.59
0.4	4.5	36	4	0.53	0.35	4.5	36	4	0.61
0.4	5	36	4	0.55	0.35	5	36	4	0.64
0.4	3	30	5	0.56	0.35	3	30	5	0.62
0.4	3.5	30	5	0.59	0.35	3.5	30	5	0.66
0.4	4	30	5	0.62	0.35	4	30	5	0.70
0.4	4.5	30	5	0.65	0.35	4.5	30	5	0.73
0.4	5	30	5	0.67	0.35	5	30	5	0.76
0.4	3	30	4	0.41	0.35	3	30	4	0.47
0.4	3.5	30	4	0.44	0.35	3.5	30	4	0.50
0.4	4	30	4	0.46	0.35	4	30	4	0.52
0.4	4.5	30	4	0.47	0.35	4.5	30	4	0.54
0.4	5	30	4	0.49	0.35	5	30	4	0.56

从道路实际情况分析：一般干道上，从上游交叉口驶入下游路段的直行车道取2~3条；互联指数I取0.4；平均行程车速取36km/h；我国部分城市的居民机动车平均出行距离取5km，可以计算出适合的干路交叉口间距为0.55~0.76km。如果平均行程车速取30km/h，则适合的干路交叉口间距为0.49~0.67km。主次干路的进口道车道数取平均值4.5，干路行程速度取40（36）km/h，互联指数取0.43，则适合的路网间距为0.51~0.63km。

6.5 交通迂回系数与最佳路网密度分析

6.5.1 概念确立

交叉口数量多、路网间距小会导致行车速度下降和路网通行能力下降；交叉口数量少、路网间距大则会导致交通组织与转向不便，即大间距路网带来行车速度与路网通行能力提高的同时，路网体系完成的无效交通的比例也在增加。这里举一个极端的例子：假定路网间距为1km，人们的出行距离为1km（不考虑路网的最近线路时计算得出的距离），即相当于人们从一个街区到达另一个街区。

如果路网无限密，则人们的实际平均出行距离为1km。若假定路网间距为1km，那么人们必须先走到城市道路上，然后在城市道路上行走1km，再进入目的街区，这样人们的平均出行距离就变为路网无限密情况下的2倍。而假设人们的出行距离为5km时绕行距离所占的比例就会变小。因此，绕行距离在总出行距离中所占的比例与路网间距、居民出行距离密切相关，具有随路网间距加大而增加的趋势和随居民出行距离增加而减少的趋势。但目前的路网规划理论仅限于对这一问题的定性分析，要对这一问题进行定量分析，就必须建立迂回距离与路网间距、居民出行距离的数学关系式。

合理的路网间距应当有利于提高路网的有效通行能力。街区内部的交通量一般较小，路网规划主要考虑街区外道路的运输效率。这里将街区外交通迂回系数的概念确定为：居民在一定的路网体系中完成出行任务时，在一定的路网间距和路网模式情况下的街区外最短出行距离与在路网无限密情况下的最短街区外出行距离的比值，简称交通迂回系数。

6.5.2 一般性公式的推导

适于现代交通体系的路网一般为方格网。为了得出一般性的公式，应先对方格网道路进行研究。可以设想一个方格路网（图6-24），其中各街区是均质的，居民只能通过城市道路从一个街区到达另外一个街区，即街区内部的道路不是连通的。街区0为要研究的出发街区。为了简便起见，只研究该街区居民出行距离为$L_{出}$的街区外交通迂回系数。根据方格网道路的可达性特点，此时该街区居民的目的街区分布在南北向距街区0为$L_{出}$和东西向距街区0为$L_{出}$的街区所组成的边线为锯齿状的方形区域中（图6-24）。

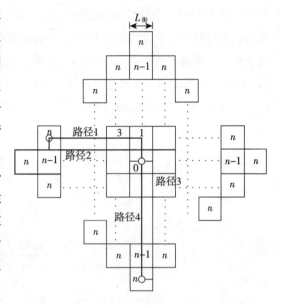

图6-24 交通迂回系数分析假定路网模式

设街区尺度为$L_{街}$，距离出发街区为$L_{出}$的街区数量为$4n$，那么$n = L_{出}/L_{街}$。街区0在南北与东西方向上在相同两条城市街道范围内的街区数量为4，设这种情况为情况1；不在相同两条城市街道之间的街区数量为$n-4$，设这种情况为情况2。

下面对这两种情况下的街区外出行距离进行分析。假定从街区0出发的出行距离为$L_{出}$的居民是均匀分布的，并且从街区0到达街区外的道路可以达到相当高的密度，同时街区外道路的等级与车速是一致的。那么从街区0到达街区外城市道路的平均出发点应当位于街区沿城市道路的中间位置（如图6-25、图6-26中A1、B1所示）。如果这些居民的目的地均匀分布在目的街区n之内，那么平均到达点就如图6-25、图6-26中的C1、D1与

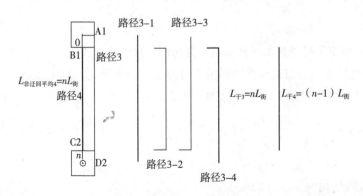

图6-25 情况1的路径选择

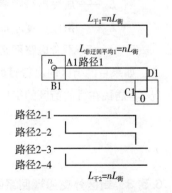

图6-26 情况2的路径选择

C2、D2 点所示。若街区 n 的目的地均匀分布在沿街面上，那么如果可以穿越街区 n 到达目的地，则平均到达点与目的地平均分布在街区内是一致的；如果街区不能穿越，则目的街区的平均到达点将包括 C1、D1 与 C2、D2 在街区对面的中点。

先考虑目的地在街区 n 内部均匀分布的情况。由于出发街区、目的街区的平均出发点各有两个，那么各自相应的最短路径为 4 个（见图 6-25、图 6-26 中的路径 3-1、路径 3-2、路径 3-3、路径 3-4 和路径 2-1、路径 2-2、路径 2-3、路径 2-4）。比较结果表明，只有情况 1 会发生街区外道路上的最短行驶距离（$L_{干3} = nL_{街}$）大于路网无限密情况下的最短距离（$L_{干4} = (n-1)L_{街}$）的情况。而情况 2 在区外道路上的实际出行距离（$L_{干1} = nL_{街}$）等于路网无限密情况下的最短距离（$L_{干2} = nL_{街}$）。设平均街区外出行距离为 $L_{迂回}$，未发生任何街区外绕行的街区外出行距离为 $L_{非迂回}$，街道外交通迂回系数为 $\lambda_{迂回}$，那么：

$$\lambda_{迂回} = \frac{L_{迂回}}{L_{非迂回}}$$

$$= \frac{4L_{干3} + 4(n-1)L_{干1}}{4L_{干4} + 4(n-1)L_{干2}} = \frac{L_{干3} + (n-1)L_{干1}}{L_{干4} + (n-1)L_{干2}}$$

$$= \frac{nL_{街} + (n-1)nL_{街}}{(n-1)L_{街} + (n-1)nL_{街}} = \frac{n + (n-1)n}{(n-1) + (n-1)n}$$

$$= \frac{n^2}{n-1+n^2-n} = \frac{n^2}{n^2-1}$$

$$= 1 + \frac{2}{n^2-1}$$

$$= 1 + \frac{2}{\left(\frac{L_{出}}{L_{街}}\right)^2 - 1} \quad (6.5.2-1)$$

式中　$L_{迂回}$——街区外最短行驶距离（m）；

$L_{非迂回}$——路网无限密情况下的街区外最短行驶距离（m）；

$\lambda_{迂回}$——街区外迂回系数；

$L_{出}$——居民出行距离（m）；

$L_{街}$——街区尺度（m）；

n——不考虑路网密度情况下的居民街区外出行距离与街区尺度之比。

如果目的街区的出行目的地均沿街分布，且目的街区不可穿越，那么无论情况 1 或情况 2，居民在目的街区的街区外行驶距离都平均增加 $L_{街}/4$，那么：

$$\lambda_{迂回} = 1 + \frac{2}{n^2-1} + \frac{0.25L_{街}}{L_{出}} = 1 + \frac{2}{n^2-1} + \frac{1}{4n} \quad (6.5.2-2)$$

6.5.3　街区外交通迂回系数的运用

从街区外交通迂回系数的公式来看，迂回系数只和居民出行距离与街区尺度的比值有关。根据上述公式可以计算出在 n 的不同取值情况下的街区外交通迂回系数变化情况（图 6-27）。图中数值略高的曲线为街区内道路不可穿越情况下的迂回系数，较低的为街区内道路可以穿越、或者目的地分布在街区内部情况下的迂回系数，二者的差别不大。在城市中，这两种情况均存在，那么迂回系数应当位于两条曲线之间。

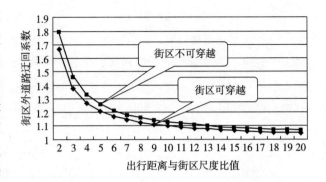

图 6-27 出行距离与街区尺度值与街区外交通迂回系数的变化情况

设街区 0 居民到距离为 $L_{出}$ 的街区的居民出行次数占总出行次数的比例为 $R_{出}^L$，设 $R_{出}^L = f(L_{出}/L_{街}) = f(n)$，那么街区 0 居民的平均街区外迂回系数为：

$$\lambda_{迂回}^0 = \frac{\sum_{i=1}^{n}\left(1 + \frac{2}{n^2 - 1}\right) \times f(n) \times n}{\sum_{i=1}^{n} f(n) \times n} \quad (6.5.3-1)$$

$R_{出}^L$ 的分布曲线一般表现为类似于 F 分布，设居民的平均出行距离为 $L_{出平均}$。根据这一特点，本书对不同分布情况下的数据进行了分析，计算结果表明：

$$\lambda_{迂回}^0 \approx 1 + \frac{2}{\left(\dfrac{L_{出平均}}{L_{街}}\right)^2 - 1} \quad (6.5.3-2)$$

虽然存在误差（平均迂回系数略大于按平均出行距离计算的结果），但依然可以用平均出行距离求出该区居民的平均迂回系数。由于街区存在同质假设，那么街区 0 的居民出行迂回系数就具有代表性。因此根据这一公式就可以对合理的街区尺度（路网间距）进行分析。

分析之前，必须量化增加路网间距对道路通行能力的提高程度。在信号控制交叉口，交叉口的通行能力随红绿灯周期的延长而提高。对于协调控制的交叉口，设周期为 T，在方格网道路体系中，相位差为 $T/2$。设每周期的信号损失时间为 $T_{无效}$，$T_{无效}$ 只和信号控制相位的多少、交叉口的布局有关。根据交通流理论，存在达到最大通行能力的最佳车速，一般为 30~45km/h，这里取 40km/h。延长路网间距，也就意味着交叉口周期的增加，这样就可以得出增加路网间距对路网通行能力的增加系数 $\lambda_{间距}$。

$$\lambda_{间距} = \frac{T - T_{无效}}{T} = 1 - \frac{T_{无效}}{T} = 1 - \frac{T_{无效}}{2\dfrac{L_{街}}{V/3.6}} = 1 - \frac{T_{无效} V}{7.2 L_{街}} \quad (6.5.3-3)$$

式中 $\lambda_{间距}$——交叉口间距对路网通行能力的影响系数；

T——红绿灯周期（s）；

$T_{无效}$——每周期的无效灯时（s）；

V——最佳车速（km/h）。

设路网间距对路网通行能力的有效影响系数为 $\lambda_{有效}$，那么：

$$\lambda_{有效} = \frac{\lambda_{间距}}{\lambda_{迂回}} = \frac{1 - \dfrac{T_{无效} V}{7.2 L_{街}}}{1 + \dfrac{2}{\left(\dfrac{L_{出平均}}{L_{街}}\right)^2 - 1}} \tag{6.5.3-4}$$

$T_{无效}$ 与路段车道数有关。路段车道数越多，交叉口尺度越大，相位之间的绿灯间隔就越长。当仅考虑机动车的时候，杨晓光建议采用如下公式[21]计算绿灯间隔时间：

$$I = \max\left(\frac{z}{v_a} + t, \ 3\right) \tag{6.5.3-5}$$

式中 I——绿灯时间间隔（s）；

z——停车线到冲突点的距离（m）；

v_a——车辆在交叉口进口道上的行驶速度（m/s）；

t——车辆制动时间（s）。

根据上述公式和不同的路段车道数所构成的十字交叉口的一般尺寸，计算得出如下交叉口绿灯间隔时间（表6-13）。每周期的无效灯时等于交叉口的信号相位数和绿灯间隔时间的乘积。我国《城市道路交通规划设计规范》建议的城市道路用地面积为8%~15%，这里取12%。扣除人行道、自行车道、停车场等用地，街区外的机动车道用地比例约8%。那么，就可以根据道路用地比例对道路的平均车道数进行推算（表6-13）。

车道用地比例、路段车道数、绿灯间隔时间计算结果　　　　表6-13

路段单向车道数	1	2	3	4	5
绿灯间隔时间（s）	3	5.3	6	6.4	7
路网间距（m）	175	350	525	700	875

我国居民的城市客车平均出行距离取6~7km以下，$T_{无效}$ 按表6-13中的绿灯间隔时间进行计算，得图6-28、图6-29（图中的两相位、四相位指不考虑交通迂回情况时路网间距对通行能力的影响系数，带数字的图例指在该平均出行距离情况下的影响系数）。图6-28、图6-29中不考虑街区外交通迂回系数的交叉口间距对路网通行能力的影响系数表明：交叉口间距越大越好。但考虑迂回系数之后，交叉口间距影响系数明显下降，才具有了最佳间距。对于两相位信号控制系统，最佳的路网间距介于350~700m之间（最佳车速取40km/h）。对于四相位信号控制而言，最佳间距为700m（最佳车速取40km/h）。另外，由图6-28、图6-29可以看出，出行距离越大，最佳路网间距越大。

现在看来，影响最佳路网间距的主要因素为出行距离和交叉口相位数量。对于我国的大多数城市来讲，城市规模在 100 万人口以下，城市直径约 10km 以下时，机动车的平均出行距离约在 5km 以内。而且即使出行距离有所增加，在平均出行距离为 7km 时，当路网间距从 700m 延长到 800m 时，增加路网间距对通行能力的提高幅度也很小。本书认为对该规模的城市来讲，最大路网间距不应超过 700m。

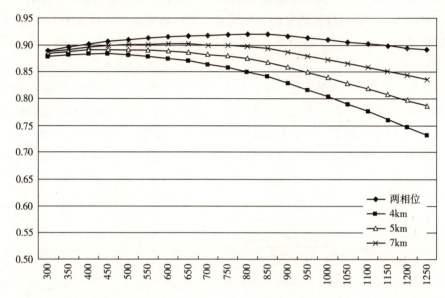

图 6-28　两相位信号控制交叉口的交叉口间距对路网运输效率的影响（车速 40km/h）

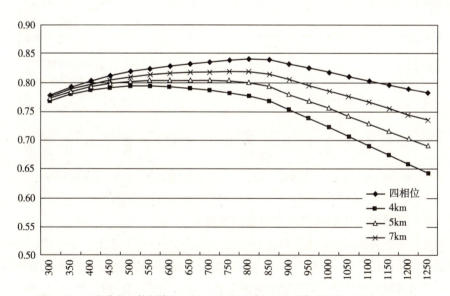

图 6-29　四相位信号控制情况下交叉口间距对路网运输效率的影响（车速 40km/h）

对于大于 200 万人口的城市，我国《城市道路交通规划设计规范》建议的城市道路用地面积为 15%～20%，这里取 18%。扣除人行道、自行车道、停车场等用地，街区外的机动车道用地比例约12%。对于200万人口以上的城市一般会考虑建设快速路,长距离的出行一般会在快速路上行驶一段路程。根据我国《城市道路交通规划设计规范》建议的路网密度,机动车在城市干路上的行驶距离也不会太大,因此本书取值范围同前。采用同样方法,计算结果为:两相位信号控制情况下的最佳路网间距为500~700m,四相位情况下为700m左右(最佳车速取40km/h)。另外我国还有大量的自行车,出行距离较短,路网间距不能只按机动车的最佳模式考虑。如果路网间距大于700m,自行车的平均迂回系数将大于1.2,会给居民出行造成不便。所以这些城市的最大路网间距也应当在700m以下。

还应注意最佳车速的选择问题。对于大多数特大城市来讲,线控制的车速达到40km/h已经是比较理想的状态,但道路上的车流密度会不断加大。如果降低最佳车速,计算结果表明最佳路网间距有所降低。如果车速降低到30km/h,路网间距在500~600m左右时的运输效率并没有明显的变化,而且出行距离对路网运输效率的影响程度明显减小(图6-30)。

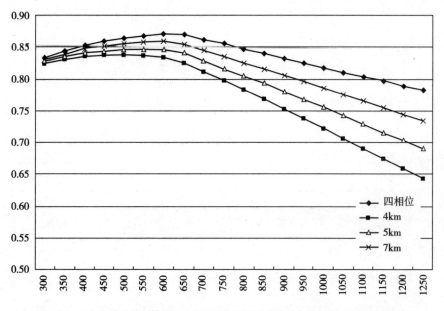

图6-30 四相位信号控制情况下交叉口间距对路网运输效率的影响(车速30km/h)

6.5.4 单向交通情况下的街区外交通迂回系数分析

单向交通是提高路网通行能力的有效办法。国外的统计数字表明,单向交通可比双向行驶的通行能力提高20%~30%。根据常识,单向交通会面临更大的街区外交通绕行。要想对单向交通做出真实评价,必须建立单向交通行驶条件下的交通迂回计算公式。现在需要把图6-27假想为单向交通模式,对于出发街区来讲不会发生比双向交通组织更大的交通迂回,而且如果目的街区的内部路网可以从一侧穿越到另一侧,也不会发生更大的交通迂回。但如果目的街区不可穿越,或目的地在街区的沿街面上,那么将发生很大的交通迂回。目的街区的交通迂回长度为2个街区宽度,比双向行驶多出1.5个街区长度。那么对于单向交通来讲，迂回系数为：

$$\lambda_{迂回} = 1 + \frac{2}{n^2-1} + \frac{1.5L_{街}}{L_{出}} = 1 + \frac{2}{n^2-1} + \frac{3}{2n} \qquad (6.5.4-1)$$

单向交通体系没有必要采用多相位信号控制，那么可以计算并得出单向交通组织情况下的路网间距对路网实际运输效率的影响系数（图6-31）。图6-31表明在车道用地面积率为8%的情况下，最佳车速按40km/h考虑时，最佳路网间距应当小于350m。同样，也可以提高机动车道的用地比例（按12%考虑），计算结果依然表明最佳间距仍小于350m（当机动车平均出行距离大于7km时，500m左右间距的单向行驶路网才比350m间距的路网略具微弱优势）。

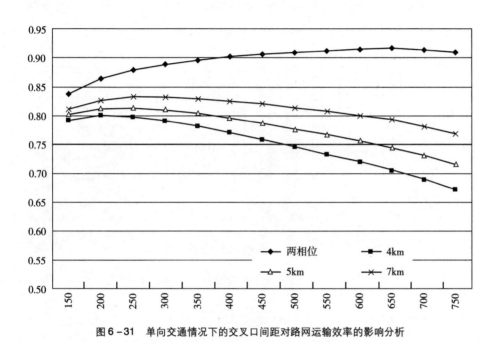

图6-31 单向交通情况下的交叉口间距对路网运输效率的影响分析

6.5.5 运输效率综合比较与合理路网间距选择

对于饱和度较高的双向交通来讲，四相位交通控制的交叉口通行能力要高于两相位信号控制。对于350m间距的单向通行系统和700m间距的双向交通系统，如果单向系统为每条路4车道，双向系统为每条路8车道，那么这两套路网系统的车道密度、车道用地比例相同，车道密度均为22.8km/km²，车道用地比例均为8%。最佳车速取40km/h，对这两套路网体系进行比较（表6-14）。由计算结果可见：350m的单向路网体系每车道的有效通行能力为双向路网模式的1.13（平均出行距离7km）/1.09（平均出行距离4km）倍，即实际通行能力高出13%（平均出行距离7km）/9%（平均出行距离4km）。同样可以对250m间距的单向通行系统和500m间距的双向交通系统进行比较，如果单向系统为每条路3车道，双向系统为每条路6车道，二者的车道用地比例相同。

单向行驶路网与双向行驶路网运输效率比较　　　　　表6-14

类别	路段车道数	车道用地比例	路网间距（m）	信号周期（s）	交叉口通行能力（pcu/h）	每车道通行能力（pcu/h）	每车道有效通行能力（pcu/h）	
							$L_{出}=7km$	$L_{出}=4km$
单向路网	4	8.0%	350	63	7486	936	832	683
双向路网	8	8.0%	700	126	12914	807	734	628
单向路网	8	8.0%	700	126	16171	1011	809	565
单向路网	3	8.4%	250	45	5250	875	803	695
双向路网	6	8.4%	500	90	8400	700	654	582
单向路网	6	8.4%	500	90	11700	975	828	631

注：1. 左转车辆按10%考虑，右转按10%考虑，直行车辆按80%考虑；
　　2. 最佳车速取40km/h。

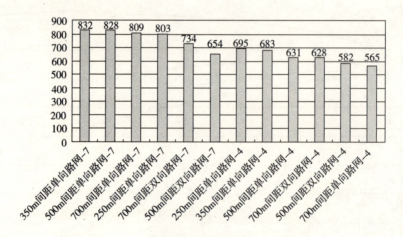

图6-32　不同路网组织模式的实际运输效率比较

如果对这六种路网模式进行排序（图6-32），在平均出行距离为7km时，依次为：350m单向路网（832pcu/h）、500m单向路网（828pcu/h）、700m单向行驶路网（809pcu/h）、250m单向路网（803pcu/h）、700m双向行驶路网（734pcu/h）、500m双向行驶路网（654pcu/h）；在平均出行距离为4km时，依次为：250m单向路网（695pcu/h）、350m单向路网（683pcu/h）、500m单向路网（631pcu/h）、700m双向行驶路网（628pcu/h）、500m双向行驶路网（582pcu/h）、700m单向行驶路网（565pcu/h）。有效通行能力排序表明：小间距路网具有较高的通行能力。除此之外，还有其他理由可以证明小间距路网具有较大的优势：

（1）伴随车流密度增加，小间距路网会具有更大的优越性

如果降低最佳车速，延长红绿灯周期，排序还会发生变化。小间距单向行驶路网和小间距双向行驶路网的排序会提前，即在车流密度不断加大的情况下，小间距路网的优越性逐渐增加。

（2）伴随左转比例增加，小间距路网会具有更大的优越性

表6-14中的左转比例按10%考虑，如果左转比例加大，双向行驶道路的通行能力会有所下降，而单向行驶路网基本不会受到影响，因此单向行驶的运输效率会比双向行驶更

高。根据上一节对左转比例的研究，大间距路网的左转比例较大，而这一点在本节的分析中并未考虑。

（3）小间距路网的交叉口延误较小，迂回系数较小

如果考虑交叉口延误，长周期要比短周期大出许多，约6~7秒。如果再考虑绕行带来的汽车与燃油消耗、对近距离出行者带来的交通迂回系数过大问题，700/500m 间距路网的单向交通组织是不可取的。

（4）单个交叉口的交通压力较小，车道之间的干扰较小

还应注意到，700/500m 间距路网的单个交叉口通行能力均达到1万辆以上，已经接近立交桥的通行能力。如果考虑行人过街干扰，大间距路网的有效通行能力降低幅度大于小间距路网；700/500m 间距单向交通的车道数达到8/6 条时，车道之间的干扰较大。而上述两点在计算交叉口通行能力时并未考虑。如果考虑这一因素，700/500m 间距的单向行驶路网的运输效率还会进一步下降，小间距路网的优越性会更突出。

（5）小间距路网更适应城市的生长过程

机动车平均出行距离是伴随城市规模的扩大而扩大的。由图6-32可见，在机动车平均出行距离为4km 和7km 的情况下，小间距路网的排序比较靠前，在远距离出行与近距离出行中均具有较大的优势。如果交通拥挤加剧，小间距路网的排序也会提前。

综上所述，双向路网的最佳路网间距为460~700m，单向路网的最佳路网间距在350m以下。与居民出行效率法的分析不同，本节分析中路网基本达到了较高的饱和度，而居民出行效率法更倾向于较低的路网饱和度。

6.6 交通需求强度与适宜的干路网密度分析

目前我国的居民出行主要以自行车为主，机动车比例还较低。表6-15 为结合我国大中城市居民出行距离调查结果，按假定交通结构得出的居民出行交通强度计算表。

大中城市居民出行交通强度计算表　　　　表6-15

类别	出行比例 （次数比例）	出行距离 （km）	交通需求强度 （万车公里/（km²·日））	平均乘坐人数 （人/车）	交通需求强度 （万车公里/（km²·日））
私人小汽车	15%	5	1.875	1.5	1.25
出租车	8%	5	1.000	1.5	0.67
其他客车	5%	8	1.000	6	0.17
公交	10%	5	1.250	50	0.03
合计	38%	—	5.125	—	2.11

注：出租车的空驶率按30%考虑。

如果高峰小时（1小时）的居民出行次数按全天的20%考虑，外来车辆与货运车辆高峰小时的交通需求强度按本市居民交通需求强度的15%考虑。那么该市早高峰期间的全市平均交通需求强度为0.48 万车公里/（km²·h）。每km/km² 的车道密度可以完成0.14 万车

公里/（km²·h）（单车道饱和通行能力按700pcu/h考虑），高峰小时平均路网饱和度按80%考虑，全市的干路道路按双向4车道/条考虑，所需要的干路网密度为2.16km/km²，相当于干路网间距为920m。如果将私人机动车出行比例提高到30%，相应的干路间距为560m。如果私人小汽车的平均出行距离达到7km，出行比例提高到30%，全市的干路道路按平均双向5车道/条考虑，相应的干路网间距为558m。

实际上全市交通强度的分布表现为城市中心区大，外围小。如果中心区按全市平均值的2~3倍考虑，其他计算条件按表6-13取值，干路道路按平均双向5车道/条考虑，相应的干路网间距为384~577m。

上述为未考虑快速路情况下的计算结果。从交通需求强度与干路网密度的关系来看，伴随我国机动化水平的不断提高，城市路网密度、等级、交通用地比例将不断提高。以往的经验表明：道路建设总赶不上交通需求的增长。可见足够密度的路网是路网提高运输效率和不断拓宽道路增加交通用地比例的基础条件。

6.7 快速路的适宜路网密度分析

6.7.1 最大居民出行时耗与快速路路网密度分析

设置快速路的目的之一在于限制城市最大出行时耗。从出行距离分布来看，长距离出行占的比例较低，如果考虑快速路主要承担长距离出行，再结合长距离出行所占的客货运周转量，根据快速路的运输效率就可以得出快速路的合理设施量。因此居民出行距离分布、货运距离分布是决定快速路路网密度的关键因素。快速路围合范围越大，则区内出行的吸引力越大，使用快速路所造成的交通迂回比例越大，同时使用快速路的车辆越多。

《城市道路交通规划设计规范》指出：对于50万人口以下的城市，市民活动范围在自行车30分钟出行范围内，没有必要建设快速路；对于人口规模大于200万或者城市长边大于20km的城市，有必要建设"井"或"廿"字状的快速路。下面从此角度来分析根据城市交通出行所需配备的合理快速路路网密度。

现在以南宁市的调查数据为例进行计算。南宁市的客车平均出行距离为11.81km，5km以内的占35%，出行距离在14km以内的占81%；出租车平均出行距离为4.93km，6km以内的占85.21%；摩托车平均出行距离为5.4km，8km以内的占82%；货车出行距离为17km以下的占73.4%，30km以上的占14.55%，平均26.5km（图6-36）。客车、货车、出租车、摩托车的总量各自为：23527辆、25396辆、299888辆、3731辆（约5∶5∶60∶1），千人机动车拥有量为278辆[22]。

考虑出行距离15km以上的机动车出行采用快速路体系。由图6-33、图6-34可以看出，出租车、摩托车15~30km的出行比例很低，按总出行次数的5%考虑。由图6-35可以看出，客车15~30km的出行比例较低，可按30%考虑。由图6-37可以看出，货车15~30km的出行比例同样较低，可按35%考虑。摩托车平均出行次数为2.85次/日，出租车23.5次/日，客车3.96次/日，货车1.52次/日。南宁市居民出行时辰分布见图6-38。在7~8点时，出租车、摩托车的早高峰小时出行比例为12.5%、18.5%，客车按24.4%、货车按6%考虑。

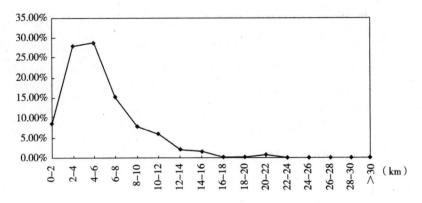

图6-33 南宁市摩托车出行距离分布

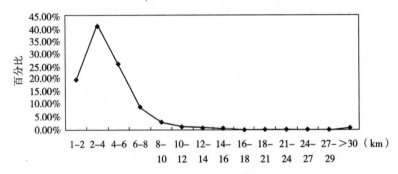

图6-34 南宁市出租车出行距离分布

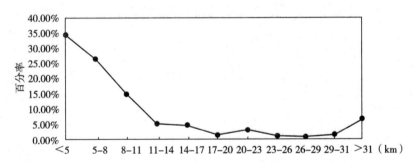

图6-35 南宁市客车出行距离分布

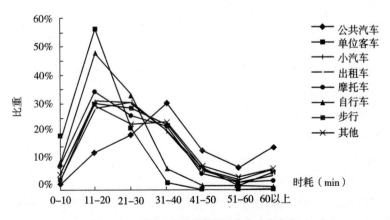

图6-36 南宁市客车出行时耗分布（分方式）

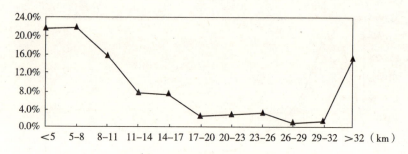

图6-37 南宁市货车出行距离分布

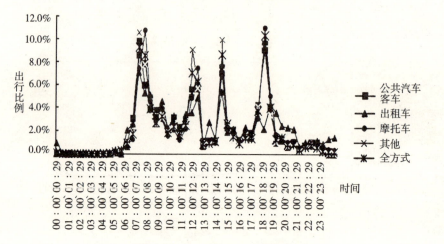

图6-38 南宁市居民出行时辰分布

南宁市机动车辆长距离出行交通需求强度计算表 表6-16

车种	客车	摩托车	出租车	货车	单位
车辆数	23527	299888	3731	25396	辆
平均出行次数	3.96	2.85	23.5	1.52	次/日
快速路承担出行距离	22.5	22.5	22.5	22.5	公里
高峰小时比例	24%	19%	13%	6%	—
长距离出行比例	35%	5%	10%	30%	—
交通需求强度	0.142	0.141	0.020	0.012	万车公里/(km²·h)

不考虑摩托车需求，快速路需要承担的交通需求强度之和为0.174万车公里/(km²·h)，相应的快速路路网密度为0.2~0.3km/km²；如果考虑摩托车在将来转变为私人小汽车，快速路需要承担的交通需求强度之和为0.31万车公里/(km²·h)，相应的快速路路网密度为0.4~0.6km/km²（快速路每车道的通行能力按1400辆考虑，车速按50km/h考虑；如果快速路的车道密度为1km/km²，其交通承载力可以达到0.14万车公里/h；快速路按双向4到6车道考虑）。在这种情况下，机动车拥有率可达到278辆/千人，私人小汽车达到238辆/千人，即约50%的家庭拥有小汽车。

现在，再对更大规模的城市进行粗略分析。对于200~500km²的城市，城市直径一般为16~25km，这也就是该城市的最长出行距离。如果城市干路的速度按30km/h考虑，最长出行时间为30~50分钟。长距离出行者所占比例较低（将出行时间大于30分钟或出行距离大于15km的出行作为长距离出行），按全部出行的20%考虑，快速路承担的平均出行距离按 20km 考虑。城市人口密度按 1 万人/km² 考虑，全市平均长距离出行的交通需求强度为 4 万人公里/(km²·日)，高峰小时出行比例按 18% 考虑，那么高峰小时的长距离出行交通需求强度为 0.72 万人公里/(km²·h)。每车乘载人数按 1.5 人考虑（按全部采用小汽车考虑），那么高峰小时的长距离出行交通需求强度为 0.48 万车公里/(km²·h)。完成 0.48 万车公里/(km²·h) 的交通需求强度所需要的车道密度为 3.42km/km²。快速路按双向 4~6 车道考虑，那么其路网密度为 0.57~0.85km/km²。

上述计算方法的若干参数，比如每车载客数量、长距离出行的平均出行距离、高峰小时系数、高峰小时时间长度、交通分布均会出现较大变化，这主要和交通管理、路网布局结构和城市用地布局有关。① 另外，如果快速路采用 HOV 管理措施，使每车载客数量平均达到 3 人，那么相应的快速路网密度为 0.3~0.5km/km²。如果城市布局合理，居民出行距离较短，所需要的快速路网密度会更低。从城市交通管理角度来看，错开货运与客运高峰是可以做到的，城市对外交通的高峰往往发生在早高峰之后。但就上述可能数字来看，计算结果与我国《城市道路交通规划设计规范》对快速路路网密度提出的建议指标比较接近（规范建议指标：大城市 0.3~0.4km/km²，特大城市 0.4~0.5km/km²）。

6.7.2 用地节约与快速路路网密度分析

设置快速路的目的之二在于节约空间，缓解交通压力。城市干路、快速路具有很强的互补性。如果城市干路的速度较大，那么快速路所需要承担的交通量就会降低，路网密度也会有所降低。从城市道路扩建角度来看，快速路尤其是高架路具有节约城市用地的作用，在建筑密集的城市建成区建设快速路，有助于节约城市用地，节约道路占地空间。比如上海市的内环线，如果不采用高架模式，则需要至少 3 倍的道路用地才能承担目前高架路所承担的交通量。显然城市地价越高、拆迁难度越大，建设快速路越经济。

6.7.3 城市发展布局优化与快速路路网密度分析

设置快速路的目的之三在于调整城市的交通可达性，引导城市布局调整。快速路有利于改变城市的时空关系，使远离城市中心的区位可以与其他区位一样具有相同的时耗，有助于培育城市副中心，有助于形成城市发展轴。根据规范建议指标，如果快速路按方格网道路考虑，快速路的路网间距为 4~7km；如果按一个方向分布考虑，路网间距为 2~3.5km。根据北京市区道路网系统功能调整及加密规划，北京市的快速路调整后的路网密度为 0.42km/km²，相交路口平均间距为 4.76km，与规范建议指标比较接近。快速路之间的围合区域平均 16~49km² 的一个区域，相当于 1 个中小城市。从培育成熟城市组团的角度来看，其围合面积还是比较适宜的。另外，对于面积为 200km² 的城市，按团块状考虑，其周长约 50km，如果绕城修建快速路，那么快速路的路网密度为 0.25km/km²，但这种快速路是绕城公路的概念，伴随城市的进一步扩大，这种快速路承担城市交通的比例才会进一步扩大。

另外，快速路还具有促发城市用地低密度扩张的作用，造成居民出行距离过度增长。

---

① 本书计算仅作为假定条件下的计算范例，具体城市需结合城市的 OD 分布、交通结构进行匡算。

美国私人机动车出行比例增加、快速路建设、城市用地供应带来的"城市蔓延"及相应的问题就是一个明显的例子。城市不必过度追求机动性，快速路只能作为将必要的远距离出行限制在一定时间限度内的必要措施；对于新建区来讲，不应过量建设快速道路体系。

6.7.4 立交桥最小间距与快速路路网密度分析

快速干道与高速公路、一级公路、快速路以及城市主干道相交需布设互通式立交。互通式立交的间距，美国规定城区约为1.6~2.4km，近郊区为3.0~5.0km；日本一般为3~5km。国内实践经验，北京市二环路的立交平均间距为1.9km，最小间距为0.9km；天津市中环立交的平均间距为1.82km，外环为5.5km；广州市外环立交的平均间距为3.57km，最小间距为1.9km，其内环最小立交间距仅为0.85km。从汽车运行理论上分析，互通式立交的最小间距取决于相邻立交的层数、主线坡道的最大纵坡，原则上应不小于主线两纵坡段长加落地点处竖曲线长的一半及直线平坡段的最短长度（约200~300m）；并以两相邻立交的右进、右出匝道在主线上的投影长及加速进入、减速驶离长度和主线地面段上所需车辆相互交织的长度之和来校核。因此，互通式立交最小间距，如车速60km/h，宜为0.9~1.0km；车速80km/h，则为1.0~1.1km；城区宜为2.5~3km；边缘及近郊宜为3.5~5.0km。

国内外互通式立交的最小净距见表6-17[23]，与李泽民的建议数据存在差距。贺玉龙等根据最小非交织距离计算得出北京市三环的互通式立交的最小净距为2555m。快速路与快速路、主干路相交时，往往采用互通式立交。如果快速路按方格网来布置，且快速路之间不布置主干路，根据贺玉龙的互通立交净距计算结论，快速路的最大路网密度为0.78km/km^2；如果快速路之间布置一条主干路，且与快速路以互通立交桥相联系，则快速路的最大路网密度为0.39km/km^2。

国内外互通式立交的最小净距　　　　　　　　　　表6-17

国家	地区	最小间距（km）
美国	市区	1.0
	郊区	2.0
加拿大	市区	2.0
	郊区	3.0
日本		1.5~4.0
中国		0.7~1.0

如果快速路与主干路采用右进、右出匝道相连，那么则需要考虑匝道的上下游适宜距离。由于其与主线连接的区段受合流、分流的车辆交织行驶影响，易产生紊流现象，从而导致快速路通行能力降低。当主线车速为80km/h，其紊流影响范围为对驶入匝道从连接点向上游152m，向下游760m；对驶出匝道，则为向上游760m，向下游152m。据此，可大体得出相邻两出口或入口匝道的最小间距为912m，相邻入口及出口间距为1520m。鉴于快速路最外侧车道实际行车速度达不到80km/h，因此，李泽民认为，确定具体的最小间距时，对少数有困难区段，引用美国规定时可降低20%左右；对设计车速仅为60km/h的高架快速路，则可降低30%左右。若进出匝道过密，由于加、减速及紊流影响不仅会降低通行能

力，而且在高峰时段往往会发生入口匝道车辆排队，影响交通；若进出匝道过稀，则对疏导、吸引邻近路网的中长距出行车流，发挥快速路的复合功能不利，对于内、中环其间距以 0.7~1.2km 为宜，外环及边缘地区为 1.2~2.0km；如果两个互通立交之间布置一组匝道，那么立交之间的最小距离将会扩大，应大于 3~4km。[24]

快速路包括匝道、互通立交相连的两种连接方式，从连接路段的适宜距离来看，$0.4 \sim 0.6 km/km^2$ 已基本接近快速路的最大适宜密度。如果再计入城市外环，对于 200 万人口的城市，快速路的最大密度为 $0.5 \sim 0.7 km/km^2$。由此可见，我国规范给出的特大城市快速路路网密度的最高建议值较大，在路网规划中不宜突破上线。

6.8 本章小结

（1）有待深化的方面

居民出行效率法有很多参数需要进一步调查确定，假定路网也远比实际路网简单，而且城市不同区位的路网密度还需要深入研究。虽然交通信号协调控制系统的效率分析、转向比例研究、路网迂回系数的应用从路网自身的运输效率角度证明了居民出行效率法的分析结论，但依然有必要对具体的路网设计与交通组织方式进行比较分析。而且本书所采用的分析方法并没有按真实的 OD 产生的交通需求去计算，计算结果存在偏差，还需要用特定软件进行分析。但这几种方法还是可信的，至少表明了一种趋势。

（2）目前可以得出的基本结论

根据交通协调控制理论得出的路网间距虽然存在不足，但切实可用，与本章的分析结论基本一致。本章通过私人交通居民出行效率分析、公交出行效率分析、交通协同控制分析、有效运输效率分析、转向比例法、最大出行时耗限制分析基本可以得出如下结论：

①不同交通方式的适宜出行距离与平均出行距离不同，因此不同交通方式自身的运输特性所要求的合理街区尺度不同、路网间距也不同。

②同一出行者、不同目的的出行距离不同，同一交通方式的出行距离不同，因此存在居民远近距离出行对最佳路网间距要求的冲突问题。

③依靠增大路网间距提高路段通行能力的做法会面临左转比例、迂回系数增高带来的交叉口通行能力和路网实际通行能力下降问题。

④从居民出行效率分析、公交出行效率分析、交通协同控制分析、有效运输效率分析、最大出行时耗限制分析、交通控制理论等多角度分析结果来看，无论路网系统的交通量大小，双向行驶情况下的最佳路网间距基本介于 400~600m 之间，单向行驶的路网间距一般小于 350m，相应的路网密度为 $3 \sim 6 km/km^2$。

⑤大城市路网平均出行距离长，路网密度应小一些，间距应大一些；小城市平均出行距离短，路网间距应小一些，路网密度应大一些；但同时应注意，大城市交通压力大，车速较低，路网间距又应小一些。

⑥城市中心区交通压力大，车速低，路网密度应大一些；边缘区交通压力小，路网密度应当小一些。

⑦路网规划的真正意义在于最大限度地满足各类交通方式的需求，使不同距离、不同方式的出行者尽量达到效率最大化。

⑧合理的路网发展模式是一定路网密度范围内的道路加宽，即使优先考虑机动车的出行效率，路网密度所起到的作用也不可能通过增加道路车道的方法达到。

⑨目前我国采用的最佳公交线网密度偏低、站距偏大，大间距路网很难使公交达到最佳运营状态。

⑩我国规范提出的快速路建议路网密度基本是合理的。城市规划不必过度追求机动性，快速路只能作为将必要的远距离出行限制在一定时间限度内的必要措施；对于新建区来讲，不应过量建设快速道路体系。

参考文献

[1] M·C·费舍里松著，任福田等译. 城市交通 [M]. 北京：中国建筑工业出版社，1984.

[2] 段里仁. 城市交通工程概论 [M]. 北京：北京出版社，1984.

[3] 文国玮. 城市道路交通与交通系统规划 [M]. 北京：清华大学出版社，2001.

[4] 赵晶夫，城市道路与美学 [M]. 南京：东南大学出版社，1998.

[5] 杨佩昆. 重议城市干道网密度——对修改《城市道路交通规划设计规范》的建议 [J]. 城市交通. 2003，1 (1).

[6] 徐循初.《城市道路交通规划设计规范》讲解材料.

[7] 周荣沾. 城市道路设计 [M]. 北京：人民交通出版社，1999.

[8] 武汉建筑材料工业学院，同济大学，重庆建筑工程学院. 城市道路与交通 [M]. 北京：中国建筑工业出版社，1981.

[9] 李德华. 城市规划原理 [M]. 北京：中国建筑工业出版社，2001.

[10] 同济大学. 全国注册城市规划师职业考试指南 [M]. 同济大学出版社，2001.

[11] 王炜，徐吉谦. 城市交通规划 [M]. 南京：东南大学出版社，1999.

[12] 陆化普. 解析城市交通 [M]. 北京：中国水力水电出版社，2001.

[13] 陆建，王炜. 城市道路网规划指标体系 [J]. 交通运输工程学报，2004，4 (4).

[14] Roy Cresswell. Planning & Public Transport [M]. the Construction press，1979.

[15] Englewood Cliff. Urban Public Transportation [M]. prentice–hall, Inc , New Jersey, 1981.

[16] 蔡君时. 世界公共交通 [M]. 同济大学出版社，2001.

[17] 王茜，杨晓光. 信号控制交叉口进口道公共汽车停靠影响分析 [J]. 土木工程学报，2003，36 (1).

[18] 高成. 城市公共汽车站点规划研究 [J]. 城市公共交通，2003 (3).

[19] 陆建，王炜，陈学武. 公交专用车道设置条件与效益分析 [J]. 东南大学学报，1998，28 (3).

[20] 毛羿，吴大为. 大连市公共交通的换乘 [J]. 公共交通，2003.

[21] 杨晓光. 城市交通设计指南 [M]. 人民交通出版社，2003.

[22] 上海城市交通综合研究所. 南宁市综合交通规划，2002.

[23] 贺玉龙，刘小明，任福田. 城市快速路互通式立交的最小间距 [J]. 北京工业大学学报，2001，27 (1).

[24] 李泽民. 浅论城市快速路系统规模及其规划布局 [J]. 武汉城市建设学院学报，1997 (3).

7

路网组织模式构建

第6章从不同角度讨论了合理路网密度、路网间距的合理取值。本章则期望通过具体路网模式的比较，从路网设计角度进一步进行验证、总结，并建立交通仿真模型，进行模拟实验。

7.1 路网模式构建的外部条件确定

7.1.1 交通用地比例分析

第4章的讨论得出以下结论：交通用地比例越大，交通承载力越大；高效交通方式占的比例越大，交通承载力越高；不同交通方式之间的干扰与交通方式内部的干扰越小，某交通方式的断面通行能力越大，其交通承载力越高。根据这一结论，在路网规划之前必须明确交通用地比例的取值范围。

根据我国城市用地分类与标准，人均城市建设用地多控制在 $100m^2$ 以内，这是由我国的基本国情决定的。有限的用地必须用来安置居住、就业、公共设施、绿化、基础设施等不可缺少的城市用地。根据规范建议的人均用地比例和其他用地的一般构成比例，城市用地包括 20%～32% 的居住用地，15%～25% 的工业用地，8%～15% 的绿化用地，8%～15% 的道路广场用地，上述四项合计占城市建设用地的 60%～75%。其余 25%～40% 的城市建设用地包括公共设施用地、对外交通用地、仓储用地和基础设施用地。从我国城市建设用地的统计情况来看，实际用于道路广场的城市建设用地比例偏低。同时，从国家标准的要求来看，即便四大类用地中的其他三类取低值，可用于城市道路广场建设的用地比例也会低于 32%。

从国外情况来看，即使人均城市用地较大、小汽车较普及的城市，其交通用地比例也往往低于 40%。从具体的地块布置来看，居住区建筑密度一般为 20%～30%，商业区一般为 40%～50%。即便较少考虑绿化用地的商业区、商务区，其建筑基底、庭院的占地也不小于 60%，那么 40% 的交通用地比例就成为高限。

对于平交路口较多，且行人过街数量较多的城市中心区，平面交叉口的行人最小过街时间需求也会对车道用地比例产生影响。① 行人一次穿越马路的最小时间需求与道路宽度有关，设行人的步行速度为 $v_{步}$(m/s)，道路绿波带速为 $v_{设}$(m/s)，进口道直行车道数为 n 条，那么进口段总宽度 $w = 2 \times 3.3 \times (n+2)$。设行人过街的排队长度为 $L_{行人}$，行人一次过街需要的最少时间为 t，绿灯时间间隔为 $T_{绿灯间隔}$，那么 $t = (L_{行人} + w)/v_{步} \leq T/2 - T_{绿灯间隔}$。设交叉口间距为 L，人行横道宽度为 w。根据线控制要求，$T = 2L/v_{设}$。那么：

$$(L_{行人} + w)/v_{步} \leq L/v_{设} - T_{绿灯间隔}$$
$$L \geq (L_{行人} + w) \times v_{设}/v_{步} + T_{绿灯间隔} \times v_{设}$$

路网密度 $\delta = 2/L$，城市建设用地面积为 F，那么车道用地面积比例 $R = (2n \times 3.5 \times \delta \times F)/F = 7n\delta = 14n/L \leq 14n/[(L_{行人} + w) \times v_{设}/v_{步} + T_{绿灯间隔} \times v_{设}] = 14n/(L_{行人} + 6.6(n+2) \times v_{设}/v_{步} + T_{绿灯间隔} \times v_{设})$。

当仅考虑机动车的时候，绿灯间隔时间可按下式计算：

---

① 对于平面交叉口，红绿灯信号配置应当满足行人在交叉口一次过街的最小时间需求。

$$I = \max\left(\frac{z}{v_a} + t,\ 3\right) \tag{7.1.1-1}$$

式中 I——绿灯时间间隔（s）；
　　z——停车线到冲突点的距离（m）；
　　v_a——车辆在交叉口进口道上的行驶速度（m/s）；
　　t——车辆制动时间（s）。

设交叉进口路段车道数为 n，拓宽左右转专用车道各 1 条，可根据具体情况分配车道数，总之进口车道数一般不多于 $n+2$ 条。这样就可以求出 z 与进口车道数之间的关系（笔者绘制了若干类似图 7-1 的 CAD 图，变化路段车道数得到确切的冲突点距离，从而求得各自的绿灯间隔时间）。进口车辆直行道数 n 一般小于 5，而且当 n 越大时，越有必要拓出左转与右转车道；且绿灯间隔时间至少大于黄灯时间（3秒）；交叉口的行人过街数量有多有少，速度有快有慢，行人的排队长度往往大于 2m（而交通量较大地区往往是行人较多的地区，因此高的交通用地比例与高的行人过

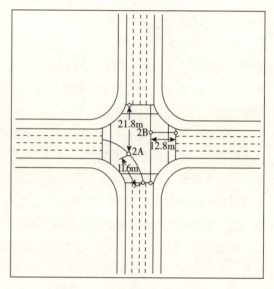

图 7-1 交叉口冲突点的距离计算

街数量应当会有很大的重合，排队长度取最小值 2m）；$v_{步}$ 取 1.2m/s，$v_{设}$ 取 6.9m/s（25km/h），非高峰期间 $v_{设}$ 取 10~15m/s（36~48km/h）。在两相位控制情况下，根据行人一次过街需求计算得出的最大车道用地比例见表 7-1。如果计入左转灯时，在四相位情况下的计算结果见表 7-2。虽然局部路段可以考虑地下道或天桥，但对多数道路来讲，还是存在大量的人、车平交体系。因此通常情况下 R 应当为 17% 以下。再加上人行道、绿化带（按道路用地的 40%~50% 考虑），则道路用地比例一般为 25%~27% 以下。

两相位交叉口控制情况下的容许车道用地比例　　　　表 7-1

n（条）	$T_{绿灯间隔}$（s）	$v_{设}$（m/s）	R	L（m）
2	3	6.9	16.0%	175
3	5.3	6.9	18.4%	228
4	6	6.9	20.7%	271
5	6.4	6.9	22.4%	312
6	7	6.9	23.7%	354
2	3	10	11.1%	252
3	5.3	10	12.7%	330
4	6	10	14.3%	392
5	6.4	10	15.5%	451
6	7	10	16.4%	512

四相位交叉口控制情况下的容许车道用地比例　　　　　表 7-2

n（条）	$T_{绿灯间隔}$（s）	$v_{设}$（m/s）	$T_{左转}$（s）	R	L（m）
2	3	6.9	8	11.2%	250
3	5.3	6.9	8	13.1%	320
4	6	6.9	8	15.2%	368
5	6.4	6.9	8	17.0%	411
6	7	6.9	8	18.4%	457
2	3	10	8	7.7%	362
3	5.3	10	8	9.1%	463
4	6	10	8	10.5%	532
5	6.4	10	8	11.8%	595
6	7	10	8	12.7%	662

7.1.2 道路宽度、路网间距的比较范围界定

运用第 6 章的交通迂回公式，路段车道数 n 取 2~10，绿波带速取 10m/s，平均出行距离 $L_{出}$ 取 6000m，可得出不同车道用地比例情况下的最佳路网间距。以车道用地比例 10% 为例（图 7-2），还可以对不同交通用地比例进行计算（表 7-3）。在 $L_{出}$ 取 6000m，最佳路网间距介于 700~560m 时，根据前文的平均左转比例计算公式可知这种情况下左转比例约 10% 左右，可以忽略左转比例对计算结果的影响。另外，这种路网间距建立在双向行驶基础上，是否为最佳间距与最佳路网组织方式尚不可判断，而且在最佳路网间距附近的其他路网间距所达到的路网运输效率与最佳路网间距相差不大，如在车道用地比例为 10% 的情况下，选择 420~840m 的路网间距，路网实际运输效率并没有太大的差别（图 7-2）。至此，可以得出如下结论：即使考虑交通用地比例不断增加的需要，合理路网间距的取值依然与前文分析结果接近，进一步肯定了以下结论：适应交通容量不断扩大的路网是一定路网密度基础之上不断加宽的路网体系。结合单向交通部分的分析结论，路网组织模式分析考虑的路网间距范围应当介于 150~800m 之间，以 300~600m 之间为主，车道数以双向 4~6 车道为主。

在 $L_{出}$ 取 6000m 时不同车道用地比例情况下的最佳路网间距　　　　表 7-3

车道用地比例（%）	有效承载力（万车公里/(km²·h))	最佳间距（m）
4.0	0.50	700
6.0	0.74	700
8.0	0.97	700
10.0	1.19	560
12.0	1.40	583
14.0	1.60	600
16.0	1.80	613
18.0	1.98	622

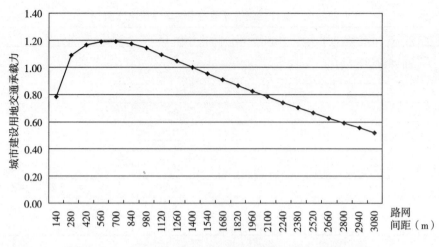

图7-2 $L_{出}$取6000m、10%车道用地比例情况下的不同路网间距情况下的实际城市建设用地承载力

7.1.3 应考虑的交通方式和交通用地面积计量分析

根据我国目前的居民出行方式，路网规划中主要应当考虑步行、自行车、社会机动车、公交车。人行道往往必须设置，其宽度约3~6m，甚至更大，在道路中占的比例较大。而且这一部分明显和建筑后退红线的部分结合在一起，对于大多数道路来讲，两个人或三个人的最小通过尺寸、行道树的种植决定了其最小尺寸。如果道路网按宽马路考虑，则人行道占的道路用地比例较低，而窄马路较高。显然这一原因会导致密度较大的路网的交通用地中实际用于车行的用地比例较低，致使高密度路网的交通用地运输效率偏低。因此，本书认为不应将这部分用地及其完成的客运周转量考虑在内。另外，三块板道路、两块板道路的道路绿化用地比例较大，如果将其计入交通用地，也会对交通用地运输效率产生很大的影响，在此也不将其计入道路用地。

7.1.4 路网模式的比较前提与主要比较内容确定

在机动车与非机动车各自的饱和度、流量、交通组织方式不同的情况下，机非混行模式的交叉口通行能力不同。事实上，我国不少城市的交叉口所采用的交通组织方式和实际交通情况也不相同。对于机动车交叉口、非机动车交叉口也存在这一问题。许多学者指出在自行车流量较大的情况下，交叉口的机动车通行能力受到很大的影响；还有人认为如果将自行车出行转为公交，可节约很多道路用地。本书认为这样的评价并不全面，前一种说法仅考虑将机动车道运输效率作为比较对象，后一种则将整个路网的运输效率作为比较对象，这种比较同样可以用于小汽车，比较的结果可能是小汽车的效率更低。因此，比较路网模式的交通运输效率必须明确前提条件和比较内容。

（1）比较条件

①机动车与非机动车均达到饱和；

②各进口左、直、右转向比例相同，交叉口达到通行能力极限，一般左直右比例按

1:8:1考虑；

③按转向比例之和小于40%且大于10%考虑交叉口的转向交通适应性；

④道路平直顺畅；

⑤交叉口已经采取合理的交通组织手段；

⑥不考虑行人干扰，或行人干扰不会导致转向车辆的通行能力低于实际考虑的交通量；

⑦交通用地面积不考虑人行道、绿化用地；

⑧不考虑公共交通对机动车运输效率提高所作出的贡献；

⑨路网连续而均质。

（2）比较内容

①以路网完成的客运周转量为衡量标准；

②主要比较城市建设用地承载强度、交通设施用地承载强度、交通设施投资承载强度，比较内容以机动车为主，列出机动车与非机动车的计算结果；

③用地微观区位开发导向；

④交通安全与环境影响；

⑤实行公交优先的难易程度；

⑥路网分期建设的难易程度；

⑦用于现有路网改造的难易程度；

⑧可用于城市公共活动空间的道路长度；

⑨绿波交通带速、交叉口之间的协调性；

⑩路网对交通转向比例的适应性；

⑪交通体系升级的难度；

⑫对城市布局结构的引导作用。

在上述基础上，本章将对各种可能的路网组织模式的优缺点进行分析，为路网关键参数的选取和路网宏观组织建立微观技术支撑。

7.2 路网组织模式：断面分流模式分析

7.2.1 模式简介

本书将我国以三块板道路为主的路网模式称为断面分流模式。根据自行车道（来）、机动车道（来）、机动车道（去）、自行车道（去）之间有无绿化带的情况又可分为一块板、两块板、三块板、四块板四种基本断面形式。以这种道路断面交通组织形式为主的道路所组成的路网模式见图7-3，平面布置见图7-4，交叉口平面布置见图7-5、图7-6。为了避免干路体系对所围合街区的穿越交通干扰，以及避免城市干路交叉口的通行能力受到支路交叉口的影响，支路一般采用丁字路口与城市干路衔接，交叉口采用避让式，一般不安装红绿灯，干路（含较长的、与次干路功能接近的支路）间距一般为400~600m。

7.2.2 纯机动车模式

(1) 四相位组织情况下的运输效率

如果在图 7-3 的基础上去掉自行车，那么就组成了纯机动车路网模式。现在先从这种路网组织模式开始讨论。假定按照这一模式组织成无限大的交通网。可以从中抽取一个最不利单元。设红绿灯交叉口间距为 L (m)，交叉口信号周期为 T。交叉口按四相位红绿灯进行控制，灯时配置计算公式如下：

$$t_{左效} = \frac{nt_{直效}\lambda_{左}}{\lambda_{直}} \quad (7.2.2-1)$$

$$t_{直效} = \frac{(T-t_{无效})/2}{\frac{n\lambda_{左}}{\lambda_{直}}+1} \quad (7.2.2-2)$$

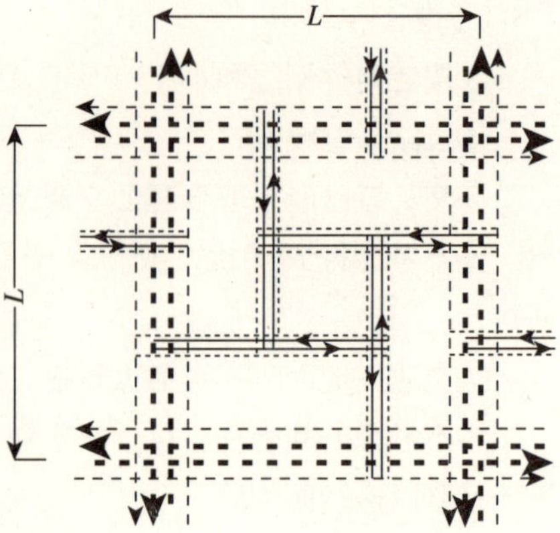

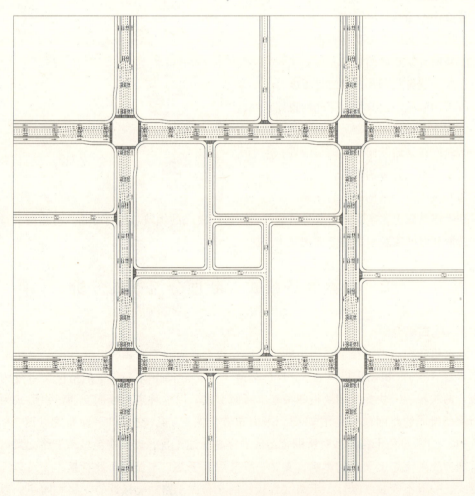

图例
- - - 机动车干路　- - - - 自行车干路
—— 机动车支路　……… 自行车支路

图 7-3　现在常用的路网模式

图 7-4　现在常用路网模式的平面布置

式中　　n——进口道直行车道数；

　　　$\lambda_{直}$——直行车辆占进口车辆的比例；

　　　$\lambda_{左}$——左转车辆占进口车辆的比例；

　　　T——交叉口信号周期（s）；

　　　$t_{无效}$——交叉口相位间绿灯间隔时间（s）；

　　　$t_{直效}$——直行车道有效绿灯灯时（s）；

　　　$t_{左效}$——左转车道有效绿灯灯时（s）。

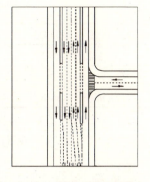

图7-5　现在常用的路网模式干支路交叉口平面布置

交叉口各车道饱和通行能力采用上海市工程建设规范《城市道路平面交叉口规划与设计规程》建议指标，直行进口车道基本饱和流量取 1800pcu/h，左转车道基本饱和流量取 1800pcu/h，右转车道基本饱和流量取 1650pcu/h。表7-4对周期为80秒的交叉口通行能力进行了计算（左直比例1:6），其饱和通行能力为5760pcu/h。

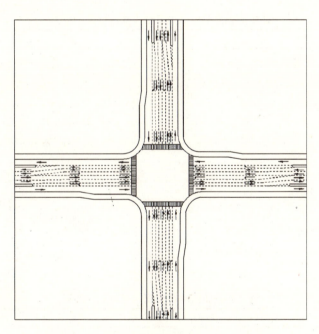

图7-6　现在常用的路网模式干路交叉口平面布置

纯机动车交叉口四相位交通组织模式通行能力计算　　　　表7-4

东/西/南/北进口	左	直	右
车道数（条/进口）	1	2	1
基本饱和流量（pcu/h）	1800	1800	1650
非红灯时间（s）	12	28	80
有效灯时（s）	8	24	80
转弯半径修正系数	1	1	0.8
行人过街修正系数	1	1	0.5

续表

东/西/南/北进口	左	直	右
车道宽度修正系数	1	1	1
大车修正系数	1	1	1
饱和流量（pcu/h）	180	1080	660

注：1. 进口车道为双向四车道路口；
　　2. 交叉口进口设有专用右转与左转车道。

(2) 进一步提高交叉口通行能力的措施

左转车辆沿街坊绕行和远引交通是常见的交叉口改善措施和组织方式。表7-5、表7-6为纯机动车情况下沿街坊绕行和远引交通模式交叉口通行能力的计算结果，其饱和通行能力为7200pcu/h。

纯机动车交叉口远引交通模式通行能力计算　　　　表7-5

东/西/南/北进口	左	直	右
车道数（条/进口）	1	2	1
基本饱和流量（pcu/h）	1800	3600	1650
非红灯时间（s）	20	40	80
有效灯时（s）	16	36	80
转弯半径修正系数	0.9	1	0.8
行人过街修正系数	1	1	0.5
车道宽度修正系数	1	1	1
大车修正系数	1	1	1
饱和流量（pcu/h）	324	1620	660

注：1. 进口车道为双向4车道路口；
　　2. 交叉口进口设有专用右转与左转车道。

纯机动车绕街坊行驶模式通行能力计算　　　　表7-6

东/西/南/北进口	左	直	右
车道数（条/进口）	1	2	1
基本饱和流量（pcu/h）	1800	3600	1650
非红灯时间（s）	40	40	80
有效灯时（s）	36	36	80
转弯半径修正系数	0.9	1	0.8
行人过街修正系数	0.5	1	0.5
车道宽度修正系数	1	1	1
大车修正系数	1	1	1
饱和流量（pcu/h）	364	1620	660

注：1. 进口车道为双向4车道路口；
　　2. 交叉口进口设有专用右转与左转车道；
　　3. 右转车辆通过街坊道路过交叉口。

对于四相位交通组织，左转是影响交叉口通行能力的关键因素。虽然可以增加左转灯时，但这就意味着其他方向绿灯灯时的降低；对于远引交通来讲，右转车道同时还承担着左转变右转的车辆，右转车道是决定交叉口通行能力的关键；对于左转绕街坊行驶来讲，可以采用左转与右转均在街坊内行驶的方式，街坊道路的通行能力也就成为决定交叉口通行能力的关键之一。但不管怎样，左转绕街坊行驶模式、远引交通模式的交叉口通行能力与交叉口适应性均高于四相位交叉口。

7.2.3 机非断面分流组合模式

如果不去掉自行车，这种路网就构成了机非断面分流的组合模式。根据第4章的分析，机动车与非机动车在交叉口的混合会导致交叉口机动车通行能力的下降。三块板道路、交叉口混行是该路网组织模式的两大特点。

（1）机非断面分流组合模式的优点

①机动车与非机动车可以实现路段完全分流

机动车与非机动车、行人在路段的交通混合很容易解决，可以说我国目前的三块板道路已经解决了机非路段混行问题，在非机动车或机动车其中一方流量不大的情况下，路段通行能力与速度基本可以保证，为我国城市交通做出了贡献。

②道路宽敞、街景壮丽

三块板道路断面宽度可以达到30~60m，有的城市甚至达到100m。分隔带可以作为绿化带与大量现代建筑交相辉映，为城市增添了几分秀色。

（2）机非断面分流组合模式的缺点

①交叉口通行能力降低

交叉口机非混行不同于增加两条机动车道，自行车的加入使交叉口的冲突点大量增加。自行车速度慢、集结性高、停车率较高（一般达到50%以上），延长了自行车过交叉口的时间，增加了机非干扰程度。交叉口固有的绿灯时间损失，特别是机非混行使交叉口的通行能力远远低于路段，是城市路网中最常见、最普遍、最直接的交通拥堵发生源。

②微观用地开发模式恶化

我国城市路网存在支路普遍缺乏的现象。由于城市干路缺少下一个层次的路网系统，适于商业活动的土地供给不足，限制主干路商业开发的规定与经济规律背道而驰，城市往往陷入商业活动不可缺少、但无地可寻的被动局面；自行车、步行、公交及其他机动车的捆绑式断面交通组织将消费主体最大限度集中起来。自行车具有轻便灵活的特性，易停放，宽敞的人行道刚好提供了停车场所。顺路购物使伴随交通量增加，主干路两侧的小规模商业活动逐步升级，最终导致"交通性商业街"的诞生。因此三块板道路对道路功能混合起到了推波助澜的作用。

行人穿越、自行车与机动车的混合导致机动车车速下降，低速行驶又带来更多的空气污染。而速度越慢，行人过街的时间越充裕、越安全，更强化了这一发展模式。交通混行与街道功能混合愈演愈烈。城市的微观用地发展模式不断恶化，小恙演变为痼疾。这一点在县级市、地级市等中小城市非常明显。特大城市也有类似现象，比如天津。过去许多外地来津人员谈起对天津的印象是："不像直辖市，更像一个大集市"。[1]但同时应当注意，上述问题的产生也与城市管理有着密切关系。

③行人过街困难

三块板道路断面大，必然造成行人过街困难。我国大多数城市的居民出行意向调查表明，行人过街困难、危险是主要交通问题之一。而最大的困难并不是道路宽度问题，而是分隔护栏问题。比如上海市，以四平路、大连路口（2004年）为例，高达1.3m的隔离栏杆挡住了行人的去路。某些路段更为严重，沪太路与高架内环线路口，分隔栏杆长达数百米。分隔护栏的主要目的在于规范自行车的交通行为，是自行车交通行为失范造成的，而自行车交通行为失范与自行车流量大、法不责众的思想观念有关，与自行车的灵活性有关，又与城市道路交通商业功能混合有关。分隔护栏在很大程度上是迫不得已，行人只是目前三块板道路的无辜受害者。这些无辜受害者为了图方便往往不顾危险，这在武汉市1998年的交通调查有所体现。[2]

另外，行人没有必要一次穿越马路。国外常见的做法是将人行横道错位，也就是行人可以在一侧道路没有车辆通行时走到马路中间的安全岛上，然后平行道路延车流方向逆行8m左右的距离，在此期间行人与司机可以彼此看到，行人过街很安全（《上海市平面交叉口规划设计规程》也建议使用该模式）。但三块板道路却很难提供这种安全岛。由此看来，行人过街困难与道路断面形式、机非干扰不无关系。

④道路拓宽成本高

私人交通机动化是市民出行需求与收入水平提高的结果；公交优先是城市政府为了减少交通拥挤，合理引导城市交通与城市发展的必然选择；自行车在我国居民出行中占有重要地位，为我国居民的出行提供了极大的方便（尤其是近距离出行），是必不可少的交通工具。从发达国家在后小汽车时代对自行车的重视和自行车的作用来看，以解决近距离交通为主的自行车不会、也不应该退出历史舞台。鉴于上述情况，自行车与机动车并行的局面还会持续一段时间，主干路完全取消自行车在短时间内恐怕难以实现。但自行车出行比例减少已成为事实，因此不少城市采用拓宽机动车道，缩窄非机动车道的做法。但具有绿化分隔带的狭义三块板道路，面临拆绿变路、路灯挪位问题，拓宽成本提高。

⑤路段通行能力受损

具有分隔带的三块板道路可以把绿化带的间隙作为左转、右转车辆的候驶区、出租车上下客区和公交站台。如果道路演变为一块板，机动车左转、右转的等待区域消失，当有自行车通过时，机动车必然减速或停止，等待穿越空档，路段通行能力依然受损，路段局部拓宽成为必须。因此具有分隔带的三块板演变为一块板，也未必有利。另外，从对向机动车的对向干扰来看，具有分隔带的狭义三块板和一块板道路均会降低内侧车道的通行能力。

（3）交叉口的一般改进措施

机非冲突导致交叉口通行能力降低，因此提高机非混行交叉口的通行能力是解决问题的关键。整顿交叉口秩序、优化红绿灯控制、渠划交叉口是改善交叉口机非混行的常用方法。

①交叉口秩序整顿

a. 尽量减少交叉口附近的冲突点

尽量采取物理隔离设施、或施划交通标线的手段将机动车交通流和非机动车及行人彻底分离，减少机动车、非机动车与行人在路段及路口的相互干扰。在条件许可的交叉口，可增加进口道数量，尽量设置左右转车专用车道，尤其是左转车专用车道。

b. 完善交叉口内的导流标线

对整个城市道路网的交叉口逐个进行交通标线设计，在交叉口施划导流标线，使驾驶员清楚地知道车应该行在何处，停在何处。

c. 加强交通规则、交通安全教育

提高全民的交通安全意识和培养交通参与者的交通法规意识，创造良好的交通环境，有助于实现城市交通的科学化与管理现代化。

d. 加强交通执法

对机动车、非机动车和行人违章严格执法，从交通执法的角度促进人们建立交通法规意义上的优先通行概念。

②交通信号优化

我国在混合交通的交叉口信号组织方面进行了大量的探索，主要包括以下模式[3]：

a. 非机动车禁驶区模式

该模式又称作"左转自行车二次过交叉口"，也就是左转自行车与行人一齐过街。自行车仅在自行车道上行驶，取消了机非冲突点，不仅适于大路口，也适于小路口，即使在无信号灯的情况下也可以良好运行；适于多相位，也适于两相位。

b. 时空分离模式

该模式对于解决大流量行人对路口的干扰非常有效。提供单独的自行车相位，适于自行车流量较小的交叉口。否则在此期间，各方向的自行车大量汇入，容易产生阻塞。

c. 非机动车按相位模式

要求交叉口面积较大，左转自行车与左转机动车同时放行，需要多相位配时。一般为四相位，即自行车按照机动车相位走。

7.2.4 断面分流模式与路网分流模式比较

由于假定模式的交叉口间距相同，因此只要比较交叉口通行能力就可以得出比较结论。本书以红绿灯周期120秒，交叉口间距600m的路网为例进行比较。机动车道按双向4车道考虑，交叉口拓出左转、右转专用车道；路段上自行车道按3.5m考虑，按三条车道考虑，在交叉口进口处拓宽为5条。混行交叉口按左转自行车二次过交叉口考虑。纯机动车模式按双向6车道考虑，这样道路用地基本一致。如果将两个交叉口完全脱离，也就成为分流体系，相位绿间隔时间采用5秒，计算结果如表7-7。纯机动车模式情况下计算通行能力见表7-8，混行条件下的交叉口通行能力见表7-9。

在机非混行模式情况下，直行自行车与右转机动车会发生冲突，如果对右转车辆进行灯时控制，那么这一冲突就可以取消。但左转自行车的距离较长，需要的时间较多，绿灯间隔时间至少按7秒考虑。通过对比可见，即使混行模式导致机动车交通承载力下降，其交通承载力也依然高于取消自行车的纯机动车模式，比较结果见表7-10。

机非分流模式情况下的交叉口通行能力　　　　　表7-7

东/西/南/北进口	纯机动车			纯自行车		
	左	直	右	左	直	右
车道数（条/进口）	1	2	1	1	3	1
基本饱和流量（pcu/h）	1800	1800	1650	2000	2000	2000
有效灯时（s）	10	42	120	14	38	120
转弯半径修正系数	1	1	0.83	1	1	1
行人过街修正系数	1	1	0.5	1	1	0.5
车道宽度修正系数	1	1	1	1	1	1
大车修正系数	1	1	1	—	—	—
饱和流量（pcu/h）	156	1248	680	236（辆/h）	1890（辆/h）	1000（辆/h）
实际流量（pcu/h）	156	1248	156	236	1890	236
通行能力（pcu/h）	6240			9450		
交通承载强度（万客公里/(km²·h))	1.566			1.575		

注：暂不考虑分流的具体方案。

纯机动车模式情况下的交叉口通行能力　　　　　表7-8

东/西/南/北进口	纯机动车		
	左	直	右
车道数（条/进口）	1	3	1
基本饱和流量（pcu/h）	1800	1800	1650
有效灯时（s）	14	36	120
转弯半径修正系数	1	1	0.83
行人过街修正系数	1	1	0.5
车道宽度修正系数	1	1	1
大车修正系数	1	1	1
饱和流量（pcu/h）	204	1634	204
实际流量（pcu/h）	204	1634	204
通行能力（pcu/h）	8168		
交通承载强度（万客公里/(km²·h))	2.042		

机非混和模式情况下的交叉口通行能力 表 7-9

东/西/南/北进口	机动车			自行车		
	左	直	右	左	直	右
车道数（条/进口）	1	2	1	1	3	1
基本饱和流量（pcu/h）	1800	1800	1650	2000	2000	2000
有效灯时（s）	10	40	13	13	40	120
转弯半径修正系数	1	1	0.83	1	1	1
行人过街修正系数	1	1	0.5	1	1	0.5
车道宽度修正系数	1	1	1	1	1	1
大车修正系数	1	1	1	—	—	—
饱和流量（pcu/h）	150	1248	215	206（辆/h）	1980（辆/h）	1000（辆/h）
实际流量（pcu/h）	149	1188	149	206	1648	206
通行能力（pcu/h）		5944			8240	
交通承载强度（万客公里/(km²·h)）		1.486			1.373	

不同路网模式交通承载强度对比 表 7-10

路网模式	混合	分流	纯机动车
机动车	1	1.05/1.10	1.378/1.65
自行车	1	1.147	0
合计	1	1.098/1.120	0.714/0.86

注：1. "/"后面考虑机动车左转远引交通与绕街坊行驶。

2. 以混合模式为对比值1，无量纲。

进一步分析之一：两相位信号控制

由于自行车启动快，如果自行车交通量较大，左转自行车在头10~15秒会堵住直行机动车的去路，导致有效绿灯灯时缩短10%~20%。如果直到绿灯周期之末，直行自行车依然走不完，那么右转机动车将难以转向，交叉口通行能力将大幅度降低。而且自行车在交叉口内的通行速度较慢，行驶距离长于机动车，所以交叉口清空时间较长。显然在这种情况下，机动车、非机动车的相互干扰造成的通行能力下降幅度较大。

进一步分析之二：四相位信号控制

计算假定的条件比较简单，自行车、机动车的左转比例有可能较大。在这种情况下，自行车对机动车通行能力的干扰加大。如果机动车右转比例较大，自行车直行车流与机动车右转车辆就会出现较大的冲突，导致混合模式的通行能力下降。如果自行车道饱和度较低（低于50%），则纯机动车模式的运输效率可能与混行模式接近。如果交叉口周期较短，机非混行导致交叉口清空时间长，混行模式的交通运输效率则会下降很多。在其他计算条件不变的情况下，如果红绿灯周期采用80秒，则分流模式的机动车通行能力会比混行模式高15%。但我国目前的自行车交通一般没有达到饱和，交叉口往往采用早断的交通信号控制，因此自行车对机动车的干扰并没有那么大。虽然自行车道高峰期间的利用率不足造成了交通用地的浪费，但这种浪费又不得不发生，否则非机动车对机动车的干扰会加大。

进一步分析之三：交叉口通行能力的进一步提高受到限制

绕街坊行驶与远引交通要求具有适合的支路与绕行可能。从我国支路缺乏的情况来看，绕街坊行驶难以实施；从道路断面来看，左转机动车远引交通没有足够的转弯半径，也难以实现。而且，即使道路具有中间分隔带或路网条件允许，也会存在自行车与机动车的矛盾，即要么造成自行车道效率较低，要么机动车道效率较低。原因分析如下：

虽然可以采用自行车二次过交叉口的方法减少自行车对机动车的干扰，实现自行车的两相位信号控制，但依然难以避免直行自行车与左转变右转的机动车、及本来的右转机动车发生冲突。如果考虑机动车优先，那么取消机动车左转就面临自行车通行能力下降的问题。路段机动车车道数量越多、转向机动车比例越大，自行车通行能力越低。在不降低机动车通行能力的前提下，自行车的饱和度最大值为 $1-\lambda_{转向比例}$（转向车辆占进口车辆的比值）。如果自行车与机动车具有同样的路权，即转向机动车让直行自行车，那么自行车道交通量越大、饱和度越高，机动车的转向通行能力越低，从而导致机动车的交叉口通行能力越低。因此，如果取消机动车左转，传统三块板道路也不可能使机动车与非机动车同时达到饱和。而且主干路两侧具有较多的交通吸引点，机动车与非机动车的OD点具有较高的重合性，极易出现机、非干路的功能叠合现象。在这种道路断面组织情况下，对于机动车与非机动车交通量较大的路口，不适合采用取消机动车左转的方法，所以我国目前多使用四相位红绿灯控制，可以说这已经是最接近机动车、自行车同时达到饱和的最佳方法了。

进一步分析之四：分流模式尚需探寻

虽然分流模式效率较高，但如何分流尚未得到解决。这显然不是传统路网模式能够胜任的。而西方国家自行车较少，其经验也难以借鉴。如果找不到合理的分流方式，那么最佳路网组织模式也只有混行和纯机动车两种。

7.3 路网组织模式：降序组合

7.3.1 模式简介

路网组织模式见图7-7。机动车专用路不允许自行车行驶。网间距为 L 取600m，在600m之间的路段上布置支路，支路仅供公交与自行车运行，两侧可布置商业建筑。在机动车专用路交叉口采用左转绕街坊行驶的组织模式。支路与机动车交叉口，不允许社会车辆左转，该交叉口在干路方向上实行优先。交叉口红绿灯周期均采用60秒的红绿灯周期。机动车专用路按双向6车道或8车道考虑，支路按双向2/4车道考虑，自行车道按双向7~8m考虑，可采用原有的三块板道路模式，或支路仅考虑通行自行车运行。

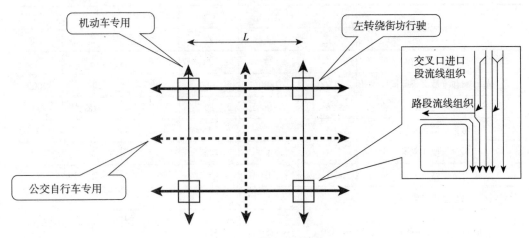

图 7-7 降序组合路网模式

7.3.2 通行能力计算

该路网模式交叉口进口拓宽段的车道布置见图 7-7 右侧详图（平面与交叉口布置见图 7-9）。如果车道较多，可在直行车道之间布置两条右转候驶车道，这样就可以完全取消车道间的车流交织。机动车专用路交叉口采用两相位信号控制，右转车辆不进入交叉口，左转车辆应避让直行车辆，交叉口支路路口距机动车专用路的距离按 80~100m 考虑，机动车专用路路段上不允许安排任何单位的出入口，即所有的机动车必须经集散道路进入两侧用地（机动车专用路的交叉口通行能力计算见表 7-11）。

机动车专用路交叉口两相位交通组织模式通行能力计算　　表 7-11

东/西/南/北进口	直	右
车道数（条/进口）	2/3	1
基本饱和流量（pcu/h）	1800	1800
有效灯时（s）	26	26
转弯半径修正系数	1	0.8
行人过街修正系数	1	1
车道宽度修正系数	1	1
大车修正系数	1	1
饱和流量（pcu/h）	1560/2340	780
交叉口通行能力（pcu/h）	6933/10400	

公交自行车专用路交叉口采用四相位，通行能力计算见表 7-12。由于非机动车交叉口的限制，进口车道的通行能力最大为 667 辆/h，在机非交叉口只要给自行车 20 秒的有效绿灯灯时就足够了，可采用早断信号控制模式，从而保证机动车的通行能力。

支路交叉口通行能力计算　　　　　表7-12

东/西/南/北进口	机动车			自行车		
	左	直	右	左	直	右
车道数（条/进口）	1	2	1	1	3	1
基本饱和流量（pcu/h）	1800	1800	1650	2000	2000	2000
有效灯时（s）	6	18	60	6	18	60
转弯半径修正系数	1	1	1	1	1	1
行人过街修正系数	1	1	0.5	1	1	0.5
车道宽度修正系数	1	1	1	1	1	1
大车修正系数	1	1	1	—	—	—
饱和流量（pcu/h）	180	1080	825	900（辆/h）	1800（辆/h）	1000（辆/h）
实际流量（pcu/h）	135	1080	135	200	1600	200
交叉口通行能力饱和度	5400（pcu/h）			8000（辆/h）		

7.3.3 路网模式改进——取消左转交通的其他办法

该路网模式需要有支路作为街坊绕行道路，在旧城区恐怕难以实现。这就需要考虑能否借助左转远引交通来实现。新加坡大部分双向行驶的交叉口都采用远引交通的做法，效果较好[4]，非常值得借鉴。但目前我国的道路多为3块板，一条车道的宽度约3.3~3.5m，右转专用车道一般安排在进口的最右侧车道上。左转车辆在经过交叉口后，进入左转候驶车道。该车道到进口道最右侧车道距离为9.9~10.5m（车道中线），显然不能满足车辆转向要求，尤其不能满足大型车的转向要求。如果将道路略作拓宽，提供宽的隔离岛，就可以提供较大的转弯半径。还可以采用左转靠右侧候驶的办法。如果将左转候驶区向交叉口出口段的右侧移动，只要移动一个车道，就可以满足小汽车的转向要求。本书设想增加一个大型车左转候驶区，设置在出口道最右侧车道以外，转弯半径可达10m（对于双向6车道道路，可达到13m）。交叉口设计方案见图7-8。

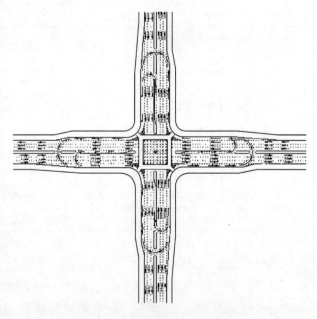

图7-8　交叉口的左转远引交通组织

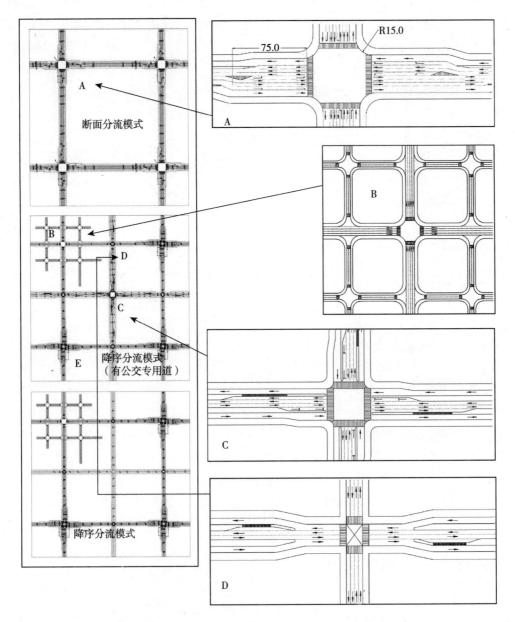

图 7-9 断面分流模式、降序分流模式路网平面布置与交叉口平面布置

交叉口进口道与出口道总有将近半个周期的时间基本为空，其间只有少数右转车和随机到达车辆。而这些车辆在下一交叉口右转的可能性极小。在接近饱和的情况下，即使这些车辆无延误地通过该点，也不可能追上上一车队。即使追上，也难以随着上一车队通过下一交叉口。所以只要保证主车队无延误地通过交叉口，然后再顺利通过转弯点（图 7-8），那么该点的车辆转向就不会降低交叉口通行能力。该转向点距交叉口进口停车线约 60~80m。以东西向车流为例。绿灯末直行机动车车速按 36km/h 考虑，自西向东的车辆约经过 8 秒过该转向点，自东向西的车辆约需要 7 秒就可以到达交叉口停车线。因此大型左

转车辆可按 12 秒配时，小型左转车可按 19 秒配时。每周期可以通行 9~10 辆左转车辆，左转比例可以达到 20%~22%，一般情况下不会出现问题。右转车道的通行能力较大，转向车辆的比例可以达到 30%~40%。

7.3.4 不同路网模式的综合指标分析

降序分流路网模式的运输特性分析　　　　　　　表 7-13

比较内容		原路网模式	降序分流模式
交通用地比例		13.75%	15.85%
交叉口间距（m）		600	300
路网密度（km/km²）		3.33	6.67
支路网密度（km/km²）		0	3.33
建设用地承载强度	机动车	1	1.16
	自行车	1	0.97
	合计	1	1.07
交通设施用地承载强度	机动车	1	1.16
	自行车	1	0.97
	合计	1	0.93
转向比例适应性		好	更好
交通协同控制适应性		差	好
道路功能划分的促进		差	好
城市道路用地的增加		差	好
对公共交通体系的促进		差	好
路网升级的可行性		差	好

注：建设用地承载强度、交通设施用地承载强度以原路网模式为对比值 1，无量纲。

该分流路网模式的优缺点：

（1）运输效率高

机动车专用路交通承载强度可达到 1.73 或 2.59 万客公里/(km²·h)（按机动车专用路单向 2 或 3 条车道排列），自行车达 1.33 万客公里/(km²·h)，公交达 3.2 万客公里/(km²·h)。如果不考虑公交，自行车与机动车可以达到 3.13 或 4.03 万客公里/(km²·h)。按 2 车道考虑，分流路网的总运输效率是混行模式的 1.07 倍，机动车为 1.16 倍，自行车路段机动车道为 0.97 倍。

（2）交叉口延误小，便于交通协调控制

由于交叉口信号周期短，交叉口延误明显小于混行路网模式，而且少相位的交叉口更有利于线控制模式的实施。

（3）有利于街道功能划分

该模式的自行车系统完全可以利用机动车街区内部的道路，提供干路与支路两套系统，并能够在支路系统安排公交专用系统，理清商业街与交通性道路的功能。

（4）有利于促进公交优先

从完成的客运周转量来讲，含公交专用道的路网模式的居民出行结构如下：小客车27％，公交车51％，自行车22％。我国目前的居民出行结构多按出行次数考虑，一般步行25％左右，自行车55％左右，公交10％，其他10％。从完成的客公里来讲（不考虑步行），我国目前的居民出行结构为：小客车22％，公交车17％，自行车61％。可见该路网模式可以对交通结构起到优化作用。还可以在中间支路的一侧设置公交专用道（距支路60～80m），将公交与自行车分离。公交与自行车道相交时，公交优先通过（公交车量控制交叉口的信号）；公交专用道与机动车专用道相交时，信号控制由机动车专用道的信号控制要求决定（详见附录I）。

（5）具有良好的成长性

伴随自行车出行比例的下降，机动化水平的提高，自行车通行能力不足的问题也就更不足为虑。而公交专用道将成为促进交通结构优化的主要因素。如果该路网模式在高峰期间降低绿波带速（按30km/h考虑），或者将交叉口间距加大（扩大到400m），其优越性更大；在这种情况下，在机动车专用路交叉口采用四相位信号控制也是可行的，机动车专用道实施的可能性则会更大。如果未来城市交通压力进一步加大，可以选择部分机动车专用路建设为快速路系统，因此具有良好的成长性。

（6）不足之处

如果交通用地比例很大，又不能取消机动车专用道交叉口的左转机动车，该系统则可能不如传统的400～600m断面分流模式有效。

7.4　路网组织模式：机非内外交换

7.4.1　基本设想

（1）改变道路断面交通组织形式

首先改变传统的道路断面交通组织形式，新的道路断面交通组织形式排列顺序为：1－人行道、3－机动车道（来）、2－自行车道（来）、5－自行车道（去）、4－机动车道（去）、6－人行道（图7－10、图7－11）。

（2）机动车转向交通组织

采用绕街坊行驶、远引交通方式取消机动车左转。交叉口采用两相位信号控制见图7－12、图7－13。

（3）自行车转向问题的解决

交叉口只有两个相位，自行车被机动车流线包围，在通常情况下，左转、右转自行车会与直行自行车、机动车发生冲突。这里利用自行车转弯半径较小（小于3m，停车占地面积较小的特点（小汽车候驶面积约26m²/辆，自行车候驶面积为1.4～1.5m²），采用自行车近距离远引交通、设立不同方向自行车候驶区的方法解决自行车的转向与候驶问题。即安排转向自行车在机动车与自行车本向车流之间停放（图7－14），等另一方向绿灯开启

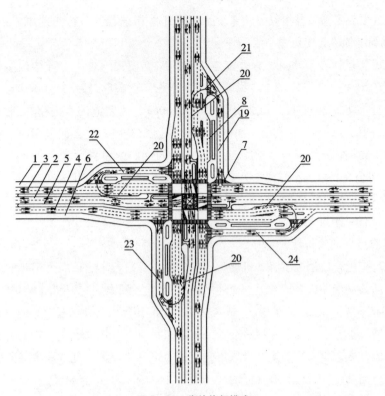

图 7-10 街坊绕行模式
图中：1、6-人行道，3、4-机动车道，2、5-自行车道，7-人行横道，8-公交站点，
19、21、22、23、24-绕行车道，20-大型车辆候驶区。

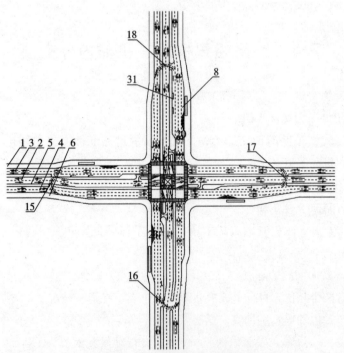

图 7-11 远引交通绕行模式
图中：1、6-人行道，3、4-机动车道，2、5-自行车道，8-公交站点，
15、16、17、18-左转转弯点，31-左转车辆候驶车道。

后，转向自行车与直行自行车一起通过交叉口（流线组织与信号控制见图7-12、图7-13）。建议不同方向的自行车车道采用不同颜色的彩线标识流线与等候位置，以解决等候区的重合问题。

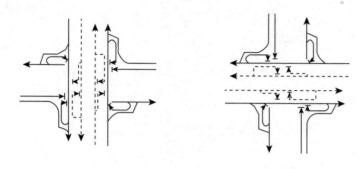

图7-12　绕街坊行驶模式交叉口交通组织

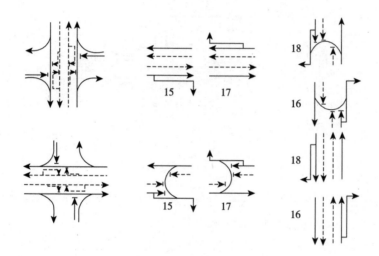

图7-13　远引交通模式交叉口交通组织
图中：15、16、17、18—左转转弯点

考虑到自行车的安全，本方法将自行车停驶线安排在机动车道退后1m的范围之内，自行车停车区的面积可以达到35m^2，足以停放20辆自行车。如果红绿灯周期按80秒考虑，交叉口自行车流量按1.2万辆考虑，左、右转自行车每周期约10~20辆（左、右转各自约占15%~29%），因此转向自行车的安置没有问题。

7.4.2　具体实施方式

（1）交叉口平面布置与基本交通组织方案

结合机动车左转绕街坊行驶和远引交通，本书构建了以下两种交叉口交通组织方案与平面布置方式（图7-10、图7-11）。主交叉口灯时配置与流线组织示例见图7-12、图

7-13（可根据具体情况进行调整灯时配置）。

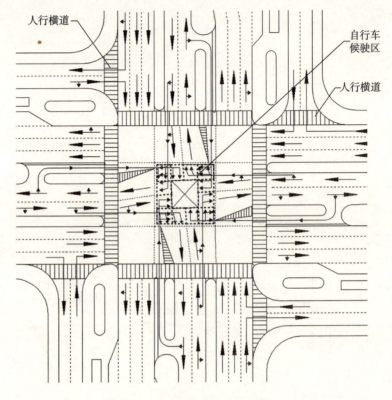

图 7-14 自行车候驶区布置

①绕街坊行驶模式设置大型车辆专用候驶区，这样可以解决大型车辆转弯半径不足的问题（图 7-10），根据交通规则，转向车辆应避让直行车辆。

②远引交通改良模式将机动车左转转弯点设在离本交叉口约 1/3 交叉口间距的位置。由于自行车速度一般为机动车的 1/3，此处刚好有半个周期可以通过（图 7-11、图 7-15、图 7-17）。如果相邻交叉口距离大，交叉口相位差约等于信号灯周期长，则转弯点为离交叉口 1/6 交叉口间距处。

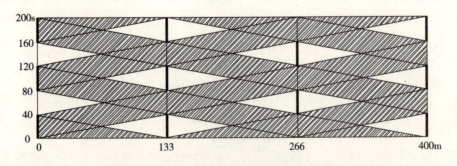

图 7-15 自行车容许的机动车左转灯时

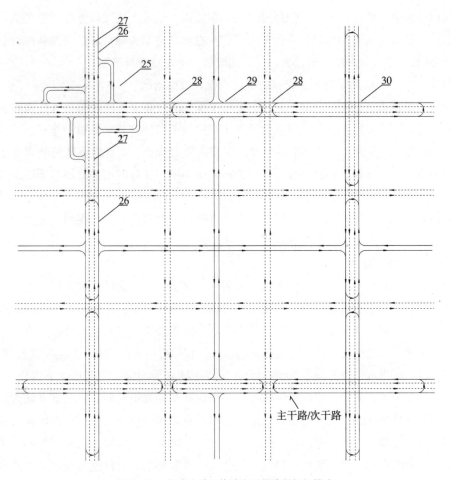

图 7-16　机非内外互换改良后的路网组织模式

图中：25-绕街坊行驶交通交叉口；26-机动车流线，27-自行车流线；
28-干路与自行车支路交叉口；29-干路与机动车支路交叉口；30-远引交通交叉口。

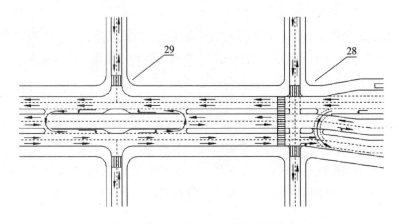

图 7-17　28、29 交叉口平面布置示意

③为了避免左转车辆与直行车辆发生冲突，在左转转弯点应设置红绿灯。当可以在绿

灯期间内通过交叉口停车线的车辆经过之后，在该点，沿进入交叉口方向行驶的直行机动车为红灯，进入与离开交叉口的自行车为红灯，左转机动车为绿灯。该点左转绿灯灯时可按15～20秒考虑。如果左转量很大，可考虑增加一个左转转弯车道。

（2）自行车、机动车与两侧支路的联系、行人过街问题

每隔一段距离（约130～200m），可以将自行车道与其他道路相接，该处需设置斑马线与红绿灯，那么自行车与行人可以有接近半个周期的时间穿越单侧机动车道。行人穿越2条机动车道约需要6秒，自行车约5秒。支路交通量较小，而且应保证机动车至少有半个周期的有效绿灯灯时。因此建议行人与自行车每周期的绿灯时间按红绿灯周期的一半减去10秒考虑，相位差服从机动车绿波交通需求，行人与自行车绿灯信号应比实际容许的绿灯时间提早8～10秒关闭，以便及时清空交叉口的行人与自行车。可在绿化带内设置分隔栏杆，这样自行车不可能随意穿越绿化带与机动车道。

（3）公交站点设置

为了不影响右转车辆并入正常车道，有利于公交运行，公交站点应当设置在交叉口出口拓宽段以外。远引交通改良模式可采用加长出口拓宽车道的方法解决这一问题。而绕街坊行驶改良模式则存在公交与左转车流交织问题。如果公交在绿灯之初进站，乘客上下时间约20～30秒，即使将公交站点迁到拓宽段以外，在绿灯期间由于直行车道车流密度较大，公交也难以及时进入前进车队；如果公交在绿灯中期或后期进站，完成上下客任务之后，出口路段刚好为空，则不会出现左转车流与公交出站车辆交织问题。所以本书认为公交出站车辆应避让转向车辆，这对公交运送速度基本没有影响，因此图7-10街坊绕行模式的公交站点布置也是可行的。但图7-10的公交站台长度有限，如果公交发车频率较大，致使公交不能及时进站，会出现较大问题。这时则可以在交叉口出口段之外增设港湾式公交停靠站。

7.4.3　适用范围与主要技术参数

（1）交通量与红绿灯信号周期

自行车交通流量较大的城市宜采用三块板道路改良方式，适于交叉口机动车流量小于7000～9000pcu/h，自行车流量较大的交叉口。机动车道可以采用双向4或6车道，红绿灯周期宜采用60～90秒。

（2）现状道路适于采用改良模式进行改造的基本尺寸要求

改良模式完全适于新区（待建）路网的规划与建设，和垂直或具有较小偏角的四叉口。而对于现状城区路网改造来讲，则需满足以下条件：

①交叉口远引交通改良模式适用于旧城区路段断面大于或可以拓宽到35～40m以上的道路，其交叉口进口道路断面与出口道路断面现状尺寸或允许拓宽尺寸不宜小于52m，拓宽段长度不宜小于100m。

②如果附近支路能够满足左转绕街坊行驶要求，应首先采用交叉口绕街坊行驶改良模式。该模式适用于旧城区路段断面大于或可以拓宽到35～40m以上的道路，其交叉口进口道路断面与出口道路断面现状尺寸或允许拓宽尺寸不宜小于52m，拓宽段长度不宜小于100m。

③ 如果交叉口附近没有适合绕行的支路，交叉口绕街坊行驶改良模式适用于旧城区路段断面大于或可以拓宽到 35~40m 以上的道路，其交叉口进口的道路断面与出口的道路断面现状尺寸或拓宽后的尺寸不宜小于 70m，拓宽段长度不宜小于 100m。

7.4.4 改良方案技术的经济分析

（1）比较条件与通行能力计算

交叉口为标准十字形，路段自行车道为双向 6 车道，机动车道为双向 4 车道；步行流量适宜；路段交通量可以使交叉口通行能力接近饱和。由于机动车右转车辆在通过交叉口时基本不受影响，所以把这一部分作为交叉口通行能力比较内容的意义不大。而左转与直行之间的比例关系是影响交叉口通行能力的关键因素，如果某一入口的左转或直行流量最大，且左转比例较大，那么这一进口为最不利入口，这一进口决定了交叉口的通行能力与信号配置。左转与直行比例一般在 1:10~1:3 之间。表 7-14~表 7-16 为左:直:右比例为 1:8:1 情况下计算出来的不同交叉口组织模式的通行能力（采用上海市工程建设规范《城市道路平面交叉口规划与设计规程》建议指标与建议公式进行计算）。为了全面分析交叉口改良模式的通行能力与适应性，采用左:直比例 1:3/1:4/1:5/1:6 进一步进行比较，计算结果见表 7-17，计算方法同表 7-14~表 7-16。

三块板道路改良——绕街坊行驶模式（80 秒周期）　　　　表 7-14

东/西/南/北进口	机动车			自行车		
	左	直	右	左	直	右
车道数（条/进口）	1	2	1	1	3	1
基本饱和流量（pcu/h）	1800	3600	1650	2000	2000	2000
非红灯时间（s）	80	40	80	40	40	80
有效灯时（s）	11	36	80	36	36	80
转弯半径修正系数	0.72	1	0.83	1	1	1
行人过街修正系数	0.5	1	0.5	1	1	0.5
车道宽度修正系数	1	1	1	1	1	1
大车修正系数	1	1	1	—	—	—
饱和流量（pcu/h）	589	1620	680	900（辆/h）	2700（辆/h）	1000（辆/h）
实际流量（pcu/h）	150	1200	150	208	970	208
饱和度	0.25	0.74	0.22	0.23	0.36	0.21

三块板道路改良——远引交通模式（80 秒周期）　　　　表 7-15

东/西/南/北进口	机动车			自行车		
	左	直	右	左	直	右
车道数（条/进口）	1	2	1	1	3	1
基本饱和流量（pcu/h）	1800	3600	1650	2000	2000	2000

续表

东/西/南/北进口	机动车			自行车		
	左	直	右	左	直	右
非红灯时间（s）	15	40	80	40	40	80
有效灯时（s）	11	36	80	36	36	80
转弯半径修正系数	0.83	1	0.83	1	1	1
行人过街修正系数	1	1	0.5	1	1	0.5
车道宽度修正系数	1	1	1	1	1	1
大车修正系数	1	1	1	—	—	—
饱和流量（pcu/h）	270	1620	680	900（辆/h）	2700（辆/h）	1000（辆/h）
实际流量（pcu/h）	150	1200	150	208	970	208
饱和度	0.55	0.74	0.22	0.23	0.36	0.21

原三块板四相位交叉口（96秒周期）　　　　表7–16

东/西/南/北进口	机动车			自行车		
	左	直	右	左	直	右
车道数（条/进口）	1	2	1	1	3	1
基本饱和流量（pcu/h）	1800	3600	1650	2000	2000	2000
非红灯时间（s）	12	36	36	12	36	80
有效灯时（s）	8	32	32	10	32	80
转弯半径修正系数	1	1	1	1	1	1
行人过街修正系数	1	1	0.5	1	1	0.5
车道宽度修正系数	1	1	1	1	1	1
大车修正系数	1	1	1	—	—	—
饱和流量（pcu/h）	150	1200	275	208（辆/h）	2000（辆/h）	1000（辆/h）
实际流量（pcu/h）	150	1200	150	208	970	208
饱和度	1.0	1.0	0.54	1.0	0.49	0.21

不同左转比例情况下的交叉口最不利进口通行能力与交叉口
通行能力比较（不计右转）　　　　表7–17

传统三块板道路（96秒周期）	机动车（pcu/h）			自行车（cyc/h）		
	1×左	2×直	合计	1×左	3×直	合计
左:直 = 1:3	300	900	4800	333	1000	5333
左:直 = 1:4	253	993	4987	281	1125	5625
左:直 = 1:5	215	1068	5137	239	1157	5750
左:直 = 1:6	187	1125	5250	208	1250	5883
绕街坊行驶（80秒周期）	机动车（pcu/h）			自行车（cyc/h）		
	1×左	2×直	合计	1×左	3×直	合计
左:直 = 1:3	540	1620	8640/7200	900	2700	14400/12000
左:直 = 1:4	405	1620	8100/7200	675	2700	13500/12000

续表

绕街坊行驶（80秒周期）	机动车（pcu/h）			自行车（cyc/h）		
	1×左	2×直	合计	1×左	3×直	合计
左:直 = 1:5	324	1620	7776/7200	540	2700	12960/12000
左:直 = 1:6	270	1620	7560/7200	450	2700	12600/12000

远引交通（80秒周期）	机动车（pcu/h）			自行车（cyc/h）		
	1×左	2×直	合计	1×左	3×直	合计
左:直 = 1:3	405	1215	6480	431	1293	6900
左:直 = 1:4	324	1296	6480	420	1680	8400
左:直 = 1:5	270	1350	6480	391	1958	9400
左:直 = 1:6	231	1388	6480	361	2167	10114

注：1. 由于出口通行能力限制、路段上多个自行车出入口的存在，考虑过交叉口后不再出现停车延误，绕街坊行驶改良模式的交叉口最大机动车通行能力（计入右转）最大为7200pcu/h，最大自行车通行能力为12000cyc/h。表中"/"后的数字包括右转车辆；

2. 均未考虑大车折减；

3. 左转绕街坊行驶左转机动车辆比例增加时，需考虑增加远引路口的左转灯时，会使自行车通行能力受损。如果左转量很大，可以考虑增加机动车左转转弯车道；

4. 表7-14~表7-16的饱和度按原三块板模式通行能力为假定实际交通需求计算得出。

（2）技术经济比较

①路段、交叉口饱和度、绿波带车速分析

从交叉口通行能力来看，改良模式均优于传统三块板道路交通组织模式。对于改良模式来讲，路网通行能力主要受出口段通行能力制约，而原有模式主要受交叉口通行能力制约。根据绿波交通组织规律，交叉口相位差最好为红绿灯周期的一半（或一个周期，这里按半个周期考虑），绿波带速等于交叉口间距除以红绿灯周期的一半。无论原有模式如何合理配置信号周期与相位，绿灯期间的路段饱和度都总是小于交叉口，而且容易出现机动车与非机动车通行能力难以协调的问题。因此原有模式的交叉口信号周期决定的相位差往往大于车流密度决定的路段行驶时间，车辆总是飞奔到下一交叉口再静静等待绿灯到来。而改良模式改变了这一现象，周期缩短依然可以保证较低的交叉口饱和度，交叉口红绿灯周期主要根据路段车流密度决定，更适于绿波交通组织。

②交叉口延误分析

由于改良模式交叉口通行能力大、周期短，在交叉口交通量相同的情况下，交叉口延误较小。对于单点信号灯，在接近饱和的情况下，非改良交叉口平均延误约24秒，改良方案约20秒。改良模式明显降低了交叉口延误。

③用地发展导向分析与交通体系升级

可在绿化带内设置分隔栏杆，加高路缘石，这样自行车不可能随意穿越绿化带与机动车道，机动车也不可能跨越路缘石随意停放，从而最大限度地规范机动车与自行车出入口。如果主干路的机动车与非机动车出入口确定下来，那么商业开发将以垂直主干路的支路为主，从而理清主干路的交通功能。对于两侧现有的商业建筑，可以在人行道上划线，允许自行车双向通行，不至于大幅度降低主干路两侧店面的吸引力，但不允许自行车经人行道过干路交叉口。其路网交通组织见图7-16。从今后发展来看，改良模式中间的自行车道具有演变为公交专用道的可能。

④人车矛盾

对于行人过街来讲，原有模式与改良模式均存在人车彼此干扰的问题，但右转车道的饱和度一般很低，如果行人过街数量不大，该干扰不会造成交叉口通行能力下降。改良模式还可以诱导支路发展为公共活动空间（人流量较大、出入口较多的街道空间），所以主干路交叉口行人过街数量会降低，通过支路穿越主干路的行人会增加。在这个位置可采用行人二次过街方式，绿化隔离带可以提供行人过街安全岛。因此改良模式有利于减少人车矛盾。

⑤交通用地效率分析

交叉口间距按400m考虑，原有三块板道路用地为32559m^2，绕街坊行驶改良模式为40038m^2，远引交通改良模式为34820$m^2$①，在交通用地比例比原有三块板模式提高28.6%（绕街坊行驶模式）、6.9%（远引交通模式）的情况下，交通体系通行能力分别提高了37%以上（绕街坊行驶模式）和23%以上（远引交通模式）；自行车通行能力提高了49%以上。单位交通用地完成的交通量明显提高。如果交叉口间距按500m、600m考虑，三块板改良模式的交通用地效率会更高。

⑥左转比例与非高峰适应性分析

如果交叉口左转比例较大，原有交通组织模式通行能力会下降较大。而改良模式可以在达到相同通行能力的情况下缩短周期，那么每个周期的转向车辆减少，拓宽车道容许的左转比例则可以提高，并能保持直行车道通行能力基本不变。而且，交叉口内的自行车候驶区面积较大，也可以容许较高的自行车转向比例。自行车左转比例、交通量与机动车几乎无关。在非高峰时间内，改良模式可以缩短信号灯周期，在同样信号灯周期条件下，通行能力依然高于原有模式。

机非内外互换模式的交通运输特性分析　　　　表7-18

比较内容		原路网模式	机非内外互换
交通用地比例		1	1.23/1.07
交叉口间距（m）		400	400
路网密度（km/km²）		5	5
支路网密度（km/km²）		0	0
建设用地承载强度	机动车	1	1.37/1.23
	自行车	1	1.45
	合计	1	1.31

① 已计入绿化、人行道。

续表

比较内容		原路网模式	机非内外互换
交通设施用地承载强度	机动车	1	1.11/1.14
	自行车	1	1.45
	合计	1	—
转向比例适应性		好	更好
交通协同控制适应性		差	好
道路功能划分的促进性		差	好
城市道路用地的增加		一致	一致
对公共交通体系的促进性		差	好
路网升级的可行性		差	好

注：1. "/" 前为街坊绕行模式，"/" 后为远引交通模式。

2. 建设用地承载强度、交通设施用地承载强度以原路网模式为对比值1，无量纲。

综合对比表明（表7-18），三块板改良模式具有较大的优越性。对于目前的一块板、两块板、四块板道路，只要道路宽度或允许拓宽的宽度足够，机动车与非机动车流量较大，该方法均可行。在华北一带的城市，这样的道路有很多，而且这些城市的自行车流量一般较大，因此应用前景广阔。期望能够通过目前的三块板改良大幅度缓解城市交通压力，进一步建设完备的支路体系，形成自行车专用路网，最终将自行车从主干路转移出去。然后将自行车专用道转变为公交专用道，为公交的升级奠定基础，从而实现城市交通的良性发展。

7.5 单向平面分流体系

本书构建了图7-18所示的平面路网分流模式（以下简称新路网模式），平面布置见图7-19。在该路网组织模式中，机动车主干路采用单向行驶；自行车专用路为双向行驶；机动车支路与自行车支路体系采用双向行驶，其道路断面交通组织形式与现有道路相同。为了对新路网模式进行定量评价，选取400m干路网间距、机动车双向4车道的方格网路网进行新旧路网模式的综合比较。

7.5.1 路网基本统计指标

图7-18、图7-19是比较路网的平面布置，基本统计指标见表7-19。这两种路网模式的干路网密度、干路机动车道密度、自行车干路车道密度、支路网密度、自行车道路网密度、道路用地比例基本差不多，即道路

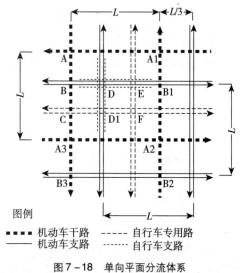

图7-18 单向平面分流体系

投资、占地基本一致，差别仅在于交通组织。

单向分流路网模式、混行模式路网规划指标基本统计指标　　　　表7-19

统计指标	原路网模式	新路网模式
干路机动车道密度（km/km²）	20.0	20.0
支路机动车道密度（km/km²）	11.0	10.0
自行车干路车道密度（km/km²）	40.0	40.0
支路自行车道密度（km/km²）	22.0	22.0
机动车路干路网密度（km/km²）	5.0	5.0
非机动车干路路网密度（km/km²）	5.0	5.0
道路用地比例（%）	29.0	30.8

7.5.2　路段与进口车道通行能力比较

（1）原路网模式

原路网模式除干路交叉口外，其他交叉口均为丁字路口。绿化分隔带可以作为公交站台、转向车辆的候驶区。丁字路口采用避让式（图7-19），因此该路口对干路通行能力的干扰可以忽略。虽然在干路交叉口进口处存在转向车辆交换车道带来的干扰，在机动车由地块进入机动车道或离开机动车道时，会发生机动车侵占自行车道的问题，但由于干路交叉口之间不存在其他灯控交叉口，所以机动车、非机动车的路段通行能力可以得到保证。

（2）新的路网模式

新的路网模式，机动车支路与干路采用十字交叉（图7-20、图7-21），不允许自行车穿越机动车干路，所以该交叉口不存在自行车与机动车之间的干扰。在A交叉口的干路进口段，拓出两个车道供内侧车道转向车辆使用。内侧车道的转向车辆在进入转向候驶区时，不会对直行车辆产生任何干扰，可以不考虑因此带来的路段通行能力折减。自行车与机动车干路交叉口（图7-19中的C交叉口）只有直行自行车与直行机动车相交，如果增大干路的绿信比，按机动车的绿波交通组织需求配置该交叉口的交通信号，该交叉口不会对干路通行能力产生影响。所以新路网模式的路段通行能力也可以使干路交叉口通行能力达到饱和。

7.5.3　交叉口信号配置与通行能力比较

（1）转向车道的长度、条数与转向比例

对于干路交叉口，进口道拓出两个转向专用车道，专用车道长度按64m考虑，设于两条直行车道之间（图7-20）。每周期容许停放的转向车辆为16辆。如果交叉口通行能力按7200辆/h考虑，周期按80秒考虑，每周期通过交叉口的总车辆数为80辆，64m的转向候驶区可以停放16辆小汽车。在图7-21所示的交叉口信号控制情况下，如果每个内侧转

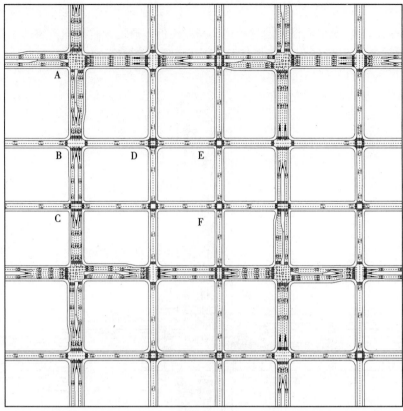

单向平面分流体系平面布置

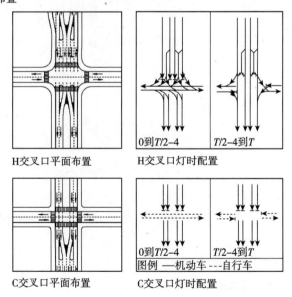

| H交叉口平面布置 | H交叉口灯时配置 |
| C交叉口平面布置 | C交叉口灯时配置 |

图 7-19 单向平面分流体系平面布置与交叉口平面布置及灯时配置示意

向车道在半个周期的情况下超过 8 辆转向车辆，直行车道通行能力就会受损。在直行车道通行能力不受损的情况下，可以容许 26.6% 的车辆转向（只有 3 条车道需要转入这两条候驶车道)。如果转向车辆比例较大，可以考虑加长或增加转向车道。在图7-19中，相邻交叉口间距约为133m，那么转向车道的长度可以达到80m左右，可以容许33.3%的车辆转向。但交叉口的转向车辆很少能达到这么高的比例，通过调整转向车道的条数、长度，可以保证直行车道的通行能力并解决转向车辆的临时安置问题。

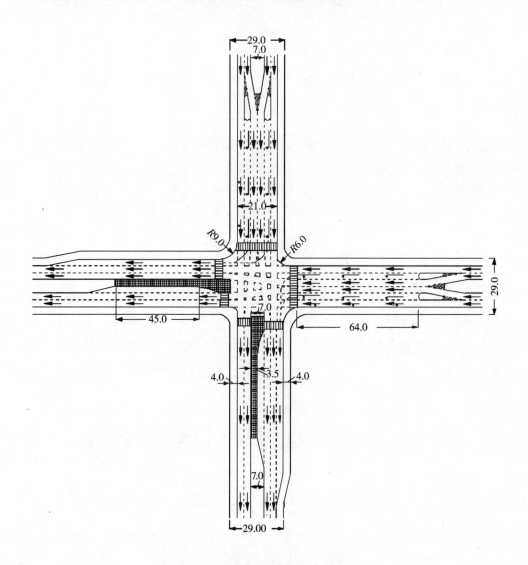

图7-20　A单向平面分流体系平面布置

(2) 交叉口通行能力比较

对于原路网模式的干路交叉口来讲，由于机动车右转车辆在通过交叉口时基本不受影响，所以将其作为交叉口通行能力比较内容的意义不大。而左转与直行之间的比例关系是影响交叉口通行能力的关键因素，如果某一入口的左转或直行流量最大，且左转比例较大，那么这一进口为最不利入口，这一进口决定了交叉口的通行能力与信号配置。表7-20为左:直:右比例为1:8:1情况下计算出来的原路网模式干路交叉口通行能力（采用上海市工程建设规范《城市道路平面交叉口规划与设计规程》建议指标与建议公式进行计算）。

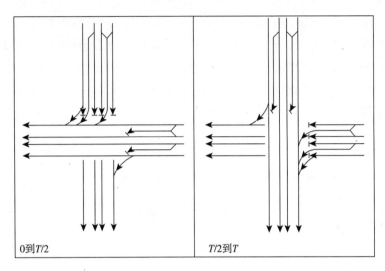

图7-21 A交叉口流线与信号配置

原路网模式干路交叉口通行能力计算（96秒周期，左:直=1:8） 表7-20

东/西/南/北进口	机动车			自行车		
	左	直	右	左	直	右
车道数（条/进口）	1	2	1	1	3	1
基本饱和流量（pcu/h）	1800	3600	1650	2000	2000	2000
非红灯时间（s）	12	36	36	12	36	80
有效灯时（s）	8	32	32	10	32	80
转弯半径修正系数	1	1	1	1	1	1
行人过街修正系数	1	1	0.5	1	1	0.5
车道宽度修正系数	1	1	1	1	1	1
大车修正系数	1	1	1	—	—	—
饱和流量（pcu/h）	150	1200	275	208（辆/h）	2000（辆/h）	1000（辆/h）
实际流量（pcu/h）	150	1200	150	208	1664	208
饱和度	1.0	1.0	0.54	1.0	0.83	0.21

对于新路网模式干路交叉口来讲，交叉口通行能力与转向车辆的比例密切相关。左转与直行比例一般在1:10~1:3之间，表7-20以1:8的左转直行比例为例进行了计算。为了全面分析交叉口改良模式的通行能力与适应性，采用左：直比例1:4/1:6/1:9进行进一步比较。新路网模式的干路交叉口各车道的通行能力见表7-21。表7-21中，在计算新路网模式转向车道饱和度时，转向流量按原路网模式左转量的4倍考

虑，在统计交叉口通行能力时计入的转向流量与原路网模式相同。表 7-22 表明新模式的干路交叉口通行能力与左转车辆适应能力均高于原有模式，约高出 20%~28%（国外城市关于单向交通通行能力与车速的统计结果也表明单向交通可以比双向交通的通行能力提高 20% 以上，并且道路越宽，提高幅度越大）。机动车支路与机动车主干路交叉口在保证主干路通行能力的情况下，干路通行能力为 3600pcu/h，支路通行能力为 1523pcu/h（以转向车辆为主）。自行车专用道与机动车干路交叉口在保证机动车通行能力的情况下，自行车专用路的通行能力可以达到双向 6800cyc/h，那么自行车专用路交叉口（交叉口 F）的路段车流供应能力可以达到 13600cyc/h。表 7-23、表 7-24 为 B、C 交叉口的通行能力计算结果。

单向分流路网模式干路交叉口通行能力计算（80 秒周期） 表 7-21

进口	转向	直
车道数（条/进口）	2	4
基本饱和流量（pcu/h）	1800	1800
非红灯时间（s）	40	40
有效灯时（s）	36	36
转弯半径修正系数	1	1
行人过街修正系数	0.5	1
车道宽度修正系数	1	1
大车修正系数	1	1
饱和流量（pcu/h）	810	3240

在不同左转比例情况下的与交叉口通行能力与饱和度比较 表 7-22

	原路网模式干路交叉口（96 秒周期）			
左:直	左转车道饱和度	直行车道饱和度	处理措施	交叉口通行能力
1:9	1.0	1.0	左 11.5 秒/直 36.5 秒	5625
1:6	1.0	1.0	左 14 秒/直 34 秒	5250
1:4	1.0	1.0	左 17.5 秒/直 30.5 秒	5062
	新路网模式干路交叉口（80 秒周期）			
左:直	左转车道饱和度	直行车道饱和度	处理措施	交叉口通行能力
1:9	0.69/0.88	0.78/1.0	转向 2 车道/直行 4 车道	5625/7211
1:6	0.73/0.89	0.83/1.0	转向 2 车道/直行 3 车道/直转 1 车道	5250/6325
1:4	0.83/1.0	0.83/1.0	转向 3 车道/直行 3 车道	5062/6098

注："/"前面的数字为新模式干路交叉口通行能力与原路网一致情况下的饱和度和交叉口通行能力；"/"之后的数字为在该转向比例条件下达到通行能力极限情况下的饱和度和交叉口饱和通行能力。

单向分流 B 交叉口信号配时与通行能力计算　　　　表 7-23

北进口	机动车		
	转向	直	—
车道数（条/进口）	2	4	—
基本饱和流量（pcu/h）	1800	1800	—
非红灯时间（s）	30	40	—
有效灯时（s）	26	36	—
转弯半径修正系数	1	1	—
行人过街修正系数	0.5	1	—
车道宽度修正系数	1	1	—
直行车辆修正系数	0.5	—	—
大车修正系数	1	1	—
饱和流量（pcu/h）	146	3240	—

东进口	机动车		
	左直	左直	右
车道数（条/进口）	1	1	0
基本饱和流量（pcu/h）	1800	1800	—
非红灯时间（s）	50	30	—
有效灯时（s）	55	26	—
转弯半径修正系数	1	1	—
行人过街修正系数	0.5	0.5	—
车道宽度修正系数	1	1	—
转向车辆修正系数	0.5	1	—
大车修正系数	1	1	—
饱和流量（pcu/h）	309	375	0

西进口	机动车		
	左	直右	直右
车道数（条/进口）	0	1	1
基本饱和流量（pcu/h）	—	1800	1650
非红灯时间（s）	—	30	50
有效灯时（s）	—	26	45
转弯半径修正系数	—	1	1
行人过街修正系数	—	0.5	0.5
车道宽度修正系数	—	1	1
大车修正系数	—	1	1
饱和流量（pcu/h）	0	375	464

单向分流 C 交叉口信号配时与通行能力计算　　表 7-24

北进口	机动车		
	左	直	右
车道数（条/进口）	0	4	0
基本饱和流量（pcu/h）	—	1800	—
非红灯时间（s）	—	45	—
有效灯时（s）	—	41	—
转弯半径修正系数	—	1	—
行人过街修正系数	—	1	—
车道宽度修正系数	—	1	—
大车修正系数	—	1	—
饱和流量（pcu/h）	0	3690	0
东\西进口	自行车		
	左	直	右
车道数（条/进口）	0	4\4	0
基本饱和流量（pcu/h）	—	2000	—
非红灯时间（s）	—	35	—
有效灯时（s）	—	34	—
转弯半径修正系数	—	1	—
行人过街修正系数	—	1	—
车道宽度修正系数	—	1	—
大车修正系数	—	1	—
饱和流量（pcu/h）	0	3400\3400	0

7.5.4 交叉口的协调性分析

原路网模式干路交叉口信号相位差采用 48 秒，绿波带速为 30km/h，自行车绿波带速为 10km/h，带宽 30~36 秒。但自行车平均车速约 12~18km/h，所以原路网模式的自行车交叉口协同性差，停车率较高。新模式交叉口信号相位差采用 40 秒，其他交叉口根据机动车的绿波交通组织进行配置，机动车的绿波带速可以达到 36km/h。图 7-22 为自行车可能出现的两种绿波带速，自行车绿波 1 的带速为 18km/h，带宽为 21 秒；自行车绿波 2 带速为 12.2km/h，带宽为 35 秒。

为了保证自行车专用路的绿波协同，机动车支路的信号控制应当按自行车优先的方式进行配置。如果交通量较小，不使用红绿灯，那么这种类型的交叉口要求机动车避让自行车。根据刘东、万晴朗的调查，北京市木樨园环形交叉口自行车通行能力 7850 辆/h。《城市道路交通规划设计规范》给出了不同自行

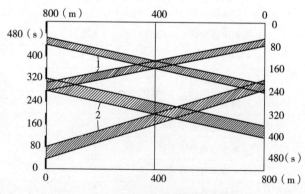

图 7-22　自行车专用路绿波带速分析图

车通行能力下的环形交叉口机动车通行能力（机非混行，环岛直径 30~50m），据此可以看出纯自行车的环交通行能力可以达到 7000 辆/h 以上。显然自行车专用道与自行车专用道的交叉口完全可以在交叉口交通量较大的时候选择环形交叉口。在不采用信号灯控制的情况下，该交叉口对自行车专用路的速度和通行能力干扰不大。显然，新路网模式的自行车交叉口协同能力不低于原路网模式。

7.5.5 路网运输特性分析

（1）交通控制的协同性分析

①机动车

单向行驶会导致交通迂回，造成出行不便。新路网模式的主干路机动车采用单行体系，但机动车支路采用双向行驶。如果出行者为近距离出行，比如从一个街区到相邻街区，则根本无需进入干路体系。而原有模式需要在干路上转一下，绕行距离约为 100m 左右，迂回距离与对干路体系的干扰均会发生。因此对于近距离出行来讲，新的路网模式不会引起居民的抱怨。再考虑远距离出行。原有路网模式的街坊内平均出行距离约为 160m，新模式的平均距离为 200m。在进入干路体系之后，出行者可以选择距离目的地最近的地点转入支路体系，或者直接进入目的地块。交叉口进口道的拓宽段一般大于 75m，出口段一般不小于 40m，公交站点宜布置在交叉口出口道拓宽段以外，站点长度约 30~40m。那么距交叉口最近的用地的机动车出入口距干路交叉口的距离一般不宜小于 90m。与新路网模式确定的机动车支路距干路交叉口的距离相差仅 40m（近的支路）和 170m（远的支路），因此即使发生绕行，绕行距离也非常小。而且绕行增加的交通量大部分位于支路体系内，给主路增加的无效交通量极小，给居民出行带来的绕行距离也非常小（小于 150m），即使居民平均出行距离为 2km，出行平均增加距离也只有 7.5%。但主路交叉口的通行能力比原有路网模式提高了 20%~28%，平均出行速度提高了 20%，可见即使考虑机动车绕行，居民的平均出行速度、路网的有效通行能力依然得到了大幅度的提高。

②自行车

对于自行车出行来讲，现在的自行车路网间距、密度与原有路网相同，依然采用双向行驶，没有发生交通迂回，不会给出行者造成不便。

（2）公交线网与站点布置

对于新路网来讲，如果考虑将公交线路完全布置在干路上，那么一条公交线需要布置在间距为 400m 的相邻干路上，同一方向的公交线网间距为 800m，居民平均到线距离为 200m。而原路网模式的平均到线距离为 100m。因此公交出行者的步行到线距离增加，两端约平均增加 180 秒的步行时间。但同一条路上，同一方向的公交发车频率增加，对于公交线路局部重合的路段来讲，某些乘客的候车时间降低。姑且忽略这一有利条件。由于干路机动车速度提高，公交的车速也有所提高，公交车的运送速度提高程度约与其他机动车接近，那么公交的运送速度约提高 20%，公交乘客的车上时间大约缩短 20%。如果公交乘客平均乘距按 5km 考虑，会节约 2~3 分钟。

新路网模式将站点布置在干路交叉口出口段的机动车道中间，到交叉口的距离很近，换乘距离不超过50m。如果乘客不需要换乘，可以先走到交叉口的安全岛，再经斑马线到达两侧的人行道，距离不超过80m。而原有路网模式的公交站点需要布置在交叉口出口段以外，到停车线的距离不宜小于50m，如果有拓宽段，则不宜小于80m，因此乘客的换乘距离为100~160m。在原路网模式中，公交停靠在道路一侧，但部分乘客则必须穿越自行车道，部分乘客则需要穿越多条机动车道和自行车道。遵守交通规则的乘客会在交叉口经过人行横道到达马路对面，不遵守规则的会在公交下车处直接穿越马路。因此，如果考虑换乘距离增加和违规穿越马路的危害，遵规乘客穿越马路造成的绕行距离增加，干路单行造成的车外步行时间的增加要比原来仅考虑步行到线距离的情况减少60秒。另外，还可以考虑扩宽自行车专用道，将部分公交线路布置在自行车专用道上，居民步行到线的距离就可以进一步减少，从而缩短公交乘客的出行时间。因此，对于公交乘客来讲，新的路网模式优于原路网模式。另外还可考虑在支路一侧增加公交专用道（详见附录Ⅰ）。

（3）对自行车出行者的健康影响

原有路网模式自行车与机动车始终在同一道路断面内，自行车使用者吸入大量的汽车尾气，而且伴随交通压力增加，汽车尾气越多，危害越大。而新的路网模式，使自行车与机动车道脱离，自行车使用者只有极少的时间与机动车道交叉，因此有利于自行车使用者的健康。

（4）对用地微观开发模式的影响

原有路网模式的自行车、步行、公交及其他机动车的捆绑式断面交通组织将消费主体最大限度地集中起来。自行车具有轻便灵活、易停放的特性，宽敞的人行道刚好提供了停车场所，往往导致"交通性商业街"的产生，对道路功能混合起到了推波助澜的作用。而新的路网模式使自行车与机动车分离，自行车专用路与机动车主干路之间的用地一边接近机动车道，一边接近自行车道，优于机动车干路另一侧的用地，会成为商家的优选位置。而且，新路网模式的道路网密度为15km/km^2（原有路网模式为10km/km^2），可用于商业开发的支路网与自行车专用道的路网密度为10km/km^2，是原路网模式的2倍。退一步讲，即使干路两侧均建有商店，在信号灯控制下的单行道路，在任何位置，每个信号周期总有接近半个周期的时间供行人过街，而且道路断面较小，比双向行驶的三块板道路更适合行人过街（新路网模式的人行横道间距平均为133m，原有模式为400m）。因此新路网模式不仅具有合理引导土地微观开发模式的作用和更多的沿街面，而且具有更强的行人过街容纳能力。

（5）从地块的建筑空间布局来看

只要自行车专用路的通畅基本保持不变，机动车支路与干路的衔接位置基本保持不变，新的路网模式也可以按目前详细规划经常采用的路网形式进行规划（图7-23）。不被机动车干路穿越的街区与原模式差不多。该地块的安全性、私密性、空间的变化不会受到影响。而且只要间距

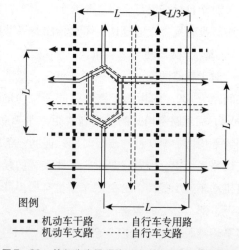

图7-23 单向分流模式路网分流体系路网模式演变

适合，可以将曲线道路围合的街区看作方格网或矩形的变形，该路网模式依然可行。

（6）从公交线路的加密与升级来看

该路网模式非常适合城市中心区，其机动车支路、自行车专用路可以布置公交线路，甚至安排公交专用道，或者发展为轨道交通线路。该路信号配置利于公交运行，具有良好的连续性。

另外，每条干路上有 4 条机动车道，也可以按 5 条、6 条考虑。原有的路网模式，公交专用道需要对称布置，如果仅有 4 条车道，公交专用道就占去 2 条，可能存在公交专用道空闲、其他机动车道过度拥挤的局面。原路网即使双向 6 车道，也同样面临这一问题。新的路网模式具有拿出 1/4、1/5、1/6 的车道作为公交专用道的可能，而原有路网只能选择拿出 1/2、1/3 的车道作为公交专用道。如果原路网选择把 1/4、1/6 的车道作为公交专用道，也就意味着公交线路双向速度不一，或者将来回线路分别布置在间距为 400m 的相邻道路上。新路网模式在公交线路加密与升级方面具有较大的优越性。

本节对 400m 间距、干路车道为 4 条的路网进行了定量比较，同样可以将该路网模式（400m 干路间距）与 600m 间距、双向 6 车道的原有路网模式进行比较，还可以改变红绿灯周期。虽然 400m 间距的原有路网模式足以满足规范建议的路网密度与道路等级要求，但依然难以实现机非路网分流。新路网模式说明 150m 间距左右的密集路网可以有效地组织交通，在实现道路等级划分的同时还可以实现机非路网分流。城市新区，尤其是新区中心，可以按这种模式进行规划、建设；旧区则需要整理支路、加密路网、逐步实现分流，而没有必要一味拓宽马路延续原有模式。

7.6 路网组织模式总结[①]

还有一些路网模式没有讨论，比如单向与双向路网的混合模式。本书对这些路网模式不再展开分析。下面对可能的几种路网模式进行必要的总结（附录图 13，各自的交叉口交通组织模式见附录图 14～图 16）。前文对模式 1～5 进行了讨论。模式 6 与模式 5 基本类似。由于非机动车也需要组织单向交通，因此路网间距宜小。实际上模式 6 的自行车体系也可以采用与机动车逆向行驶或双向行驶的方式。如果左转自行车采用二次过交叉口，也可以实现交叉口的两相位信号控制，交叉口间距可以采用与模式 5 接近的距离。模式 7 是单向与双向行驶结合的路网模式。模式 8 是模式 7 的变种，相邻单向行驶的道路较近。模式 9 也是模式 7 的变种，机动车交叉口采用左转二步法（与厦门莲板的环岛交通控制方式一样）。模式 3 则利用了双向行驶道路的一次过街的空当分布规律，机动车支路可以用作公交专用道。各种模式的交叉口交通组织方式可在附录图 14～图 16 中查到。模式 10 为互通立交快速路网模式，模式 11 为简易立交快速路网模式。路网模式 1～9 的交叉口信号控制见附录Ⅱ。

本书可能还有其他的路网组织模式没有涉及，但应当说已经涉及了大部分的平面路网组织模式。其中模式 2、3、5、7、8、9 可以为平交路网分流模式，模式 1、4、6 为断面分

---

① 各路网组织模式的交通仿真分析见附录Ⅱ。

流模式。下面对各类路网模式进行总结①：

模式 1：断面分流双向路网混合模式

为现在经常采用的三块板路网模式。该模式适合的路网间距为 400～600m 以上。机非交叉口混行导致交叉口通行能力不足，伴随路网间距缩小（红绿灯周期缩短），交叉口通行能力降低幅度较大。干路交叉口不适合两相位信号控制，宜采用四相位。不利于微观土地开发模式的引导，是一种粗放型的路网模式，交通控制简单，但效率较低（图 7-24）。

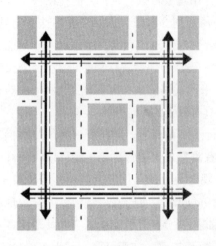 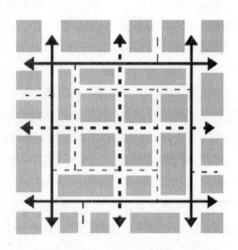

图 7-24　断面分流双向路网混合模式（模式 1）　　图 7-25　降序双向中心分流模式（模式 2）

模式 2：降序双向中心分流模式

该模式适合的路网间距为 600～800m（机动车干路间距）（图 7-25），采用的交叉口周期短于模式 1，机动车干路交叉口采用远引交通或绕街坊行驶模式取消左转。如果机动车主干路交叉口不能实现高效的两相位信号控制，其路网运输效率则低于模式 1。如果机动车主干路交叉口可以取消左转，其效率则高于模式 1，约高出 10%～20%。该模式有利于道路功能划分，具有促进交通结构优化的作用，但不适应于道路用地比例较高的情况。支路作为自行车干路，可布置公交专用道，也可将公交专用道设在支路的一侧，间距按 60～80m 考虑，且该交叉口不容许左转，公交车辆有 20 秒左右绿灯时间。该交叉口的相位差根据机动车干路的交通信号来安排。公交专用道、支路交叉口考虑公交优先，即公交车辆控制该交叉口的信号配置。公交专用道的发车频率一般小于 120 辆/h，公交通过交叉口的时间约为 3 秒，也就是说每经过一辆公交车，对其他车辆所造成的时间延误小于 7 秒。对于发车频率较高的专用道，可考虑两辆公交合并为一组车队，以减少对支路交通的影响，详见附录Ⅰ的交通模拟说明。

模式 3：降序双向侧面分流模式

该模式适合的路网间距为 400～600m 以上（机动车干路间距）（图 7-26），采用的交叉

---

① 图 7-24～图 7-32 中粗实线代表干路，细虚线代表自行车流线，粗虚线代表支路，两端箭头表示双向行驶，支路为双向行驶。

口信号周期与模式1一致，可以提供独立的公交专用路和自行车专用道，机动车运输效率高于模式1。有利于道路功能划分，将街区内部的道路作为城市道路使用，具有促进交通结构优化的作用，但自行车专用路的通行能力较低，详见附录Ⅰ的交通模拟。

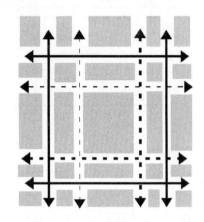

图7-26 降序双向侧面分流模式（模式3）

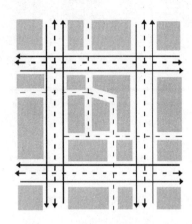

图7-27 断面机非互换双向路网混合模式（模式4）

模式4：断面机非互换双向路网混合模式

该模式适合的干路间距为400~600m以上（图7-27），可以采用较短的信号周期（不宜小于80秒，两相位，多信号灯控制），加密路网对路网通行能力的影响较小。机非干扰小，具有路网升级的可能性，有利于交通结构优化。自行车与机动车通行能力均较高，比模式1高出20%左右，有利于道路功能划分（详见附录Ⅰ的交通模拟）。

模式5：单向分流模式

该模式适合的路网间距为300~500m（图7-28）。机非干扰较小，具有路网升级的可能性，具有促进交通结构优化的作用。自行车与机动车通行能力均较高，比模式1高出20%左右。有利于道路功能划分，但不适合大间距路网。该路网模式必须建立在合理的交通管理与信号控制的基础上。图中粗虚线为机动车双向支路，细虚线为自行车专用道，可在机动车支路与自行车专用道之间增加公交专用道。公交专用道与自行车专用道的交通信号处理方式同模式2。

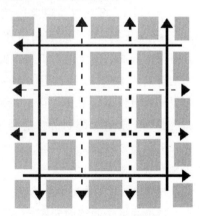

图7-28 单向分流模式（模式5）

模式6：单向断面分流路网混合模式

该模式适合的路网间距为300~400m以下（图7-29）。机非干扰较小，具有路网升级的可能性，具有促进交通结构优化的作用。自行车与机动车通行能力均较高，比模式1高出10%~20%左右。有利于道路功能划分，不适合大间距路网。路网密度小于模式5，可提供的沿街面较少。提供公交专用路的难度大于模式5。缩小路网间距，该模式可演变为模式5。

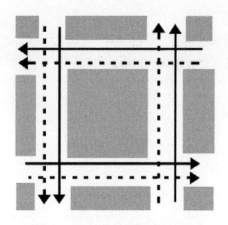
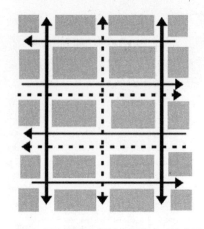

图 7-29　单向断面分流路网混合模式（模式6）　　　图 7-30　单双向断面分流模式（模式7）

模式 7：单双向断面分流模式

该模式适合的路网间距为 300~400m 以下（图 7-30，单向道路接近均布）。机非干扰较小，具有路网升级的可能性，具有促进交通结构优化的作用。自行车与机动车通行能力均较高，比模式 1 高，但要低于模式 4、5、6。有利于道路功能划分，不适合大间距路网。可在垂直单向道路的方向提供较密的公交线路，适用于城市发展轴。

模式 8：单向临近侧面路网分流模式

该模式适合的路网间距为 400~600m（图 7-31，单向道路成对布置，每对之间的距离宜小于 120m，可在单向道路一侧布置自行车道）。机非干扰较小，具有路网升级的可能性，具有促进交通结构优化的作用。机动车通行能力均较高，比模式 1 高，但低于模式 4、5、6。可以提供自行车专用道，但专用道的连续性较差。有利于道路功能划分，适合大间距路网。可以提供高效的公交专用道，有利于形成交通走廊（详见附录Ⅰ）。

模式 9：单向临近中心路网分流模式

该模式适合的路网间距为 400~600m。机非干扰较小，具有路网升级的可能性，具有优

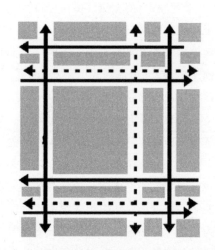

图 7-31　单双向临近侧面断面分流模式（模式8）

化交通结构的作用。机动车干路交叉口由四个单向四岔口组成，通行能力高，转向交通适应能力强，但伴随饱和度的提高，干路交叉口之间的协调性降低。可以提供自行车专用道，但专用道的连续性较差。有利于道路功能划分，适用于大间距路网。可以提供高效的公交专用道，有利于形成交通走廊。也可以考虑在成对的单向道路之间布置自行车专用道（详见附录Ⅰ）。

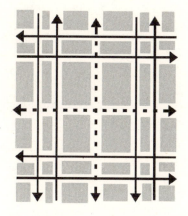
图 7-32 单向临近中心路网分流模式（模式 9）

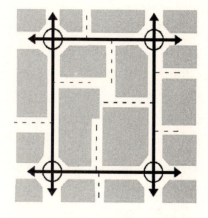
图 7-33 互通立交快速体系（模式 10）

模式 10：互通立交快速模式

该模式的快速路间距应大于 1.5km（图 7-33），该路网以快速路加互通立交为主。如果快速路按双向 6 车道考虑，车道密度为 8km/km²。如果每车道通行能力按 1600pcu/h 考虑，城市建设用地的交通承载强度为 1.28 万车公里/(km²·h)。如果建设路网密度为 4km/km² 的干路体系（高密度干路体系），每条路按双向 6 与 4 车道考虑，车道密度为 20km/km²。每车道的通行能力按 800pcu/h 考虑，该路网的城市建设用地的交通承载强度为 1.6 万车公里/(km²·h)。可见，模式 10 的城市建设用地承载力并不大。

模式 11：简易立交快速模式

该模式的快速路间距可按 1km 考虑（图 7-34），该路网以快速路加简易立交（非互通）为主，可通过支路实现两条快速路之间的衔接。如果快速路按双向 6 车道考虑，车道密度为 12km/km²。如果每车道通行能力按 1600pcu/h 考虑，城市建设用地的交通承载强度为 1.92 万车公里/(km²·h)。比前面假定的高密度干路体系的城市建设用地承载力要高。但如果高密度干路体系采用双向 6 车道，那么二者的交通承载力相差无几。而高密度干路体系的干路车道占城市建设用地的 8.4%，如果计入人行道等其他空间，干路体系占城市建设用地的比例为 12% 左右。该模式为董国良构建[5]，其快速路间距按 700m 考

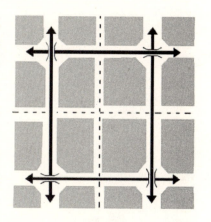
图 7-34 简易立交快速体系（模式 11）

虑，双向 10 车道，支路为双向 6 车道（车道密度为 32km/km²）。笔者认为这一模式（按董国良构建议车道数考虑）的道路用地比例偏大，快速路相交时转向流量较大，因此会降低快速路的通行能力，同时还面临绕行距离较大的问题，该模式的运输效率并不高。

本书根据表 7-25 的实际路网模式，对路网的技术指标、交通特性进行了分析。其中，公交专用道单向通行能力为发车间隔 40 秒，每车平均载客按 80 人考虑，单向每小时通行能力 7200 人/方向，按 7000 人/h 计算。非公交专用道单向通行能力为发车间隔 80 秒，每车平均载客按 80 人考虑，单向每小时通行能力 3600 人/方向，按 3500 人/h 计算。

不同路网模式的运输特性比较

表 7-25

比较项目		模式1	模式2	模式3	模式4	模式5	模式6	模式7	模式8	模式9	模式10	模式11
信号配时	周期长度(s)	100	60	100	80	70	60	70	90	100	—	—
	左转绿灯时(s)	8		8								
干路间距	轴向(m)	500	600	500	500	400	300	500	500	600	1500	700
	非轴向(m)	500	600	500	500	400	300	300	500	600	1500	700
公交运送速度	专用道(km/h)			18.2	22.5	20.6				18.86	15.18	
	非专用道(km/h)		24.0			14.9						
路段流量	轴向干路(pcu/h)	720	900	720	900	900	900	900	900	800	1700	1600
	非轴向干路(pcu/h)	720	900	720	900	900	900	900	740	800	1700	1600
非机动车流量	轴向(辆/h)	小	大	小	大	大	大	小	小	大		
	非轴向(辆/h)	小	大	小	大	大	大	大	小	大		
干路机动车直行车速(实验值)	轴向(km/h)		33.2			39.1		51.4	40.0	33.9		
	非轴向(km/h)		33.2			39.1		30.9	40.0	33.9		
非动车直行车速(实验值)	轴向(km/h)	12.0	12.0	12.0	15.0	11.5	12.0	17.1	13.3	11.2		
	非轴向(km/h)		12.0			11.5	12.0			11.2		
干路路段车道数	轴向单向(条)	2	3	2	2	4	3	3	3	3	3	3
	非轴向单向(条)	2	3	2	2	4	3	3	3	3	3	3
绿波带速(km/h)		36.0	36.0	36.0	45.0	41.1	36.0	51.4	40.0	43.2	48.0	48.0
车道网密度(km/km²)	干路车道(轴向)	8.0	10.0	8.0	8.0	10.0	13.3	13.3	12.0	10.0	4.0	8.6
	干路车道(非轴向)	8.0	10.0	8.0	8.0	10.0	13.3	8.0	8.0	10.0	4.0	8.6
	公交专用路	0.0	6.7	8.0	0.0	10.0	6.7	10.7	4.0	6.7	2.7	5.7
	普通公交线网密度	8.0	6.7	8.0	8.0	5.0	0.0	0.0	4.0	6.7	0.0	0.0

续表

比较项目		模式1	模式2	模式3	模式4	模式5	模式6	模式7	模式8	模式9	模式10	模式11
车道用地比例	计入公交专用路	5.6%	9.3%	8.4%	5.6%	10.5%	11.7%	11.2%	8.4%	9.3%	3.7%	8.0%
	不计公交专用路	5.6%	7.0%	5.6%	5.6%	7.0%	9.3%	7.5%	7.0%	7.0%	2.8%	6.0%
路网密度（不含集散道路）(km/km^2)		4.0	6.7	8.0	4.0	15.0	13.3	10.7	8.0	10.0	1.3	2.9
道路用地比例（不含支路）		15.30%	21.52%	11.53%	17.30%	14.83%	11.16%	11.73%	30.11%	12.61%	5.20%	8.41%
道路用地比例（含支路）		24.22%	31.27%	17.44%	26.10%	38.16%	19.2%	18.67%	41.38%	22.61%	8.13%	14.69%
城市建设用地交通承载强度（社会车辆,万车公里/(km^2·h)）		1.15	1.80	1.15	1.44	1.80	2.40	1.92	1.67	1.60	1.36	2.74
城市建设用地交通承载强度（公交专用道,万客公里/(km^2·h)）		0.00	4.67	5.60	0.00	7.00	4.67	7.47	2.80	4.67	1.87	4.00
城市建设用地交通承载强度（普通公交,万客公里/(km^2·h)）		2.8	2.3	2.8	2.8	1.8	0.0	0.0	1.4	2.3	0.0	0.0
城市建设用地交通承载强度（自行车,万客公里/(km^2·h)）		1.73	2.70	1.73	2.16	2.70	3.60	2.88	2.51	2.40	2.04	4.11
城市建设用地交通承载强度（综合,万客公里/(km^2·h)）		1.2	1.2	1.2	1.2	1.2	1.2	1.2	1.2	1.2	1.2	1.2
城市建设用地交通承载强度（不含自行车道,万客公里/(km^2·h)）		5.73	10.90	11.33	6.16	12.65	9.47	11.55	7.91	10.60	5.11	9.31
道路建设用地交通承载强度（社会车辆,万车公里/(km^2·h)）		80.86	103.93	120.57	88.57	109.05	70.86	92.38	79.86	100.71	104.64	101.43
道路建设用地交通承载强度（社会车辆,万车公里/(km^2·h)）		20.57	25.71	20.57	25.71	25.71	25.71	25.71	23.89	22.86	48.57	45.71
道路投资交通承载强度（社会车辆,车公里/万元）		9.51	7.99	13.21	11.03	14.74	69.60	34.29	8.08	9.83	2.40	10.39
道路投资交通承载强度（社会车辆,客公里/万元）		47.29	48.41	129.91	47.20	103.59	274.54	206.19	38.22	65.11	9.02	35.28
运输效率相对值比较	城市建设用地交通承载强度（客公里）	1.00	1.90	1.98	1.08	2.21	1.65	2.02	1.38	1.85	0.89	1.63
	城市建设用地交通承载强度（客公里）	1.00	1.29	1.49	1.10	1.35	0.88	1.14	0.99	1.25	1.29	1.25
	城市建设用地交通承载强度（车公里）	1.00	1.02	2.75	1.00	2.19	5.80	4.36	0.81	1.38	0.19	0.75
	城市交通投资用地交通承载强度（车公里）	1.00	1.56	1.00	1.25	1.56	2.08	1.67	1.45	1.39	1.18	2.38
运输效率相对值比较	城市交通投资交通承载强度（车公里）	1.00	1.25	1.00	1.25	1.25	1.25	1.25	1.16	1.11	2.36	2.22
	城市交通投资交通承载强度（车公里）	1.00	1.25	1.00	1.25	1.25	1.25	1.25	1.16	1.11	2.36	2.22

在此基础上对各路网模式的运输效率进行分析。数据表明，如果以车为本，按路网完成的车公里考虑，路网模式11为最优。模式2、3、5、6的城市建设用地交通承载强度较高，主要是支路体系提供的公交专用道起到了很大的作用。模式6人行道密度低，所以道路投资计算值低，投资效率较高。由于快速路体系很难提供高密度的公交线路，因此以人为本按客公里评价时，其效率较低。

7.7　本章小结

本章对具体的平交路网体系进行了研究。路网间距100~800m，道路用地比例变化范围也很大，从10%~40%，路网密度可达到20km/km^2，干路网密度可以达到6km/km^2，支路网密度可以达到14km/km^2。城市建设用地的路网承载强度的变化幅度也很大，可以从1万车公里/(km^2·h)增加到2.4万车公里/(km^2·h)，从2万人公里/(km^2·h)增加到10万人公里/(km^2·h)。

不同路网的交通用地运输效率差异较大，其中现有的三块板断面分流混合路网的效率最低，分流、改良体系一般可比现有路网模式高出10%~20%。而且，通过具体路网模式分析，也基本可以得出公交线网密度的最佳值可以达到6~7km/km^{2}的结论，如路网模式2、3、5、6、7、8。如果采用合适的路网模式，交叉口无需采用多相位信号控制，模式2、4、5、6、7、8、9均可以做到。路网模式1在实现最佳运行时，需要多相位、长周期的交叉口组织。根据第6章的分析，在这种模式下，合理路网间距的取值较大。直行方向上的绿波带较窄、站距过长导致每站的上下乘客人数增加，公交车在理想状态内运行的难度加大。如果某些路口左转比例较大，发生这种情形的概率增加。同时在这种模式下，公交线网密度偏低，公交相对于自行车的竞争力有所下降。因此，路网模式1在运输效率、交通结构导向方面均表现出较大的问题。而路网模式10、11的交通用地承载强度并不理想，可见建设完善的快速体系并不能解决城市交通问题。

单纯某一种路网模式均难以承担城市交通任务。快速路体系具有速度优势，高密度体系具有合理增加和利用交通用地、与市民活动相融合、对城市布局合理引导及对交通结构优化的特性，三块板道路则有利于促成商业街。这些特性是互补的，只有取长补短、合理利用才能形成真正的、符合各类交通需求的城市路网体系。

单纯通过扩大平交路网通行能力来增加路网运输效率的作用是有限的，以交通用地承载强度来衡量，最大增幅约20%左右，而通过路网组织，提供公交运行所需要的道路条件（密度、分流）对提高路网运输效率的作用是巨大的。每提供1km/km^{2}的公交专用道或公交线路，就会把这部分道路的交通承载强度（以客公里为衡量标准）提高到私人小汽车使用状态下的4倍。因此路网组织的重点不仅在于提高路网以车公里来衡量的运输效率，更在于保障良好的公交运行条件，促进交通结构改善。

分析表明，路网间距、路网密度、道路等级结构具有相当大的变动范围。路网的等级结构是路网交通组织的结果，密度较大、有规律的路网要比稀疏、无秩序的路网更具有成长性，更有利于道路分级，更有利于促进交通结构优化，但高密度路网的高效性必须建立在有效的交通管理基础上。

参考文献

［1］邹南昌，于冉冉. 实施"畅通工程"，市场进厅见成效［J］. 城市交通，2002（1）.
［2］舒晓兵. 城市交通中失范行为的原因探析［J］. 城市规划，2000（3）.
［3］路峰等. 混合交通条件下平交路口放行方法的比较分析［J］. 公安大学学报，2003（1）.
［4］苗全明，秦文军，李新瑛. 新加坡的城市交通［J］. 国外城市规划，1994（4）.
［5］董国良. 建设汽车时代真正紧凑型不堵车城市理论与方法［M］. 北京：中国建筑工业出版社，2004.

8 路网等级结构分析

8.1 路网等级结构的定义

从20世纪30年代，发达国家就开始注意道路的交通功能设计和道路等级划分。本书所指的道路包括道路（road）、街道（street）两层含义。道路主要是指路的交通功能，侧重于车辆运行；街道主要指路的公共空间功能，侧重于人的活动。人、车、物在载体上的流动即道路交通。本书以讨论交通问题为主，本章的路网等级结构主要针对路网的交通功能。文中路网等级结构指为不同交通方式服务的道路按其在该体系中的重要程度分类后的面积比例或路网密度比例。例如：机动车路网系统，其中主干路长18km，宽40m，占地720hm^2；次干路长22km，宽30m，占地为660hm^2；支路长60km，宽24m，占地144hm^2；路网总长度合计100km，占地1488hm^2，其道路等级结构见表8-1。

机动车道路等级结构举例　　　　　　　　　　　表8-1

等级结构	主干路	次干路	支路	合计
用地面积结构	18%	22%	60%	100%
路网密度结构	47.3%	43.3%	9.4%	100%

我国《城市道路交通规划设计规范》将城市道路划分为快速路、主干路、次干路、支路四个等级，是按机动车交通划分的。[①] 现有的统计资料也以这种分类方法为主，而且往往以路网密度的等级结构形式出现（或称等级级配）。用地比例可以通过道路平均宽度进行匡算，所以在此特别指出：本书的路网等级结构指不同等级道路的路网密度比例。路网按道路的功能、服务的交通方式进行等级划分，以快、主、次、支的机动车道路等级划分为基本分类（机非断面分流模式的道路等级划分以机动车道的交通功能为主）；独立的自行车道路系统分为主、次、支三类，步行体系按所属区位的性质来定，不再分级。本书的路网等级结构不包括步行体系的等级结构。

8.2 国外道路等级划分

1942～1944年，艾伯克龙比（Abercrombie）在主持制定大伦敦规划中首次系统地贯彻道路功能分类思想。1963年，柯林布卡南在其专著《城市汽车交通》中明确提出道路网分级组成的方法，并被英国、美国的《道路规划手册》采用。

---

① 规范将自行车道路划分为干路、支路两个级别。但我国的自行车道往往布置在机动车道两侧，以三块板的形式出现，所以这种划分在现实中很难存在。因此本书认为我国城市道路等级划分应主要依据机动车的行驶条件，包括道路宽度、车道数、线型、坡度等要求。

(1) 美国的分类方法

美国的汽车交通十分发达，城市道路分类方法极具代表性。表8-2为美国的城市道路详细分类及功能要求。由表可见，美国城市道路依据道路交通流特性、道路两侧用地、道路间距、路网等级结构、交叉口间距、交通流分担比例、车速限制及停车限制等特征和条件分为高速路（Freeway and Express Way）、主干路（Primary Arterial）、次干路（Secondary Arterial）、集散道路（Collector）、地方道路（Local）5个级别。从快速路到地方道路，可达性要求越来越高，通过性越来越低，即道路两侧的开口限制越来越低。

美国的城市道路详细分类及功能要求　　　表8-2

等级	功能	占全部道路的百分比（%）	连续性	间距（英里）	交通承担百分比	两侧用地直接进出	最小交叉口间距（英里）	车速限制（英里/h）	停车	备注
高速路和快速路	通过性。	5~10	连续	4			1	45~55	禁止	提供高速服务，对干道系统通行能力的补充。
主干路	城市内社区间，以通过性交通为主，进出交通为辅。	5~10	连续	1~2	40~65	绝对禁止	0.5	35~45（两侧用地安全开发）	禁止	
次干路	城市内社区间，以通过性交通为辅，进出交通为主。	10~20	连续	0.5~1	25~40	禁止（只允许交通产生点）	0.25	30~35	一般禁止	道路系统的骨架。
集散道路	聚集、分散交通、用地进出、社区联系。	5~10	不必连续，可不必与干路相交	<0.5	5~10	安全地有规律地控制出入口	300	25~30	限制	不鼓励通过性交通。
地区道路	进出性交通。	60~80		不限制	10~30	安全出入	300	25	允许	不鼓励通过性交通。

(2) 前苏联的分类方法

我国城市道路的第一代分类方法就借鉴了前苏联的经验。其道路分为高速道路、干道及地方道路三大类，其中干道又分为市干道、区干道及大交通干道三类；地方性道路又分为居住区道路、工业仓库道路、步行街、村镇道路、村镇街道、支路六类。该分类方法还对道路设计车速、道路主要功能、车辆管制、道路车道条数标准提出了具体要求。

(3) 日本的分类方法

日本注重城市道路交通、防灾、空间、构造四大功能的统一，并依据道路的交通功能将城市道路分为高速路、基干道路（包括主干路和干道线路）、辅助路（次干路）、支路、特殊道路五大类。另外，为实现道路的预期功能，日本的方法还对道路的技术参数，如设计车速、规划宽度、机动车道条数、机动车道宽度、道路间距、道路围合地区性质（包括围合区名称、地区内主要设施、地区内面积等）提出了具体的技术标准。

8.3 我国道路等级划分

8.3.1 历史演变

20世纪40年代金经昌教授从德国带来了城市道路分级思想，但我国的城市道路第一代分类方法至20世纪60年代初期才形成。1960年建筑工程部城市建设局编制的《城市道路设计准则》试行草案将城市道路分为三级七类：第一级为全市干道、入城干道和环城干道、高速道路；第二级为区域干道、工业区道路、游览大路；第三级为住宅区道路。该方法最大的弊端是缺乏鲜明的交通功能概念，强调路网平面艺术布局。如对全市性干道提出如下要求：路线经城市中心，沿线有重要的公共机关和高大建筑物，人行道可宽达12m等。这样全市干道既可理解为贯穿全市的交通性干道，又可理解为城市的代表性商业大街。

20世纪80年代，我国城市道路按主干道（全市性干道）、次干道（区干道）、支路三个等级进行划分。1991年8月，我国颁布了《城市道路设计规范》CJJ-90将城市道路划分为快速路、主干路、次干路、支路四个等级。1995年9月颁布并实施了《城市道路交通规划设计规范》GB50220-95，该规范对城市道路的等级与功能、路网密度作出了详细规定。

8.3.2 现行分类方法

《城市道路交通规划设计规范》将城市道路分为快速路、主干路、次干路、支路四大类，指出道路分类依据包括道路在路网中的地位、交通功能以及对沿线建筑物的服务功能等诸多因素。此外，还对各类道路的设计标准、道路两侧用地、交通管理等提出具体要求。

(1) 快速路

快速路应与其他干路构成系统，并与城市对外公路有便捷的联系；应设中央分隔带，在无信号管制交叉口，中央分隔带不应断开，并且机动车道两侧不应设置非机动车道；与快速路交汇的道路数量应严格控制，快速路与快速路或主干路相交应设置立交；快速路两侧不设置公共建筑出入口，并严格控制路侧带缘石断口；快速路机动车道不应占道停车，两侧应考虑港湾式公交停靠站。

（2）主干路

主干路上的机动车与非机动车应分道行驶，交叉口的机动车与非机动车分隔带应连续；主干路两侧不应设置公共建筑出入口，并严格控制路侧带缘石断口；断面应贯彻机非分流思想，将非机动车逐步引出主干路，实现主干路主要为机动车交通服务的功能；主干路机动车道不应占道停车，机动车道两侧公交停靠站应设置为港湾式。

（3）次干路

次干路两侧可设置公共建筑，及机动车和非机动车停车场；次干路机动车道两侧应考虑港湾式公交停靠站和出租车服务站。

（4）支路

支路与次干路和居住区、工业区、市中心区、市政公用设施用地、交通设施用地等内部道路连接，不能与快速路机动车道直接连接。在快速路两侧的支路需要连接时，应采用分离式立体交叉跨过或下穿快速路。支路应当满足公交线路行驶要求。

8.3.3 现行道路等级分类的基本原则

《城市道路交通规划设计规范》总结了国内外路网规划经验，规范建议的大城市路网密度见表8-3，可用图8-1大致表示不同等级道路的路网密度比例关系。该图类似于金字塔结构，可见规范对支路与较高路网密度的强调。本书认为规范对道路等级和不同等级道路路网密度的建议指标（级配）体现了以下5项基本原则：

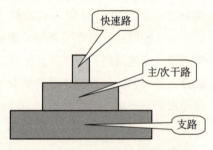

图8-1 我国规范建议的路网密度比例

我国规范建议的大中城市道路网规划指标 表8-3

项目	城市规模与人口（万人）		快速路	主干路	次干路	支路
机动车设计车速（km/h）	大城市	>200	80	60	40	30
		≤200	60~80	40~60	40	30
	中等城市		—	40	40	30
道路网密度（km/km²）	大城市	>200	0.4~0.5	0.8~1.2	1.2~1.4	3~4
		≤200	0.3~0.4	0.8~1.2	1.2~1.4	3~4
	中等城市			1.0~1.2	1.2~1.4	3~4
道路中机动车道条数（条）	大城市	>200	6~8	6~8	4~6	3~4
		≤200	4~6	4~6	4~6	2
	中等城市		—	4	2~4	2

续表

项目	城市规模与人口（万人）		快速路	主干路	次干路	支路
道路宽地（m）	大城市	>200	40~45	45~55	40~50	15~30
		≤200	35~40	40~50	30~45	15~20
	中等城市		—	35~45	30~40	15~20

我国规范建议的小城市道路网规划指标　　　　　　　　表8-4

项目	城市规模与人口（万人）	干路	支路
机动车设计车速（km/h）	>5	40	30
	1~5	40	30
	<1	40	30
道路网密度（km/km²）	>5	3~4	3~4
	1~5	4~5	3~4
	<1	5~6	3~4
道路中机动车道条数（条）	>5	2~4	3~4
	1~5	2~4	2
	<1	2~3	2
道路宽地（m）	>5	25~35	12~15
	1~5	25~35	12~15
	<1	25~30	12~15

（1）远近分离原则——不同距离出行者的需求

远距离出行者比近距离出行者更在乎出行时间的增加，即伴随出行距离的增加，出行时间的边际成本上升。因此规范提出了最大出行时耗要求，城市必须为长距离出行提供高等级道路体系（主干路、快速路）。出行者进出高等级体系一般会发生一定距离的绕行，这也就决定了远距离出行者更倾向于利用高等级道路体系。如果低等级道路系统自身不便捷，那么无论什么距离的出行都会优选高等级路网体系，这就意味着整条道路的转向车辆比例增加，车速与通行能力降低。另外，居民出行距离分布一般表现为近多远少，大多数出行又必须经过支路体系，所以规范建议的路网密度随道路等级下降而提高，其级配应当为正金字塔形。

（2）通达分离原则——穿越与到达交通的需求

以某地为目的地或出发地的出行者与经过该地的出行者在该地的交通目的不同，一个要迅速通过，一个要慢速进出。路段两侧频繁的车辆进出会降低道路运行效率，所以"通"、"达"应当适度分离（图8-2）。支路在更大程度上起到"达"的作用，对支路的重视实际也就是通达分离原则的体现。

(3) 快慢分离原则——不同交通方式的需求

不同交通方式的特性不同，速度不同。合理分离不同交通方式有利于提高交通效率，道路系统应当为不同交通方式的分离提供硬件支持。虽然规范建议的道路分级主要是针对机动车而言，但规范也对自行车道路提出了建议。自行车系统也可以分为主次道路，那么机非路网组合可以出现顺序（机动车道路与相同级别的非机动车道路安排在一起）、逆序（机动车的高等级道路与自行车的低等级道路安排在一起）、降序（自行车道路与比自己高一个级别的道路安排在一起）、分离（机动车路网与非机动车路网不安排在一起）四类方式。从分流角度来看，降序、逆序与分离模式比较有利。规范强调支路的目的之一在于构建分流体系，使支路体系起到承担自行车交通的作用。另外，规范建议的最大干路网密度为 2.6km/km²，干路难以满足公交线路布置要求（3.0~3.5km/km²，伴随公交出行比例增加和城市规模扩大，这一数值还会扩大），所以支路还应当承担布置公交线网的作用，甚至布置公交专用道。但支路的分流作用并未在规范中明确提出，而这一原则被规范默认的、现在通行的三块板断面组织模式（《城市道路设计规范》与多数教科书上建议的模式）所掩盖，分流思想、降序组合未能充分体现。

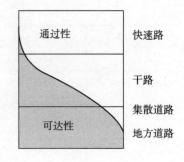

图 8-2　不同等级道路的"通达"的特性

(4) 容量调控原则——减少低效运行的需求

格林希尔治的流密速三维模型说明一个基本道理：车流密度太大会降低道路运输效率。道路分级的目的还在于使低等级道路尽量完成自己应当承担的任务，调控高等级路网进出车辆。低等级道路进入高等级道路的交通需求应小于或等于高等级道路的合理容量，低等级道路的进口通行能力应大于或等于高等级道路的流出量。那么这就需要高等级道路的出口联系更多的较低等级道路，而进口只能与少量较低等级道路联系。根据这一原则，路网密度级配应当为正金字塔形。

(5) 街道功能划分原则——减少公共空间职能与交通职能冲突

城市各类用地均需要"沿街面"，否则无法解决交通进出问题。具有经营性质的用地（比如商业）需要依托较大的客流，具有较高的交通可达性。所以支路密度应当与城市所需要的有效"沿街面"长度相匹配，支路应当成为城市公共活动空间的主要载体。如果支路不能提供有效的"沿街面"，那么城市的各类公共活动就会集中在干路上，街道功能划分的目的就难以实现。金字塔式路网密度建议体现了这一原则，并在规范的道路功能条文说明中明确提出。

8.3.4　现行分类的主要问题

规范编制的指导原则并未在规范中充分体现出来，依然存在一些问题。

(1) 现行规范未能充分体现机非分流观念

在现行规范中，各等级道路的划分以设计车速、宽度、车道数为主要指标。城市次干路的道路断面一般包括4~6条机动车道，10~12m的自行车道，10~12m的人行道，3~5m的绿化隔离带，总宽度约40~50m；主干路考虑增加到6~8条机动车道，总宽度约45~55m；主干路设计车速60km/h，次干路40km/h，支路30km/h。另外，规范对自行车道路系统也提出了规划要求；建议自行车专用路的路网间距为1000~1200m，与机动车有分隔设施的自行车道的路网间距为400~600m，路面划线的自行车道的路网间距为150~200m。但我国城市规划与交通规划书籍推荐的道路断面多为三块板，实际建设情况也是如此。在这种体系里，机动车与非机动车在路段中很容易分流，进入交叉口就混合起来，造成节点不畅，使道路系统难以发挥应有的效率。这与规范强调的交通分流目标存在较大矛盾。

(2) 道路定义模糊，难以确定合理的街坊尺度

另外《道路工程术语标准》GBJ124-88、《城市道路交通规划设计规范》、部标《城市道路设计规范》对快速路、主干路、次干路、支路的定义各不相同，尤其反映在支路功能的定义方面。虽然《城市道路交通规划设计规范》强调了支路的重要作用与设计手法，但规范所提到的支路还包括集散道路的功能，这样集散道路就与承担近距离出行为主的地方交通道路混在一起。那么街坊尺度，即不允许穿越的街区的大小就难以确定。

(3) 规范建议指标存在内部矛盾，设计阶段难以衔接

《城市道路交通规划设计规范》与《城市建设用地分类与标准》规定的道路广场用地比例为8%~15%，其中还包括停车用地、广场用地。城市快速路、主干路的路网密度为2.3~3km/km^2。规范建议的快速路的红线宽度为35~50m，主干路为40~55m，次干路30~45m。如果采用上述道路断面、建议路网密度，城市道路用地面积可以达到8%~15%以上，如果再考虑更密、占地比例更大的支路，道路用地就会超标。另外总体规划的图纸比例与设计深度也不适于做到支路深度，而详细规划阶段做出的路网又难与总体规划路网、临近地块的路网相协调，丁字路口频频出现，支路体系难以形成。

(4) 加密路网存在技术难度

我国《城市道路交通规划设计规范》规定：城市用地中工业用地、仓储用地、对外交通用地、体育医疗卫生用地、教育科研用地、绿地、特殊用地的内部道路不属于城市道路广场用地，所以城市中需要布置支路的用地只占一半左右。因此规范实际要求的支路网密度是平均建议密度的两倍。虽然我国不少学者倡导交通分流，但如何分流、分流后的技术与经济分析仍然不够。如何再增加支路而不影响主干路交通运输效率的问题并未解决，似乎支路只能是丁字路口，这样大多数支路就降级为集散道路。这又如何实现规范所提到的支路功能要求？因此路网加密与路网分流就要求必须研究适合目前居民出行特点的交通管理模式和路网模式，还需要足够的理论与技术支持。

(5) 未能体现路网的分期建设、动态利用观念

我国的城市规划与交通规划往往以20年为期限，城市建设往往将20年后的路网套在近期发展用地上。这些设施需要大量的投入，所以有限的资金不可能顾及支路建设，支路只能交给开发商或土地使用者，导致支路通而不畅，缺乏连续性。城市规划是对城市发展的计划干预，城市用地布局、城市交通体系不是静态的，20年后的路网结构不是近期的路

网结构,同一条路也可能会发生功能性转变,宽马路未必就是主干路,窄马路也未必不是主干路。城市规划必须协调好目前投资不足与未来交通发展的矛盾问题,必须考虑路网建成后的交通管理问题,必须考虑路网系统所引发的微观用地开发模式问题,必须考虑路网体系的功能结构转换问题。

8.4 改善道路等级结构的几点建议

路网等级结构与具体的路网交通组织、用地性质、用地区位、城市规模及居民出行特征有关,这就需要结合路网的布局结构、组织结构、功能结构一并讨论。否则孤立研究这一问题将陷入诸多不确定因素的陷阱中。仅仅通过统计指标来进行比较分析,则会出现可比性问题,比如概念是否一致,城市居民出行特征、路网交通组织等一系列问题。

图 8-3 为我国部分城市路网等级结构与规范建议指标的比较。南京、温州、合肥三市为现状指标统计,与规范建议的路网等级结构差距较大。而杭州、贵阳和武汉市的路网等级结构则与规范比较接近,其中武汉最接近,快、主、次、支的路网密度达到了 6.3km/km² (实际上武汉的支路也很少)。但统计年鉴的统计数据包括 3.5m 以上的铺装道路,根本无法反映路网的实际情况。而主干路与次干路的区别又极小,至于主次干路之间的密度比例所出现的问题恐怕主要是由统计归类因素造成的。同时集散道路往往分布在街区内,什么类型的可以计入城市道路也难以判定。

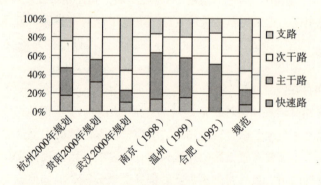

图 8-3 我国部分城市路网等级结构与规范建议指标的比较

虽然存在统计口径问题,但依然可以得出我国城市道路等级结构不合理、干路网密度偏低的结论。根据黄建中的统计[1],我国 10 个特大城市在 1978 年、1990 年、2000 年的平均路网密度为 5.16km/km²、8.60km/km²、8.50km/km²。1978 年、1990 年、2000 年的平均道路宽度为 8.3m、9.0m、11.7m。不妨采用反推法,假定城市干路、快速路按规范建议指标的宽度与路网密度进行规划,宽度平均值取最小值 30m,密度取 2.5km/km²,那么剩余道路的平均宽度只有 4.4m。如果城市支路取最小断面宽度 15m,其余道路取最小统计值 3.5m,那么可提供的支路网密度最大为 1.8km/km²。因此快主次支的比例推算值为

0.5:1:1:1.8，与规范建议指标的差距很大。因此，我国城市路网等级结构存在严重偏离规范建议指标的现象。

本书认为解决路网等级结构的失调必须从如下方面入手。

(1) 理清概念，合理衔接，适度加密城市干路体系

根据第6章的分析，本书认为城市路网上的十字型灯控交叉口的间距应该在400～600m左右；根据本书第3章、第6章相关分析，适合组织单向交通的路网间距为350m以下。因此，合理的路网密度变化范围很大。而且高密度路网也不乏成功的范例，比如伦敦、纽约、大连中心区。根据第6章的分析结论，实际上城市干路的适合密度与路网交通组织形式密切相关，基本变化范围在$3.3～6.0km/km^2$之间。规范建议的主干路、次干路路网密度为$2.0～2.6km/km^2$。那么就会出现两种情况：①支路与干路采用丁字路口衔接，则支路就演变为集散道路，不具有城市道路的功能；②支路与干路采用十字路口衔接，支路具有相当的长度。显然将规范建议的支路网密度完全按情况2进行规划也不合理，完全按情况1也不合理。这就降低了规范对路网规划的实际指导作用。

陈小鸿[2]通过对国内外道路分级体系的比较分析，根据上海城市交通结构的特点，明确各类道路的主要服务对象，面向道路使用性能，将上海城市道路划分为4级7类，确定规划、设计、建设和管理标准，达到实施交通分流、提高通行能力、改善干道网络交通运行质量的目的。上海市将支路划分为三个级别，在上海市平交叉口规划设计规程中对不同等级道路之间、同一等级道路之间的交叉口形式、交叉口拓宽段作出了具体规定（见《上海平面交叉口规划设计规程》表4-0-3和表4-0-8），明确表示一级支路可以和主干路衔接。同时北京市也进行了路网加密规划。[3]

在城市交通运行中，较长支路的作用几乎和次干路没有多大区别，与高等级道路的速度也基本差不多（快速路除外），主要差别可能就是通行能力和街道两侧的出入口限制问题。道路可以拓宽，出入口限制可以改变，那么道路级别也就可以调整，这些只和交通需求有关，因此主次支的划分就具有较大的模糊性。结合本书第6章与第7章的分析结果，基本可以得出我国的干路网密度建议值偏低的结论。在主次支路网密度合计值为$3～5km/km^2$（规范中定义的支路包括集散道路，应当扣除，按$1～2km/km^2$考虑）的基础上，路网间距约400～600m，这一数值与第6、7章分析得出的可能的干路网间距一致。如果按照这一密度和路网间距划分道路等级结构，不同等级道路之间的差异就会很小。在这种路网密度的基础上，只要将部分原定为支路的道路拓宽，这些道路就可以升级为主干路或者次干路。而主干路与次干路之间的差异更小。那么在这种路网密度基础上的形成的道路网，只能有三个等级，即快速路、干路、集散道路。从这个角度来看，笔者赞同杨佩昆教授的观点，干脆将干路网密度建议指标加大。

(2) 适度加密支路体系，改善支路体系的连续性、连通度，增强支路体系的便捷性

实际上我国规范建议的支路网密度很高，规范指出：扣除工业、公园、水面、对外交通用地，支路的路网密度为$6～8km/km^2$。如果再加上干路网密度，城市路网密度约$8～10km/km^2$。但这一点在规范前文并未得到明确，降低了规范的指导作用。

如果要配备完善的支路体系，就必须在足够密度的干路网体系中增加支路体系。1985年城市公共交通编辑部、中国城市规划设计研究院交通所的国内外城市道路交通资料汇编表明：日本东京、横滨、大阪、名古屋的城市路网密度为 $18km/km^2$ 略偏上；美国的芝加哥为 $18.6km/km^2$，旧金山为 $36.2km/km^2$。我国《城市道路交通规划设计规范》对城市中心区、一般商业区的支路网密度提出了建议，介于 $12\sim16km/km^2$ 之间。如果把足够宽度的集散道路考虑在内，我国现有的详细规划并非不存在支路所需要的道路空间，而是规划的支路缺乏应有的连续性、连通性、便捷性。我国常用路网模式的统计结果表明：干路街区内的路网密度可以达到 $5.3\sim6.7km/km^2$（L 按 $400\sim500m$ 考虑），如果连通这些道路，在不增加道路用地的基础上就可以形成完善的支路体系。但在这种路网组织模式中，按目前的路网规划观念，这些道路是不能连通的。而实际上，将其连通之后则可演变为路网模式3、路网模式5，路网运输效率可以得到较大的提高。

我国的街坊道路体系也是相当发达的，并非不存在建设完整支路体系的可能。以北京市为例，老城区的胡同南北向间距一般在 $150\sim300m$ 之间，街区形状呈东西长南北短的格局。但这些胡同往往缺乏连续性，难以起到支路的作用，并被北京市的环路切断。如果合理利用这些胡同，加强其连续性，则极有可能构成北京市的自行车道路体系。天津市中心区的路网密度更大，间距约200m左右，并具有较好的连通度。

《城市道路交通规划设计规范》将自行车专用路、滨河步行路、商业步行街归类为支路。这也容易产生歧义。自行车专用路要想发挥作用，必须和主要交通吸引点相连。有些人认为自行车出行距离较短，那么其运行的道路也应当较短，但本书不赞同这种观点。荷兰Delft在《1997年自行车规划》提出了建设全市性自行车道的计划，网络分三级布置，各级道路的间距为 $400\sim600m$、$200\sim300m$、$100\sim150m$。整个网络建成之后，自行车速度提高了15%。姑且不论自行车的运输效率高低，这种打断自行车交通连续性的做法有悖于居民权利的平等。而一旦支路的连续性被打断，支路承担近距离、慢速交通、公共交通的作用也就不复存在。

(3) 妥善组织交通，改善道路等级结构，保证高密度路网的合理运行

将支路规划为连续、便捷的网络，是我国路网规划的重要内容之一。本书列举的11种基本路网模式，除模式1、10、11外，其余均适合构建完善的支路体系。交通组织观念的转变是加密路网、建立合理道路等级结构、实现路网分流、提高路网运输效率的基础条件。第7章的路网组织模式为这一转变提供了技术支撑。

合理组织交通，保证高密度路网合理运行是路网结构体系优化的必然选择。以大连市为例。大连市中心区某些路段的路网间距约 $150\sim200m$，但大连市的交通组织状况较好，实现了高密度路网下的高效率运行。原因之一是大连的交通模式比较单纯：以机动车和步行为主，而如天津等其他城市则具有大量的自行车。另外，大连市目前开发的小区用地规模较小，原有的路网得到延续与完善，极少出现规模较大、顺而不穿的小区模式；还有一个重要原因就是城市中心区又有较多的道路采用单向行驶，采用了先进的交通管理技术。

从第7章的分析来看，对于单向行驶道路体系，干支路网密度的比值一般为1:1~1:3，

而这一体系的路网密度接近 13~20km/km²。对于双向行驶的分流道路体系，干支道路的比例一般为 1:1~1:2，路网密度约 3~6km/km²。第 7 章提到的路网模式 2~9 均可以满足我国规范提出的干支道路路网密度的建议指标。那么干支道路的路网密度比例关系基本应介于 1:1~1:3 之间，因此如果加强管理、加密路网，规范建议的路网等级结构也是合理可行的，并能够实现机非路网分流。

对于双向行驶的断面分流模式（模式 1），干支比例为 1:2，路网密度约 3~6km/km²。而我国多数城市的道路体系多由这种路网模式组成。但这种情况下的支路只能称作集散道路，成为"枝路"，并不具有城市道路的功能，只能作为街区内部道路使用。如果城市支路多以这种形式出现，则必然表现为支路体系的不足。

（4）在完善干路、支路体系的基础上建设合理密度的快速路

第 6 章对快速路的合理路网密度进行了讨论。本书认为规范的建议指标是比较合理的，快速路为城市干路的 20%左右（人口大于 200 万的城市）、15%左右（人口小于 200 万的城市）。据少数几个大城市的初步规划数据分析，武汉市的快速路密度约为干道网密度的 22%，总长为干道总长的 23%；深圳市则分别为干道网密度的 17.5%~18%，干道总长的 19%~20%。国外的伦敦、华盛顿等大城市快速路网密度也大体在 17%~20%之间。但英国与美国的汽车拥有率高，居民出行距离长，与我国存在很大差距。而且这些国家建设快速路的主要目的在于满足小汽车的发展需求，对公共交通的促进作用较小。另外，建设快速路具有很强的环境负作用，还会导致私人交通的迅速增加。由于干路、支路密度不足是我国城市路网存在的首要问题。因此，本书建议在完善干路、支路体系的基础上再建设必要的快速路，而且快速路的路网密度不宜超过规范建议指标的上限。

8.5　本章小结

虽然我国的《城市道路交通规划设计规范》在城市规划中起到了重要作用，纠正了以往的错误认识。但其存在的问题依然不容忽视，主要表现在对路网规划基本原则的落实方面，技术手段不足是造成这一问题的主要原因。规范建议的金字塔式道路等级结构是合理的，但干路的建议路网密度偏低、支路与干路的衔接方式尚未得到明确。规范实际将支路作为城市路网结构体系的支撑体，承担着近距离交通、慢速交通和城市公共活动职能，是"支撑之路"，而实际建设中则演变为"枝路"。本来由支路承担的功能只能由干路承担，降低了干路的运输效率。

加密路网、改善路网等级结构的目的是促进路网运输效率的提高和功能结构的合理。道路等级结构、道路等级划分是路网交通组织的结果，不同路网组织模式的最佳路网等级结构不同，并不存在严格的不同等级道路的合理路网密度建议值，也不存在道路宽度与道路等级的严格对应关系。建立在低密度基础上的道路等级结构优化并不具有实际意义。在这种情况下，伴随交通需求强度的不断加大，部分支路会升级为干路。只有在 400~600m 的干路间距范围内建立连续的支路体系才是名副其实的支路网。合理有序地加密路网，不

失时机地优化路网组织模式是解决我国城市交通问题的关键切入点之一。

参考文献

[1] 黄建中. 我国特大城市用地发展与客运交通模式研究 [D]. 同济大学博士学位论文, 2003.

[2] 陈小鸿. 上海城市道路分级体系研究 [M]. 城市交通. 2004 (1).

[3] 殷丽. 北京市区道路网系统功能调整及加密规划. 城市交通, 2003 - 5 - 19. http//www. chinautc. com.

9

路网宏观组织结构分析

路网的功能结构、等级结构、布局结构、组织结构是本书的主要内容，这4种结构体系密不可分。第6章对路网密度和第7章对路网组织模式的讨论，及第8章对道路等级结构的讨论已经涉及路网组织结构问题。但这几章主要讨论静态情况下（时间跨度小，路网、流量稳定的情况下）的路网运输效率所确定的合理路网密度、路网模式问题，主要涉及路网元件、不同交通方式之间的路网交通组织问题。第7章所涉及的路网组织问题可称为微观组织结构，而本章所要研究的主要问题为路网宏观组织结构。宏观组织结构采用合理措施，使不同发展时期的城市可以选取合理的微观组织结构（路网组织模式），并能顺利实现过渡。对这一问题的讨论，必然涉及路网的功能结构、等级结构、布局结构（实际上，对路网结构中的任何结构体系的讨论必然涉及其他部分）。本章以路网宏观组织结构为主线，对路网功能结构、等级结构、布局结构、微观路网组织结构的动态利用展开讨论。

在对路网宏观组织结构问题展开讨论之前，在此先应对第1章提出的城市交通问题做出解答，以检验前文的研究成果，同时进一步理清我国交通问题的技术与非技术原因，找到本章的研究重点。

9.1　我国城市交通问题解析

9.1.1　城市交通问题的普遍性原因

城市交通拥挤问题在全世界范围内普遍存在，经济学的相关分析提供了很好的解释。城市交通设施具有公共物品属性，道路的使用收费与利用者的道路利用情况很难密切挂钩。而且，市民与企业已经向城市缴税，城市应提供必要的交通设施，且这些设施不应以营利为目的。

道路上的车辆增加，车流密度就会加大。当车流密度增加到一定程度时，路段车速就会降低（详见第3章），即伴随车流密度增加，新加入的车辆使其他出行者的出行成本增加，称为社会成本，即图9-1中的C_s。城市政府关心的问题则是使车流密度保持在最佳值以下，而市民更关心个人出行成本变化与交通效用。如果存在替代交通方式（且交通效用接近），只有当某种首选交通方式的出行成本高于次选方式的交通成本时，首选交通方式的选择倾向才开始降低，否则该交通方式的需求只能不断增加。交通成本的增加，也就意味着生活福利的降低。当其降低到一定程度时，人们可能会放弃在某一城市或某一地区生活或减少出行，从而出现新的平衡。由于道路设施具有公共物品特性，所以其平衡点总大于最佳车流密度，道路表现为供不应求。

著名的关于交通拥挤的当斯定律（Downs Law）可表述为：新建的道路设施会诱发新的交通量，而交通需求总是倾向于超过交通供给。Authony Downs对诱发的原因进行了进一步研究，提出了"三头齐发原则"。即高峰时间特别拥挤的地段一旦大有改善，就会导致三种情况，从而使改善全被抵消：①汽车驾驶者原来走别的路，现在都集中在这里；②汽车驾驶者本来在其他时间行车，现在同时集中在一起；③汽车驾驶者本来乘坐公共交通，现在驾车通过此改善地区。

当斯定律揭示了城市交通拥挤的普遍规律，可以解释增加交通设施供应为什么不能解决交通拥挤问题的原因。[1]

9.1.2 城市交通问题的客观原因分析

我国的城市交通问题还具有自身的特殊性。其中，路网先天不足、快速的经济发展与城市化进程、机动化过程是导致我国城市交通问题的主要客观原因。

（1）交通发展的历程与原有路网体系的不足

段里仁教授[2]指出：与国外相比，我国的交通拥堵具有特殊的历史背景和现实国情。从历史来看，国外城市一般经历过马车时代，而我国城市则没有这一阶段。比如美国学者指出："四轮马车同样也是机动车辆的先驱之一。19世纪20年代初，城市郊区涌现了许多购物中心。这些购物中心往往建在街道旁、稍退后的位置上，购物中心前面均留出专用马车车道以方便顾客往来，同时也建设了专供马车行驶的驾车专用路。这些草坪和马车车道演变成为后来的现代停车场。驾车专用道和城市郊区的出现促使城市街道从公共场所转变成供车辆行驶的专用道。马车需要的基础设施——碎石路面的道路、驾车专用道、马车出租所、马车车库以及马车出入庭院的斜坡和通道——为汽车的出现奠定了良好的环境基础。"[3]而我国早期以人力为主的道路较窄，路网本身就存在先天不足。[2]

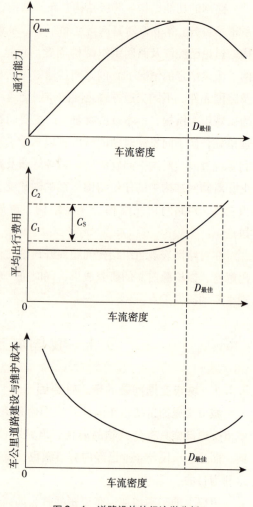

图9-1 道路设施的经济学分析

（2）二元制与经济、城市化水平的迅速增长

从现代化理论看来，社会发展就是从传统社会向现代社会的变迁过程。实质就是从传统的农业社会向现代工业社会的转变。建国以来，由于多方面的原因，我国的城市化水平一直徘徊不前，从1949年的10.6%提高到1978年的12.5%，竟用了近30年的时间。而改革开放大大促进了我国城市化的进程，城市化的快速推进又导致了我国城市规模的急剧膨胀。到1998年为止，我国共有城市668个，城市人口约占全国总人口的30%[4]，2003年达到40.58%。由于城市规模的急剧膨胀，城市社会系统内各部分之间的平衡不断被打破，人口增长速度超过了其他各项事业的发展速度，不可避免地诱发了许多城市问题的产生。人口与社会活动的大规模集聚使得日常交通量大幅度上升，人多车少、车多路少的矛盾自然日益突出。

(3) 机动化水平的不断提高

我国的交通需求正在发生"质"的变化，客运需求的多层性日益突出，既有大批量的快速客运的需求，又有舒适和安全的要求，这对传统的公共交通形成了冲击。在这样的背景下，必然导致城市各种车辆大量涌现，需要更多的道路。

20世纪90年代中期，随着国家汽车产业政策的颁布，"轿车进入家庭"被确定为国家扶持汽车工业发展的战略安排，国产汽车的生产重点开始转向小汽车，小汽车的销售价格大幅度下降。小汽车拥有量逐年增加，且增长速度越来越快。在一些经济发达地区的城市，交通阻塞加剧，空气污染严重，交通问题成为许多城市的头号问题。

9.1.3 城市交通问题的主观原因分析

(1) 交通管理体制原因

具体地说，体制上的原因有两层含义：其一是宏观经济体制的原因；其二是城市交通管理体制的原因。我国的城市交通管理体制明显存在着如下弊病：①交通管理条块分割。城市交通规划、建设和管理部门分属于不同的机构；②决策系统缺乏权威性。由于交通管理涉及面广，各级管理机构往往从不同的角度作出指示和决定，政出多门，使下级无所适从；③缺乏完善的反馈系统。在国外一些交通管理较发达的城市中，交通管理的反馈系统处于十分重要的地位。而我国城市至今尚未形成独立、完善的反馈系统，致使决策与执行机构忙于具体事务，无暇顾及评价自己的工作，往往导致"头疼医头，脚疼医脚"的恶性循环，或者因关系到切身利益而对真实情况进行掩饰，对问题姑息，造成决策失误。

(2) 车本位交通观念问题

道路与汽车发展密不可分，汽车日益成为交通主体。现代交通工程学源于汽车发展，而交通规划理论则源于交通工程学。从表象问题的直接反映来看，其总表现为车多路少，从决策体系来看总表现为自上而下。英国城市交通专家汤姆逊指出："西方发达国家在机动化迅速发展时期，道路建设面向小汽车的原因是规划人员和政府官员开着小汽车踏勘现场，道路规划方案制订时首先要考虑怎样使小汽车行驶更为方便。"[5]这对我国的城市规划、交通规划、交通管理、道路设计人员、城市发展决策人员提出了一个值得注意的问题——持什么样的交通观念是能否采取措施合理解决交通问题的关键。现代交通工程理论、现有的交通法规与规范，使我们倾向于认同街道的交通功能，通常认为行人、自行车违章是引发交通事故与交通效率下降的主要原因，经常采用减少行人、自行车干扰的办法提高汽车的交通运输效率。因此"堵"的办法常见，"疏"的办法难觅。比如城市的道路上长而高的隔离栏杆多见；为行人服务的人行横道少有，也往往没有行人信号灯控制；为自行车服务的专用路几乎没有。"堵"的结果往往导致问题加剧，所以产生问题的原因之一在于设计、决策过程中忽略了不该忽略的问题，是"以车为本"的规划思想在作怪。

(3) 城市布局结构原因

城市化进程的加快、中国经济的迅速发展有可能导致交通拥挤等"城市病"的产生，但并不是其出现的最终决定因素。我国多数特大城市基本为单中心圈层式发展，如果不能摆脱"单中心圈层式"的城市交通-用地模式，只会使大城市的交通日益陷入"面多加水，水多加面"的恶性循环。

(4) 交通需求管理不足

交通需求管理的核心是引导出行者选择效率高的代步工具。交通需求管理的具体措施很多，但核心都是诱导出行者放弃小汽车出行，而选择公共交通工具。交通需求管理并不是要对出行需求进行限制，而是对出行方式进行限制，但也不应当压制私人交通的机动化发展。应当明确交通需求管理在更大程度上是对私人交通发展的合理引导，而且更应该表现为事前引导。

9.1.4　城市路网的结构性问题分析

段里仁指出新中国成立之后，道路建设一般宽而直，路网稀疏，不利于人流与车流疏散，因此汽车突然增长时就难以适应。例如我国北京、上海、天津、沈阳、武汉、广州、哈尔滨、重庆、西安、南京 10 个城市的路网密度平均为：$5.16km/km^2$（1978 年）、$8.60km/km^2$（1990 年）、$8.50km/km^2$（2000 年）。上述统计还包括断面 3.5m 以上的道路，路网密度统计明显偏大。以上数据表明，1990 年到 2000 年我国城市道路的路网密度基本没有出现大的变动，城市路网依然比较稀疏，远远低于规范建议密度。南京、温州、合肥快主次支路网结构基本为倒金字塔。对于我国多数城市来讲，大间距路网基本已成事实，城市路网存在结构性问题。

结合第 6 章的结论，对大间距路网的弊端进一步进行总结：

①加剧了不同交通方式之间的矛盾，难以实现路网分流；

②远近距离出行混合；

③路网容量较低，交叉口压力过大与路段通行能力较低并存；

④导致道路等级结构不合理，难以理清道路功能；

⑤没有足够的沿街面安排城市公共活动，有路无街，微观土地利用模式恶化；

⑥导致公交线网密度不足，未能充分发挥公交的应有作用；

⑦导致左转比例与干路迂回交通增加，路网实际运输效率下降；

⑧难以实现路网分期建设，路网成长性差；

⑨导致交通信号控制体系效率偏低。

9.1.5　对交通问题形成原因的进一步剖析

交通问题形成的普遍性原因与客观性原因不可改变，车本主义、管理体制原因不在本书研究之列，本节需要剖析两个主要问题：①大间距路网规划的形成原因；②我国的城市布局结构到底带产生了哪些交通问题，为什么会产生这些问题。

(1) 大间距路网规划的形成原因分析

在建国后的很长时间内，我国长期采用 800～1200m 的合理干路间距建议值。根据这一规定，对于大城市而言，主干路会围合形成一个个面积在 $1km^2$ 左右的街坊，这是我国曾经盛行一时的路网规划观念。这种路网规划观念的形成并不是偶然的。

①企业单位的影响

企业单位的雏形是革命战争年代为适应斗争需要形成的集生产和后勤为一体的组织形式。我国 20 世纪 50~60 年代的城市扩张主要依赖国家重点工业项目建设，多为重工业项目，占地面积很大，且多在近郊农村征地。单位人员除了其他单位调入和院校分配外，也招收当地农民。随着经营规模的扩大，单位用地面积也不断扩大。再加上新中国成立后，由于国际社会的全面封锁和孤立政策，在缺乏资金技术的情况下，国家只能依靠自身的资源实现原始积累，在这种条件下，企业单位成了国家掌握生产和控制居民生活的重要手段。另外，中国传统小农思想和自给自足生活方式对企业单位的形成也有一定的促进作用。

单位的形成也受到前苏联规划思潮的影响。20 世纪 50 年代末，前苏联莫斯科大学的学者在《理想的共产主义社会》中曾经提出"新居住单元"概念，提倡将人的生产和生活融为一体，在安排生产的同时，考虑子女的抚养、公民就业以及老人赡养等一系列问题。

另一方面，在计划经济条件下，土地通过划拨获得。单位要保证相对的独立性，倾向于多占土地，只有外围道路用于单位与城市其他部分的交通联系。这样，主干路也就构成了城市的骨架，主干路的间距则反映了单位的用地需求。在这一时期形成的城区，次干道和支路普遍缺乏。在城市路网布局上，则造成城市道路网密度不够，削弱了城市路网对交通发展的适应性。

②计划体制与基础设施投入不足的影响

"先生产，后生活"是计划经济时代的主导思想。而在这一时期，百废待兴，我国需要投资的地方很多，城市基础设施建设多依靠政府投入，并未面临较大交通压力的交通设施当然属于投入不足的领域。而且在计划经济条件下，土地无偿划拨，城市政府增加道路网密度只能增加道路造价，却不能得到沿街用地价值提高的相应回报。所以城市政府没有增加道路密度的积极性，这一点与资本主义国家市场经济强调提高用地经济价值的规划观念不同。将地块划大，路网间距加大，既符合单位利益，也符合城市政府的降低建设成本的需求。

③路网规划依据产生的作用

在城市与城市交通不断发展的同时，我国也形成了有关城市道路设计与规划的相关规范与标准。1960 年建筑工程部城市建设局编制《城市道路设计准则》试行草案，该草案将城市道路分为 3 级 7 类：第一级为全市干道、入城干道和环城干道、高速道路；第二级为区域干道、工业区道路、游览大路；第三级为住宅区道路。该方法最大的弊端是缺乏鲜明的交通功能概念，强调路网平面艺术布局。如对全市性干道提出如下要求：路线经城市中心，沿线有重要的公共机关和高大建筑物，人行道可宽达 12m 等。这样全市干道则既可理解为贯穿全市的交通性干道，又可理解为城市的代表性商业大街。

事实上，大间距路网也并非只有我国采用。印度昌迪加尔采用的路网为 800m×1200m，然后在 1200m 的干路之间增加一条城市支路[6]；密尔顿·凯恩斯的典型居住单元为 1000m×1000m。而这一尺度的干路网又和居住生活单元的内部组织密切相关，也就是和"邻里单位"的合理规模有关，和"车本主义"的"树枝状"人车分流体系有关，是低密度发展、邻里单位的合理人口规模决定的用地规模，是对老城区路网密度过高和交通组织无效矫枉过正的结果。我国在城市规划中提出的 800~1200m 的干路间距与当时国际上普遍采用的路网模式有关，而且这些模式在城市布局、交通方面进行了论证。只是由于城市化水平的差异，发达国家的低密度路网多位于郊区，而我国则多位于城区。而且旧城区的道路过窄，也没有得到拓宽，再加上交通管理手段和技术落后，因此各城市普遍表现为路网密度偏低。

④路网规划的技术问题

这一点已经在第8章中进行过讨论。由于设计人员对高密度路网微观组织结构缺乏了解，交通管理的相对薄弱导致路网组织模式的单一化，于是三块板道路组成的混行路网体系成为了我国城市路网的主导模式。

(2) 我国城市布局结构的主要问题分析

根据胡俊的统计（176座人口超过20万的城市），中国现代城市的空间结构类型以结构紧凑和较为紧凑的城市占主导地位。其中紧凑块状结构为61座，连片带状结构为43个，连片放射状为31个，一城多镇为26座，这四类城市达161座，占统计总量的90%以上。根据胡俊的图谱关系分析，在团块状紧凑布局的城市中，72%的城市为平原地区城市，28%为江河沿岸和滨海城市，该类城市的数量分布与城市规模关系较小。连片带状城市主要以江河沿岸和滨海城市为主，占该类城市总量的86%。团块状紧凑布局的平原城市占平原城市总量的69%，带状占14%。带卫星城的城市基本为江河沿岸和滨海城市，规模多在200万以上；连片放射状城市，规模在25万人口以下时，平原城市居多，规模在25~100万人口之间时，江河沿岸和滨海城市、山地城市占62.5%，平原城市占37.5%。根据上述统计可以得出以下结论：如果没有地形、水文、矿产、对外交通的限制，我国绝大多数城市的布局形态为团块紧凑型。为了阐明形成原因，本书以平原城市的团块状布局为主线进行讨论。

①单中心模式

a. 形成单中心结构的初始原因

人类的聚集形成了居民点，促进了公共设施的产生与发展，有利于提高人们的生活水平，保障生活需求，降低生活成本。城市总是在一些与周边地区相比具有某种优势的基础上形成的。这就形成了城市的增长点。

根据几何常识，任何图形总有一个位置符合到任何点的平均距离最短的条件，这一点往往位于形心附近。我们可以取任何一点到某点的平均距离的倒数作为该点相对可达性的衡量指标。这里以方格道路体系组成的正方形城区为例，根据离开形心的距离与最远距离的比值，计算从0~1各点的相对可达性。图9-2①的横坐标表示分析位

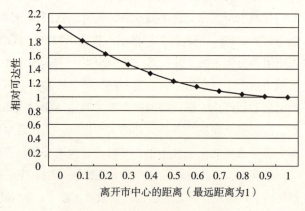

图9-2 区位对相对可达性的影响

---

① 该图根据假定方格路网，通过CAD量取不同街区到各目的街区的出行距离，然后求取平均距离后绘制而得。假定各街区之间的吸发量相等。

置离开中心距离与最远距离的比值。相对可达性是在假定城区内的活动与人口为均衡分布，出行速度均一情况下得出的，计算结果表明，中心区的相对可达性约为边缘区的 2 倍。如果城市人口、产业分布密度呈现为中心高、外围低的状态，那么中心区的相对可达性就更高。因此高盈利的行业倾向于选择交通便利的中心区，这是单中心发展的初始原因之一。

b. 单中心布局结构的发展

原有的城市中心，往往各类配套设施齐全，可以满足人们购物、娱乐的需求，同时也是重要的工作地点。来这个城市谋生和生活在这个城市的人们在不断选择，选择的结果往往是强化原有城市中心。

首先看一下居住选址（图 9-3）。假定城市中心目前只有一个，居民出行一般包括上班、上下学、日常购物、大件物品选购、娱乐。市中心一般为大件物品选购、娱乐的主要分布区，同时也是就业的主要分布区。对于每个家庭来讲，如果中小学配置合理，且教学质量相当，那么择校问题并不是居民家庭选址的主要考虑因素。本书假定城市中心区外围没有出现影响居住环境的特殊因素。那么各家庭在居住选址时则主要考虑离就业地点、市中心的距离和住宅价格因素。

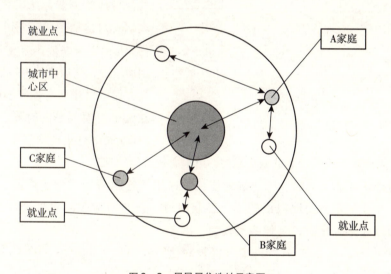

图 9-3 居民居住选址示意图

目前仅考虑距离为主体的交通成本问题。A 家庭的男主人、女主人分别在不同的就业地点上班，且该点并不在市中心。由图 9-3 可见，如果居住地选在就业地点的连线上，利用城市中心区垂直于就业地点的连线作垂线，那么垂足就是最佳居住选址。A 家庭的最佳居住位置会随就业点的不同而不同。当就业点位于经过中心区的直径上时，最佳居住地为市中心。当男女主人的就业地不在城市直径上时，最佳居住地的位置多变，位于中心区外围的概率较大。

如果 A 家庭的男、女主人的就业地点接近，那么就演变为 B 家庭。B 家庭的最佳居住选址应位于就业点与城市中心的连线上。设每周去市中心的出行次数为 n（一般小于 3

次），每周到工作地点的出行次数为 m（一般大于10），显然就业点附近为最佳居住位置。而就业岗位的分布密度一般为离城市中心越远，密度越小，那么 B 类家庭也是随离市中心的距离增加而降低。对于家庭 C 来讲，夫妻两人均在市中心上班，那么最佳居住地位于市中心，距离市中心越近越好。

市中心一般可容纳 30% 以上的就业，其他区可容纳 70% 的就业。夫妻就业地点接近或在同一单位上班的概率较低，A、C 家庭就构成了居住选址的主要决定因素，居住选址倾向于接近市中心。

越接近市中心，地价与房价越高，地价又使居住选址有向城市外围推移的趋势。当房价、交通因素取得平衡后，便决定了最佳居住区位。Alans Wevans 将上述分析称为"互换"论。[7] 但其假设条件为人们就业的地点只有一个，即市中心。本节将就业地点看作中心多、外围低的分布之后，依然可以得出与其分析类似的结论。

由图 9-4 可见，交通费用占的比例越大，居民越倾向于接近市中心居住，地价差异越大、住房面积越大，人们越期望接近城市边缘区居住。地价差异一般伴随城市规模的增加而增加，交通费用也是如此，城市具有促进居住向心发展的内在动力。在城市规模较小的时候，城市中心（商业聚集）也迫切需要足够的人口

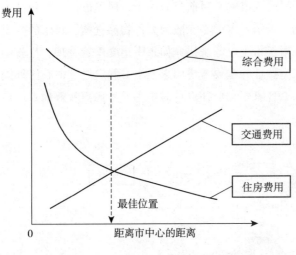

图 9-4 "互换"论对居住选址的解释

予以支持。因此对于规模较小的城市来讲，单中心发展比较有利。

还应考虑工业选址问题。工业选址往往倾向于接近消费地或便于产品、原材料运输的区位。中小城市的用地规模较小，工业用地、仓储用地多沿对外交通线路发展。相对于城市当量半径来讲，延伸距离较大，因此多表现为单中心的星状布局。当城市规模较大时，对于城市半径来讲其延伸距离相对较小，城市布局表现为团块与相对较短的触角状，也就失去了星状布局的基本特征。根据胡俊的统计[8]，连片放射状城市，规模在 25 万人口以下时，平原城市居多，而规模在 25~100 万人口城市中，平原城市仅占 37.5%。该统计结果可用上述分析进行解释。

c. 单中心圈层式布局的自发生长性

图 9-5 为单中心扩展示意图，360°范围均可扩展，任何一处的发展距城市中心区均较近，原有

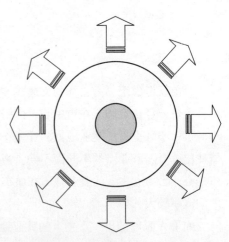

图 9-5 城市单中心扩展示意图

的基础设施、公共设施均可以得到充分利用。因此，单中心模式具有发展初始成本低、风险小、发展面大、宜于起步的优点。单中心城市可自发形成，我国多数城市的发展进程证明了这一点。

结合前文讨论的单中心城市的形成与发展机理，可以用大树底下为什么难以有小树生长自然现象来解释单中心城市对多核心的排斥性。对于这些单中心的城市来讲，中心区周边形成的往往是居住区级中心，与市中心相比，其规模、等级差异过大。自发的单中心扩张并不意味着这个中心的持续增长一定符合效益最佳原则，单中心内的产业集聚在达到一定规模之后会出现聚集效益递减，虽然入驻产业可以实现近期利益最大化，但其长远利益、城市的长远利益并不一定得到保证。

d. 单中心结构的不利影响分析

下面结合我国城市的交通调查数据说明单中心结构对城市发展的不利影响。

图 9-6 表明，伴随城市建成区规模的增加，居民平均出行距离也在增加。我国曾用公式 $L_{出} = K\sqrt{F}$（$L_{出}$ 为平均出行距离，K 为不同类型城市调节系数，F 为建成区面积）分析平均出行距离与城市规模的关系。虽然该回归公式符合物理学的单位协调规律，但只有当一个城市仅在水平面方向扩大，而人们的出行行为不会发生改变时，平均出行距离才能与城市建成区面积的平方根成正比。然而，由于出行成本的增加，人们倾向于减少出行成本，也就不可避免地尽量减少出行距离的增加。本书使用天津（1993 年）、福州（1999 年）、杭州（2000 年），邯郸（2000 年）数据进行验证，结果见表 9-1。虽然验证数据的误差不大，但 K 值与城市紧凑度有关（表 9-2），该方法划分的城市类型多达 9 种，使用者可以选取 0.28～0.44 的数值进行调整，难免有凑数之嫌。所以本书尝试采用其他公式进行量化分析。北美城市采用人口规模对平均出行距离做出回归分析，效果较好。公式为 $L_{出} = 0.74 P^{0.10}$，P 为城市人口规模。但我国城市人口密度差异较大，不适于用人口规模进行分析，因此本书用建成区面积替代人口规模。

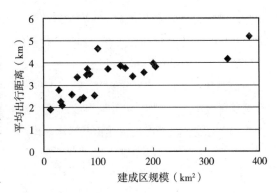

图 9-6 平均出行距离与城市建成区规模的相互关系

最近几年调查数据对以往回归公式的验证			表 9-1
城市（年份）	建成区面积（km²）	模拟出行距离（km）	实际值（km）	相对误差
天津（1993）	339	5.15～5.51	4.59	4.5%～20.0%
福州（1999）	90	2.65～2.83	3.50	-24.2%～-19.1%
邯郸（2000）	25	1.99～2.21	2.44	-18.4%～-9.4%
杭州（2000）	176	3.71～3.97	3.65	0.2%～8.8%

不同类型城市的 K 值					表9-2
城市类型	单中心 特高密度	带状中心 高密度	带状主中心 特高密度	多中心 伸展形	多中心 不规则
K 值	0.28	0.38	0.36	0.42	0.40

最近几年调查数据对本节回归公式的验证				表9-3
城市（年份）	建成区面积（km²）	模拟出行距离（km）	实际值（km）	误差
天津（1993）	339.0	4.18	4.59	9.74%
福州（1999）	90.0	3.08	3.50	-12.01%
杭州（2000）	176.0	3.77	3.65	3.21%

本节选取了16个紧凑型城市的调查数据（不包括表中的预测比较数据），采用回归分析的方法得出如下公式 $d = aF^b = 0.796737 F^{0.300462}$，$d$ 为平均出行距离，F 为建成区面积，相关系数为0.90。利用最近几年天津、福州、杭州的调查数据进行验证，结果见表9-3。因此从相关系数与近期数据的分析来看回归公式具有较高的可信度。

由图9-7、图9-8可见，伴随城市规模的扩大，自行车出行与公交出行之和、步行出行比例变化较小。由图9-9可见当城市规模大于100km² 时，公交出行比例变动范围较大。由图9-10可见，自行车出行比例随城市规模的增加而降低。

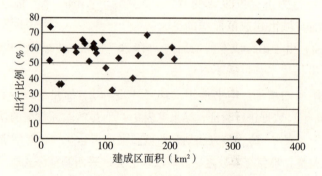

图9-7 自行车公交出行比例与城市规模的关系

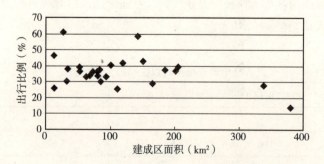

图9-8 步行出行比例与城市规模的关系

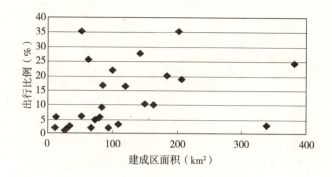

图9-9 公交出行比例与城市规模的关系

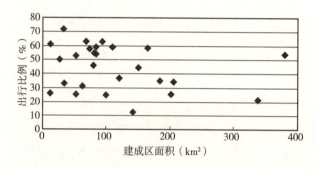

图9-10 自行车出行比例与城市规模的关系

通过对一些城市不同年份人均出行次数的比较，可以得出居民人均出行次数的变化规律。杭州市居民出行调查显示1986年为1.7次/(人·日)，1997年为2.0次/(人·日)，2000年为2.07次/(人·日)。但苏州2000年的调查数字（2.43次/(人·日)）低于1996年调查数字（2.78次/(人·日)），石家庄也出现了类似情况，1998年为3.15次/(人·日)，2000年为2.13次/(人·日)。从图9-11可以看出，人均出行次数随城市规模的增加而降低，平均出行次数基本在1.7~3.0次/(人·日)之间。日本的调查数据显示居民平均出行次数基本在2.4~2.9次/(人·日)之间，与我国比较接近。

平均出行距离随城市规模的加大而趋于增加，平均出行次数随城市规模的加大而降低，但人均客运周转量还是随城市规模不断上升的（图9-12）。如果将该图转换为交通需求强度，那么就可以得出交通压力与城市规模的基本关系（图9-13）。该图说明，城市交通需求强度是随城市规模的不断增加而加大的。

交通需求强度分布一般具有城市中心区高，城市边缘区低，随距城市中心区距离增加而减小的特点。城市规模越大，城市中心区的交通压力越大。单中心城市在规模过大时，往往还会产生环境问题和中心区地价过高等问题。

我国居民的出行方式以自行车为主，其合理出行范围一般在6km以内，由该半径构成的城区面积可以达到100km²，即人口可以达到100万。因此城市人口在100万以内时，城市交通问题相对较小，而这些城市也表现为公交出行比例较低。

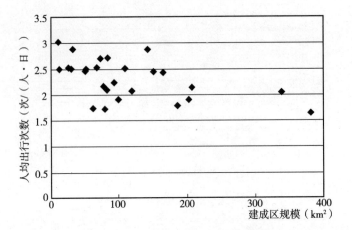

图9-11 人均出行次数与城市规模的关系

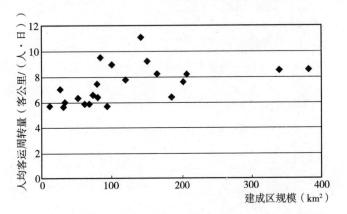

图9-12 人均客运周转量与城市规模的关系

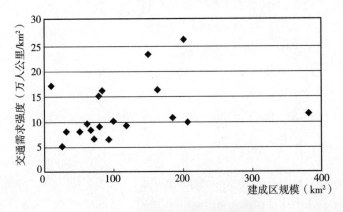

图9-13 交通需求强度与城市规模的关系

上述分析基本可以解释百万人口以上城市的人口密度较大（图9-14）和公交出行比例较高的原因（图9-9）。

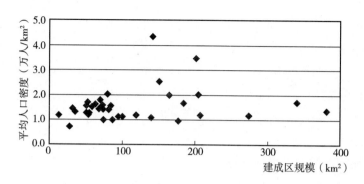

图 9-14 建成区面积与平均人口密度之间的关系

本书的分析数据主要为我国 1980~1985 年、1990~2002 年的交通调查数据，居民出行主要以自行车、公交为主，轨道交通较少，这些数据表现出极大的共性。居民出行结构可以在很大程度上解释我国的城市布局形态，能够得出伴随城市规模加大，交通问题加剧、城市人口密度加大的基本结论。

城市交通问题的加剧、地价的过度上涨、生存与工作环境的拥挤会降低城市市民的生活质量，减少福利，很有可能会导致城市吸引力下降，甚至引起城市衰退。当单中心布局所引起的城市问题达到一定程度时，城市会自发调整，但这种自发调整所付出的代价较高。

②多中心模式

多中心城市既可以满足城市聚集效益的要求，又可以满足城市规模扩展的要求。实际上，即使前面所说的单中心城市也具有多中心，但次中心的地位过低。关于多中心城市的界定，牵涉到主中心与次中心的规模问题。本书认为当城市的主次中心差异并不十分悬殊，或者各有分工、彼此之间独立性较强时，这样的布局才有助于促进近距离就业与居住、就业平衡，才能称之为"多中心"。

多中心城市比单中心城市具有较少比例的长距离出行，交通需求强度低于同等规模的单中心城市布局。如果多中心城市的各中心具有相对独立的功能，各自必须具有相应的规模和服务区域，因此多中心城市的整体规模相对较大。

(3) 主要研究内容确定

单中心、圈层式发展具有自身的合理性和发展的自发性。期望一个没有任何地形特征的平原地区大城市向组团式的布局结构发展或形成发展轴，必然需要一系列的政策、措施。路网与城市布局结构的存在相互作用机制，路网规划是促进城市布局结构改善的重要措施之一。如何实现长时间跨度的路网结构优化，应采用何种措施建设并实现规划路网结构体系，如何促进土地利用与交通布局结构协调发展，是本章的主要内容。

9.2 城市布局结构的发展战略目标确定

城市土地的开发和利用是城市交通产生的源头，土地的开发强度、用地性质决定了交通的产生和吸引强度,会对交通需求分布产生极大影响。促进城市布局结构的合理发展是缓解和解决城市交通问题的关键。

城市交通是城市布局结构的影响要素和构成要素之一。本节从交通角度对城市布局结构的发展演变进行分析,选择期望宏观城市布局结构,分析城市交通在这种结构体系构建中所能起到作用,为路网与城市布局结构宏观发展战略的构建作出准备。

9.2.1 现代城市空间规划思想的形成

城市空间规划往往源于一定的理论基础和理想空间模型。刘冰[9]指出:现代城市大致由三种不同的规划思想之上的空间模型发展而成。一是 E. 霍华德的田园城市理论,主张城市与乡村景观协调,强调分散;二是勒·柯布西耶的集中主义思想,即光辉城市所体现出的"园中塔"概念;三是伊利尔·沙里宁的有机疏散思想。将分散思想发挥至极致的是赖特的"广亩城市"(1932年)。勒·柯布西耶的集中主义思想虽然没有实现,但对欧洲及其他地区的战后城市建设起到了巨大的支持作用。值得一提的是,其在目前的城市发展中依然有效,其中城市的集中蕴含了土地的混合利用。而折衷的有机疏散思想在1918年的大赫尔辛基规划和1947年的哥本哈根指状规划中得到了实现。那时,面对大生产的客观现状,围绕交通方式的革新、城市病的解决,呈现出多元化的城市土地使用结构规划思想,其中疏解是一大主题。纵观上述三种基本规划思想,几乎无一例外地将城市交通作为重要考虑内容,而另一重要考虑内容就是人类的聚居环境。不断改善城市环境,将自然引入城市则是城市空间规划思想的基本出发点,城市交通则成为塑造空间形态的手段之一,同时也成为空间规划需要解决的城市问题之一。

9.2.2 城市布局结构发展战略分析

(1) J·M·汤姆逊的分析与总结

在早期的研究中,J·M·汤姆逊把城市布局归纳为5种基本模式。[5]这些模式主要适用于百万人口以上的城市。

模式1:充分发展小汽车的战略

该战略没有一个真正的城市中心,也没有放射型的道路网,方格网的道路起到平均分布交通量的作用(图9-15)。高速公路组成主要的道路网,干道在城市围成的区域中连接高速公路与其他重要道路,小的集散道路和出入道路起到连接建筑物的作用。路网体系的设计思想是使小汽车在全城畅通无阻,公共汽车则在主干道上行驶。采用这种办法的典型城市为美国的洛杉矶、底特律。最新的人口和交通预测显示,洛杉矶城市交通未来将面临更大的挑战。1998~2025年期间,洛杉矶都会区的人口将再增加350万人,就业人口将再增加120万人,每天的总出行量将再增加30%。由于交通经费的限

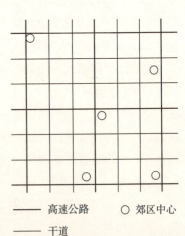

图9-15 充分发展小汽车的战略

制和城市土地利用程度的饱和，今后洛杉矶交通通行能力的增长幅度将非常有限。如果不采取积极有效和有别于传统的措施，2025年洛杉矶的平均汽车行驶速度将低于32km/h，每天的交通拥挤时段将超过7小时，部分高速公路在高峰时段将变成走走停停的动态停车场。为了迎接未来的交通挑战，洛杉矶制订了长期交通规划。除了实施传统的增加交通供给，减少交通需求措施以外，洛杉矶长期交通规划旨在实现三个战略转变：第一，积极建设共乘车道来提高高速公路的通行能力，停止建造新的高速公路；第二，开发应用智能交通系统，提高交通系统管理水平，减少耗资大、费时长的交通工程项目建设；第三，大力发展低成本快速公共交通系统，停止发展地铁。上述情况说明该发展战略存在较大的问题。

模式2：限制中心的战略

这是一种折衷的方法（图9-16）。他鼓励郊区中心的发展并以小汽车为主要交通工具，同时也在一定程度上保留城市中心的作用，并以放射形的铁路网为主要交通工具。采用这种战略的城市有哥本哈根、旧金山、芝加哥、墨尔本和波士顿等。

模式3：保持强大城市中心的战略

这类城市一般由于历史原因形成了强大的中心区。多年来，为了在城市中心区尽可能多地容纳小汽车，这些城市修建了大型的放射性高速公路网，并在市中心区外围修建了分散交通的环路（图9-17）。这种布局需要高效能的放射状与中心区连接的公共交通系统。许多古老城市往往采用这种战略，比如巴黎、东京、纽约、汉堡、多伦多、雅典、悉尼。

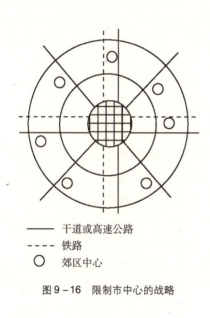

图9-16 限制市中心的战略

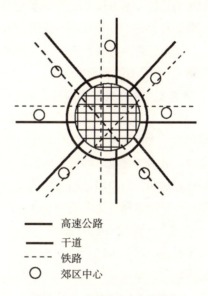

图9-17 保持强大中心的战略

模式4：低成本的战略

前面的3种战略均需要大量的资金用于解决道路与公共交通体系的建设。但许多第三世界国家城市资金短缺，于是减少基本建设投资就成为惟一可行的办法。典型的做法就是在放射性道路上实行公共交通优先，将中心区的就业人口控制在50万左右，鼓励延放射道路建设次中心，并拉开与中心区的距离，以免与中心区连成一片，发生较为紧密的关系。比如波哥大、拉格斯、伊斯坦布尔、加尔各答、卡拉奇、马尼拉、德黑兰等。

模式5：限制交通的战略

这一战略的关键是建立不同级别的分散中心，最大限度地减少人们的出行需求，严格禁止在中心区建立小汽车的停车场；在城市中心区实行慢车道体系，在中心区外围建设外环以阻止车辆进入市中心。城市外围用高速铁路交通连接，市中心设置高效的地铁，并设置短途公共汽车以疏解客流。这方面的代表有伦敦、新加坡、维也纳、香港、斯德哥尔摩等。

（2）赛维诺的分析与总结

美国学者赛维诺（Robert Cevero）对相对成功的城市演变与公共交通发展相结合的都市作了个案分析。鉴于美国对小汽车的过分依赖，赛维诺希望从世界不同国家的城市形态发展与公共交通的案例中寻找通向可持续发展的道路。他介绍了12个城市，包括新加坡、瑞典的斯德哥尔摩、丹麦的哥本哈根、日本的东京、德国的慕尼黑、卡尔斯鲁厄、加拿大的渥太华、巴西的库里蒂巴、澳大利亚的墨尔以及墨西哥的墨西哥城。

这些典范城市可以归纳为以下四类：

模式1：公共交通为骨架展开的城市

这类城市的特点就是公共交通导向式（transit-oriented）的发展。这些城市考虑较为长远和全面的城市发展目标，以轨道交通为干线的通道，在沿线设置相对密集的具有混合土地利用的社区与新市镇。这些城市包括斯德哥尔摩、哥本哈根、东京和新加坡。伦敦、纽约、莫斯科和香港也具有这一特点。但由于历史、地理、政治的特殊性（伦敦、纽约属于老一代城市，莫斯科发展时的高度集权与强大的政府力量，香港的人口密度与独立岛式行政管理），它们的经验难以借鉴。

模式2：顺应城市拓展而跟进的公交系统

很多城市是在已经形成了低密度扩散以后才不得不发展公共交通的。低密度分散的土地利用是与大量使用私人汽车相配合的，私人交通的门到门的灵活性、无需换乘和等车的连续性，要求与之竞争的公共交通必须具有先进灵活的技术设备和富有创意的服务。在这方面比较成功的有使用道路与轨道交通两用巴士的阿德来德（澳大利亚），及使用轻重轨通行车辆的卡尔斯鲁厄和充分发挥私营小型公共汽车的大墨西哥城都市区。

模式3：强核心区的城市

苏黎世和墨尔本属于这类城市。它们的特点是使用各种交通方式，包括有轨电车、轻轨、步行区、单车道与城市空间的有机结合，达到重建中心区与保持或重振其商业活动的目的。这种方法使用多种公共交通或非机动交通方式达到了保持旧区和新区人气旺盛的目的，同时避免了堵车的痛苦。

模式4：公共交通与城市扩展互动的城市

这一类介于模式1与模式2之间。代表城市有慕尼黑、渥太华、库里蒂巴。它们的共同特点就在于一方面努力建设以公共交通（特别是大型轨道交通）干线通道为主的较高密度的集中性活动中心与生活中心，另一方面充分使用公共汽车等传统交通工具作为支线，覆盖低密度居住区。渥太华、慕尼黑和库里蒂巴的成功经验中重要的一点就是在公共交通交汇点建设区域性的服务和就业中心，从而逐步提高公共交通的承载量，达到逐步实现公共交通优先的目标。

（3）西澳大利亚佩斯市的失败[10]

①最初的城市布局设想

西澳大利亚州在大城市中广泛推行了土地使用和城市形态策略，已基本上形成了一种多中心的城市形态，其中佩斯市的 CBD 占据了首要地位。1955 年的 Stephenson – Hepburn 规划是最早的规划，采取了一种自我控制的城市策略，提倡就业用地邻近居住区布置，以便减少出行距离。1970 年的走廊规划（Corridor Plan）进一步完善了自给自足的社区（Self – contained Communities），它所提倡的城市形态是：距离 CBD 大约 15km 建设区域中心，这些区域中心能够平衡佩斯的中心区，从而解决由于土地使用的隔离（即大部分就业集中在 CBD 地区，而居住则主要分布在偏远郊区）所造成的交通拥挤问题。在最近的"大都市规划"（Metroplan，1990）中，继续沿用了这些理念，规划了等级中心体系，从佩斯的城市中心到战略性区域中心、区域中心、地区和邻里中心，都提供就业岗位和零售服务。

②事与愿违的城市布局形态与交通模式

由上述政策所产生的城市形态是：佩斯的城市地区沿澳大利亚西海岸蔓延，从南到北约 117km，其东部受到山地的限制向陆地方向延伸约 30km。佩斯大都市地区以低密度开发为主要特征，人口大约 110 万。大都市地区的土地使用活动处于功能性划分的形态，高达 75% 的就业集中在内城和大都市区域的中心地区，其周围是居住性质的郊区。大都市地区有发达的道路网络：位于中间的一条快速路将南北郊区与佩斯 CBD 连接在一起；干道路网将市区划分为间隔 1km 左右的街区，为大都市区域范围内主要高速公路以及郊区之间提供联系。公共交通系统为几乎所有的城市地区提供服务，包括客运铁路网络、公共汽车交通和轮渡。服务程度也有所区别，包括为人口稀疏的城市边缘地区提供最低限度、发车频率较低的服务，以及在佩斯城市中心服务区半径之内高频率的服务等多种层次的服务。

在这种城市结构之下，大都市地区大部分出行方式为私人小汽车。至于土地使用活动和交通的整合有效性，值得提出质疑。佩斯居民高度依赖小汽车，并由此引起对交通可持续性的极大关注。一直以来，佩斯对于发展提出的假设是，主要由小汽车将人们运载到各个活动场所，以此提供可达性；但是对某些地区来说，大约有 6%～15% 的家庭没有小汽车，这种方法实际上忽略了相当一部分人口的利益。

在一份提交给澳大利亚交通研究论坛（Australian Transport Research Forum，1999）的报告中，对长期以来存在的自我容纳（Self – containment）政策是否成功提出了质疑。达到 60% 的自我容纳（工作和居住）目标并没有实现，大部分区域性中心只达到约 30%，而其余的就业开发则分布在从 CBD 延伸到中近郊区的位置，所有的公交出行方式都很难到达这些地点。

③启示与借鉴

西澳大利亚州佩斯市自 1950 年代实行城镇规划以来应用的增长管理方法提出的假设是土地使用和交通规划的整合，其目标是获得一种多中心的城市形态，这些中心由私人小汽车和公共交通提供服务。由此带来的开发在一定程度上遵从这种城市结构分布，但其交通可持续发展的有效性却由于活动中心的分散而遭到破坏，有些是由规划原因造成的，有些则是市场的产物，造成非小汽车交通方式难以到达这些分散的中心。结果，佩斯居民的出行高度依赖私人小汽车，76%以上的出行由私人小汽车完成，同时对公共交通的投入降低，小汽车出行距离增加，城市向外蔓延。同时也有很大比例的人口并不拥有小汽车，因而导致服务和城市活动的可达性很差。在西澳大利亚州城市地区，城市增长的特点是低密度居住开发在城市边缘地区蔓延，低收入群体居住在这些地区。其后果是通勤时间（和费用）增加，公共部门难以提供资金来扩展边缘新城市地区的公共交通服务和基础设施建设。由于在远离中心的郊区进行商业和办公开发无法提供公共服务，使上述问题更加恶化。

（4）中小城市的发展策略分析[11]

英国新城的规划新技术富于开创性，同时创立了截然不同的土地利用、交通组织模式，有些新城规划为大量的小汽车使用考虑，有些规划力图在设计时寻求私人交通与公共交通的协调，这对于我国小城市与大城市新区的规划富有借鉴意义。

①充分汽车化的设计

规划研究表明：低密度，将公共设施分散布置，有利于道路交通的均匀分布。英国早期的新城土地利用规划主要是针对现有城市的一种理想化模拟。典型的规划方案是围绕城市中心组织几个5000人左右的邻里单位，道路网呈中心放射状，城市外围设置单一的工业区。但是20世纪60年代人们清楚地认识到，这种城市结构与公共交通的发展极不适应。

虽然密尔顿·凯恩斯规划（图9-18）考虑提供高质量的公共交通服务，使各条线路的候车时间均在2.5~5.0分钟。但是其《交通技术规划补充附件》指出："根据已经确定

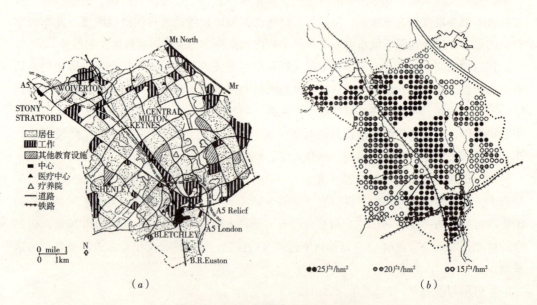

图9-18 密尔顿·凯恩斯交通—用地规划
(a) 居住用地分布；(b) 居住密度分布

的土地利用规划，为居民提供具有竞争力的公共交通是不切合实际的。这种建议并未得到应有的重视，虽然不具备起码条件，为此拨出款项则纯粹是政策的事"。显然密尔顿·凯恩斯的设计者当初没有预料到这种城市结构只能提供极其有限的公共交通服务。虽然密尔顿·凯恩斯开发公司不愿意按规划顾问的建议大幅度地降低公共交通服务水平，但也同样不愿意改变城市总体规划。这样密尔顿·凯恩斯就按1970年的规划建设起来，仅城市的网格状主干路就投资1亿多英镑，而松散低密度的城市设计对住宅服务设施造价的影响还没有列入交通成本计算。在这种情况下维持高质量的公共交通服务需要大量的财政补贴，甚至即使保证大多数线路上30分钟有一辆车运行的低服务水平，也需要大量补贴。1982~1983年度，补贴总额高达99700英镑（占总成本的42%），才保证了密尔顿·凯恩斯基本公共交通服务的正常运行。

如此低密度的情况下，给依靠公共交通上下班、购物及娱乐的人们带来极大的困难。公共设施服务人口少，每户步行距离内只能提供非常基础的服务设施，如一个或两个小商店、一所12岁孩子就读的小学、游戏场及一个社区会议厅，虽然设立了良好的自行车系统，但是这种城市结构意味着绝大多数居民需要使用汽车。

②公共交通和私人交通并行的设计

在伦康（Luncorn）的设计中，设计者认为私人小汽车的大量增加是导致城市设计中强调公共交通的一个重要因素，该想法与密尔顿·凯恩斯截然不同。同时设计者也认为小汽车会增加，但是他也意识到这种增加仍在不同阶层中保持不均匀分布，为解决高峰时间的交通问题会花费大量资金，在市中心及工业区划出大量停车场。公共交通使用的减少，难以维持公共交通经济有效的定期运行，使不能使用小汽车的人产生一种社会隔离感。法国马克思主义城市社会学家Castells 1978年写道："过分地依靠小汽车造成了新的歧视——所有非驾驶人员实际上统统被视为不健全的人……这些数量庞大的人口，除了电视之外对任何其他消费品一概不能采用。"

伦康及其他一些新城，如雷迪启、Peterough、Lrvine、Stenhouse的规划是英国在解决大量使用小汽车对城市结构方面的社会经济问题的主要尝试，这些规划的主要原则如下：

● 分设公共交通和私人交通路网，使得可能为公共交通集中人流的同时，又分散小汽车的交通流量；

● 根据定时公共交通服务需求来确定居住区规模；

● 居住密度随与公交线路的距离变化，距离越近密度越大；

● 低密度用地，如公共绿地、仓库、主要道路、公园等设置在公共交通服务范围边缘地带，以减少公共交通线路步行距离；

● 居住区、就业中心、商店及其他较大的交通发生源的布置要考虑与廊形公共交通线路的联系。

图9-19表示了伦康新城在从3~10万人的扩建中与私人交通相结合的规划原则。旧城位于西侧，城市新建部分沿着快速公共汽车路延伸。与伦康相似，雷迪启新城既考虑提供良好的公共交通服务条件，又提供使用小汽车的方便。该城原有人口3.2万，规划8.2万，主要围绕公共交通线路进行扩建发展，别具匠心地沿着箭河河谷设置大型公园而没有

影响到公共交通的可达范围。

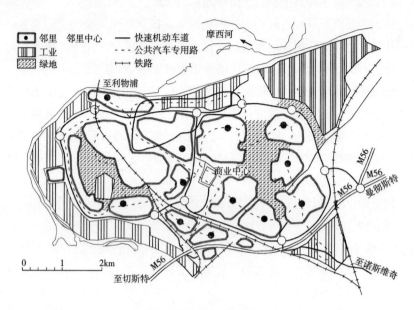

图 9-19 伦康土地利用—交通规划图

伦康与雷迪启的经验表明：为解决私人交通和公共交通可以做很多工作。与大城市相比，小城市在解决公共交通运行方面面临更多的困难。在伦康新城，已经达到 5~7.5 分钟开出一辆公共汽车，在雷迪启达到了 10 分钟开出一辆公共汽车。更值得重视的是，在 1976 年雷迪启公共汽车票价下降了 12%，原计划涨价的公共汽车线路也推迟，甚至取消了涨价。此外这两个新城道路通行能力都很大，无需限制私人汽车。为了促进使用公共交通所采取的缩短距离的措施也提高了步行交通的可达性，有利于步行与自行车的使用。

9.2.3 城市布局结构发展战略选择

国外的发展经验为我国的城市土地与交通利用模式提供了借鉴，无论对于大城市还是小城市，公共交通都是城市发展的必要组成部分。我国的城市人均用地指标决定了过低密度的发展很难发生。因此汤姆逊与塞维诺指出的有利于公共交通与城市布局向协调的发展策略更具借鉴意义。

我国许多城市在意识到团块状、圈层式发展所带来的问题之后，纷纷提出了多中心组团式布局结构。[12]这种布局的形成，在很大程度上与城市外围地区的发展有关。将城市外围的城镇纳入城区，自然表现为多组团，但中心区的布局模式并没有太大的改观。可以说我国特大城市对用地布局的调整下了较大的功夫，也使我们看到了改善城市布局结构的希望，但还应注意到多中心并不意味着城市交通一定会得到改善，西澳大利亚佩斯市的发展则证明了这一点。目前的多中心设想是否可以实现？这还需要从用地政策、交通设施配置等方面探讨实现这一目标的基本方法。规划优选的城市布局结构只是走向成功的第一步，交通在城市布局中所起到的作用还需要进一步分析。这样才能找到促进二者协调发展的措施，并有助于城市路网宏观组织目标的顺利实现。

9.3 城市交通与城市土地利用的相互作用分析

9.3.1 城市交通与城市土地利用相互作用的一般描述

城市的布局结构与交通方式之间有着密切关系。不少学者对此进行了讨论，比如关于步行时代、马车时代、电车时代，乃至后期私人交通机动化、轨道交通对城市布局的影响。杨荫凯将上述发展过程概括为交通技术创新的作用，并得出如下基本规律[13]：

（1）城市化的空间扩散过程是交通技术创新最鲜明的反映

城市交通技术创新的一个重要目的是为了增强远离市区地域的空间可达性，从而建立城市核心区与边缘区的方便联系并满足较高收入人群向生活环境更佳地区的迁移。制约城市扩展的最重要因素是空间距离，而新型交通工具的广泛普及和交通基础设施的广阔延展，极大削弱了城市化空间扩散过程中由距离引致的摩擦力，从而推动城市化区域在空间层面上的迅速蔓延，都市巨型化、连绵化现象随之出现。

（2）城市空间扩展在交通技术创新背景下，遵循环状→星状→环状的类年轮形增长方式

传统的交通技术发挥到极至时，整个城市的空间可达性因距离城市中心的远近呈现出明显的同心环状，城市在各个方向上接受中心区辐射的距离大致相同，即城市空间形态为同心环状。新技术支撑下的新型交通线一次次牵引人口、工业、商业向远离中心的方向发展，随发展轴的极化及其不均匀分布，原有的环状格局被打破，代之以星型或扇形模式。随着城市边缘区道路网的不断分异与完善，主要放射线间可达性较差区域不断得到填充，地域活动的均质性逐渐形成。表现在城市空间形态上，则是星型结构消失，同心环形结构又得以重建。

杨荫凯进一步指出"交通技术创新和城市空间形态的特殊关系，使人们在进行城市规划时，寻找到了一个重要的、操作性强的切入点。遵循交通技术创新的空间扩散规律，就可能大致预见到城市化主轴线的作用力方向。因此运用宏观调控的手段，有可能建立起比较理想的城市发展地域结构和空间格局。"

9.3.2 交通方式与城市布局的相互关系分析

（1）国外关于交通方式与城市布局的研究

北美学者的研究表明：用地布局和形态对交通方式、公交需求的影响较大。这些学者从宏观、中观、微观层面探讨了交通方式与城市布局的相互影响。[12]

宏观层面研究

有四种用地因素直接影响出行方式：①组团的规模；②用地类型的混杂程度；③土地开发密度；④距离中心组团的平均距离。其中土地开发密度和用地类型的混杂性与人们交

通方式的选择存在很大的关系。在同样富裕的条件下，欧洲城市比美国城市用地更密集、功能更混杂；人们也更多地采用公交、步行和自行车出行。

中观研究

公交走廊的居住密度和就业中心的规模与该走廊的公交搭乘之间存在密切的关系。居住密度和就业规模越大，公交搭乘率越高。位于旧城中心的高密度办公和居住中心所产生的公交出行比重比位于市郊的低密度中心要高出许多。由于低密度城市布局使公共交通方式难以生存，市郊的低密度就业中心的车辆出行比重明显大于旧城中心的车辆出行比重，并且载客率也更低，尤其是当附近有充足的免费停车设施时。此外将零售和服务业引入传统的市郊纯办公物业可以在某种程度上降低人们对小汽车的依赖。

微观层次上的研究

公交吸引的范围约1220m（4000英尺）。华盛顿特区、旧金山市以及其他地区的调查显示邻近地铁的居住区有相当大的公交出行率，尤其是当在公交线网直接辐射区域范围内既有大量居住又有大量就业岗位时。此外，居住和就业区提供完善和具有吸引力的步行设施能够诱发人们的步行出行，并延长步行距离。瑟沃（Cervero）在1989年对美国最大的城郊中心的规模、密度、用地组成和城市设施进行了分类研究，发现所有这些因素都会影响出行方式的选择，而其中开发密度的影响力最为显著。例如在华盛顿特区，高密度和混合性的就业中心就更加依赖公交。同样的收入水平条件下，在华盛顿市中心工作的员工有55%使用公交通勤，而在城郊中心只有15%，郊区纯办公场所则只有2%。在旧金山市海湾区，用地密度和小汽车出行成负指数关系，密度每提高1倍，单位家庭小汽车行车里程下降30%。"世界范围的研究都发现城市用地的密集性和能源消耗之间存在密切关系，松散结构的城市布局要比密集型的城市布局所消耗的资源多70%左右。"

国外学者还对如下方面进行了分析：

混合开发的影响

就业和居住的均衡性越来越受到关注。根据诺兰（Nowlan）和斯图尔特（Strewart）在1991年的研究，在1975年到1988年间，多伦多市在中心区大量兴建写字楼的同时，也兴建了大量的住宅，抵消了部分高峰时段进入该区域的工作出行。在中心区就业的员工占据了该区1/2以上的住宅，使中心区在办公建筑面积翻了一番的情况下，仍然维持比较稳定的交通条件。"城市是人类聚居的产物，成千上万的人聚集在城市里，而这些人的兴趣、能力、需求、财富甚至口味又都千差万别。因此，无论从经济角度还是社会角度来看，城市都需要错综复杂并且相互支持的多种功能来满足人们的生活需求，因此，"多样性是城市的天性。现代城市规划理论将田园城市运动与勒·柯布西耶倡导的国际主义学说杂糅在一起，在推崇区划的同时贬低了高密度、小尺度街坊和开放空间的混合使用从而破坏了城市的多样性。而所谓功能纯化的地区如中心商业区（CBD）、市郊住宅区和文化密集区，实际都是机能不良的病态地区。"

城市布局结构的影响

针对以私人汽车为主导和以公共交通为主导，城市布局存在很大的差别。以私人交通为导向的用地布局形态优化的特点是绝对的低密度以减小交通强度，城市设施随机分布以平衡道路上的交通量。以公共交通为导向的用地布局形态优化的特点是开发密度朝着公交走廊方向不断增加，城市设施沿公交走廊均衡分布，以集中需求，使公交服务的高频率得到保证，同时尽量减少高峰的不均衡性和客流方向的不均衡性。

车站邻里的研究

斯准哈姆（Stringham）在1982年对多伦多和爱德蒙顿市轨道车站周围地区所做的调查研究显示，公寓式住宅的公交所占份额比独户型要多出30%。他还发现距车站约1220m（4000英尺）以内为步行影响区，影响的用地面积约达到4.856km^2（1200英亩），在空间尺度上足以形成一个公交适应性很强的社区。1986年、1989年对华盛顿地铁车站附近的办公、居住、酒店的研究显示，与其他地区相比，这些车站区有着高得惊人的公交比重。例如，在银春地铁中心（银春站附近）工作的员工有25%使用公交，其中来自于华盛顿特区（有发达的轨道线网）的员工有52%使用公交，而来自于蒙哥玛利镇的员工只有10%使用公交。在地铁车站周围的一些大型居住区，到地铁沿线其他区域的公交出行份额超过了50%。总的研究显示，与车站的距离每增加30.48m（100英尺），公交份额下降约0.65%。

JHK国际交通咨询公司（1987年）总结出影响公交使用率最主要的因素是：①所处地块在城市范围内以及相对于轨道交通的位置；②建筑物与轨道车站的相邻关系。此外，出行OD也是至关重要的，任何一端的公交可达性差，都会严重削弱该OD之间的公交份额。对华盛顿、加拿大市的研究还发现，在郊区的车站附近，办公类的公交比重比居住类小得多，主要是因为办公地点存在大量的免费停车场。加州的调查数据进一步显示出停车供应对公交比重的影响。对于住在地铁车站周围的居民来讲，是否搭乘公交的决定因素在于目标（或上班）地点的办公和商业的规模（建筑面积）以及是否提供免费停车。在海湾区（Bay Area），住在距车站约0.4023km（1/4英里）内的居民中，92%去旧金山市（该市每天停车费超过2美元）上班的人使用公交，而去东部的奥克兰、伯克利、华纳溪和快乐山（全部在BART-Bay Area Rapid Transit服务范围内提供免费停车）的就业中心上班的只有45%搭乘公交，去其他地区（均有免费停车）搭乘BART的仅有2%。

城市设计的影响

传统的邻里，有狭窄的街道、路边停车、混杂的用地和空间尺度的多样性，也具有较强的公交亲和性。在城郊地区新兴规划的田园式的、单纯的、具有完善的支路网系统和大量开敞空间的社区，人们更倾向于使用小汽车。旧金山市传统的二战前建成的社区（混合用地、网格街道）中，使用公交的比重为22%，比1960年代开发的城郊物业3%的公交比例高出许多。虽然由于无法排除收入、年龄等因素的干扰，此类研究成果并不具有很强的说服力，但这种倾向却是肯定的。

（2）交通方式与城市布局相互作用差异的基本形成原因分析

①公共交通与私人交通在城市布局影响方面的差异

英国在20世纪60年代中期对城市形式进行了一系列的探讨，提出了公共交通与私人交通运行在城市用地布局方面是否存在严重矛盾的问题。早期的理论研究者结合对大城市的探讨以及新城规划的理论与实践证明了公共交通与私人交通分别要求不同类型的土地布局，彼此之间存在相当尖锐的矛盾。他们认为"公共交通要求公共设施和交通集散点集中在市中心，以便交通线路能够最大限度地服务于众多的人口与社会活动，充分提高公共交通的利用率。但是，服务于小汽车的公路网要求公共设施和交通集散点尽量分散分布，以便以较低的成本获得最大的通达率。"

上述结论可解释为：为了减少因私人小汽车带来的交通拥挤，需要建造昂贵并且复杂的道路设施，为了避免这一点，最好是规划和鼓励公共设施以及交通流尽可能广泛均匀的分布。但是与此相反，步行与公共交通大量换乘的存在，要求土地利用尽可能安排在步行适宜范围之内，距离尽量缩短，因此公共交通的运行要求最好沿着交通走廊行驶，公共设施尽量集中布置，要求有强大的中心与高密度的带状分布。地铁与轻轨的造价高、建设周期长，一般表现为以城市中心为核心的放射状，可以运用运输规模经济要求、造价、原有中心的存在、步行接驳的比例较高来解释轨道交通的线网布局和由此引发的用地布局特征。

②我国私人交通的发展现状与城市用地布局模式形成原因的基本解释

私人交通具有门到门连续运输的特性。相对于轨道交通来讲，道路交通的建设成本较低。以自行车为例，自行车的车速与道路条件有关，但在道路条件达到一定标准之后，自行车的速度则主要由人的体力决定。目前一般的城市道路均具有这样的标准，自行车的速度基本达到了极限。而建设这样的道路，并不需要大量的投入。自行车的交通特性与对路面条件的要求决定了自行车的速度很容易发挥出来（无论主干路、次干路、支路，自行车的速度并没有较大的差异），用杨荫凯的话来讲"达到了这种交通方式的极限"。在方格路网中，自行车的可达性范围表现为面状，具有促进城市按照圈层式发展的作用，因为这是尽量减少平均出行时间的最好办法。

对于私人机动化交通来讲，情况有所不同。城市道路很难满足私人汽车的理想速度（60~90km/h），因此小汽车的潜能并没有充分发挥出来。而高等级道路则可以发挥这一潜能，即由于速度的提高，小汽车可能会在出行距离增加的情况下，使能源消耗和机械磨损反而较小，并可以使城市市民的生存条件得以改善。但高等级道路的道路基础、平曲线设置、路面要求较高，也需要较多的立交桥，因此建设费用较高，所以建成后应当尽快发挥作用。这些道路必然联系较大的交通源。而城市高等级道路与公路具有交通工具的一致性，公路一般为放射状，建设费用较高的高等级城市道路具有联系中心区与外围公路的基本特征，道路运输也可以促进城市按照星状模式发展。即便高等级城市道路不与公路相连，也可以以较高的速度向外伸展，改变城市的可达性。但在这种情况下，有3种可能选择：①建设快速环路；②建设快速放射路；③建设快速环路与放射路。其中只有加强快速放射路才会导致城市布局朝星形放射性状发展。在我国，这一点在中小城市比较突出，而特大城市表现并不突出。原因如下：①目前我国的私人机动化交通工具尚未普及；②土地开发政策原因；③不存在资本主义国家早期的城市内城环境与郊区环境的巨大差异，往往在接近市中心的位置可以提供高档的住宅，高收入阶层的规模不足以支撑郊区的高级住宅开发；④特大城市道路拥挤较严重，城市发展的向心性倾向较大；⑤快速路通行能力有限，很快达到饱和；⑥重视环路建设，对放射路重视程度不足。

(3) 交通走廊对提高公交吸引力的基本影响机制分析

沃纳（Warner, 1962）、范斯（Vance, 1964）和福格森（Fogelson, 1967）回顾了19世纪初伸展到郊区的电车线路导致在波士顿、旧金山市海湾区和南加州地区形成的分散结构，电车不仅仅形成了东西岸城市的放射状脊梁，而且在空间上造成了居住地和工作地的分离，以及不同社会阶层之间的相互分离。1880～1920年间，轨道线路扩展迅速，美国城市（人口大于10000人）人口从2000万增长到4500万，占全国人口的1/2。全国每年的城市轨道客运量从6亿增加到150亿。斯莫克（Smerk）在1967年曾经估计，1/4美国人口居住的城市，其空间结构是受电车线路影响形成的。哈里森和凯恩（1974）发现在汽车时代到来之前，公共交通对城市形态有巨大影响，而这种影响往往表现为单中心加轴向发展的模式。

普通公交是我国公共交通的主要组成部分，我国目前采用的公交技术标准并不低于19世纪初的电车。我国具有土地功能混合、高密度、低机动化、单中心四个有利于公交发展的条件，但公交出行所占的比例却较低，公交对城市布局的影响并没有明显的特征。公交不能促使城市呈现为走廊式发展或轴线发展的根本原因是什么？是城市本身不需要？还是城市新增的建成区不需要？还是由于规划与管理失误或不利造成的？

星状发展的主要特征之一就是交通走廊的形成。交通走廊最大的特点就是某一方向具有比另一方向更大的流量。为了深入讨论这一问题，先讨论如下命题：对于方格路网，假定客流双向均衡分布，公交沿一个方向布置有利于增加乘客还是延两个方向布置有利于增加公交吸引力？方案一是均衡分布公交线网，做成网格状（简称双向）；方案二是放弃一个方向，只延一个方向布置公交线路（简称轴向，公平性在此不予讨论）。在给定公交运营、运送速度的情况下，现在要讨论何种布置方式更有利于公交吸引乘客。

由于运送速度一定，那么非车内时间越短，公交乘客吸引量越大。显然方案二具有更短的非车内时间，但方案二只能吸引到一个方向的乘客，而方案一可以吸引两个方向的乘客。由于小汽车的速度始终比公交快（除非交通拥挤，给予公交优先权）。这里以自行车作为公交的竞争对象进行研究。

方格网道路体系双向均衡布置公交线路情况下的最佳线网密度计算公式[①]：

$$\delta_{最佳} = \min\left(\sqrt{\frac{2W_{行} V_{营}}{F\mu V_{步}}}, 5\right) \quad (9.3.2-1)$$

方格网道路体系单向布置公交线路情况下的最佳线网密度计算公式：

$$\delta_{最佳} = \min\left(\sqrt{\frac{W_{行} V_{营}}{F\mu V_{步}}}, 2.5\right) \quad (9.3.2-2)$$

式中 $\delta_{最佳}$——最佳公交线网密度（km/km²）；

$W_{行}$——公交线路上配备的公交车辆数（辆）；

$V_{营}$——公交在线路上来回周转的速度（km/h）；

F——公交线网服务城区的面积（km²）；

---

① 这里不再考虑候车感觉系数。考虑最大线网密度取5km/km²。

μ——公交线路重复系数；

$V_{步}$——平均步行速度（km/h）。

在最佳线网密度的情况下，公交的非车内时间可以达到最短。方案一的非车内时间计算公式如下：

$$t_{非车内} = 2\frac{(L_{向线}+L_{向站})}{V_{步}} + \frac{L_{线}}{W_{行}}\frac{60}{V_{营}} = 2\frac{\left(\frac{1}{3\delta}+\frac{2}{3\delta}\right)}{V_{步}} + \frac{L_{线}}{W_{行}}\frac{60}{V_{营}}$$

$$= \frac{120}{V_{步}(\delta)} + \frac{F\delta\mu 60}{W_{行}V_{营}} = \frac{1}{\delta}\left(\frac{120}{V_{步}}\right) + \delta\left(\frac{F\mu 60}{W_{行}V_{营}}\right) \quad (9.3.2-3)$$

方案二的非车内时间计算公式如下：

$$t_{非车内} = 2\frac{(L_{向线}+L_{向站})}{V_{步}} + \frac{L_{线}}{W_{行}}\frac{60}{V_{营}} = 2\frac{\left(\frac{1}{3(2\delta)}+\frac{2}{3(2\delta)}\right)}{V_{步}} + \frac{L_{线}}{W_{行}}\frac{60}{V_{营}}$$

$$= \frac{60}{V_{步}(\delta)} + \frac{F\delta\mu 60}{W_{行}V_{营}} = \frac{1}{\delta}\left(\frac{60}{V_{步}}\right) + \delta\left(\frac{F\mu 60}{W_{行}V_{营}}\right) \quad (9.3.2-4)$$

式中 $L_{向线}$——平均步行到线距离（km）；

$L_{向站}$——平均步行到站距离（km）。

竞争距离公式推导：

$$t_{交} = t_{非车内} + \frac{L_{出}-L_{步}}{V_{送}} \quad (9.3.2-5)$$

$$t_{自} = \frac{L_{出}}{V_{自}} \quad (9.3.2-6)$$

令 $t_{自}=t_{交}$，则可以求出 $L_{竞}$

$$\frac{L_{竞}}{V_{自}} = t_{非车内} + \frac{L_{竞}-L_{步}}{V_{送}} \quad (9.3.2-7)$$

那么：

$$L_{竞} = \frac{t_{非车内}-\frac{L_{步}}{V_{送}}}{\frac{1}{V_{自}}-\frac{1}{V_{送}}} \quad (9.3.2-8)$$

式中 $t_{交}$——出行者使用公交的总出行时间（min）；

$t_{自}$——出行者使用自行车的总出行时间（min）；

$L_{竞}$——满足 $t_{交}=t_{自}$ 的临界出行距离（km）；

$V_{自}$——自行车平均速度（km/h）；

$V_{送}$——公交运送速度（km/h）；

$L_{出}$——居民出行距离（km）。

根据上述公式可以求出在达到最佳线网密度情况下，不同公交拥有量情况下的非车内时间和竞争距离（表9-4、图9-20、图9-21）。

表 9-4 不同公交拥有量情况下的非车内时间和竞争距离

公交拥有量 (标台/km²)	竞争距离 (km)		非车内时间 (min)	
	轴向	双向	轴向	双向
2	7.2	10.2	13.6	19.2
3	5.8	8.3	11.1	15.6
4	5.0	7.2	9.7	13.6
5	4.6	6.4	8.9	12.1
6	4.2	5.9	8.4	11.1
7	4.0	5.4	8.0	10.2
8	3.8	5.1	7.7	9.6
9	3.7	4.8	7.5	9.0
10	3.6	4.5	7.3	8.6
11	3.5	4.3	7.2	8.2
12	3.4	4.1	7.1	7.8
13	3.4	4.0	7.0	7.5
14	3.3	3.8	6.9	7.2
15	3.3	3.7	6.8	7.0

由图 9-20 可见，方案二增加了轴向的公交竞争力。在每万人拥有 6 标台公交时，方案一的竞争距离为 $L_{竞1}=5.9\text{km}$，方案二的竞争距离为 $L_{竞2}=4.2\text{km}$。结合居民出行分布就可以得出两个方案可以吸引乘客的多少。居民出行分布类似于 F 分布（见图 9-22）。A3 为两个方案的共同吸引区，如果 A2 - A1 大于 0，那么方案二的公交吸引力大于方案一，否则方案一大于方案二。如果采用表 9-4 中的竞争距离，结合实际居民出行分布进行计算，就可以得出两个方案的比较结果。在两个方向的出行量差不多的情况下，两个方案都没有绝对的优势（即一个无条件的优于另一个）。但可以找到一些基本规律：

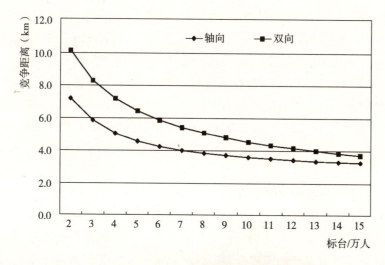

图 9-20 不同公交拥有量情况下的竞争距离

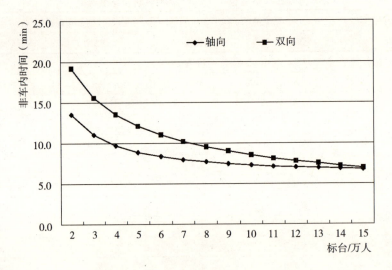

图 9-21　不同公交拥有量情况下的非车内时间

①居民平均出行距离越长，方案一优于方案二的可能性越大；

②万人公交拥有率越高，方案一优于方案二的可能性越大；

③居民出行距离分布越均衡，方案一优于方案二的可能性越大。

由于城市中心的存在，居民出行具有明显的主导方向。因此公交线路也明显表现为一个方向密，一个方向疏。设居民主导交通方向与非主导交通方向的出行量之比为 R，

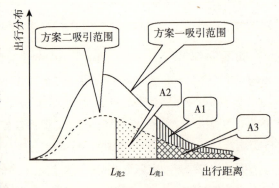

图 9-22　方案一与方案二公交吸引力比较

显然 R 大于 1，那么方案二的吸引范围进一步扩大。R 越大，方案二的乘客吸引量越大。因此居民出行具有主导交通方向对增加公交出行比例是有利的。而居民出行主导方向的形成需要有共同的目的地，居民出行的线路越接近，越有利于公交吸引乘客。

实际上即使不把自行车作为比较对象，也可以得出类似比较结论。可以用居民的出行时间和费用作为成本进行比较，显然方案二在居民出行存在主导方向情况下能够降低乘客出行成本。私人交通根本不存在候车时间，步行距离又极小，从运行的经济性来看，私人交通不需要形成主导交通方向；由于其通行能力较低，私人交通一旦形成主导方向，反而对其运行不利。

（4）公共交通发展轴的形成机制分析

前文分析了交通走廊对公共交通发展的有利因素。当城市在某一方向开辟公共交通之后，沿线路延伸方向的出行较方便，人们的活动倾向于沿公交线路集中，活动的集中又会提高公共交通运行的规模效益。这样就形成了公共交通与土地利用的相互促进机制。

为了分析公共交通与发展轴的形成之间的微观发展变化，就以下命题展开分析。假定分析条件：某单中心特大城市（面积 $100km^2$）需要扩展城市用地，方案一是分散发展三个小区，方案二是沿轴线方向连续发展（见图9-23）。现在需要对这两个方案进行评价。进一步假定，城市政府目前并不想控制城市布局按照某一期望模式发展；同时该城市在选择这两种发展模式时，仅考虑可达性问题，不考虑地形和其他发展条件制约。

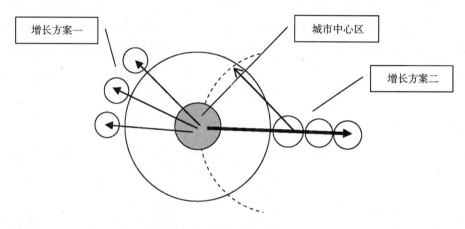

图9-23 城市发展模式对比分析

对于特大城市，自行车出行距离多在6km以内。在方案一中，新建区到其他建成区的出行中，约2/3城市面积的目的地超出自行车适宜的出行距离。方案二造成的自行车不适宜的出行区的面积大于方案一。为便于讨论，将方案一与方案二的情形描述为方格网道路（图9-24）。

图9-24中实线部分为道路，公交站点设在交叉口。一般居住小区由街道围合而成，城市道路不进入小区。但各条线路的站点吸引范围一般包括站点周围的四个1/4小区，本节中将站点所服务的这四个部分称为交通意义上的小区。虚线围合的部分为一个交通小区，以下简称小区。设路网间距小区边长均相等。图9-23所示的方案一的开发就是1、2、3小区的开发，方案二的开发为3、4、5小区的开发。方案一还可派生另一种开发模式，即1、2、3小区距离较远。那么，开发方案一需要延伸三条公交线路，或者将一条公交线路向北延伸，而方案二只能延伸一条线路。现将这三类公交线路配置模式分别称为：模式1（圈层式分离式）、模式2（圈层接近式）、模式3（轴向延伸式）。

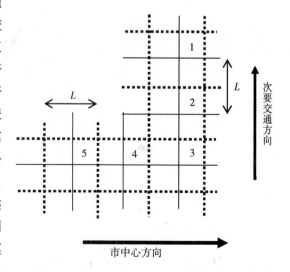

图9-24 城市发展模式对比分析详图

下面就这三种模式对城市交通造成的影响进行分析。设该市的居住人口密度为 ρ，平均公交线路长度为 $L_{线}$，公交运送速度为 $V_{送}$，公交运营速度为 $V_{营}$，原平均候车时间为 $T_{候0}$，原线路运行营车辆数为 $W_{行}$，那么：

$$W_{行0} = \frac{L_{线} 60}{t_{候0} V_{营}} \qquad (9.3.2-9)$$

由于这几个小区的建设，服务于该小区的公交线路需要延伸，并增加车辆。假定全市车辆拥有率为 M_0（标台/万人）。该小区需要增加的公交车辆与该小区人口之比为 M_1（标台/万人），设 $\lambda = M_1/M_0$。设应为每个小区配套增加的公交车辆数为 $W_{增}$，$W_{增} = L^2\rho M_1 = L^2\rho\lambda M_0$。模式 1 应增加线路长度 $L_{线增} = L$，模式 2 应增加线路长度 $L_{线增} = 3L$，模式 3 应增加线路长度 $L_{线增} = 3L$。那么模式 1、2、3 的公交所涉及的公交乘客的候车时间将发生变化，设相应的平均候车时间分别为 $T_{候1}$、$T_{候2}$、$T_{候3}$。计算公式如下：

$$t_{候1} = \frac{(L_{线}+L)60}{(W_{行0}+M_0\lambda\rho L^2)V_{营}} = \frac{(L_{线}+L)60}{\left(\dfrac{L_{线}60}{t_{候0}V_{营}}+M_0\lambda\rho L^2\right)V_{营}} \qquad (9.3.2-10)$$

$$t_{候2} = t_{候3} = \frac{(L_{线}+nL)60}{(W_{行0}+3M_0\lambda\rho L^2)V_{营}} = \frac{(L_{线}+nL)60}{\left(\dfrac{L_{线}60}{t_{候0}V_{营}}+nM_0\lambda\rho L^2\right)V_{营}} \qquad (9.3.2-11)$$

设每线路的公交乘客数量与配车数量呈正比，全市公交出行比例为 $R_{公0}$，居民平均出行次为数 $P_{出}$。模式 1、2、3 完成的公交运送人次 $P_{模式1}$、$P_{模式2}$、$P_{模式3}$ 为：

$$P_{模式1} = P_{模式2} = P_{模式3}$$

$$= \frac{W_{行0}+W_{增}}{W_{全市0}+W_{增全市}}(F+nL^2)\rho P_{出} R_{公0}$$

$$= \frac{\dfrac{L_{线}60}{t_{候0}V_{营}}+nM_0\lambda\rho L^2}{M_0\rho(F+nL^2)}(F+nL^2)\rho P_{出} R_{公0}$$

$$= \frac{\dfrac{L_{线}60}{t_{候0}V_{营}}+nM_0\lambda\rho L^2}{M_0}P_{出} R_{公0} \qquad (9.3.2-12)$$

设模式 1、2、3 的开发地块的公交出行比例为 $R_{公1}$、$R_{公2}$、$R_{公3}$，可以认为三者基本相同，用 $R_{公123}$ 表示，设模式 1、2、3 那么各自的区内出行次数为 $P_{公区外}$：

$$P_{公区外} = nL^2\rho P_{出} R_{公123} \qquad (9.3.2-13)$$

设模式 1、2、3 的公交区外出行距离为 $L_{公}$，那么设模式 1、2、3 的区内公交乘客车内平均出行距离 $L_{公1}$、$L_{公2}$、$L_{公3}$ 为：$L_{公1} = L_{公}+L$，$L_{公2} = L_{公}+3L$，$L_{公2} = L_{公}+3L$。设备自相应的乘客总出行时间为 $T_{公1}$、$T_{公2}$、$T_{公3}$，那么：

$$T_{公1} = [(L_{公}+L)/V_{公}] \times (nL^2\rho P_{出} R_{公123}) \qquad (9.3.2-14)$$

$$T_{公2} = T_{公3} = [(L_{公}+nL)/V_{公}] \times (nL^2\rho P_{出} R_{公123}) \qquad (9.3.2-15)$$

由于各模式步行到站离站平均时间一致，在后面的计算中不予考虑。

设模式 1、2、3 的区内自行车出行比例相同，设区外自行车出行距离为 $L_自$，那么设模式 1、2、3 的自行车平均出行距离 $L_{自1}$、$L_{自2}$、$L_{自3}$ 为：$L_{自1} = L_自 + L$，$L_{自2} = L_自 + L$，$L_{自3} = L_自 + nL$。设自行车平均出行速度为 $V_自$，各自相应的自行车出行时间 $T_{自1}$、$T_{自2}$、$T_{自3}$ 为：

$$T_{自1} = T_{自2} = [n(L_自 + L)/V_自] \times (L^2 \rho P_出 R_自) \quad (9.3.2-16)$$

$$T_{自3} = [(L_自 + nL)/V_自] \times (L^2 \rho P_出 R_自) \quad (9.3.2-17)$$

设模式 1、2、3 的区内其他交通方式出行比例（步行除外）相同，设区外出行距离为 $L_其$，那么设模式 1、2、3 的自行车平均出行距离 $L_{其1}$、$L_{其2}$、$L_{其3}$ 为：$L_{其1} = L_其 + L$，$L_{其2} = L_其 + L$，$L_{其3} = L_其 + nL$。设平均出行速度为 $V_其$，各自相应的出行时间 $T_{其1}$、$T_{其2}$、$T_{其3}$ 为：

$$T_{其1} = T_{其2} = [(L_其 + L)/V_其] \times (L^2 \rho P_出 R_其) \quad (9.3.2-18)$$

$$T_{其3} = [(L_其 + nL)/V_其] \times (L^2 \rho P_出 R_其) \quad (9.3.2-19)$$

现在以模式 1 为比较对象，设模式 2、3 比模式 1 多出的区内居民出行时间增加值分别为 $T_{区内21}$ 和 $T_{区内31}$；模式 2、3 比模式 1 多出的区内居民出行时间增加值分别为 $T_{全市21}$ 和 $T_{全市31}$。公式如下：

$$T_{区内21} = (T_{公2} - T_{公1}) + (T_{候2} - T_{候1})P_{公区外} + (T_{自2} - T_{自1}) + (T_{其2} - T_{其1})$$

$$= nL^2 \rho P_出 R_{公123} \left[\frac{(L_线 + nL)60}{\left(\frac{L_线 60}{t_{后0} V_营} + nM_0 \lambda \rho L^2\right) V_营} - \frac{(L_线 + L)60}{\left(\frac{L_线 60}{t_{后0} V_营} + M_0 \lambda \rho L^2\right) V_营} \right] \quad (9.3.2-20)$$

$$T_{区内31} = (T_{公3} - T_{公1}) + (T_{候3} - T_{候1})P_{公区外} + (T_{自3} - T_{自1}) + (T_{其3} - T_{其1})$$

$$= nL^2 \rho P_出 \left\{ L(n-1)\left(\frac{R_{公123}}{V_公} + \frac{R_自}{V_自} + \frac{R_其}{V_其}\right) \right.$$

$$\left. - R_{公123} \left[\frac{(L_线 + nL)60}{\left(\frac{L_线 60}{t_{后0} V_营} + nM_0 \lambda \rho L^2\right) V_营} - \frac{(L_线 + L)60}{\left(\frac{L_线 60}{t_{后0} V_营} + M_0 \lambda \rho L^2\right) V_营} \right] \right\} \quad (9.3.2-21)$$

$$T_{全市21} = (T_{公2} - T_{公1}) + (T_{候2} - T_{候1})P_{模式1} + (T_{自2} - T_{自1}) + (T_{其2} - T_{其1})$$

$$= \frac{\frac{L_线 60}{t_{后0} V_营} + nM_0 \lambda \rho L^2}{M_0} P_出 R_{公0} \left[\frac{(L_线 + nL)60}{\left(\frac{L_线 60}{t_{后0} V_营} + nM_0 \lambda \rho L^2\right) V_营} - \frac{(L_线 + L)60}{\left(\frac{L_线 60}{t_{后0} V_营} + M_0 \lambda \rho L^2\right) V_营} \right]$$

$$(9.3.2-22)$$

$$T_{全市31} = (T_{公3} - T_{公1}) + (T_{候3} - T_{候1})P_{模式1} + (T_{自3} - T_{自1}) + (T_{其3} - T_{其1})$$

$$= nL^3 \rho P_出 L(n-1)\left(\frac{R_{公123}}{V_公} + \frac{R_自}{V_自} + \frac{R_其}{V_其}\right) + \frac{\frac{L_线 60}{t_{后0} V_营} + nM_0 \lambda \rho L^2}{M_0}$$

$$\times P_{出} R_{公0} \left[\frac{(L_{线} + nL)60}{\left(\frac{L_{线} 60}{t_{后0} V_{营}} + nM_0 \lambda \rho L^2\right) V_{营}} - \frac{(L_{线} + L)60}{\left(\frac{L_{线} 60}{t_{后0} V_{营}} + M_0 \lambda \rho L^2\right) V_{营}} \right] \quad (9.3.2-23)$$

由于远距离步行交通方式可以自发转化为自行车或公交或其他交通方式，所以其出行时间变化在此不进行考虑。设城市建成区面积为 F，城市的平均出行距离为 $L_{出平均} = 0.79 F^{0.3}$，由于城市为特大城市，而公交线路长度一般为公交乘距的 2~3 倍，公交平均乘距一般大于平均出行距离，该市的公交线路平均长度约 7~9km。本节假定条件见表 9-5。

发展模式比较的计算条件 表 9-5

全市面积（km²）	100
小区数（个）	3
公交拥有率（标台/万人）	8
人口密度（万人/km²）	1
出行次数（次/人）	2.7
开发小区面积（km²）	0.25
公交运送速度（km/h）	17
自行车速度（km/h）	12
线路长度（km）	8
公交运营速度（km/h）	15
开发街区线路配车系数	0.9
原候车时间（min）	3
其他交通方式车速（km/h）	30

根据上述计算条件，本书通过对公交出行比例的调整，得到图 9-25（设新开发小区的居民出行结构与全市平均值相同）。由图可见，模式 2 使新开发小区和全市居民的出行时间趋于降低，即模式 2 优于模式 1。而模式 3 在公交出行比例高于 17% 时，有助于降低全市的居民出行时间（此时，模式 3 在宏观层面具有合理性），但新开发小区的居民出行时间要长于模式 1。如果将新建区的居民公交出行比例提高，计算结果依然与图 9-25 类似。家庭选址需要考虑自身的交通成本，而并不是全市出行成本，因此区内时间差是新建小区布局微观合理性的判定条件。模式 1、2 为圈层式发展，圈层式发展比轴向发展更有利于减少新建小区的居民出行时间。此时，百万人口城市会出现圈层式开发的微观不合理性与宏观合理性并存的局面。

从图 9-25 可以看出，在新建区居民公交出行比例趋于增加的情况下，模式 3 有可能比模式 1 的全市居民平均出行时间短。而这一点主要通过减少公交沿线乘客的候车时间达到。同时还应注意一点，沿线居民候车时间的降低还会促进沿线居民公交出行比例的提高，具有开辟公交大站快车的可能，沿线居民的出行时间还会进一步降低。但城市开发是针对市场需求进行开发的，在公交出行不占优势的情况下，开发商进行开发时，必须考虑开发地块其他交通方式的交通可达性，圈层式开发便成为必然选择。

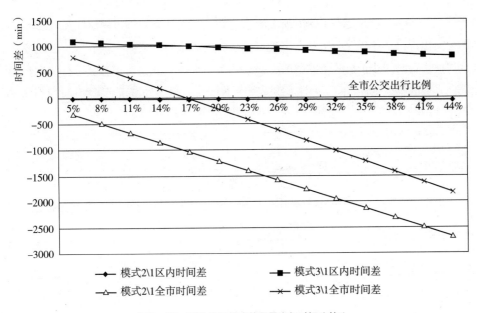

图 9-25　三种发展模式的居民出行时间比较 1

如果能够在城市道路体系内采用公交优先的措施，提高公交的运送速度，且新建区的公交出行比例较大，那么居民选择这一区域的倾向就应当大于其他区域，从而使模式 3 比模式 1 的区内时间差降低。图 9-26 为公交运送速度按 22km/h 考虑（为与新建区联系的三条公交线路提供公交专用道和交叉口优先，使其运送速度达到 22km/h），如果全市公交出行比例达到 40% 左右，新建区的公交出行比例达到 50% 左右，那么对于百万人口的城市可能会出现模式 3 的新建区居民出行时间小于模式 1 的情况（计入公交运送速度提高给新建区公交乘客带来

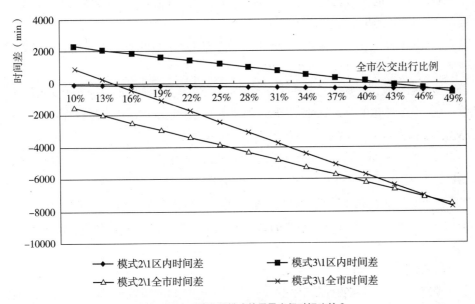

图 9-26　三种发展模式的居民出行时间比较 2

的时间节约，以下同）。但百万人口城市的公交出行比例一般很难达到40%，公交运送速度也很难达到22km/h，所以图9-26所示的情况难以出现。如果将城市规模扩大到250km²，当全市的公交出行比例达到20%左右，新建区的公交出行比例达到40%时，则会出现模式3的新建区居民出行时间小于模式1的情况（图9-27）。如果对开发小区数量进行调整，就可以得出轴向发展的轴线延伸长度。计算结果表明延伸长度可以达到城市当量半径的1/4左右。

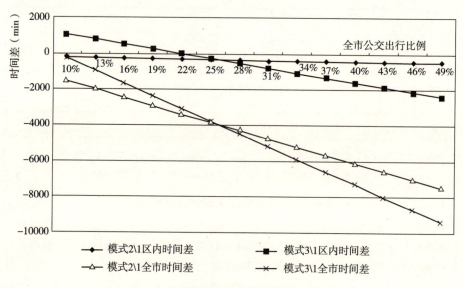

图9-27 三种发展模式的居民出行时间比较3

通过对公交优先情况的分析，也就基本可以认识到轨道交通促进城市布局延轴向发展的原因。轨道交通基本决定了目前在我国一般只有约200万人口以上的特大城市才可以达到运营经济规模。另外的主要原因是轨道交通造价较高，线路延伸的费用要低于模式2的折线发展。因此，轨道交通排斥模式2的选择。

从上述分析可以看出，现状公共交通出行所占的比例、公共交通的运送速度、城市规模是影响城市布局是否出现轴向发展的关键因素。

公交脆弱而高效，需要优先发展（见本章第5节），否则难以形成合理的交通结构。公交的单一化、优先措施的缺乏与自行车出行的廉价和普及性决定了平原地区百万人口城市的交通结构，这种交通结构又促成了目前的城市布局模式。

如果公交线网密度合理，能够保证17~18km的运送速度，对于200万人口以上的城市，有可能将公交竞争距离控制在4~5km，城市边缘区居民超过4~5km出行距离的比例有可能大于40%。根据前文对我国居民出行比例的分析，不少特大城市的公交出行比例已达到了20%以上，那么图9-27的条件很有可能达到，即对于200万人口的城市，轴向发展可能具有微观、宏观合理性。

综上所述，基本可以得出如下结论与建议：

①从理论上来看，在实施公交优先的情况下，对于人口规模较大的城市，公交主导的轴向发展模式的宏观发展机制具有形成条件；

②微观发展机制的形成主要取决于公交优先体制下较大的公交出行比例和公交发展轴中公交体系的运送速度；

③如果这条发展轴可以联系大量的交通源，其作用会更加明显；

④如果能够对公交发展给予足够的重视，普通公交（不一定是轻轨、地铁，但也并非现有车型）也可以引导城市布局从单中心圈层式发展向单中心星状布局的模式发展；

⑤虽然轴向发展会增加居民的平均出行距离，却有利于减少居民的平均出行时间，为交通走廊的形成奠定良好的基础，为公共交通的升级做好准备；

⑥正是因为轴向发展在微观布局上不具有自发性，才需要城市布局的宏观调控；

⑦公交优先，尤其是公交专用道的提供，不能仅建立在近期合理、经济的基础上，更应当考虑公交优先可能对城市布局结构优化的促进作用。

9.4 促进道路交通与城市布局协调发展的基本措施

9.4.1 交通需求管理的局限性与交通体系扩容升级的必要性

交通需求管理的目的是使交通需求和交通设施供给在一定程度上达到平衡，促进社会经济效益最大化。西方发达国家，由于20世纪60~70年代对城市交通基础设施的大量建设使得现在再增加新的道路变得很困难，所以只好在交通需求管理上下工夫，以便能够使交通需求与现有的交通设施供给达到一定平衡。我国许多历史悠久的城市的内城区增加道路同样困难，借鉴国外先进的交通需求管理经验对缓解内城区的交通拥挤将会产生明显效果。对新兴城市和新城区则应当交通供给与交通需求管理并重，不能过分强调一方面而忽视另一方面。[1]

有计划地合理增加城市交通基础设施建设，升级交通体系，虽然不能根本解决城市交通拥挤问题，但是可以创造更大的社会经济效益。所以，在有条件地区合理增加交通基础设施建设对城市整体发展有利。而且我国目前的交通用地比例还较低，规范建议大城市道路交通用地比例为8%~15%，特大城市在20%以上。我国的城市道路还具有进一步扩容的空间与必要性。

9.4.2 道路交通体系升级的门槛效应与渐进策略的可行性分析

（1）道路交通容量可以连续增长

第4章对路网运输效率的分析表明，城市建设用地交通承载强度和道路用地比例、不同交通方式之间的协调性有关。高效交通方式的比例越大，不同交通方式之间（外耗）、某种交通方式内部的干扰（内耗）越小，交通用地比例越高，城市建设用地交通承载强度越大。城市交通用地比例可以从8%提高到30%，甚至40%（局部地段），那么如果按车公里进行推算，城市建设用地承载强度的变动幅度可以达到1~5倍。

当采用300m间距的单向行驶路网体系时，每条路可按4条车道考虑，交叉口的通行能力可以达到7000~8000pcu/h，对应的城市建设用地交通承载强度为2.3~2.6万车公里/（km²·h），道路用地比例约16%。如果再计入支路通行能力，可达到3.0万车公里/（km²·h），道路用地比例约30%。如果再建设部分快速路，路网的交通容量会得到大幅度的增加。小汽车每车按1.5人考虑，300m间距的单向行驶路网体系的城市建设用地交通承载强度可以达到3.5万人公里/（km²·h）以上。而目前路网模式的交叉口通行能力一般小于6000辆/h，交叉口间距大于500m，交通承载强度一般仅达到1.2万车公里/（km²·h），交通用地比例一般为8%左右。因此从规范建议的交通用地比例与现实用地比例的差距和路网组织模式的改进来看，我国城市路网容量还有相当大的增长余地。

（2）公共交通体系并不存在交通容量门槛

通过公共交通体系的扩容，路网的城市建设用地交通承载强度还会大幅度提高。一般来讲，公共交通的造价与运输效率存在巨大的差异，即存在通行能力门槛。比如普通公交的单向客运量一般为2700~5400人次/h（每线路小时发车频率为30~60辆，每车装载90人），公交专用道一般为5400~10000人次/h（每线路小时发车频率为60~120辆，每车装载90人）。轻轨可以达到3万人次/h，地铁50000人次/h。似乎公交、轻轨、地铁之间存在巨大的通行能力落差，但实际情况却并非如此。这里依然采用城市建设用地运输效率来进行分析。假定路网密度为5km/h。最初为双向4车道，后来演变为双向6车道（其中两条车道为公交专用车道）。地铁与轻轨的线网密度按2km/km²和1km/km²考虑。可将这些数据折算为城市建设用地交通承载强度（表9-6）。

不同公共交通方式的可能城市建设用地交通承载强度 表9-6

项目	普通公交	公交专用道	轻轨	地铁
线网密度（km/km²）	5	5	2	1
单向运量（人次/h）	2700~5400	5400~10800	30000	50000
城市建设用地交通承载强度（万人公里/（km²·h））	2.7~5.4	5.4~10.8	12	10

由表9-6可见，如果考虑线网密度因素，不同公共交通方式的可能城市建设用地交通承载强度并没有呈现台阶式过渡，轨道交通与公交具有相当高的容量重合性。但我国的公交线网密度较低（约3km/km²），又极少具有公交专用道，那么普通公交的城市建设用地交通承载强度约1.8~3.0万人公里/（km²·h）。由于缺乏高密度的公交线路和公交专用道体系，公交承载强度与轨道交通之间才形成了较大的容量落差。

（3）渐进策略的必要性

一个合理的路网，必须实现不同公共交通运输方式之间的无台阶增长，打破交通体系升级门槛。适时升级公共交通体系与道路交通体系也应当成为城市交通扩容的基本策略。本书建议采用循序渐进的交通扩容措施，尽量减少门槛效应的副作用，实现扩容的经济可行性。路网体系对私人交通的改善越明显，当斯定律所起到的作用越大。路网扩容不宜短期过量兴建高等级道路体系，忌用猛药，要善用调理，稳步发展。

9.4.3 我国城市交通结构恶化的部分原因与渐进策略的突破口

（1）我国城市交通结构恶化的原因分析

缺乏公交优先导致的公交运送速度下降，由于线网密度较低导致的公交竞争力下降和对运送速度的苛刻要求，以及公交运营机制、投入不足、线路配置滞后是造成我国城市交通结构恶化的主要原因之一。分析如下：

①运送速度降低的影响

我国城市自行车道数量充足，自行车的出行速度较高。公交运送速度下降会导致竞争距离（$L_{竞}$，在出行距离大于该距离后，乘用公交更省时）迅速增加，公交会迅速失去吸引力。图9-28为非车内时间按9分钟考虑时（此时的公交线网密度为4km/km^2，步行时间为7分钟，平均候车时间2分钟）、自行车平均速度按12km/h考虑时的公交竞争距离变化图。在公交运送速度小于17km/h之后，竞争距离迅速增加。公交优先是保证公交运送速度的必要条件。我国大部分城市的公交运送速度在15～16km/h（表9-7），而实施公交专用道与交叉口优先后一般可以达到20km/h。如果公交竞争距离增加，将导致公交吸引力大幅度下降，这是图9-28所示的竞争距离增加幅度和图9-29所示的自行车与公交出行距离分布决定的。运送速度的降低还意味着公交车辆本身运输效率的下降，导致完成同样的运输任务必须配置更多得车辆，公交公司的运输成本就会迅速提高。运送速度降低带来的乘客减少、运输效率降低就从成本扩大与收入降低两个方面给公交公司造成了巨大的压力。

我国部分城市公共汽车与机动车的出行速度变化　　　　　　　　表9-7

公共汽车行驶速度（km/h）	1976年	1978年	1980年	1982年	1984年	1988年
上海	17.5	16.5	16.1	15.5	15.4	15.1
北京	-	-	17	16	14.5	15
天津	14.3	13.5	13.2	14	13.9	13.7
西安	15.7	15	14.9	14.5	14.3	14.1
机动车速（上海）（km/h）		18.4	17.4	17.6	17.5	15.7
年份（仅指上海）		1986	1987	1988	1990	1992

资料来源：1. 国家七五攻关项目：我国大城市轻轨交通建设的必要性及其技术分析。
　　　　　2. 张春亮. 遥感技术在交通调查中的应用［J］. 交通运输（1992年年会论文专辑），1992（增刊）：45-46.

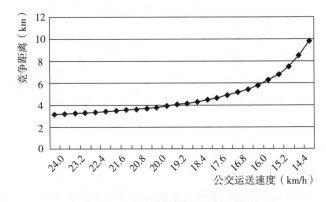

图9-28　公交运送速度与竞争距离的变化

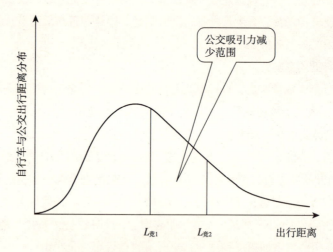

图 9-29　竞争距离变化导致的公交吸引力变化

②公交线网密度不足带来的影响

除公交优先外,还可以通过加密公交线网和减少发车间隔提高公交吸引力,降低达到某一竞争距离的最低允许运送速度。由表9-8可见,如果将公交线路加密,那么容许的最低运送速度($V_\text{竞}$)下降。非车内时间按7.7分钟考虑时(此时的公交线网密度为4km/km^2(双向),步行5.7分钟,平均候车时间2分钟),如果公交要吸引到出行距离为4km的自行车出行者,其运送速度不应低于17.6km/h。如果将候车时间改为1分钟,公交运送速度不应小于16.4km/h;如果将候车时间改为0.5分钟,公交运送速度不应小于15.6km/h。在线网密度为5km/km^2(双向),平均候车时间为2分钟的情况下与线网密度为4km/km^2,平均候车时间为1分钟的情况下,达到4km竞争距离所需要的最低运送速度相同。前者的公交运行车辆数却只有后者的62.5%[计算见式(9.4.3-1)],在达到同样吸引力的情况下,前者的运输成本明显低于后者。双向、轴向的公交线网布局均表现出这一特点:

$$\frac{W_{\text{行}1}}{W_{\text{行}2}} = \frac{\dfrac{L_{\text{线}1}60}{t_{\text{候}1}V_{\text{营}}}}{\dfrac{L_{\text{线}2}60}{t_{\text{候}2}V_{\text{营}}}} = \frac{L_{\text{线}1}t_{\text{候}2}}{L_{\text{线}2}t_{\text{候}1}} = \frac{5 \times 1}{4 \times 2} = 62.5\% \qquad (9.4.3-1)$$

我国的居民平均出行距离一般为3～5km,如果公交要成为主要出行方式,就必须保证最低运送速度。对于一般城市而言,大于6km的居民出行较少,公交不能将吸引乘客的目标锁定在这一范围内。本书建议将竞争距离不大于4km所需要保证的最低运送速度作为实施公交优先与否的关键参数。可根据表9-8列出的条件进行选择。

我国城市一般具有公交线网密度低、线网重复系数高的特点。快速公交的发展需要客运市场(即全市公交出行比例的高低)的培育。建立在合理的线网密度上,发展快速公交是有利的。而建立在低密度基础上发展快速公交也就意味着对近距离乘客市场的放弃。这一部分正是我国目前的公交乘客主体,也是城市发展中微观布局机制的影响主体。

竞争距离不大于 4km 或 6km 情况下的最低公交运送速度　　　表 9-8

项目	公交线网密度 (km/km²)	候车时间（min）		
		2	1	0.5
轴向	1.5	23.6/17.2	21.2/16.4	20.0/16.0
	2.0	19.2/15.2	17.6/15.2	17.2/14.8
	2.5	17.6/15.2	16.4/14.4	15.6/14.4
双向	3.0	23.6/17.2	21.2/16.4	20.0/16.0
	4.0	19.2/15.2	17.6/15.2	17.2/14.8
	5.0	17.6/15.2	16.4/14.4	15.6/14.4

注："/"前为竞争距离 4km 情况下的公交最低允许速度，"/"后为竞争距离 6km 情况下的公交最低允许速度。

我国的公交发展经常呈现公交出行比例较低与公交车辆满载并存的现象。这实际是远距离出行者的无奈选择，买不起小汽车、骑不动自行车是主要原因。目前线路过分的集中现象不仅阻碍了公交吸引近距离出行者，也由于站点通行能力得不足，制约了公交的运力提高。低密度路网使公交在 4~5km 的自行车与公交适合出行距离重合范围内几乎没有任何优势。公交发展轴的培育应当是普通公交线路完善线网基础之上的快速公交体系培育，而不是建立在普通公交线路过分集中基础上的快速公交体系建设。

③公交拥有率的影响

杭州市 1997、2000 年公交出行比例为 8.7%、22.2%，南京 1997 年为 8.2%，1999 年为 20.95%，而苏州、天津的公交出行比例均在 10% 以下，同时这些城市的规模又在 100km² 以上。公交车辆拥有率似乎也可以解释部分原因，公交拥有率的作用可从表 9-9 看出来。提高公交拥有率不但意味着增加线网密度、降低步行时间，还意味着候车时间的降低、停站时间的减少。

比较城市的公交车拥有率　　　表 9-9

年份	人均公交车辆（标台/万人）		
	天津	南京	杭州
1997	5.1	8.4	8.3
1998	6.5	9.7	9.8
1999	7.9	10.7	11.4

④公交线路配置滞后于城市建设的影响

由于路网规划原因，造成公交站点与线路配置的难度加大，往往导致公交线路配置落后于城市开发。因此前文讨论过的轴向发展模式就会因为公交线路、站点配置的滞后而泡汤。同时公交线路也不是开发公司所能提供的，因为开发商更倾向于依托个体交通的圈层式开发。

⑤经营体制与经济发展水平方面的原因

公交公司一般为大型国有企业，因此体制原因必然给公交发展带来影响。我国的公交发展往往出现运力不足与公交企业亏损并存的现象，即在车辆载客量较大的情况下出现亏损。那么票价就可能成为主要原因之一，而票价又与经济发展水平相关。目前的收费方式基本不需考虑乘距，乘客的近距离公交出行比例又较低，那么实际上公交行业放弃了有更多利润的近距离公交出行者，这很可能是公交企业利润较低的主要原因。必须承认我国城市居民收入的不断提高为公交的发展提供了有力的经济支撑。如果这一点不成立，那么发展轨道交通也就更缺乏足够的经济支撑。

（2）交通结构恶化并非不可逆转

$100km^2$ 规模以上城市公交出行比例的分散现象说明公交服务水平在这一阶段对交通结构的作用比较明显。建成区为 $100km^2$ 的城市，平均出行距离在 3km 左右，城市半径约 6km，基本在自行车半小时的出行距离范围内，是居民在不购置机动化交通工具情况下所能接受的。建成区 $100\sim200km^2$ 的城市由于城市半径增加较多，公交的吸引力增加，居民购置私人机动化交通工具的愿望与需要增强。一个城市在进入特大城市规模之后，城市的交通结构将进入分化期。这一时期公交客运市场较大，公交发展水平可以对城市交通结构起到重要作用，该时期成为城市交通结构转换的关键阶段。从另一方面来看，我国私人交通的机动化迅速发展，自行车转向公交还是转向私人机动化交通是我国特大城市都必须面对的问题。

公交线网密度的不足提高了公交对竞争运送速度（$V_\text{竞}$）的要求，公交优先政策与实施措施的缺乏又导致运送速度不断下降。再加上公交拥有量的不足和线路配置与城市开发的脱节，就造成了自行车全程出行速度始终快于公交的不利局面。我国的城市布局在很大程度上是由慢速的自行车交通方式决定的，而这一结构体系并不排除促进公交出行比例提高的可能性。

目前，我国的小汽车拥有率还比较低，城市郊区化现象的重要表现之一就是中低收入者的居住外迁。而这些居民目前所能利用的廉价交通方式为公交和自行车。自行车已经不适合这些居民的出行距离，这就为发展公交，引导城市布局提供了契机。以北京市为例。[14] 北京目前的城市建设，实际上是在 20 世纪 80 年代的基础上摊大饼。北京市政府斥巨资建设的 14 个卫星城人口增长非常缓慢。远郊区住宅的房价虽然便宜，但路程太远，大多数公交车都不能到达，能到的几路车经常很早就收车了，根本不能适应日常居住的需求。北京公交总公司将新购置公共电汽车 2500 辆，开辟新线 50 条，调整延长 50 条以上。新开通的小区线路，主要集中在良乡、大兴、黄村等京郊新兴房地产小区。而望京、回龙观等京郊社区已经成为北京新的人口稠密居住点。公交必须及时优化现有线路配置，才能满足这些小区居民的出行要求。在郊区化过程中，私人机动化交通大量发展之前，我国的公共交通将有机会得到大幅度改善。

由于轨道交通建设资金大，建设周期长，城市所承担的风险大。因此改善普通公交体系，加大线网密度，实施公交优先，完善经营体制，提高公交拥有率是我国城市交通发展急需解决的问题；普通公交体系的改善应当成为我国多数城市改善交通结构的重要突破口。

9.4.4 基本策略：干预道路资源配置，优化交通结构

交通结构恶化的实质是交通资源配置①的低效（图9-30）。交通资源配置是影响城市交通结构与路网运输效率的关键因素，只有将有限的交通资源配置到有效交通方式中（交通结构优化），路网才有可能发挥出最高的效率。如果缺乏合理的交通结构，合理的城市布局也就难以实现。

图9-30 公交车在车辆混合情况下的运行状态

（1）不同交通方式间的道路资源配置分析

要想找到改善公共交通的办法就必须了解公共交通优先发展的充分与必要条件。在单位时间内公共交通可以利用单位道路面积完成较大的客运周转量，其效率远远高于私人交通，这是世界各国强调优先发展公共交通的理论依据。而某一事物的优先发展必须建立在两个基本原因上：首先，这一事物的发展必须有助于解决社会问题，有助于提高社会效率与生活质量；其次，这一事物具有脆弱性②，不能自发健康发展。高效性、脆弱性构成了发展公共交通优先发展的充分与必要条件。高效性广为人知，脆弱性却无人提及。希望借用这一简洁的词语，使人们从思想上进一步认识并重视公共交通的优先发展政策。

（2）公共交通的脆弱性与公交优先的必要性

公共交通③与私人交通④的运输特性存在很大差别。在运送方式方面，公共交通一般按固定的路线、站点接送乘客，而私人交通具有"门到门"的特点；在经营方面，公共交通往往需要一个企业来经营；在成本构成方面，公共交通基本投资大，更强烈地依赖规模经济。

---

① 路网交通资源的配置主要包括以下两种方式：计划干预、市场调节。城市道路在很大程度上是作为公共物品来提供。如果政府只负责建设道路，对道路的使用权不进行干预，那么不同交通方式对道路资源的利用就会通过不同交通方式之间的道路时空争夺来实现。影响争夺结果的是市民的经济收入、不同交通方式的交通效用比较，是一种市场调节行为。如果政府对道路使用权进行干预，比如确定公交专用道路、车道、自行车专用道等，则属于计划干预。

② 脆弱性是指一种事物和另一事物相互竞争中，在外界因素变化时比另一事物更容易受到不利影响。

③ 本节所指的公共交通包括公共汽（电）车、轻轨交通、地铁，不包括出租车。

④ 私人交通主要指自行车、摩托车、小汽车这三种交通方式。

①交通拥挤的影响

公共交通在私密性、舒适度方面与私人交通的巨大差异会随乘客拥挤程度的增加而迅速增加,这是促进人们使用私人交通工具的主要原因。这里着重讨论道路拥挤所引发的车速变化对公共交通发展的影响。

公交乘客的出行成本包括时间成本（C_{T1}）与运输成本（C_{Y1}）；出行时间构成包括到站时间（t_1）、运送时间（t_2）、离站时间（t_3）；私人交通的运输成本包括时间成本（C_{T2}）与运输成本（C_{Y2}）。假设公共交通与私人交通的出行成本差值为 C_{12}，那么 $C_{12}=(C_{T1}+C_{Y1})-(C_{T2}+C_{Y2})$。街道外交通方式,如地铁、轻轨一般不存在其他车辆对它的干扰,所以这里只讨论街道内公共交通。在道路车速下降时,如果公交没有优先权,其车速会由于停靠次数较多而比私人机动车降低幅度更大,但为了便于比较,认为二者所受的影响相同。那么下一步任务就是讨论车速对出行时间成本的影响。假设目前的车速使公交完成单位客运量的利润达到最大,此时发生交通拥挤,车速下降。假定道路平均车速下降为原来速度的 $1/N$，N 大于1。如果公共汽车不具有优先权,那么在道路上运行的公共汽车与私人小汽车的行驶速度都会减少到原来的 $1/N$。运用公式 $T=2L_{线}/(V_{营}\times W_{行})$（式中 T 为公共汽车发出间隔时间,$L_{线}$ 为城市公交线路长度,$V_{营}$ 为运营速度,$W_{行}$ 为运营车辆数),结合公交运行的不同改善措施,计算结果见表9-10。可见车速下降使 C_{12} 具有变大的趋势。

在公共汽车无优先权情况下车速下降给公共汽车与私人汽车出行时间带来的影响 表9-10

交通方式	车辆运营成本	时间成本			变化因素
		候车	行驶	步行	速度变为原来的 $1/N$
小汽车	M	无	N	不计	速度变为原来的 $1/N$
公共汽车	M	N	N	1	速度变为原来的 $1/N$，$L_{线}$、$W_{行}$ 不变
公共汽车	NM	1	N	1	速度变为原来的 $1/N$，$L_{线}$、T 不变

注：以该交通方式变化前的出行时间构成为标准进行比较；由于车速变化带给公共汽车与小汽车的车公里成本增幅接近,假定为 M，$M>1$。

上述分析同样适用于摩托车。在与自行车的竞争中,公交也同样处于不利地位。我国城市一般采用机非分行的道路断面,且目前我国的自行车拥有率已基本达到饱和,自行车车速基本恒定。所以机动车车速下降导致公交的出行时间进一步大于自行车,人们更趋向于使用自行车。

如果一个城市加大交通设施投资,提高道路服务水平,由于公共汽（电）车本身设计车速低,停靠频繁,道路车速的增加给公共汽（电）车带来的收益比小汽车和摩托车小的多。公共交通与小汽车的运输成本差别 C_{12} 仍然趋于增加;公共交通车速的提高,使它与自行车的运输成本差别 C_{12} 趋于减小,吸引力增加;对于地铁、轻轨等街道外公共交通,由于街道内车速提高使私人交通出行时间减少,会造成乘客向私人机动化交通转移。因此公共交通的发展必须建立在发生一定程度的交通拥挤而公交自身较少受到影响的前提下。否则，公交乘客就会越来越少，公交运行车辆随之减少，公交占用的道路资源也就会不断降低。

②城市布局变化带来的影响

公共交通与私人小汽车对用地布局的要求之间存在矛盾。英国的交通规划与城市规划专家在20世纪70年代对公共汽车与城市居住密度的研究得出了如下结论：对于同样人口规模的城市，提高人口密度会促进公共汽车出行比例增加。而轨道交通也会由于城市人口密度的下降导致乘客数量减少，规模效益下降。大容量快速公共交通系统对城市布局的高度依赖性，使私人交通机动化所带来的城市低密度发展对其影响极为不利；另外大容量快速公共交通往往还必须依靠其他交通方式与其换乘（尤其是普通公交）来增加乘客，实现规模经营。所以小汽车发展对普通公交的不利影响也会转移到大容量快速公共交通上来。而且城市布局一旦形成，很长时间内将难以改变，城市布局对城市交通方式选择的影响具有长期性。

③交通成本构成的影响

对私人交通来讲，其成本[①]为购置交通工具与取得使用权所需的费用、日常保养、油料等费用，具有出资费用低（家庭可以实现）的特点；私人交通工具的购置费用、使用寿命、使用情况具有较高的可知性，购置行为本身就决定了它的经济性，因此其发展具有社会自发性。对于公共交通来讲，其成本为系统建设和购置费、日常运营费，完成一定客运周转量是实现经济运行的关键。大运量公共交通的基本费用在成本中所占的比例较大，实现赢利并回收成本的难度大、周期长。这就决定了公共交通投资的高风险和非社会自发性。

④经营体制的影响

人们在使用私人交通时会自发按最佳经济原则运行，而公共交通则需要组建运转机构，这是影响公共交通发展的重要因素。为了促进私人交通向公共交通转化，为了解决流动人口和无能力使用私人交通的人们（比如儿童、老人、残疾人）的出行问题，为了减少交通问题与环境影响，城市政府必须保证公共交通的正常运行，往往对公共交通企业采取财政补贴措施。如何补贴，补贴多少，如何评价企业效益与效率成为公交企业运行机制的难题。

综合上述分析，可以用图9-31表示公共交通在交通拥挤、城市布局、成本构成、运行机制四个方面存在的薄弱环节。这四个环节造成公共交通良性发展的局面难以形成并难以维持。

(3) 我国公共交通优先发展政策的制定原因与实施情况分析

期望公共交通发挥多大作用就必须使之占有相应的交通资源。公共交通优先发展政策是"计划干预市场，调节市场失效"在交通领域的具体表现，这是优先发展公共交通的根本原因。

① 20世纪90年代以前的政策与措施分析

[①] 这里的交通成本不包括交通问题所带来的社会成本。

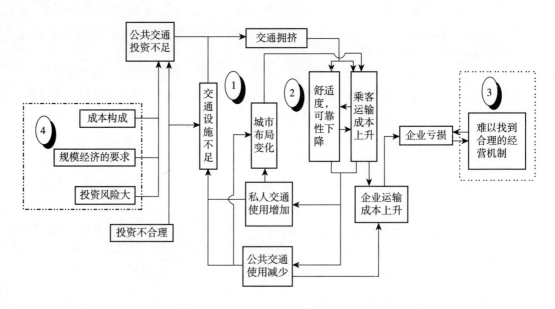

图 9-31 公共交通发展的影响因素分析简图

城市基础设施投资不足是我国 20 世纪 80 年代末以前城市交通问题产生的根本原因。1954~1965 年全国城市道路长度和面积分别都有较大的增加，而同期的汽车增长比较缓慢，因而城市交通比较畅通。但之后的"非常岁月"使城市道路建设缓慢发展，同期的城市机动车保有量却增长迅速。许多城市青年奔赴乡村边疆插队落户，因而城市交通并未出现较大的供需矛盾，但日后的大规模返城加重了这一问题。在这一时期，公交投入不足和运力不足致使公交乘客拥挤加重，并出现自行车出行比例过大和承担过长距离出行的问题，严重影响了居民的工作与生活。因此，国务院在 1989 年制定的产业政策中，选择了与人民生活密切相关的供水、排水、公共交通作为优先发展行业。接着建设部制定了《城市公共交通当前产业政策实施办法》，从经济、法律、行政的手段在投资、金融、价格、税收等方面提出扶持公共交通的措施。此后国务院颁发的《关于加快第三产业的决定》将包括城市公共交通在内的第三产业的重要性提高到一个新的高度。

这一时期的公共交通优先发展政策是对计划经济下"重生产、轻生活"的投资结构失误的补救，城市公共交通优先发展的目的在于解决公共交通拥挤问题。主要措施集中在依靠政府增加公交企业投入方面，辅助措施为公交经营体制改革。但在这一时期，我国的公交企业作为半福利性的国营企业，投资主体为城市政府，票价不足以弥补运营成本，其生存依赖政府补贴。如果今年企业提高效率，也就意味着明年减少补贴，所以企业缺乏提高效率的内在动力。

② 20 世纪 90 年代以后的政策与措施分析

1995 年 11 月，建设部、财政部、中国人民银行、世界银行和亚洲开发银行在北京联合主办了"中国城市交通发展战略研讨会"。研讨会对中国城市交通运输发展的一系列战略问题达成了高度共识，并通过了由世界银行起草，五家单位共同主编的总体性文件——《北京宣言：中国城市交通发展战略》。宣言在四项原则与八项行动中对城市交通的目的、公共交通优先发展的措施与建议进行了阐述，标志着我国从理论方面对城市公共交通优先发展政策认识的全面加深。

20世纪90年代至今，由于经济增长和社会生活水平提高，我国的私人机动车拥有量迅速提高（图9-32，图中把1985年的城市交通用地和私人机动车拥有量作为比较标准），城市化也进入快速发展期，但私人交通尚未对城市布局结构和交通结构发生重大影响。我国的城市土地制度改革为城市交通建设开辟了巨大的投资来源，交通需求与道

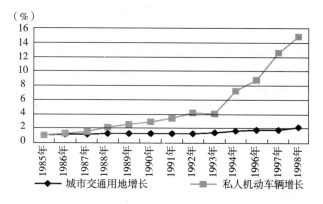

图9-32 中国大城市私人机动车与城市交通用地增长比较

路设施提供之间的缺口有所缓解。我国的企业制度不断完善，公交公司的经营体制也不断变化，不断有社会投资投入到公交领域。所以在机动化水平大幅度提高之前，我国公交发展出现了可喜的局面，比如杭州1997、2000年公交出行比例为8.7%、22.2%，南京1997年为8.2%，1999年为20.95%。但这些变化主要是在私人交通向机动化转型之前，由交通设施投入、公交车辆增加与性能提高、企业机制改革、城市规模扩大所造成的平均出行距离增加引起，是公共交通从自行车出行吸引客源的过程。只能说这段时期基本解决了投资与经营体制问题，公交优先还有待深化。

③今后的发展与政策取向

私人机动车的增长速度与城市道路面积增长速度的巨大差异（图9-32）将造成机动化私人交通与公共交通在城市布局变化、城市道路空间使用层面的竞争加剧，今后面临的问题是如何使公共交通能形成足够的竞争力。保证公共交通的运送速度、运输质量成为公共交通发展的关键。我国将全面克服公共交通在交通拥挤、企业经营、建设投资与用地布局方面的四个环节的脆弱性。只有全面实施公交优先措施，合理引导城市布局，保证公共交通具有有利可图的基本平台，才可能调动社会资金并建立合理的企业机制。

(4) 合理配置道路资源的建议措施

①道路资源总量确定

a. 时空消耗概念下的路网交通容量计算

在配置路网资源之前，应当确定交通设施供应总量。时空消耗概念下的路网交通容量计算是一种科学、实用、有效的测算方法。所谓时空消耗，则指交通个体（如车辆）的时空消耗，并且主要是指交通个体所占的动态面积及所花费的出行时间。李朝阳、王正[15]根据城市交通广义容量概念，建立了城市道路设施资源供需、机动车规划年限制保有量、路网时空饱和度、路网机动车交通流承担及路网等级结构模型，并将所得结果运用于南京城市交通规划等多项具体工程。王春生[16]采用该方法对沈阳市的现状路网交通容量进行了计算（表9-11）。

沈阳市现状路网交通容量计算表　　　　　表9-11

项目		符号	自行车	机动车			
				快速路	主干路	次干路	支路
有效运行面	道路净面积（万 m²）	S_i	843	61	384	145	141
	车道修正系数	R_2	1.0	1.0	1.0	1.0	0.9
	路线使用频率系数	R_3	0.9	1.0	0.9	0.8	0.7
	路线干扰修正系数	R_4	0.9	0.9	0.8	0.8	0.7
	道路有效面积（万 m²）	A_i	682.8	54.9	276.5	81.2	62.2
有效运行时间	高峰计算时间（min）	T	60	60	60	60	60
	交叉口影响系数	R_5	0.7	0.8	0.8	0.6	0.6
	有效运营时间（min）	T_i	42	48	48	36	36
时空消耗	动态面积（m²）	a_i	7	125	105	85	65
	出形时耗（min）	t	25.8	37	37	37	37
	延误修正系数	R_9	0.8	0.65	0.65	0.65	0.65
	时空消耗（min·m²）	C_i	144.5	3000	2525	2044	1565
路网广义容量	i 类路网广义容量（万辆）	N_i	198.46	0.88	5.26	1.43	1.43
	路网极限广义容量（万辆）	$N_极$	198.46	9.00			
	道路等级修正系数	R_i	0.85	0.75	0.80	0.85	0.90
	路网设计广义容量（万辆）	$N_设$	168.69	7.37			

陈春妹在其博士论文中对路网容量进行了深入研究，认为截止该作者研究之前，还没有任何方法可以准确地计算出城市路网的机动车容量。该论文以前人的研究为基础，对路网的交通流特性进行分析，认为确定路网容量的最短度量周期及影响路网容量的关键因素。

b. 交通设施用地承载强度法

本节拟结合前文提出的路网运输效率概念分析交通设施的总量配置进行，并借用沈阳市的数据进行比较、验证（表9-12，机动车按标准小汽车进行计算）。

交通设施用地承载强度法计算表　　　　　表9-12

类别	自行车	机动车			
		快速路	主干路	次干路	支路
通行能力（辆/h）	800	1500	700	500	400
车道宽度（m）	1	3.5	3.5	3.5	3.5
交通设施用地承载强度（万车公里/(km²·h)）	0.8	0.43	0.2	0.14	0.11
道路有效净面积（km²）	682.8	54.9	276.5	81.2	62.2
平均出行距离（km）	3	10			
路网容量（万辆）	182	9.63			

还可以采用城市建设用地容量法进行计算。表9-13为交通需求强度计算表，表9-14为道路用地比例计算表。计算结果为该交通结构与平均出行距离情况下所需要的道路用地比例（人行道:车道面积=0.3:1），道路使用的不均匀系数按0.8考虑。

交通需求强度计算表   表 9-13

交通方式	步行	自行车	出租车	公交	小汽车
出行比例	25%	50%	5%	10%	10%
平均出行距离（km）	1	3	5	6	8
平均出行次数（次）	2.8				
高峰小时出行比例	20%				
人口密度（万人/km^2）	1				
高峰持续时间（h）	1				
交通需求强度（万人公里/(km^2·h)）	0.14	0.84	0.14	0.336	0.448
交通需求强度（车公里/(km^2·h)）	—	0.84	0.13	0.007	0.298
				0.438	

道路用地比例计算表   表 9-14

类别	自行车	机动车			
		快速路	主干路	次干路	支路
通行能力（辆/h）	800	1400	700	500	300
车道宽度（m）	1.2	3.5	3.5	3.5	3.5
交通设施用地承载强度（万车公里/(km^2·h)）	66.7	40	20	14.3	8.6
道路等级结构	1	1	3	3	6
车道条数	4	4	6	4	3
交通设施用地综合承载强度（万车公里/(km^2·h)）	66.7	16.24			
道路用地比例	1.58%	3.37%			
道路用地比例（合计）	6.4%				

如果提高私人机动车的出行比例，比如提高到 20%，自行车降到 30%，公交提高到 20%，那么所需要的道路用地比例为 8.8%。如果将小汽车的出行比例提高到 30%，自行车降到 20%，公交提高到 30%，那么所需要的道路用地比例为 11.3%。上述仅为计算范例，许多参数需要从交通调查资料中选取，但计算表明交通结构是决定城市交通需求强度与交通用地比例的关键因素。

②道路资源总量的增加

段里仁指出"调节交通的微循环体系，即支路和胡同，也是城市交通系统中的一个重要方面"。[2]对于旧城来讲通过加大路网密度，而不是单纯依靠建设高等级道路、加宽道路来解决路网扩容问题是必然选择。如果将这一体系妥善利用起来，将增加几倍的运量。因此加密干路的同时，合理利用支路体系，是路网扩容的必然选择。

自行车具有噪音小、速度慢的特点，是与环境、行人最能密切结合的交通方式，完全可以布置在支路体系与次干路体系内。可以采用第 7 章提出的路网分流模式，也可以采用第 7 章提出的断面分流改良模式，还可以利用支路体系加密公交线网，提供公交专用路和专用道，或者在自行车从城市主干路分离出来之后，将自行车道改变为公交专用道，那么公交运力可以大幅度提高。机非分流，加密公交线网，加大公交专用道密度、公交专用路密度，通过自行车向街区内道路和理索取道路空间，扩大城市交通用地比例是路网扩容的基本策略。自行车不应当退出历史舞台，应当在近距离出行与大运量公共交通的接驳中充分发挥作用。

③道路资源配置方法及出发点

公交优先是针对街道内公交，即公共汽（电）车而言的，从广义上来讲还包括其他实际载客较多的大客车。制定这一政策的目的在于为效率较高的交通方式提供道路使用优先权，改变公共汽车与其他车辆同生共死的局面，减少交通拥挤给公交运输成本和运输质量带来的影响，其实质是保证公交完成期望交通任务所应至少占有的道路空间与行驶条件。公交优先通常采用如下措施：

a. 公交专用道的设置

本书建议采用低效交通方式完成单位客运周转量的道路空间消耗作为公交道路资源配置的标准。这样道路资源配置也就变得十分简单。比如城市可能提供的道路用地比例为 R，在期望交通结构下，公交完成的客运周转量占总量的比例为 $R_{交}$，那么公交需要的道路资源 $R_{交道路} = R \times R_{交}$。然后可以根据这一指标配置公交专用路、专用道以及混合道路。由于公共交通的运输效率高，在完成各自的运输任务时，公交的道路资源总处在非饱和状态，公交的运送速度也就得到了保证，从而具有很强的竞争力（公交专用道所能起到的交通运输改善效果见图 9-33、图 9-34）。

城市干路上一条机动车道的通行能力约 800～900 辆/h，假定私人小汽车每车 1～3 人，那么其城市道路用地承载强度为 0.228～0.771 人公里/($m^2 \cdot h$)。如果公交专用道每辆车的乘客数量按 60 人考虑，每小时如果能够通过 45 辆公交车，那么公交专用道的运输效率就会超过私人小汽车，其城市道路用地承载强度为 0.771 人公里/($m^2 \cdot h$)。如果采用公交专用道的运输效率高于自行车道作为判断标准，那么如果公交专用道每辆车的乘客数量按 60 人考虑，每小时如果能够通过 50 辆公交车就可以设置公交专用道。在道路车流量较低的情况下没有必要设置公交专用道，因为在这种情况下，设置公交专用道

图 9-33 城市干路公交专用车道设置后的运输效果

图 9-34 高速公路/城市快速路公交专用车道设置后的运输效果

并不会对提高公交车速起到明显作用。

道路车道数量也必须作为主要考虑因素之一。如果一条道路为单向2车道,提供一条公交专用道也就意味着每条其他车道的交通压力增加1倍;如果一条道路为单向3车道,提供一条公交专用道也就意味着每条其他车道的交通压力增加0.5倍;如果一条道路为单向4车道,提供一条公交专用道也就意味着每条其他车道的交通压力增加0.33倍;如果一条道路为单向5车道,提供一条公交专用道也就意味着每条其他车道的交通压力增加0.25倍。对于交通量较大、车道数较少的道路来讲,提供公交专用道将引起道路的严重堵塞。

图9-35[17]为国外学者对公交专用道设置条件的分析。我国学者也对此进行了较多的讨论,各城市应当结合自身的实际情况确定设置公交专用道的基本条件。对于多车道道路,应当在路网规划之初就确定公交专用道的设置,并与TOD发展策略相结合。

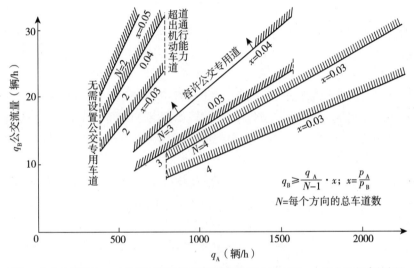

假设:公交专用道在$q_B \geq 200$辆/h时需要设置;车道通行能力800辆/h;q_A指小汽车乘客当量。

图9-35 国外学者得出的交通量与公交专用道设置需求的基本关系

b. 交叉口的公交优先

如果采用延长交叉口红绿灯的方法提高道路通行能力,不对公交给予交叉口优先,那么公交专用道的在提高公交速度方面的作用将大幅度降低。交叉口公交优先的判断标准为:采取公交优先是否有助于降低按客运量计算的总延误时间。但目前我国的交叉口延误计算,往往以车辆为计算单位,交叉口的公交优先应"以人为本"。

c. HOV 优先[18]

HOV(High Occupancy Vehicles)即"高占有率车辆",指载客数多的车辆。美国等交通发达国家为减少道路交通拥挤程度,保护环境质量,节约资源,往往为载客人数较多的车辆(HOV)提供道路交通优先权。将HOV优先引入城市交通规划管理是顺利推行我国发展汽车产业政策的需要,是实现城市道路可持续发展的需要,也是城市用地集约化配置的需要。加利福尼亚州的第一条HOV车道建于1976年,是将桑塔·蒙妮卡(Santa Monica)道路上一条已有的常规车道转变为 HOV 车道。作为 HOV 车道的第一个试验地，这条偶有堵塞的高速公路随即变成了一个大停车场——车辆严重堵塞，司机个个火冒三丈。最后，在公众的压力下，政府部门不得不将该车道恢复原状。经历了这一次教训后，人们认识到，不能从一条交通原来就已接近饱和的道路上抽取一条车道来作为 HOV 车道，HOV 车道最好是新增车道，同时应广泛加强对 HOV 的宣传。从此以后，HOV 车道一般只在新增车道或新建道路上实施。到 1980 年代中期，由于 HOV 优先的作用被广泛认可，HOV 优先设施在各个地区得到了快速发展。到现在，仅北美就有 40 多个城市的 HOV 优先规划已付诸实施。

现在国内不少城市已开辟了公交专用道，但经常发生公交专用道上空空荡荡，周边车道上车辆挤得满满当当的现象，公交专用道的空置率高，利用率低。可以考虑像国外城市一样允许其他 HOV 使用部分公交专用道。

d. 分流模式在优化道路资源配置中的作用

第 7 章的平面分流模式构建了机动车、公交、自行车三套相对独立的交通体系。这三套体系在运行中发生相互干扰的可能性较小。该体系可提供的自行车路网密度、道路比例与当前的路网差不多。当前我国的自行车拥有量、利用率基本达到饱和。建议路网模式可以满足未来的自行车出行需求。但建议路网的公交线路网密度较高，容量大，与现有路网模式具有较大差别。如果再提供部分快速公交线路，会进一步增强公交体系的运行效率。

最有可能发生堵塞的体系是社会机动车体系，该体系的拥堵会降低私人机动车的使用收益。而建议路网模式中的公交专用体系（中速高效间歇式）、自行车专用体系（慢速中效连续式）所使用得道路体系并不适合私人机动车（快速低效连续式）运行，所以并不存在私人机动化交通争夺公交、自行车交通空间的原动力。因此建议的分流模式在路网规划之初就确定了道路资源配置，为交通结构优化起到了积极的促进作用和保障作用。

e. 道路资源配置的出发点

"以车为本"的道路资源配置，在道路建设完毕后，并不需要计划干预，而"以人为本"则需要积极的计划干预。2003 年 2 月由建设部和公安部在北京联合召开的"畅通工程"总结部署电视电话会上，建设部副部长仇保兴深入阐述了优先发展公共交通政策在改善城市交通中的重要性，并特别强调："绿色交通"是指在城市交通发展中坚持公共交通优先发展战略，构造畅通、快捷、安全、环保的城市交通系统，促进城市交通的可持续发展。"公交优先"思想是"绿色交通"理念的核心。"公交优先"实质就是"百姓优先"。可以说我国对公交优先的认识正在不断深入，如果在道路资源配置中"以人为本"，我国城市交通结构将会逐步走向合理。HOV 的执行原则与公交优先类似，即效率优先，提高道路系统的运行效率。HOV 车道第一个试验的教训告诫我们：减少已被某个群体占用的道路资源是一件非常难办的事情。道路资源配置应当从道路投入使用之初开始，应当用合理的道路资源配置维持合理的交通结构，而不是依靠维持合理的交通结构来实现道路资源的合理配置。也就是说宁可让应当分配给高效交通运输方式的道路资源利用不足，也不允许低效运输方式对道路资源的肆意占用。

9.5 城市结构单元的路网组织结构分析

合理的城市布局结构为多中心加轴向发展模式和多中心模式。城市中心区、发展轴、居住区构成了城市的基本构成要素，本节将对这些要素的路网结构进行分析，并构建城市路网的整体模式，借此在城市层面展开具有较大时间、空间跨度的路网宏观组织结构分析。

9.5.1 中心区路网组织结构分析

伴随着城市化的迅猛发展及新一轮城市总体规划的调整，我国城市不仅面临城市规模的不断扩大，而且正面临城市内部的功能调整。城市用地结构变化主要集中在两个方面：城市郊区化及城市中心区的整治。城市郊区化推动人口和产业的外迁，为城市中心区产业结构的重组与功能的优化创造了的条件。城市中心区一般位于城市的几何中心，是城市发展历史最长、土地使用强度最高、公共活动强度最大的地区，城市中心区的发展面临环境、人口的一系列压力，其中如何建立高效、便捷的城市交通系统是目前各大城市面临的最为严峻的问题。所以，有必要结合城市中心区的特点研究切合实际的交通发展模式，为城市中心区的更新乃至 CBD 的建设创造良好的外部条件。

（1）城市中心区常见的路网组织模式

国外大城市的城市中心区在形态上越来越趋向以下模式：中心区由环路包围，内部实行步行化及低速化，放射干线止于环路，在放射干线与环路交接处设置停车场，停车场与公交线路和通向城市中心的步行商业街相连。比如国外的中等城市考文垂和小城市 FORT WORTH。考文垂和 FORT WORTH 的路网模式可以用图 9-36 表示。这也是我国目前比较常用的中心区交通组织模式。如果城市中心区面积较大，则演变为图 9-37 的中心区保护壳模式。

应当指出，这种环状形态的规划模式对不同规模的城市中心区会取得不同的效果，在城市中心区的发展到已经脱离传统 CBD，开始出现现代意义上的 CBD 的新阶段的情况下，这种规划模式是否需要改进，特别是如何指导我国城市中心区的发展，还需进一步探讨。我国不少城市的中心区还处于传统 CBD 的初级发展阶段，应当有意识地结合现代 CBD 的建设，优化城市中心区的空间结构，同时采取有针对性的交通政策，引导需求，使城市中心区交通压力得到合理疏解。对我国多数中心城市而言，城市中心区用地规模不大，交通问题目前并不十分尖锐，但应预见到在即将到来的城市化快速增长阶段，中心城市作为吸纳新增城市人口的主要空间，交通问题可能激化。中小城市中心区主要集中有政府机构、农贸集散市场和商业

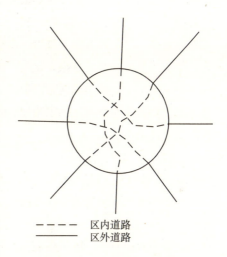

- - - - 区内道路
———— 区外道路

图 9-36 中心区保护壳模式 1

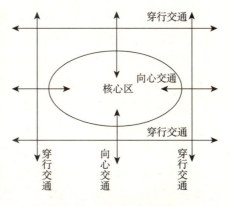

图 9-37 中心区保护壳模式 2

零售设施,非机动交通占绝对优势,可借鉴哥德堡(Gothenburg)的规划模式,争取在城市化高峰期到来之前确立公交的主导地位。

改善城市中心区交通的最著名的例子是瑞典哥德堡的交通改善规划。哥德堡城市中心区被划分为五个分区,每一个分区被外围环路包围,机动交通严格限制进入,只能由环路绕行,只有公交及有轨电车才能穿越城市中心区,但只能从环路上的固定出入口通过。每个分区的环路周围设有5000车位的停车场,人们可以通过步行系统或自行车专用道到达那里。通过这种措施,城市中心区的机动车交通量下降了70%,过境交通由以前的50%下降到几乎为零,交通事故下降了20%,噪声降低了9%,同时避免了一项规模庞大的城市中心区道路建设计划。由于人的交往空间得到了保护和增强,商业零售及娱乐业增长了66%。

(2)我国城市中心区应采取的措施

①我国城市中心区的交通问题分析

我国学者对成都、洛阳、广州、北京、南京、哈尔滨等城市的城市中心区的交通问题进行了大量研究。与西方发达国家相比,我国大城市中心区的交通问题具有自己的特点:一是西方国家城市中心区职能比较明确,工作出行占绝对优势,而我国城市中心区出行构成较为复杂;二是西方国家城市中心区出行方式基于机动化,几乎被小汽车和公共交通平分,而我国非机动交通占很大比重,出行方式由自行车、步行、公共交通三分天下;三是西方国家城市中心区交通网络已形成立体化、专用化,而我国大多数城市仍为平面化、混合形态;四是与西方发达国家相比,我国的交通设施供给水平仍较低;五是我国的交通管理手段还比较落后。

②建议采取的措施

第一,对于我国的大城市,尤其是特大城市而言,单纯通过划定步行区的手段,而不与城市中心区空间结构的调整相结合,无益于城市中心区交通问题的根本缓解。因此城市布局的宏观调控和建设规模适当的城市中心区是城市合理发展的首要条件,但也不能忽视城市竞争力对城市中心区规模的基本要求。

第二,还需要对城市中心区进行空间结构调整,按功能差异划分为中心商业区和中央商务区(CBD)并实现两者的空间适度分离。这是因为中心商业区的交通特征以低速交通方式为主,强调人际交往;而中央商务区是相对独立的交通单元,强调交通效率。针对这种特征差异,中心商业区应实行步行化、低速化的再设计,限制通过性交通。而中央商务区不但要解决可达性问题,而且要解决可达效率,可通过增加快速干道及停车设施的供给量提高机动化水平,同时注意机动、非机动交通方式在空间上的分离。

第三,需要加大道路设施的投资力度,提高道路设施的供给水平。西方大城市普遍放弃了大规模城市快速路的建设计划,代之以大力发展公共交通的政策,"公交优先"在我国也成为解决城市交通问题的主导方针。但应看到,西方大城市是在城市道路供给量达到一定水平,单纯继续增加道路供给量并不能更大效率地解决交通问题的前提下,才放弃这一政策,转而发展以轨道交通为主的公共交通。而我国面临城市道路供给不足的现实,单纯通过交通方式的调整、交通组织的变化并不能有效地缓解交通拥挤的现状。

所以，继续下大力气进行城市道路设施建设，通过交通管理提高道路设施的供给水平、服务水平是首先要解决的问题。

第四，城市中心的步行化、机动交通的疏解不能以降低中心区可达性和出行舒适度为代价，必须在大力发展常规公交的基础上有选择地重点发展城市轨道交通。

（3）城市中心区的合理路网密度讨论①

发达国家城市中心区路网密度平均为 $20km/km^2$，道路用地占建设用地的比例高达 25% 以上（东京为 15%，纽约为 23%）。我国《城市道路交通规划规范》规定的指标为 8%~15%，多数城市达不到这个标准，一般为 5% 左右，北京也仅为 11%。以纽约为例，曼哈顿 CBD 主要分布在该区内曼哈顿岛上的老城（Downtown）、中城（Midtown），著名的街区是格林威治街和第五大街。图 9-38 是曼哈顿的路网与建筑布局，林立的高楼与致密的路网是该区的主要特点。我国的《城市道路交通规划设计规范》对城市中心区的路网密度提出了建议，建议城市中心区的路网密度应达到 $12~16km/km^2$，一般商业区的支路网密度宜为 $10~12km/km^2$。第 7 章已经证明高密度路网模式具有通行能力高、沿街面多、便于路网分流等优点，在同样道路面积的情况下可以使道路运输效率提高 20% 左右，加大城市中心区的路网密度是合理组织城市中心区交通组织、提高用地效率的基本保证，也是建设布局紧凑、适于步行的中心区的基本条件。

图 9-38 曼哈顿的路网模式

（4）建议路网模式的实施过程分析

第 7 章讨论了 11 种路网模式，其中路网模式 5、6 是最适合城市中心区的路网模式，其次为路网模式 2、3、7。路网模式 5 可以提供大量的沿街面、较高密度的公交线网，具有路网分流能力。可提供 30% 左右的道路用地，干路可用于社会车辆运行，提供公交专用道，支路可作为公交专用或自行车专用。中心区的路网密度可以达到 $18~20km/km^2$，可以配置密集的公交线路。道路等级结构为干路:支路 = 1:2~1:3。

本节以路网模式 5 为例阐明城市中心区的路网组织结构。各地块的用地性质以公共设施用地为主，也可以布置一些广场绿化用地。支路可以双向行驶也可以单向行驶，也可以选择部分支路作为步行街。根据前文对路网模式 5 的分析，这种路网可以实现机非分流、通达分流，可以提供高密度的公交线网。但城市中心并不是短时间形成的，最初也没有这么多车和这么多的公共设施，那么分期建设与路网的功能转换就成为必需解决的问题。分期实施的主要步骤如下（图 9-39、图 9-40）：

---

① 城市次中心的路网模式、等级结构与城市中心区并没有本质的差别，文中不再展开讨论。

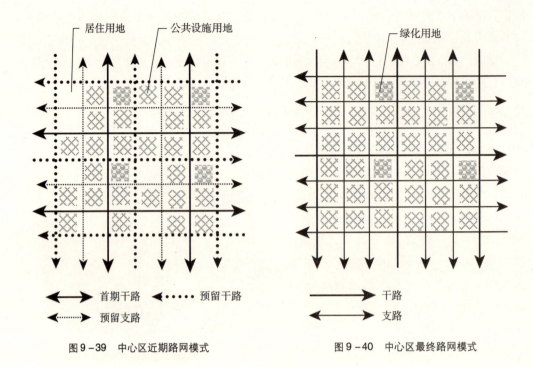

图 9-39 中心区近期路网模式　　　　图 9-40 中心区最终路网模式

①预留远期所需的路网体系；

②按 400m 的间距建设远期的支路网，近期做主干路使用，采用三块板断面，鼓励两侧用地开发，促进商业街的形成，交叉口采用多相位信号控制；

③待商业街成熟之后，建设远期需要的干路网，道路两侧禁止设置单位出入口和人行入口，道路采用单向行驶，交叉口为两相位，红绿灯周期按 60~70 秒考虑；

④保留原商业街的公交线路，设置自行车专用路网体系或自行车公交合用体系，并设置部分步行街。

三块板道路极易形成商业街。上述组织过程就是先借用三块板道路形成商业街，然后逐步转移机动车交通。脱离预留路网，这种做法将难以实现。我国目前的低密度路网就刚好处于图 9-39 的情况。对于现状路网间距较大的城市中心区，通过加密路网、转移交通功能，也可采用路网模式 5。目前，各城市似乎更看重拓宽马路，而不注重加密路网、转移交通。主要原因如下：

①拓宽马路的交通改善作用立竿见影；

②两侧用地开发有利于尽快回收土地出让金；

③有利于迅速改善城市形象；

④拓宽支路，转移交通的成本高，在短期内难以实现。

拓宽后的道路还会拥堵，并没有解决路网分流问题，也没有解决公交线路的加密问题。这些问题将在今后的若干年内再次出现，那时就不可能再拓宽、重建。到那时这些建筑的使用期限只有 10~15 年，关键是这次重建不会再次带来土地出让金。另外，城市街区内部也可能已进行改造，但由于没有沿街面可用，会用于住宅开发，还会延续大街区通而不畅的路网模式。那么，城市中心区路网加密所能带来的诸多优点会因为今后的道路建设成本问题而束之高阁。如果改变土地出让金的支付方式，比如按年度支付，或支付时间不再以是否重建为期限，那么从近期利益角度拓宽马路的做法就得到局部缓解。

分清近期效益、远期效益，并据此制订相应的措施是改变中心区交通模式的关键。预留路网，逐步实施将成为城市交通与用地布局动态发展的必然选择。

9.5.2 城市发展轴路网组织结构分析

曹小曙、阎小培[19]阐明了交通走廊的概念，指出走廊是一种地域经济空间系统，是由高度发达的多模式交通网络连接至少两个以上的大中城市或城市群而形成的廊道状地域经济空间系统，并指出走廊与交通运输走廊的研究目前集中在三个层面：城市尺度、区域尺度、国家或国际尺度。本书涉及的城市发展轴实际就是城市尺度的交通走廊。

"城市开发走廊并不是一个新概念，虽然在历史上由于被认同为'带状开发'（Ribbon Development）而带有一些贬义。"（Naude，1991）但是，自从1930年代英美带状开发时期开始，开发走廊的概念得到了提炼，现在已被很多国家作为一种城市规划的方法。概括地说，有关活动走廊的定义包括："大都市或城市的线性地带，包含高强度混合型土地使用开发。走廊可能包含主要的交通路线"（TRC Africa Ltd，1996）；"一个形成通道的区域，通过通道可以从一个地区到达另一个地区。作为一种规划概念，它主要与线性或轴向开发相关。线性开发是一种开发形式，其基本概念是将所有的主要活动集中在一条线形结构中，通常以某种类型的交通轴线作为中心"（Pretoria Metropolitan Council，1996）；"（活动走廊）应该既是一个能够创造传统购物街氛围的商业开发走廊，同时也是能够集散来自城市中各种居住、工业和商业地区交通的道路"（Green，1990）。

（1）国外交通发展轴的经验总结

①南非地方城市活动走廊的理论分析[20]

南非的规划师认为，城市活动走廊是解决城市交通问题的一种有效方法。但除了解决交通和可达性问题以外，他们认为城市活动走廊还具有促进城市经济增长的潜力。走廊可以吸引就业和商业开发，所以走廊上的人口可以不那么依赖CBD，平均出行距离会减少，这样也会缓解CBD周围放射道路上的交通拥挤。因此，建设活动走廊的目标就成为引导未来城市增长的主要组成部分。通过这种方法，还可能促进土地使用活动与交通供应，特别是公共交通供应之间的直接整合。

a. 大都市地区走廊的关键特征

在大都市地区层次上的走廊通常为大都市内部的服务区提供服务；在地方层次上的走廊，则作用于一个更小范围的服务区。它们通常被称为"地方活动街道"（Local Activity Streets）。Naude的报告对于描述地方城市活动走廊概念的关键特征提供了有益的观点（Naude，1991）。这些关键特征包括：

"活动主干道"（Activity Spine）：是能够平衡各种交通方式的一条主要道路。在这个概念中，由私人小汽车提供的可达性是一个重要组成部分，但是将处于低速环境中，与其他交通方式取得平衡，其中包括公共交通（轨道交通或常规公共交通）、步行和自行车交通。这条道路应该能够容纳较大容量的交通，但应该通过与土地使用活动相联系的方式来进行。

"机动化走廊"（Mobility Corridor）：与活动主干道相平行，其主要目的是为城市间的出行提供一条快速通行的交通路线。它应该与活动主干道之间具有频繁的连接。机动化走廊可以是为私人交通提供服务的快速路，或者是为公共交通提供服务的轨道或公交车道。

"活动节点"：在活动主干道的沿线分布，包含一些主要交通生成点，如商店、医药中心、医院和运动场等。位于走廊两端的活动节点是大都市地区重要的商业和就业节点。

"活动走廊"：位于活动主干道的两侧，它包含了在主干道步行距离范围内的大量入口，以及沿着主干道运行的公共交通。

在走廊之间应该保持合理而现实的空间以及强大的相互联系，以便它们能够成为合理的走廊网络组成部分。人们认为活动走廊和机动化走廊形成网络开发的优势在于能够促进可持续的城市增长，同时还能取得经济、环境和社会效益。通过高密度的活动走廊容纳城市人口增长，有可能将城市蔓延包容在内（如果能够避免主要交通生成点在走廊以外随意性分布），并能更有效地使用已开发的土地和其他资源。如同 Naude 所说，这种方法使得我们能够"建立一种弹性的策略，至少为某些（居民）提供机会，使他们可以迁移到现有城市结构内可达性更好的地点"，这也为城市边缘可达性较差的地区提供了一种选择。

b. 活动走廊与过境交通、土地混合使用的关系

由于活动走廊包含了大量的人口并提供了过境交通，它们可以建立起适当的市场门槛来支撑更广泛的经济活动。通过这个市场以及降低交通费用、改善可达性，小型商业也可以获得好处。这种走廊也为过境交通创造了商业型土地使用为居住性收入在本地的消化提供了可能，混合型土地使用同时也提供了地方就业机会和购物场所。社会效益包括为大多数、不同的居民群体提供公平的可达性，通勤（工作、教育和购物）时间更少，更便利地到达各种服务设施；同时由于个人可以选择在邻里社区中进行日常活动，更为熟悉和亲近自己的社区，从而使社区得到了更好的整合。Green（1990）指出，传统的道路等级加强了居住单元内部街道的内向性和商业的内在化，还指出这种方法不允许通过分享舒适性（包括过境交通的可达性）来提升经济门槛。另外，传统道路等级的本质是将重点放在为私人小汽车交通方式的日常需求和活动提供服务上。将主要交通产生源布置在活动走廊内并邻近居住人口，有益于交通的可持续发展。它能促进公共交通的高效服务，缓解通往 CBD 的放射形道路上的交通拥挤，减少城市边缘地区的交通投资需求，还可以减少出行距离和出行时间。由于商业和就业活动邻近居住区，活动走廊也为向绿色交通方式的转变提供了机会，如步行和自行车。

Green 列举了交通机构所能获得的其他一系列好处，包括长距离交通需求下降（因而可以降低津贴水平），全天交通路线更好的使用，由于就业沿交通路线分布可以使高峰时段道路双向都得到更好的使用，因此各地区公共交通需求得到增加。

总之，活动走廊结构为混合居住类型提供了可能（但不能保证其实施），为居住人口提供一系列服务，保证很多活动都是在步行或公共交通的可达范围内。

c. 活动走廊与 CBD 之间的关系

活动走廊与CBD之间的关系也需要重点考虑。由TRC Africa（1996）所做的文献评价中得出的主要结论是CBD应该作为走廊运动的焦点，这个结论出自于有关就业分散化对城市机动化影响的研究。研究发现，只有CBD才拥有能够支持公共交通运行的就业密度，因此削弱CBD的地位也会损害公共交通系统。很明显，如果能够很好地支持CBD，集中的走廊策略就可能成为一种更有效的解决方法。如果走廊将CBD和区域战略中心联系起来，它将使这两个端点所承担的角色都有所增强。在城市边缘地区提供更多的土地用于进一步开发时，必须要谨慎，因为这种开发可能会破坏这一策略，在开发新的活动走廊之前，首先依赖于现有地区活动的强度。

d. 机动化走廊与活动走廊的关系处理

如果走廊既要占据经济活动的优势，又需满足地方步行出行，那么在活动节点上就可能存在交通拥挤，因此在先期规划中必须要对此加以强调。必须要提供机动化走廊，尽管其实施的时间安排应该根据需求来进行安排，以保证在交通拥挤缓解前走廊内城市活动的充分利用。在活动走廊内提供所有的交通方式，确实会增加道路安全问题，因此需要有详细的整体规划，包括在早期提供人行设施（在需求产生之前），以便促进行人的活动。

为保证活动走廊和机动化走廊的开发以一种适当的空间秩序方式来进行，在规划过程中需要实行积极的鼓励，在土地使用规划和交通规划（包括服务供给以及平缓交通的微观决策）中都需要实行鼓励机制。为保证鼓励措施的积极有效，必须同时加以强有力的控制，来抵制在错误的地点出现不适当的开发。

e. 走廊的经济性与交通方式转换

沿着活动走廊的出行时间可能会增加，但是这必须与需求取得平衡，以便保证早期阶段走廊的经济生存能力。同时，出行时间增加可能会有助于促进交通方式的转换和开发机会。

在现有地区，促进活动走廊的开发将导致私人小汽车在现有道路中的使用空间减少。这实际上与大都市交通策略的目标是一致的：用鼓励交通方式的转换来实现与公共交通对道路空间的共享，还需要发展步行和自行车交通。

TRC Africa开展的研究在走廊开发策略方面取得了成功的经验，也强调了"为不同收入水平的居民提供高质量的、可以得到的和高密度的住房"的重要性。为了使之得以实现，城市规划师和设计师都有自己需要承担的明确责任。对活动节点制定概念规划或许能够提供一种解决方法。这应该纳入走廊结构规划中，在结构规划中明确了活动走廊和机动化走廊未来土地使用的混合程度和强度。

f. 交通走廊发展过程中的部门协作

规划系统的相对实力以及官员和政客对执行这种策略的积极程度，都将对这种来自地方的需求产生一定的作用。正如Naude所指出："很遗憾，在走廊开发的实施中有很多问题，不仅仅是因为当它超越了行政管辖范围时需要不同政府部门之间的协调，更是因为它需要对现有的开发模式进行真实的改变"。它不仅需要不同地区之间的协作，同时也需要不同政府部门和机构之间的协作。Minter（1997）在评论走廊策略实施中的问题时指出，开普敦所具有的优势及其大都市政府使它能够克服上述整合方面的某些问题，因为这一等级的行政管理能"在制度和功能上协调交通和土地使用，从而实行广泛的增长管理"。

在选择对未来城市的增长管理时，地方城市活动走廊的概念提供了一种实现可持续发展的有效解决方法，实现土地使用规划和交通规划之间的真正整合。这个概念为城市开发在经济效率、社会公平和环境效率等方面都提供了一种可持续发展的解决方法，显然它同样适合于发展中国家和发达国家的城市。尽管看起来相当有效，但它的实施还存在严峻考验。在南非，国家公共部门的财政实力成为保证这一过程的重要催化剂，与私人开发商的协作关系也起了明显的作用。另外，部门结构及其提供强有力的领导和清晰的开发方向也是成功的关键。很显然，Westerman 所推荐的观点非常有用："整合意味着对整体的考虑，包括对共同成果达成的一致性，以及为实现这些成果所承担的行动和许诺。与协作相比，整合所要求的更多，因为协作仍然允许追求不同的结果。"（Austroads，1998）

②巴西库里蒂巴发展轴的成功经验[21]

a. 库里蒂巴简介

库里蒂巴是巴西第三大城市，也是 20 世纪 60 年代到 90 年代以来巴西发展速度最快的城市之一。目前，库里蒂巴市平均每 10 人拥有 3 辆小汽车，是巴西小汽车拥有量最高的城市，但是完善的公交系统高效地吸收了城市高峰时的出行数量。最近一项调查表明，库里蒂巴 75% 的通勤者使用公交系统。该市是巴西城市化进程中发展最快的城市之一，其城市人口从 1950 年的 30 万已发展到 1990 年的 210 万。

b. 开明政府的决策造就了公交导向的交通与用地布局模式

许多现代化城市的发展都不约而同地迎合汽车运输的需求。私人交通工具的发展对城市形体规划、房屋、商业、街道的布置以及人类交往模式均产生了影响。城市规划师围绕着高速交通、停车设施和交通高峰等模式进行设计。巴西库里蒂巴市在解决城市发展所面临的共同困境时选择了一条新的途径。库里蒂巴市为什么能在其他城市驻足不前时获得成功呢？原因之一就是开明的市政府在该市进行了城市发展新方式的实验——以优先发展公共交通为基础，取代不利于环境的私人轿车，关注环境而不是破坏它，采用适用的、非高技术的措施，鼓励市民参与，取代大包大揽的规划。这些理念于 20 世纪 60 年代末期陆续被提出来，并在 1971 年被富有魄力、曾经做过建筑师和规划师的市长加姆·雷正式采用。过去的 20 多年证明，这一选择是正确的。

c. 公交优先的复合发展轴

库里蒂巴市没有一个由道路交织而成的核心，这也许是该市与其他城市最显著的区别。许多城市的发展都是从同一轴心沿不同方向向外扩张，新的城区在外围不断形成，城市核心商业区和功能区的密度不断增加。这种城市的拥挤是不可避免的，尤其是当上班族每天乘私人轿车从市郊拥往市中心时，问题更加严重。20 世纪 70 年代库里蒂巴市市政当局不再强调城市沿规划的轴线发展，而是允许城市向外绵延扩张，同时大力发展公共交通，使店铺、工作区和居住区之间来往方便。因此，库里蒂巴市的道路网和公共交通体系在很大程度上是决定城市形态的因素。

该市沿着 5 条轴线发展（海星状）。每条轴线被设计成一个"三分"的道路系统，道路中央有两条严格的公交专用道，两边侧翼为两条单向的地方道路，每条轴线由 3 组平行的道路组成。居中的道路又包含两条高速公交车通道，两侧是地方道路，再往一个街区之外分别是进出市中心的两条较宽的单行通道。土地使用法鼓励在每条轴线附近进行高密度开发，同时建设服务和商业设施。位于结构轴沿线的土地，开发容积率允许达到 6。这就使远离公交服务范围的场所的开发得到了有效抑制。同时，中心区以外的开发得到鼓励，但是必须沿着结构轴线，使高密度住宅和商业类开发都能得到良好的公交服务。

方便和快速的公交系统使这座城市的空间变化更富有特色。市内线和各支线完善了主干路的快速公交系统。各主干路终点有 5 路快速公交线路供乘客选择，沿快车线每两公里设一站点。单一票制的实行在一定程度上方便了乘客从快速公交线路换乘市内线路和专线车。

为了提速和简化乘车手续而设计的细部也使整个系统更加完整。在加高的管状车站内，乘客预先购票，快速验票，而公共汽车上的门也是加宽的，这两者的结合节约了乘客旅行的时间。库里蒂巴市采用 2～3 节长的公共汽车，大大增加了快速公交的运载能力。

更具启发的是，选择这种交通模式的原因不仅出于对效率的考虑，而且是出于经济上的原因。如果修建地铁，每公里将耗资 6000～7000 万美元，但这种公交高速路每公里仅花费 20 万美元（包括车站系统）。公共汽车的运营和维护对于私营部门来说也是一件驾轻就熟的事。在库里蒂巴市，私营公司在政府的指导下按相应规定负责全市所有的大批量运输。公交公司的收入主要取决于其运营的公里数，而不是乘客数量。这样公交线路的分配达到了平衡，避免了恶性竞争。

这种系统的作用之一就是，库里蒂巴市低收入居民的平均出行开支只占其收入的 10%，这在巴西属于较低的水平。另一方面，虽然这座城市拥有 50 余万辆私人轿车（人均轿车拥有量比首都巴西利亚还多），但上班族的 3/4——约 130 余万人——每天上下班乘坐公共汽车。人均燃料的消耗量与同类巴西城市相比要少 25%。库里蒂巴因而成为巴西国内空气污染程度最低的城市之一。除上述优点外，库里蒂巴市的公共交通系统在财政上能够自负盈亏，而地铁系统往往要背负沉重的建设贷款和运营亏损。由此节约的资金又被用于城市建设的其他领域（即使是旧的公共汽车也被用于公园内部交通或作为流动校舍）。这种公交系统建设推动了低收入住宅计划的开发。现已建成万余套住房。在建设新的公交系统之前，市政府就在库里蒂巴市工业城开发区（1972 年建成的工厂区，离市中心约 8km 远）附近购买了大片土地，为低收入家庭修建住宅。由于土地价值在很大程度上取决于其靠近交通和其他配套设施的情况，因此这类"土地股票"能使低收入家庭的居住地靠近工作地区，否则他们将无法承担高昂的房价。

d. 先进的管理手段

统一的公交网络

库里蒂巴市目前已形成了较为完善的综合公共交通系统，将不同公共汽车线路统一为一个网络，把不同的公共汽车线路通过换乘站连接在一起，乘客可以在不同的线路间换乘，同时实行单一收费，允许乘客向各个方向免费换乘，而不论旅程长短。

库里蒂巴综合公共交通系统的线路可分为快速线、支线、区际联络线和环线、大站快车线、常规的整合放射线及市中心环线等。公交专用道的平均站距约 400m，快车线大约中途每 2km 设一处中型换乘站。综合公共交通系统内共设有三类车站，即管式车站、大型公交站和传统车站。其中管式车站距离多为400m，其最大优势是可大大加快乘客上下车速度，此外还使乘客免受气候条件的影响，同时水平登车设计和进站口自动升降装置，使年老者和残疾人更方便。大型公交站多位于综合公共交通网络的曲线上，其中中转式大型公交站为不同的线路提供分隔开的上下车站台，并以地下通道的形式连接这些站台，方便乘客换乘。

一体化的交通规则

高密度的人口需要具有高运营能力的专用交通线路的运送，而高容量的交通网络也需要沿线一定的交通需求以保证系统运营的效益。正是基于这个思想，库里蒂巴的城市规划编制充分考虑到土地使用密度与已有城市结构相匹配的原则，其目标是调整小区划分和土地使用以使交通需求适应社会经济和城市土地的发展。

具体而言，库里蒂巴市被划分为若干小区，每一个小区都根据允许的土地使用性质和土地开发密度确定了特殊的土地使用管理制度。同时，为了使每个小区都具有相当的可达性，城市的道路网络系统也是分层次建立的，这就意味着网络中每条道路的功能、特征和容量都在一定程度上根据其位置和重要性被确定了。同时，不同的土地利用性质也将产生不同的公共交通需求。在那些鼓励土地高密度使用的居住用地和商业用地附近，公交专用道路以及双关节公共汽车的使用将使得公交系统能够达到与小区公交需求相一致的较高的运送能力。而对于人口密度仅为中等或低密度的居住区，为了提高运营效益和公交服务的便捷性，并使公交乘客能够方便地到达其他居住区或者交通节点，需要规划运送能力相对较低而灵活性更高的线路。

成功的运营管理

库里蒂巴的公共交通系统之所以能发展得如此顺利，也是与其成功的运营管理密切相关的。该市公共交通管理机构有法定的自治权，可以独立地规划设计城市公交线路，并且有充分的权利和能力去执行他们做出的决定。

库里蒂巴的 Metrobufs 系统由一家属于市政府管理的城市公交公司（URRS）管理，这家公司属于公私合营性质（市政府占的股份为99%，私人占1%），公司总经理由市政府任命。公司管辖10家私人公司，私人公司从 URBS 得到持有公交车辆和提供公交服务的运营许可，拥有车队并且负责完成具体的运营。

同时州政府也给私人公司提供方便，如私人公司向银行贷款由州政府担保等。这种公私结合的合作方式由公共管理机构确定长期的规划，可以避免因过分关注局部利益使得规划线网不合理而造成的资源浪费，而由私人公司投入主要的建设运营资金，可以在相当程度上减少政府的负担，并保证公交系统的良性发展。

库里蒂巴的运营与票制系统是分离的。票制系统则由一个公交系统基金会负责。这个基金会专门设有一个机构来研究按里程定票价的票制体系，采用市政府控制运营里程、私人公司完成运营里程和基金会发售车票的管理体制。

政府的鼓励措施

库里蒂巴市政府规定，65岁以上的老人和5岁以下的儿童可以免费乘坐公交工具。对有工资收入的市民，如乘坐公共交通的费用超过其收入的6%，则超过部分由政府补贴。穷人区的穷人则可用清扫卫生收集的垃圾换取公共汽车车票。

自行车和步行区应当是公路网和公共交通系统这个整体中不可分割的一部分。库里蒂巴市大力兴建自行车车道，并在市中心设有大面积步行区，这些步行区既在市中心商业区，又在 Mertrobus 系统的总枢纽换乘站附近，因此呈现一片繁荣景象。考虑到其他城市强化公路建设的计划却导致交通更加拥挤，库里蒂巴市并不重视发展私人机动车，结果是轿车的使用量减少，污染减少。

（2）我国城市交通走廊的发展分析

前文分析表明，公共交通与私人小汽车均具有与交通走廊相适应的特点。而小汽车的特性与高等级道路建设相对于轨道交通的廉价和低通行能力决定了发展轴的密度差异和私人机动化交通迅速填充轴间地带的能力。鉴于我国的城市人均用地指标要求与基本国情，城市低密度开发一般不会发生。因此，存在培育公交为主导的交通走廊的基本前提。但对于多数城市来讲，并未形成城市的轴向发展。除了前文分析的交通结构原因、公交服务质量原因之外，在以下方面我国还存在不足。

①城市发展缺乏侧重点与持久性

如果城市期望培育交通走廊，应尽量减少走廊的形成时间，这样更有利于减少走廊地带市民的生活成本，增加社区成熟度。这就需要相应的土地开发政策支持。我国不少城市的开发区发展就是土地开发政策促进新区开发的例证，这一政策同样也适用于城市发展轴的培育。但在城区却很难出现上述局面，这在很大程度上与发展政策有关。城市各区的利益平衡、现有的交通结构、路网体系决定的发展格局所带来的难度，以及政府官员更迭带来的城市总体规划调整往往导致城市发展战略缺乏长久性，刚性不足。城市发展轴的形成并不是短时间可以做到的，多轴、轴的质量差，均会将轴向发展模式演变为圈层式发展模式。

②城市发展轴土地控制的出发点与政策不尽合理

根据蒋谦[22]对广州市轨道交通建设和用地关系的反思，基本可以找出造成不利于促进轴向发展的某些问题。2002 年，广州市长 18.6km 的地铁一号线已经投入使用达一年半，但客流状况并不理想，地铁对市民交通出行并没有产生预期的帮助。主要的原因就在于现状的用地形态和轨道交通线路走向存在较大的分歧。而造成这些问题的原因并不全是历史原因造成的。产生这种现象有多种原因，在城市发展的早期阶段，城市总体规划、分区规划和轨道交通规划自身尚未发展成熟，没有能力形成一个系统的城市综合规划。在近期，由于城市决策者和规划师没有充分意识到土地规划的公交导向作用，并且缺乏相关的规划编制的指引，各阶段、各层面的规划仅仅停留在"提倡公交"、"大力发展公共交通"等口号上，并没有具体的 TOD 策略来协调公共交通的建设和土地的开发利用。此外，决策者过于注重地铁在提升城市形象、促进旅游发展方面所起的作用，而忽略了轨道交通在解决大量、集中的客运交通需求（例如通勤）方面应起到的作用。轨道交通尚存在这些问题，更何况依托公交的轴向发展。

③发展轴的路网规划不合理

南非的理论分析与库里蒂巴市的成功经验表明：发展轴包括不同等级、功能的道路，这是培育混合土地利用、实现远近交通分流的必要条件。但我国不少大城市的发展轴往往依托高等级道路，比如一级公路、快速路、高速公路或街道外交通，而高等级道路又很难安排公交运行,因此这些所谓的发展轴是"以车为本"的。一些城市制定的城市发展轴往往依托少数道路,其路网形式为树枝状,这就加大了交通走廊实现分流与公交优先的难度。图9-41为莫斯科八大片区的路网布局,几乎每个片区均由两条以上的干路组成。而我国的规划路网则表现为重环路而忽视射路。这种路网只能强化圈层式的可达性,不可能导致城市的轴向发展,因此圈层式发展也就成为必然。

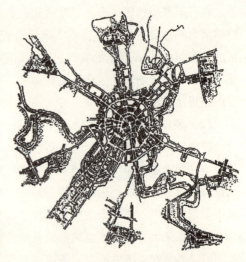

图9-41 莫斯科八大片区的路网布局

另外,我国城市路网多为方格网,这种路网在城市中心区是非常适合的。但这种路网最大的特点就是没有主导方向,即各方向的速度是一致的。而发展轴必须具备轴向方向的速度优势,其相应的路网应当为矩形。笔者认为图9-42所示的路网模式比较适合城市发展轴的发展。该路网模式为矩形,考虑安排普通公交线路、快速公交线路、轨道交通、快速路。南北向路网间距采用250~300m,东西向采用500~600m,轴向可布置1条快速路。南北向道路采用双向行驶模式,东西向道路采用单向行驶模式。东西向干路的速度为南北向干路与支路速度的2倍左右,快速路为东西向干路的1.5倍左右。该路网可以向南北与东西两个方向延伸。这个路网体系的可达性范围的特征为东西长、南北短,城市沿轴向发展的可能性会进一步增加。如果一座百万人口的城市建设5条这样的发展轴,那么城市边缘区发展轴之间的距离为7km左右(中到中)。非轴向方向的可达性宽度与轴向方向的可达性宽度的比值为1:2。发展轴的宽度可控制在2~3km以内,长度可以达到5~10km,城市规模可以拓展到150~200km^2。由于轴向路网密度较大,可以选择一条道路作为公交专用路,其交叉口信号配时以公交为主,将有助于提高公交的运送速度与通行能力。这样才可能从交通可达性方面促进城市发展轴的形成。而发展轴的交点就是城市的中心区,中心区可将路网做成100~150m的方格网。

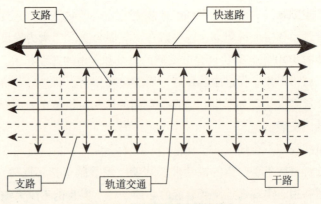

图9-42 发展轴的适宜路网模式1

上述轴线的路网模式与现有的放射快速路模式不同，而与库里蒂巴、南非学者建议的路网模式存在较多的共性。

我国目前的快速路模式是"以车为本"的交通组织模式，快速路体系多不考虑公交运行，估计最大的原因在于公交运行要求会导致快速路建设费用的提高。另外，对环路的过度重视也往往意味着由于环路的切割而导致低等级射路的切断，导致射路的层次性较差。丁成日指出："北京交通规划不合理的主要原因是土地利用与城市交通规划的脱节。环线交通网络不仅阻断了城市中环与环之间、环内与城市外围的联系，限制了城市的发展活力，而且造成了严重的交通堵塞。"[23]因此目前的环路加放射的路网规划就会与公交客流的密度、OD联系方向发生冲突。这种发展轴往往"以车为本"，只能强化圈层式的可达性特征，城市的圈层式发展也就成为必然。

本书建议的路网模式（图9-42、图9-43、第7章构建的路网模式7~9）可以在轴向方向提供若干条公交线路，线网密度可以达到3~4km/km^2，线网重复系数可按2考虑，那么公交的轴向运送能力可以达到单向2~3万人公里/（km^2·h）。交通量较大的时候可增加轨道线路，轴向运送能力可以提高1倍。该模式是以普通公交线路为导向的不断升级模式。如果能够适时升级交通走廊，并注意不同交通方式的协调，将有助于提高走廊的运量并促进走廊的扩展、延伸。

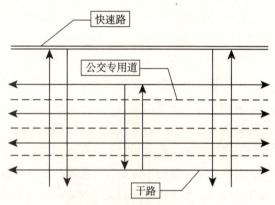

图9-43 发展轴的适宜路网模式2

④缺乏促进公共交通优先发展的有效措施

轻轨、地铁等轨道交通对解决特大城市的交通难题可谓功不可没，但因其造价不菲，一般只有在居民集中的城区才能有好的投资收益。从全世界来看，除了香港的地铁靠周边房地产开发等辅助项目实现了盈利外，几乎所有的城市地铁都要靠政府的财政补贴才能运行。城市轨道交通必须形成交通网络才能发挥其作用，但要真正建成这样的网络，即使不考虑资金因素，在时间上也起码需要15~20年，而这段时期恰恰正是城市结构和交通模式转变的关键时期。从这个意义上看，轨道交通似乎"远水不解近渴"。

在对轻轨交通一片热切的期盼声中，人们还会听到另一种声音："当城市的运输需求很大而投资资金又比较缺乏时，大容量快速巴士系统可以成为更佳的解决方案"，中国巴士快速交通系统的积极倡导者王健持这种观点。王健认为："巴士快速交通系统就是利用现代巴士技术（如大容量、低地板、低成本的巴士和先进的光学导向巴士），在城市中开辟公共交通巴士专用道（或修建巴士专用路），再配合智能交通技术，采用轨道交通的运营管理模式（车站买票上车），实现轻轨交通的服务水平，这种新的公共交通模式既保持轨道交通具有快速、大容量的特点，同时又具有传统巴士公共交通的灵活、便利性和经济性。"

巴士快速交通系统渐成现实早在1997年3月25日，我国第一条公共交通巴士专用道出现在北京的长安街上。很快，昆明、上海、南京、镇江、苏州、合肥等城市的道路上也相继出现了公共交通专用道。遗憾的是，这些城市并没有在系统范围内在巴士的改型、交通信号优先、运营管理系统和车站建设等方面统一、协调行动，未能显示出巴士快速交通系统的效果。我国在 BRT 的管理方面还存在较多的问题。

⑤发展轴的功能复合性低

虽然高密度路网有利于公共交通发展，但客流不均衡可能会导致客运成本上升。其中高峰与平峰的差距、双向流量的均衡是关键影响因素。需要培育走廊上的膨胀点，选择优选成熟点进行培育。当发展轴较短时，发展轴难以联系某些城镇，因此现有的、可能成为次中心的区位就难以涵盖在发展轴之内。我国目前的发展轴往往功能单一，造成钟摆式交通，导致公交的运输效率较低。

（3）大连市公交为主导的城市发展轴的形成与发展前景分析

我国一些由于特殊原因造成的公交比较发达的城市已经出现了公交为主导的轴向发展模式，而且是依托普通公交实现的。

①大连市公交发达的基本原因

早期该市的自行车出行比例还是比较大的，早在 1984 年就已达到 23.5%。但伴随城市拓展和对公交发展的重视，同时也是由于地形坡度较大，自行车出行迅速萎缩，公交出行比例大幅度提高。同时该市的路网密度较高，可以布置较密的公交线路。全市交通组织较好，车速较高，因此相对于自行车来讲，公交出行具有绝对的优势。由于公交出行的便利，对摩托车发展的不鼓励，以及摩托车自身存在的危险性，摩托车也没有发展的必要性条件。同时，大多数市民尚未达到购买小汽车的收入水平，公交客源较多，为公交运营奠定了良好的市场基础。

②公交主导轴向发展模式的形成原因

大连市可用于城市建设的土地在很大程度上受到地形限制，使其可开发用地表现为轴向模式。在 1905~1945 年的日伪时期，城市布局就表现为以港口区、青泥洼桥为中心的向南、东南、西南的指状布局模式，其中以向老虎滩延伸的部分最大，并出现了"飞地"，主要包括作为工业区的甘井子、周水子、泉水村，作为别墅区的老虎滩、傅家庄、夏家河子，作为中国人居住区的寺儿沟、香炉礁、岭前。这些恰似大连为中心的卫星城，为今后的多中心发展奠定了一定的基础。1949~1970 年，西南轴、西北轴、北轴有所发展。1971~1978 年逐渐发展了北部工业区。1984 年大连市被国家批准为沿海开放城市，在此规划指导下，城市用地发展速度明显加快，特别是成为我国沿海开放城市及计划单列市后，各项事业全面发展，城市用地从 1980 年的 70.18km^2 迅速扩大到 1997 年的 116.15km^2，形成了以旧区为中心逐渐向西、西南、北、西北部发展的城市形态，最终形成分组团的带状城市布局。

目前新一轮的总体规划确定了"大大连"的宏伟发展蓝图，分成旅顺、金州、主城区、金石滩和开发区五大片区。北部城区、开发区的发展主要是对外交通的拉动而引起的，金石滩主要是旅游资源带动的，金州区则是大连的辐射带动引发的。该市沿中山—旅顺南路、解放路—中南路、黄河路—红旗路形成了 3 个城市明显的发展轴。这些发展轴则是在公共交通、地形限制引导下的以居住为主的拓展模式，其中地形限制的作用最为明显。但西南轴、北部的带状发展也含有积极引导的成分，轻轨线的建设就起到了很大的作用。同时以公交为主的交通结构也为公交与土地开发的良好衔接奠定了基础。

③西南轴的发展现状与交通调查

西南轴（西南沿海到旅顺的发展轴，图9-44）表现出极大的发展优势与发展潜力。该发展轴包括大连市星海副中心、高科技园区、高校（如大连医科大学、大连海事大学、东北财经大学、大连理工大学、水产学院）、国家重要科研机构（中科院大连化学物理研究所），还有许多中专（如大连水产学校、外经贸学校、农行职工学校）。最近几年，沿线开发了大量的居住小区，比如新希望花园、星海人家、鹏辉广场、鹏辉花园、弘基书香园、学清园、翰林观海、百合山庄、硅谷假日、新科花园—士海一家、海苑花园、大有恬园等10余个居住小区，大连软件园也在该区内。该区已经成为大连市的一个重要发展轴，发展轴宽约1.0~2.5km，平均2km以上，长约8km。

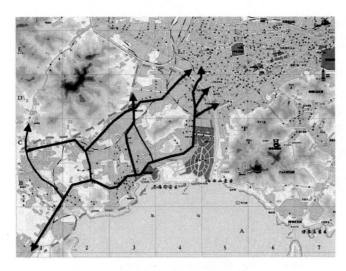

图9-44 大连市西南发展轴简图

（图中粗实线为城市干路、细实线为支路，其余为街坊内道路，虚线为发展轴范围）

该发展轴主要依托中山路—黄埔路和五一路两条主干路。发展轴内有16、18、27、28、406、23、801、26、901、22 十条公交线路，531、523、502、528 四条小公汽线路，一条有轨电车线路（202），成为名副其实的公交为主导的发展走廊。但该发展轴的干路网密度极低，约1.4km/km², 在高峰期间部分路段已经出现塞车迹象。由于公交线网密度偏低，还存在公交乘客步行距离过长的问题。有轨电车采用部分高架线路，在路段发生拥堵的时候，其运送速度高于公交车。

2004年大连理工大学师生对该发展轴的中山路、黄埔路、高尔基路进行了交通调查（图9-45~图9-47）。调查结果表明，海事大学到东北财经大学路段早7点~8点半的社会车辆平均车速为41.25km/h，该路段入城方向为上坡，坡度较大，不含交叉口，双向4车道；黑石礁至星海公园路段，包括一个丁字路口，地势较平，平均车速31.57km/h；高尔基路（发展轴之外）单行线，单向5车道（右侧车道虽然不是公交专用道，但很少有社会车辆行驶）交叉口间距约150m，平均车速为38.66km/h。

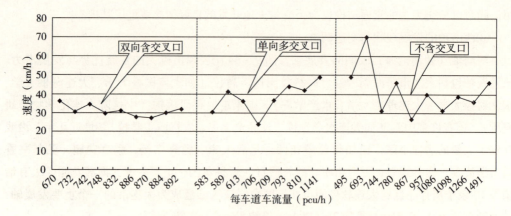

图9-45　大连西南发展轴每车道平均车流量与平均车速的基本关系

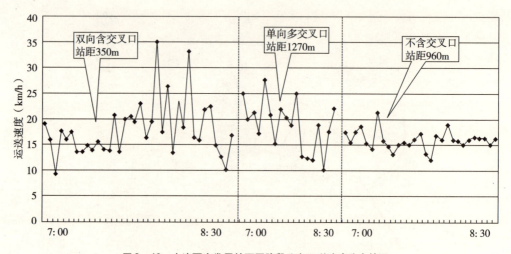

图9-46　大连西南发展轴不同路段公交运送速度分布情况

本次还调查了3个路段的公交运送速度（不含大站快车，图9-46）。路段1站距350m，平均运送速度为17.4km/h，路段2平均15.36km/h，路段3平均17.77km/h。与相应路段的社会车辆车速的比值分别为0.55、0.40、0.43。正常情况下，公交运送速度约为社会车辆的一半。但社会车辆平均速度较高的路段公交运送速度反而偏低，原因何在？路段3的公交停站时间平均为29秒，路段1平均为33秒，路段2平均为52秒。由于路段3的坡度较大，公交车的动力性能比社会车辆差，因此速度偏低。而路段2主要由于公交线网重复系数太大，该站停靠车辆包括26、23、701、406，而且高峰期间各线路发车频率均较高，因此经常会造成公交难以进站，发生站点延误。另外该站点的乘客下车人数明显较多，下车时间平均46.6s/辆，上车时间平均8.4s/辆，前门上、后门下的乘客上下方式使停站时间增加。而且调查期间，有3辆406公交车在排队进站过程中延误了接近1分钟的时间。另外，据406乘客反应，由于原有的白云街、129街站的撤销，导致乘客步行时间增加。而停站时间的延长，主要源于站点通行能力不足，并不是社会车辆对公交的干扰造成的，站点通行能力不足还与目前的乘客上下方式、车辆设计有关。

④该发展轴的未来问题分析

a. 路网密度过低,未来压力较大,公交优先将成为必然选择

由于路网密度偏低,该发展轴的公交线网密度也较低,因此步行距离偏大,培育了非法载客的"摩的"市场。过低的线网密度、路网密度为今后的公交运力增加造成了限制。伴随交通量的增加,目前社会车辆与公交运行干扰较小的局面很可能不复存在。社会车辆对公交运送速度的影响也不容忽视,虽然该发展轴内的交叉口间距较大,按传统观点来看有利于提高车速,但中山路到星海广场的丁字路口左转车辆较多,大连医科大学附属二院的进出机动车较多,红岭路的交叉口转弯半径过小,连山街与中山路的丁字路口目前已经出现车辆在交叉口排队等候的现象,而且车队较长,伴随机动车拥有率的提高,该路的拥堵已经为时不远。该走廊内的202有轨电车在通常情况下的运送速度要比公

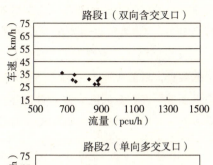
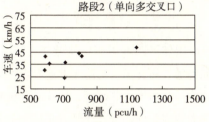
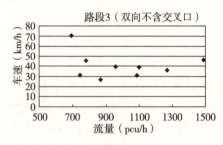

图9-47 大连西南发展轴不同路段的车速与流量分布

共汽车线路低一些,但在发生拥堵的时候运送速度又明显高于公共汽车,独立路基带来的优越性就表现出来。因此公交优先将成为该发展轴健康发展的必要条件。

b. 路网等级体系不健全,远近出行混合,不利于节点发育

该发展轴的路网明显缺乏连通度较高的支路体系与次干路体系,凡是沿线超过2km的出行必然需要通过两条主干路完成,不利于主干路交通作用的发挥。而且黑石礁、凌水桥节点已经出现交通混乱的局面,其中黑石礁最为突出。对单向行驶高密度路网体系的调查表明,该路网体系具有较高的运输效率,如果采用矩形路网,有利于发展轴的成长,可以成为结构合理、功能清晰、有利于引导发展轴生长的高效率路网。

c. 交通发展轴的路网走向与发展轴走向缺乏密切结合

这一点在大连市的总体规划中并没有得到充分的考虑,也可能与地形条件有关,但在总体规划中并没有对路网与城市用地布局的关系展开深入讨论却是不争的事实。该发展轴缺乏前文讨论的活动走廊体系,这将成为该走廊发展的一大障碍。2007年,大连市提出延伸滨海路,在五一路、中山路之间增建主干路的设想。这些措施将有利于化解这一问题。

d. 钟摆式交通比较明显,需要强化居住与就业岗位平衡

该发展轴的公交客流量明显表现为钟摆式。虽然该区内有不少就近上下班的单位(比如一些院校),然而目前的居住小区开发明显加大了乘客的不均衡性。星海副中心正在开发之中,如果能够实现最初希望的副中心功能,将成为该发展走廊上的重要节点。从发展

态势来看，该发展轴内的就业岗位正在增加，软件园二期正在建设，大连至旅顺将建设成为"绿色硅谷"。该发展走廊发生就业居住过度不均衡的可能性较小。

e. 公交车辆设计、乘客上下方式是提高公交运送速度必须考虑的因素

根据调查，目前大连市采用的公交车辆平均乘客上车时间为2秒，下车时间1.5~2.0秒。站点上下乘客数量的巨大差异导致公交停站时间过长。大车门、低地板的车辆有助于减少乘客上下时间，应成为优选车型。库里蒂巴市的圆筒式车站采用车外售票的方式，大幅度降低了乘客上下时间，值得借鉴。

9.5.3 居住区路网组织结构分析

徐观敏、邵文鸿认为由于普遍存在的小学择校、计划生育政策造成的年龄结构变化、人均住宅面积的增加等原因，居住小区已经没有必要将小学生不穿越城市干道上学作为规模下限的确定条件。该文还结合小区物业管理、停车需求、公共设施配套、小区开发、居民认知、社区建设、社区整合、城市建设7个层面的分析，指出5~10hm^{2}为居住小区的最佳规模。[24]还有学者指出：缩小居住小区规模有利于降低居住空间分异程度，有利于在居住小区空间的边缘安排各类活动。[25]

笔者基本认同徐观敏、邵文鸿得出的最佳小区规模建议值。然而，学生择校问题的普遍存在并不代表这一现象具有存在的合理性，素质教育、快乐教育正在减弱这种现象。另外，伴随计划生育政策的调整，小学生的人口比例也会有所提高。因此，从长远角度来看，在居住小区规划中依然有必要将小学生上学不穿越城市主干路作为重要考虑内容，应当以小学为中心组织便捷而安全的步行体系。但这也并不意味着城市干路围合范围内的居住用地不容许城市支路、自行车专用路穿越。在调整居住小区规模的同时，居住小区的布局模式、交通组织也应当得到优化。

（1）小学规模与居住小区合理规模

1929年美国人C·A·佩里提出了"邻里单位"（Neighborhood Unit）概念，"邻里单位"规划理念中很重要的一点就是小学上学不穿越交通干道。因此可以依据小学的规模、年龄构成、人口密度来推算邻里单位的最小规模。后来，邻里单位理论进一步得到发展与实践。前苏联提出了居住区—居住街坊，在邻里单位、居住区—居住街坊的基础上进一步提出并总结出居住区和新村的组织结构。以小学规模为下限、小区公共设施的最大服务半径为上限成为界定居住小区规模的基本条件。

1960年代，我国有关建筑设计单位根据调查数据的计算结果为：居住小区的适宜人口规模为5000~15000人，用地规模为8~35hm^2。此后的居住区规划设计规范也采用了与之接近的数值（7000~15000人）。我国目前的年龄结构中7~12岁的占6%，小学规模按600~1800人考虑，小区对应的人口规模为1~3万人。户均人口按3.2人考虑，户均居住面积按70~80m^{2}考虑，小区容积率按1.2考虑，相应的用地规模为20~60hm^2。如果居住小区按照小高层布置住宅，容积率可以略微提高，相应的居住小区用地规模则可缩小到16~48hm^2。

（2）居住小区内部与外部交通组织的失效

根据前文对城市干路网合理密度分析的基本结论。围合大规模居住小区的街区外道路

极可能均为城市干路。如果通而不畅的小区级道路替代了城市支路，那么如此规模的居住小区建设必然造成支路的缺失。同时还应注意：在这样一个小区内，居住小区级道路、组团级道路的等级划分依然没能给行人一个安全的步行环境，伴随车辆的增加，这一问题还在加剧。笔者对1980~1994年我国试点居住小区的居住小区用地面积[26]进行了统计（图9-48）。

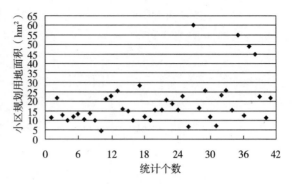

图9-48　1980~1994年我国试点居住小区的用地规模分布

这些居住小区的规模基本介于10~25hm²之间。其中有31个小区配套了小学，有23个小区的小学位于居住小区的一角，且临近城市主要道路，从小学的服务半径来看，小学生穿越城市道路的问题并没有得到彻底解决。试点小区尚且如此，其他小区也就可想而知。而且近几年来，居住小区的开发规模还在不断缩小，开发商基本不考虑小学配套。

由于城市缺乏支路体系，城市的各类功能不得不安排在干路上，自行车、机动车的交通混行又导致交叉口的通行能力降低。小学生也不得不穿越主干路去上学。这种双重失效似乎已经宣布原有小区规模建议指标与布局模式的失败。

(3) 小区功能布局与路网模式优化

"邻里单位"较早地从理论上将居住地域作为城市的基本构成单元，是一种以完备基本生活环境和强调社区生活为主旨的居住用地组织方式。这一概念并未明确提出小学生上学不宜穿越干路以外的其他城市道路。如果将城市道路围合的街区视为居住小区，那么小学规模并不与居住小区人口规模存在完全一致的对应关系。1997年《城市小康住宅标准及规划设计导则》调查组在上海市的居民意愿调查结果表明，80%的居民认为小学、幼儿园的应该在10分钟的时距范围内，相当于300~500m的服务半径。[27]从这一点来看，两个或三个居住小区共用一所小学还是符合居民出行意愿的。周俭从居住小区设施配建和运营的角度对小区路网组织进行了分析，建议整改路网、调整小区规模，使组团更具独立性，形成生活次街，复兴街道的生活功能。[28]结合上述分析，本书构建了如下小区布局模式。

模式之一：设置次街、共用商业街、共用小学、人车分流

我国《居住小区规划设计规范》规定尽端路的长度不宜大于120m。如果按照雷特帮分流路网体系考虑，居住小区级的道路间距可按300m考虑（图9-49），城市支路与干路的间距可按400~500m考虑，小学设置在城市支路的一侧。支路两侧布置商业设施用地，利用支路作内街，设置城市公建，并将人行入口设置在内街上。这样居住小区的小学生上学只穿越一条支路即可。

如果两个小区以干路分割，本书建议采用天桥或地下道的方式解决小学生的穿越问题。对于城市来讲，虽然多建了一座人行天桥或地下道，却增加了一条依托支路或次干路的商业街。同时小区内部也实现了人车分流，而且两个居住小区的用地规模合计为32~50hm²，可以配套一所相当规模的小学。但原有的小区功能、路网布局模式却很难做到这一点。主要是小区通而不畅的路网体系并不能将人流集中，小区级道路可达性差，很难形成一定规模的商业街。

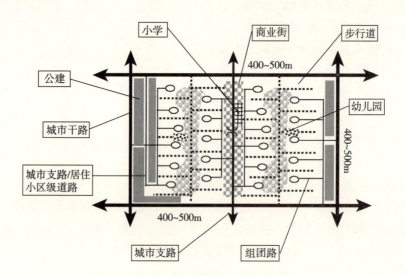

图9-49 居住小区与周边地区路网组织模式1

另外，上述小区布局也符合物业管理的最小规模要求，这一路网模式也与我国传统的街巷制、大街胡同、大街里弄具有极强的吻合性。而且，如果城市街区的形式有所不同，绿地与步行系统有所变化，将很容易形成丰富多彩的居住区景观。

模式之二：设置次街、共用商业街、共用小学、人车分流、机非分流

如果将图9-49所示的布局模式作如下改动：缩小街区规模，将部分道路改为单向行驶（单向行驶道路之间的间距控制在300m以内），就可以产生连续的自行车体系[①]，可以实现城市道路的路网分流。另外，还需要讨论自行车专用路是否可以穿越居住区的问题。本书认为从城市交通和居住小区规划理念中考虑小学生安全的角度来看，这是完全可以的。但$4\sim8hm^2$的用地具有2个机动车出入口、1个或2个自行车出入口，按照封闭式物业管理考虑，无疑会配备过多的管理人员，增加居住小区的管理难度。但人力问题可以通过电子设备进行解决，况且全封闭物业也并非小区管理的发展趋势。因此，从物业管理角度来看上述模式也具有可行性。

图9-50就形成了建立在高密度路网基础上的高效居住小区路网分流体系。城市干路的机动车与非机动车路口（图9-50与图9-52中的路口2）交通组织模式见图9-51，无需采用多相位；图9-50与图9-52的路口1也只需两相位信号控制（图9-52为图9-50小区布局模式的变种）。也可以考虑将中间的支路作为三块板道路使用，与城市干路相交时，交叉口采用推行过交叉口再转向的交通组织方式，不允许自行车骑行转向，这样可以大幅度减少自行车与机动车之间的干扰。

---

① 单向行驶道路在路段任何位置，每周期均具有接近半个周期的时间供行人与自行车过街，自行车的车速为机动车的1/3到1/2，可以形成连续的自行车交通体系。

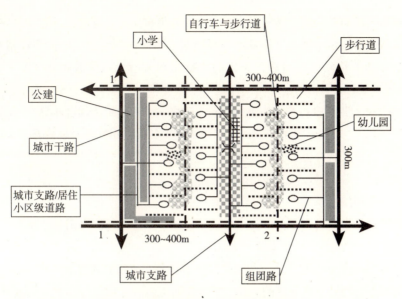

图 9-50 居住小区与周边地区路网组织模式 2

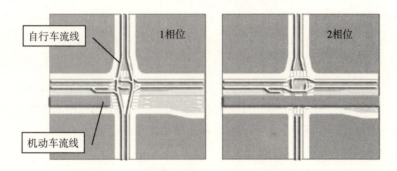

图 9-51 机动车与非机动车路口交通组织模式

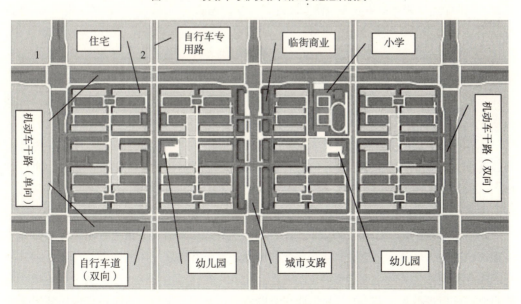

图 9-52 机动车、自行车、步行平面分流体系的居住小区规划总平面示意图

如果城市干路与支路或干路网间距过大，尽端路在允许长度内就不能与住宅院落有效连接。如果再增加居住小区级道路或组团级道路，小区内的路网分流体系也就难以形成。因此从城市合理的路网体系与居住小区的小学布置来看，小区最大规模不宜大于 16～25hm^2。根据图 9-50 所示的小区布局模式，小区规模则介于 9～16hm^2 之间。根据图 9-52 的布局模式，如果把自行车专用道、机动车道之间的用地称为居住小区，那么小区的合理规模为 4～6hm^2。可见，与城市路网组织体系相关的居住小区合理规模介于 4～25hm^2 之间。图 9-50 的模式既符合小学布置要求，又符合城市路网分流的交通组织需求，同时还可以提供足够的支路，可以实现城市道路功能的合理划分。

第 7 章提到的路网模式 5（单向分流模式）也同样可用于居住区建设。该路网与传统居住小区路网的最大差别在于城市路网的机非分流，小区内部路网则与传统居住小区路网体系基本一致。

（4）TOD 发展策略对居住小区规划规模、布局及交通组织的启示

在饱尝城市恶性膨胀所带来的交通、能源和环境恶果之后，许多发达国家开始检讨其城市发展策略。其中一项重要的战略就是公交导向开发（Transit-Oriented Development，TOD）策略进行的系统、协调的土地发展和公共交通建设。新城市主义的代表人物之一 P. Calthorpe 在《The Next American Design》（1993）一书中提出了典型的 TOD 设计。他所描述的 TOD 包括两类：一类是城市 TOD，位于区域性的干道、轻轨、重轨或快速公共汽车的车站，车站的站距一般为 0.8～1.6km，其商业强度和就业岗位的聚集度较高，居住密度在中等以上；第二类为邻里 TOD，主要位于干道周围 3 英里范围内的地方性公交站点，具有中等的居住密度，提供零售、娱乐、餐饮和市政公用设施。邻里 TOD 比较小，许多相邻的邻里 TOD 活动结点构成了一条交通走廊。

TOD 的面积一般为 20～160 英亩（8～64hm^2，那些大型的 TOD 往往结合轨道交通站点设置），围绕公交站点和各主要的商业区进行开发。在旧城改造区与填充区一般为 10 英亩（4hm^2），城市增长区一般为 40 英亩（16hm^2）。其典型特征包括：①城市开发紧凑布局，支持公共交通；②商店、住宅、公园、公建设施分布在公交站点的步行范围内；③街道友好，并与出行起讫点直接相连；④提供不同类型、不同价格、不同容积率的混合居住区；⑤保护自然环境，利用地形地貌，建设高质量的公共空间；⑥公共空间是建筑朝向及公共活动中心；⑦在建成区鼓励延公交线路进行填充。

在我国，居住区的人口密度较大，一般每公顷的居住人数为 300～400 人以上，相当于每公顷有 100～120 户居民，为国外城市 TOD 建议最小家庭密度的 12 所/英亩（30 所/hm^2）的 3～4 倍。虽然人口密度、住宅密度的差异很大，但其建议的城市 TOD 规模却与我国的居住小区适宜规模非常接近（16hm^2）。

TOD 设计导则指出：TOD 必须位于干线公交线路或辅助公交线路上；在公交线路形成之前的过渡期，TOD 的土地利用模式和街区系统必须能够完成预期的任务；TOD 必须采用土地混合利用模式（这是一种秩序化的混合利用。而我国目前的土地混合利用是各类功能的用地沿承担各种交通方式的三块板道路分布的混合利用，步行体系联系较弱，颠覆了公共空间与私有空间，不注重公共空间的建筑多样性设计，道路网络主要面向小汽车），公

共空间、核心商业区及居住区必须达到所需的最小规模，倡导建筑物的垂直混合利用，应具有不同类型、价格、产权、密度的住宅，平均最小密度由其区位决定，每英亩居住用地（净）应至少建有 10~25 所住宅。TOD 内的街道体系应当形式简单、指示明确、自成体系，并与公交站点、核心商业区、办公区之间具有便捷的联系，为了避免地方交通驶入干线道路，居住区与公共空间、核心商业区、办公区之间必须具有多条分流道路。

我国传统的机非混合、缺乏主导步行流线的路网模式所表现出的弊端非常明显，同时也不具备 TOD 主导模式的路网特征。TOD 主导居住小区模式的路网具有路网分流、远近出行分离的特征，在住宅与绿化、工作地点、商业区、公交站点之间具有步行主流线，这种路网符合居住小区的规划理念，具有提高交通运输效率、保障交通安全的作用。

(5) 居住小区布局模式优化的实施策略

居住小区布局模式与路网体系的实施不仅在于小区的内部路网优化，更在于城市路网与公共设施布局模式的优化。其一是与小学相联系的步行体系，其二是与公交站点、临街商业相联系的步行体系，其三是连续而完整的非机动车体系。小区外部功能与内部功能组织的协调和外部与内部交通体系的协调只能通过控制性详细规划来实现，即控规应当为居住小区规划确定合理的外部交通条件，提供步行、车行、公交系统的必要与合理的衔接点，配置必要与合理的公共设施。控规路网必须做到支路体系设计深度，妥善解决居住小区的外部交通组织问题、公共设施配置问题。但目前，控规的着眼点似乎更在于控制指标决定的城市景观需求，并没有对公共设施配套、有序的土地混合利用、便利有序的交通组织进行深入探讨。于是走出人车分流、井然有序的居住小区便进入人车、机非混合的城市便成为一种常见现象。

居住小区的合理规模是居住小区功能与交通组织模式、城市交通组织模式、城市公共设施布局模式共同作用的结果。小区合理规模的取值范围较大。不应片面地将小区规模过大作为造成目前交通问题的原因，应正视居住小区规划理念中的合理成分，只有积极行动、不断优化居住小区布局，不断优化城市公共设施布局，改进小区内、外交通组织，才能实现居住小区的良性发展。

9.5.4 城市快速路系统分析

(1) 城市环射干道系统的作用

环射干道系统已基本成为我国城市道路网络的基本体系，对我国城市用地拓展模式起到了适应和引导作用。陆锡明阐明了环路与放射道路的基本作用[29]：

①环路系统与城市发展是相互影响的。多层环路对土地开发的引导作用既不是自内而外，也不是自外而内，而是由内而外、由外而内的跳跃式发展过程。

②环路的基本作用表现为：穿越截流，即将起点终点均不在环线以内的交通吸引到环线上；进出截流，即对进出市中心的交通起到分流的作用，一方面减少这些交通对环内道路的使用，另一方面将这些交通分散到多条射路上；内部疏解，即将环内长距离的交通吸引到环线上。

本节对图9-53所示的环路进行分析。假定环路的速度从环内道路的1倍变化到3倍,对东西向穿越中心的交通进行分析。以环线速度为环内干路的1.2倍为例,从A点经环线到图9-54(a)中曲线上部与环线围合的区域的时耗要小于从环内道路体系到达该区域的时耗。图9-54(b)为在不同速度差异情况下环线能够吸引的到达环内区域的出行占A点到环内所有出行的比例和车速变化起到的作用。由图9-54(b)可见当环线车速高于环内1.2倍之后,环线才能明显起

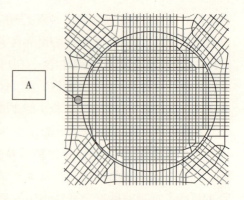

图9-53 分析路网简图环路内交通的作用分析

到进出截流作用,而且环线车速越高,进出截流作用越大;当环路车速达到环内的1.5倍以上时,环路完全可以起到穿越截流作用,并可以承担环路范围40%区域的进出截流;环线车速与环内车速的比值越大,提高单位车速对促进环线进出截流的作用越小。

③内部环线的截流作用会伴随城市用地拓展逐步下降。多层环线由内而外的服务水平应逐步提高。

④射路加强了城市与外界、中心区、郊区新城之间的联系,将促进城市副中心的形成。

⑤射路有助于满足车辆的直达要求,减少绕行距离。

⑥射路也应当分层次,干路级射路的直达性伴随其与城市中心区距离的缩小而趋于降低;快速路级别射路的直达性与城市中心区的距离无关,完全取决于联结方式和可达区域。

⑦环路与射路应互相补充、互为匹配、合理衔接,一般要求环路的速度高于射路。

(2) 环路规划的原则与合理半径选择

早期的环路按其交通流量的组成性质分为:城市环路和过境环路。其主要交通功能分工和建设标准因其上通行的交通对象不同而有所差异。但在环路建成后,随着沿过境环路周边土地利用强度的增大,过境环路在使用的中、后期一般都呈现城市环路和过境环路的组合特征,在规划中应综合考虑。

①环路的规划原则[30]

首先,环路规划应与城市规

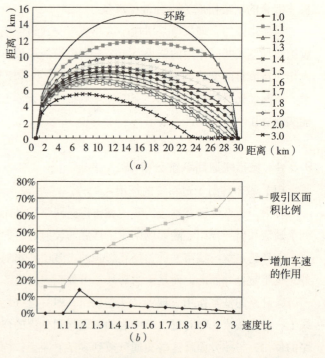

图9-54 提高环路速度对分担环路内交通的作用分析

划及发展布局紧密结合。英国的 W. 鲍尔在《城市的发展过程》一书中指出："最近几年发展起来的新的规划方法中，最重要的是土地使用与交通发展统一规划，把用地规划与交通规划两者合成一个整体。""规划的整个过程是从土地使用和交通规划开始，到最后建成城市的环境为止。"这充分反映了交通与城市建设的有机结合。过境环路将成为市中心和郊区（卫星城之间）的过渡地带。在远期，中心区的建成面积也不应超过过境环线的范围，应当使环路的主要功能为过境交通流服务。

第二，交通与土地共同开发。交通规划不仅是物质环境规划的中心环节，也是城市—区域—经济规划的结合。国内外环路建设的实践可以证明：环路的建设促进了居住的郊区化，也为产业沿环路的布局提供了可能。在美国华盛顿，1982～1988年间特区内的就业增长率为3.4%，而位于环路附近郊区的平均增长率为17.1%。在居住区和产业区沿环路建设的同时，与之配套的附属设施也将相继开工。因此，在规划环路时，应同时着手沿途的规划，采用以土地开发补助交通，以交通建设带动城市发展的思路，筹集环路的部分建设资金。

第三，环路规划与交通需求相适应。环路的走向、线位和平纵横几何特性在与环路的性质、任务和其在路网中的作用相适应的情况下，横断面的组成还应与流量的构成和数量相匹配，而不必强求全线统一的断面形式。从我国目前修建过境环路的目的来看，大多是为了完成国省重要干线在中心城市的过境。因此，在设计标准上应采用4车道以上的高等级公路，中心城市一般都采用全封闭高速公路环线。

第四，交叉口的系统规划。由于过境环路处于城市路网和公路网的过渡地带，其特定的交通功能决定了流量组成的复杂性。就其转向流量而言，不同路口不同方向的转向流量差异很大，机非混行的矛盾尤其突出。因此，全线交叉口的规划应首先本着全线通用性和统一性原则，以流量需求为确定总图选择的依据，防止在个别路口采用特大立交，而部分路口采用能力小于路段的交叉口的情况出现，寻求全线能力点线的协调。其次要考虑环路上交叉口之间的合理间距。此外，还要研究与其他交通方式（铁路、轻轨交通）的交叉问题。

第五，注重交通工程规划设计。

第六，采用系统规划的方法，不仅要考虑三维空间，而且应延伸到经济空间、心理空间和感觉空间，力求与环境统一和协调。一是与市区路网和公路网协调；二是与沿线建筑物的协调，使环线的建设以交通功能为主体，起到美化环境、带动物业开发的作用。

②环路半径确定[27]

土地使用与经济活动间的相互关系，并非像数学计算一样简单，交通流量和投资方向不同，可以导致区域发展方向不同。同样，过境环线的半径决定了中心区与郊区的连接方式——采用小半径即靠中心区的方案，会逐渐在道路两侧形成大量居民点，并逐渐被城市包围，成为市区道路的一部分，区域的发展会随环路的层层扩展而呈梯度发展；反之，采用大半径的方案远离中心区，将使环路成为市区和郊区的过渡地带，并将带动地方经济的发展，形成多中心的城市布局。因此，环路的半径不仅受到交通量组成和经济效益影响，而且还与城市的发展密切相关。在确定合理半径时应考虑以下几个方面的问题：
    a. 未来城市中心发展的范围；
    b. 中心区和郊区在联接上的关系；
    c. 包括郊区在内的大都市发展规划：
        一个中心，几个副中心——卫星城市方案
        中心发展方案
        中心向外逐渐推进的（层状）梯度发展方案——"放射+环"的发展方案
        中心沿放射轴线发展方案
    d. 环路在各规划期的任务；
    e. 系统立交的布局——涉及放射线与环路夹角的关系，以及立交的间距。

（3）北京市环射道路系统的改进[31]

①现状问题分析

北京市中心区规划快速道路网由3条环路和10条放射线组成。目前，市区快速道路只有两条环路，没有形成完整的快速网络，且缺少与两条环路标准相匹配的快速联络线，环路间连通性较差，严重制约了两条环路交通的集散效率。同时由于城区道路网稀，道路用地率低，路网结构不合理，干道系统不健全，以及普遍存在的占路停车、设摊现象，市区一般干道的车道负荷能力及行车速度仍明显低于环路，使得环路对车辆出行具有很强的吸引力，一些短行程的车辆也借用环路绕行。在二环路和三环路上行驶的车流中，有相当一部分车辆在环路上行驶的距离很短，从车次统计看，环路上行程小于4km的车次占环上行驶车次总数近40%。现有两条环路的长度虽然仅占市区路网的4.3%，却承担了市区路网交通负荷的47%。另外两条环路基本为地平式布置，沿线有许多大型公共建筑，在环路周围道路系统不完善的情况下，这些单位的车辆需要利用环路进出，有的车辆还要利用环路的立交调头行驶。三环路和二环路分别承担了其沿线各交通小区区内及邻区间车辆出行的30.3%和11.7%；起止点都在城区内的车辆出行中，有15.2%利用二环路行驶；在两条环路的行驶车流中，行程不足2km的占总量的20%左右，若集散道路系统能够得到完善，上述车流的大部分完全可以由其他道路承担。虽然从断面交通量看，这些车次构成某一路段的交通量比例不高，但这些短程车辆进出环路造成大量交织，对环路的运行状况影响很大。这部分车流原本不应由环路承担，而其他一般性干道又无形中分担了过多的中长出行距离的车流，消耗了大量出行时间。

②改善措施

根据以上分析，该交通改善工作本着管理措施为主，工程措施为辅的原则，拟采取以下对策：a. 调整现有路网功能分工和车流负荷分布，形成快速道路网络。b. 适当控制快速系统负载，确保其具有较高的行车速度。c. 扩充两条环路辅路的负载能力，整治一批与环路集散车流密切相关的次干道和支路，将环路主路上的短途车辆引导到环路辅路或其他相关道路上。d. 建立快速环路的实时监控系统，加大对快速道路系统车流扰动的快速反应和输导能力。e. 调整道路单行与路口禁左等交通管制方案，缓解环路尤其是部分关键立交的交通压力。f. 在现已开通的公交专用道基础上，充分利用两条快速环路及环路间逐步建成的快速联络通道系统，建立地面准快速公交网络主骨架，与轨道交通线路（地铁、市郊铁路）相辅相成。

③改善效果分析

工程实施前后的交通调查对比分析表明，改造后环路及相关道路设施的运行条件得到了较大改善，达到了预期目标。具体调查分析结果如下：

a. 改造后两条环路的运行速度有较大提高，主路流量减少，辅路流量增加，总断面流量变化不大。改造后环路高峰时段平均速度由34.9km/h提高到44.9km/h，提高了28.7%，其中二环路高峰小时平均时速由37.6km/h提高到40.6km/h，提高了8%，三环路高峰小时平均时速由33.4km/h提高到47.8km/h，提高了43.1%。改造后两条环路的主路流量都有所减少，同时辅路流量大幅度增加，总断面流量变化不大。其中二环路高峰小时主路断面流量减少约150辆/h，辅路断面流量增加约800辆/h，总断面流量增加约650辆/h；三环路高峰小时主路断面流量减少970辆/h，辅路断面流量增加约710辆/h，总断面流量减少260辆/h。

b. 主要联络通道交通条件得到较大改善。改造后主要联络通道高峰时段平均时速由14.4km/h提高到20.1km/h，提高了39.6%，同时断面流量也由改造前的1260~5400辆（自然车）增加到1400~6600辆。

c. 公共汽车运行速度和准点率均有较大提高。据公交部门统计，改造工程完成后，三环主路上行驶线路的平均运行时间减少了20分钟，运行速度提高了14.7%，劳动效率和车辆利用率提高16.7%；二环路主路上公交线（44路）行程时间缩短了10分钟。

④经验借鉴

我国很多城市的商贸中心、行政中心和交通中心重叠，大量的穿越性交通通过市中心区，有的甚至超过60%。这样，穿越性交通与市中心区集散交通形成严重冲突。一些城市往往只强调了机动性，盲目地将快速路、交通性主干道直接引入中心区，进一步加剧了中心区的交通矛盾，也影响了市中心区功能的正常发挥。这一分析是正确的，但这并不意味着交通性主干道不能引入中心区。如果对这些道路采取公交优先，对私人交通进行限制，将这种交通性主干道直接引入中心区也未必是坏事。环路流量减少可能得益于交叉口间距的提高、环线之间联络道路的增加和环线辅路的完善，但环线之间联络道路车流量的增加则反映了实际交通需求。

（4）高架快速路与地面快速路的优劣分析

世界上很多著名大城市的城区内均有快速干道系统。如美国的纽约、洛杉矶、芝加哥、底特律，英国的伦敦，日本的东京、大阪，俄罗斯的莫斯科、法国的巴黎，德国的慕尼黑等城市，均有快速干道系统，它对内联系城区干道及主要交通枢纽，对外与高速公路衔接，成为城市的交通命脉。目前国内如北京、上海、广州、武汉等特大城市，已经或正在进行城市快速道路系统的建设，大大提高了中心城区路网容量。以上海市为例，上海市的快速高架路网总长51km，交通总容量3.18万车公里/h，位于中心区的高架路容量相当于近十年来中心区新增道路总容量的58.1%，明显地改善了中心区的交通，并对提高城市开发地区的土地使用价值及城市发展起了十分重要的作用。上海市的快速路网是由内环线高架路、南北高架路、延安路高架路、沪闵路高架路、逸仙路高架路组成的一个快速路网。

我国城市用地比较紧张、路网密度比较高的城市往往采用高架形式的快速路，例如上海、广州、杭州，在一些路网密度较低的大城市则往往采用平面道路加立交的形式，例如北京。平面路段加立交桥的组织方式往往会导致快速路对城市主次支路网的切断，导致城市主次支路网的连续性受到破坏，使城市快速路吸引不必要的近距离出行。因此笔者认为城市中的快速路应当以高架路为主，否则很难与其他城市道路相匹配。北京射路不足的现象则反映出环路对进入市中心的次级道路切断带来的问题。

（5）高架路与城市道路的一般衔接方式分析

①基本衔接模式

我国《城市道路交通规划设计规范》明确提出支路不能与快速路直接连接。对道路体系来讲，城市任何等级道路与快速路的衔接均需要与快速路的匝道直接连接。因此，这一规定也就等同于不允许支路与高架路匝道直接连接。那么高架路与地面道路的衔接就只能通过城市干路。所以高架路下面一般为高架路辅路，其级别为主干路。另外这种处理方法还可以更大程度地避免高架路承担近距离交通，提高快速路的运输效率。因此在我国，高架路与城市道路的衔接往往借用高架辅路，匝道直接落到辅路内，与非高架快速路有较大的差别。

高架路与地面道路的主要衔接模式见图9-55。根据高架路匝道与主干路的相对位置关系，可以分为出口匝道过主干路交叉口、进口匝道不过交叉口（模式1）与出口匝道不过主干路交叉口、进口匝道过交叉口两种模式（模式2）。图9-55为模式1的简图，如果将次干路与主干路位置互换也就演变为模式2。这两种模式的匝道交通集散组织见图9-56。

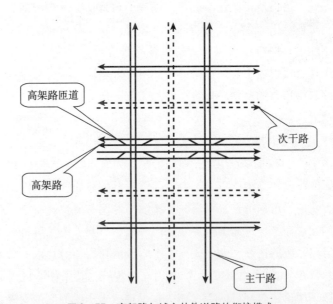

图9-55 高架路与城市其他道路的衔接模式

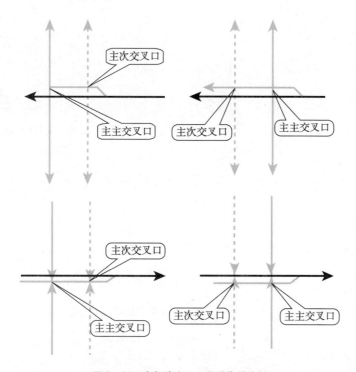

图 9-56 高架路出入口匝道位置分析
（主主交叉口指主干路与主干路交叉口，主次交叉口指主干路与次干路交叉口）

模式 1 具有较多优点。因为出匝道车辆可以在较长的路段内交换车道，为下一交叉口的转向做好准备。模式 1 允许的匝道出口与入口排队长度较大，匝道出口车流首先经次干路进行分流，主干路交叉口的流入量有所减少。模式 2 则相反，主干路交叉口交通疏散压力明显大于模式 1。如高架路车流密度较大，由于进入高架路的车辆会出现排队现象，如果排队加长，会波及主干路交叉口。对于出口匝道来讲，如果主干路交叉口堵塞，也会迅速波及到高架路。一般来讲主干路交通量较大，交叉口出现交通堵塞的可能性较大，所以模式 1 优于模式 2。另外，高架路下方主干路可以利用柱子与柱子之间的区域远引左转交通，变左转为右转，可以提高交叉口通行能力（图 9-57[32]）。

②高架快速路可能引发的问题

a. 高架路导致垂直道路交通量加大、转弯车辆比例增加

快速路对减轻平行道路压力、减少中心区穿越交通非常有效，比如 2001 年上海市内环线每天进出的车辆达 74.2 万辆，约完成市中心区出行总量的 40.6%。[33]快速路车速高，高架平行道路距高架路越近，交通量减轻程度越大。但快速路前进方向的匝道出入口间距一般为 2km 左右，即相当于主干路的路网间距。高架路出口匝道出现向前疏散、向左右疏散车流情况，进口匝道则主要收集横向道路车辆，因此地面交通体系与高架路的速度差异越大，高架路交通流量越大，高架横向干路的交通集散作用越大，交通压力越大。

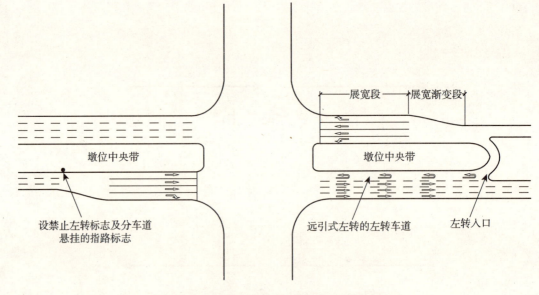

图 9-57 利用高架墩位中央带做远引左转的布设

b. 高架路进一步引发周边地区可达性改变与开发强度变化

伴随交通量增加，城市道路车速会有所下降。但在接近饱和的情况下高架路的车速依然可以达到 45~60km/h，而主干路一般在 20km/h 以下，高架路与地面道路的速度差异加大，高架路可以为出行者节约很长时间。这样无论在非饱和情况下还是接近饱和情况下，快速路均改变了原有路网的可达性。沿高架方向的噪音、污染较大，所以适合建设的道路主要为与之垂直的横向道路。当然，与高架平行的其他（高架底下道路以外）道路的可达性也会提高，但由于存在转向时间延误，其可达性不如垂直高架的横向道路高。于是，这些道路两侧用地的开发加快，容积率提高，使高强度开发延高架路垂直方向不断延伸。那么高架路将导致沿线交通吸引点延横向道路增多、增大，形成高架沿线的多个大型交通吸引点。同时，高架路的辅路与横向干路自身承担的交通量也不断增加。如果高架路与饱和度较低的次干路衔接，可达性变化仍会导致开发强度变化，交通流也会发生变化，次干路将演变为主干路，问题同样会出现。

这样，高架路带来的集散车流、引发车流与主干路本应承担的交通功能叠合在一起，往往导致高架路辅路与横向主干路交叉口出现交通堵塞。当主干路交叉口车辆排队达到一定长度时，高架路可能出现局部路段交通拥堵。如果高架路车流密度接近饱和，则很可能导致来自主干路的高架进入车流难以及时汇入高架车流，与进口匝道相连的辅路车道上会停满进入高架道路的等候车队，很容易造成高架下面主干路交叉口的堵塞。比如，上海市环线高架武宁路口下匝道处，曾经因为武宁路交叉口集散能力不足，而成为高架拥堵的重要节点。因此高架路垂直道路的疏散能力在高架路的运行中起到关键作用，进出口匝道的设置非常重要。

③新的衔接方式设想

前面高架路与地面道路的衔接方式存在高架路与地面主干路彼此干扰较大，缓冲余地不足的问题。而国外的快速路往往设在横向的、单向交通的道路上。[34] 我国也可以在主干路与快速路之间增加高架路专用集散道路（机动车专用，禁止人行出入口与之连接），衔接模式见图9-58。

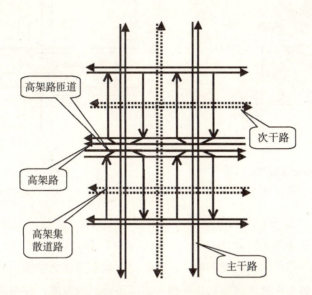

图9-58 高架路与城市其他道路的衔接模式改进

a. 高架集散道路交通组织分析

高架路专用集散道路应当单向行驶，不少于两车道（出、入口以内也可以组织双向行驶，但与匝道连接的部分必须采用单行模式，否则可能导致集散道路堵塞）。高架路辅路的原有集散功能保持不变。这样，进出高架的某些车辆就不必经过主干路交叉口，可以减少高架路附近主干路的交通压力。

出入高架的车流需要穿越高架辅路一侧的单向车道。由于干路交叉口采用红绿灯信号控制，对于单侧车道来讲，则总有约半个周期的时间没有车辆或只有少许车辆行驶。可以在匝道出口前进方向设置红绿灯，用来控制高架路集散车流与主干路车流，该点的信号控制应当与主干路的绿波交通组织协调，那么主干路的通行能力就不会受到影响。该模式要求在出口匝道设置直行与右转两个车道，辅路为绿灯时，匝道直行车道可以通行，辅路为红灯时，匝道直行与右转车辆可以同时通行。在集散车流通过与高架路平行的次干路时，可以增设红绿灯。建议集散专用道路布置在距离交叉口约100m左右的位置，根据绿波交通组织，该位置约有15~20秒时间过街，并有足够的道路长度停放转向车辆（图9-59）。也可以组织横向环岛绕行，这样就不必设红绿灯，但这种交叉口处理方式需要相应的道路断面形式与之配合（图9-60）。

b. 新组织模式的优点

新组织模式将原来只有主干路承担的高架车流集散任务交给高架集散道路和主干路承担。高架集散道路使高架下面的主干路交叉口的转向车辆大幅度下降。如果主干路堵塞，集散道路还会继续发挥作用，增加了疏散道路的允许排队长度。如果高架路接近饱和，高

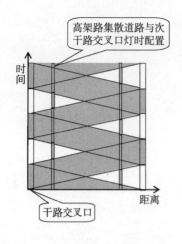

图9-59 高架路集散道路与次干路
交叉口灯时配置

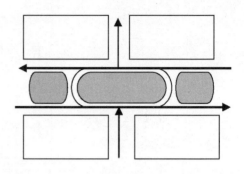

图9-60 高架路集散道路与次干路的
交叉口处理

架集散道路可以提供较长的高架道路进入车辆等待区，更大限度地保证主干路的运行效率。主干路出现交通堵塞的可能性降低，高架路与主干路的独立性得到增强。

高架路与城市干路之间的衔接不应该是高架路与地面道路之间惟一的衔接方式。高架路匝道本身已经容许车辆速度可以从0变到与高架路协调的速度，否则高架路与红绿灯控制的城市干路也无法衔接。因此高架路可以与部分支路（机动车专用，不同于一般支路，上海市《城市道路平面交叉口规划与设计规程》将支路划分为交通性支路、商业性支路、生活性支路）连接。只要管理适当，这些交通性支路也可以承担高架路的部分交通集散功能，交通系统的适应性得以加强。

9.5.5 路网结构单元组合

前文对城市中心区、发展轴、居住区、快速路的路网模式进行了分析，在此则运用上述分析结论组合城市整体路网体系（图9-61）。

这个路网没有蕴含构图之美，仅是一个致密方格网组成的环射路网体系，与新城市主义推崇的路网存在较大的类似。中心区的主干路网间距采用800m，主次干路网间距400m，主次支路网间距200m或133m，计划采用单向平面分流体系（见第7章）。发展轴采用本章提供的发展轴路网模式或第7章的单双向分流模式，为矩形路网。居住用地采用机非、人车分流体系。快速路由3条快速环线、8条快速射线组成。第一条环线直径8km，围合面积为50km^2，采用全高架模式；第二条环线直径20km，围合面积为300km^2；计入发展轴用地，城市总用地为580km^2。第二条、第三条环线以地面快速路模式为主，第三条环线为公路外环。

该路网最大的特点是主次支道路具有相近的便捷性。道路等级的划分主要依据路网的交通组织模式，即道路连续性越好、沿街出入口越少、交通量越大，其级别越高。该路网的路网密度大，中心区达到10km/km^{2}以上（主次支合计，还可加密），发展轴的路网密度达到8.3km/km^2（主次支合计）。

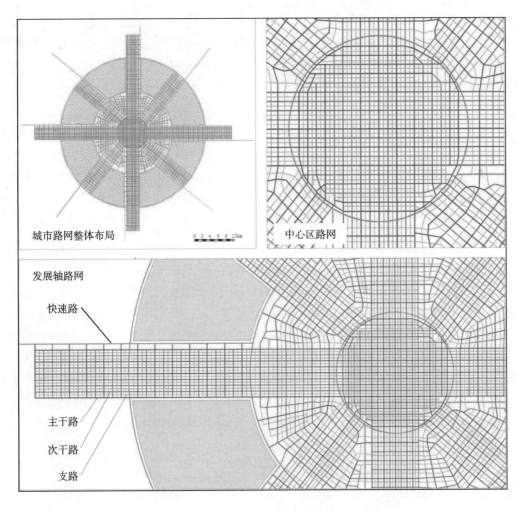

图 9-61 城市组合路网模式探讨

快速路采用双向 4/6 车道，红线宽度 40m；主干路采用 6 车道，红线宽度 30m；次干路 4 车道，红线宽度 25m；支路 3~4 车道，红线宽度 25m；自行车道主要布置在支路和自行车专用道上（红线宽度 12m）。该路网的中心区道路用地比例为 26.7%，发展轴道路用地比例为 22.1%。

该路网城区内最远点之间的直线距离为 50km，如果走快速路，距离为 61km，如果采用私人机动车出行，时耗在 1 小时左右。如果采用公交出行，从城边缘区最远点到城市中心区约需要 1（大站快车）到 1.5 小时（普通公交）。

可在三环、二环之间培育城市次中心，逐步形成多中心城市。该路网模式仅是路网组合模式的一种，城市的规模、布局均可调整，发展轴的数量宽度亦可不同，城市不同部位的路网组织模式也可以改变。该路网可以实现机非、人车平面分流，可以实现动态发展的路网体系。

在这种体系中，规划师把路网画成致密的方格，在具体的城市中结合地形、地貌，可做些扭转变化。路网建成后，将干路体系组织成协同的绿波体系，配备一部分单向干路交通体系，将不被干路占用的时空用于支路通行。所谓的动态控制也就是保留道路空间，培育公共活动空间，转移机动交通，加密、升级交通体系，制定公交优先、HOV 优先措施。简言之，路网应做到高密、简洁、有序；部分道路采用单向行驶，合理利用道路时空资源，保持城市支路体系的便捷性、连续性。

9.6　本章小结

本章对路网宏观组织的出发点、主要措施进行了分析，构建了城市不同组成要素的路网组织模式，并提出了动态实现构想，从时间、空间跨度上对路网宏观组织结构进行了分析。主要结论如下：

（1）路网结构体系的不合理、公交线网密度偏低是造成目前主要交通问题的重要原因之一。公交发展滞后、交通结构不合理、单中心圈层式发展并不是必然存在的。

（2）路网运输效率提高的关键在于：在循序渐进的交通体系增容、升级中采用适当措施妥善配置交通资源。路网组织的重点不但在于提高路网以车公里来衡量的运输效率，更在于保障良好的公交运行条件，以促进交通结构改善，引导城市合理用地布局的形成。

（3）路网扩容的关键是在高密度路网的基础上采取有效的交通组织措施，将绿化、广场、建筑基底、沿街活动场地之外的其他空间尽量组织到城市交通体系中，形成足够数量的便捷的支路体系，并借助这一支路体系构建完备而连续的自行车体系，实现了路网的合理分工、合理扩容。

（4）构建了以单向平面分流体系为例的城市中心区宏观组织模式，指出了我国城市交通发展轴路网规划的不足，构建了发展轴路网组织模式和居住小区机非、人车分流的路网模式，并指出控制性详细规划应当把理顺支路体系、确定各地块的外部交通条件作为重要的规划内容之一，这是实现路网模式优化的基础条件，也是实现路网规划阶段合理划分的要求。

（5）对环射干路体系进行了分析，归纳了基本规划原则，指出高架路与城市干路之间的衔接不应该是高架路与地面道路的惟一衔接方式。高架路可以与部分交通性支路相连。只要管理适当，交通性支路也可以承担高架路的部分交通集散功能，成为城市主干路与快速路之间的缓冲或衔接模式，使交通系统的适应性得以加强，分工更加合理。

（6）合理的路网是高密度、有效组织的网格道路体系，路网规划应做到高密、简单、有序；部分道路应采用单向行驶，这样可以合理利用道路时空资源，保持城市支路体系的便捷性、连续性，从而构建高效的平面分流体系。

（7）宏观交通组织是城市各组成单元内部、组成单元之间实现协调发展的基础条件和基本策略，脱离了宏观交通组织，城市交通的动态发展和分期建设也就难以实现。

（8）路网宏观交通组织与路网规划应坚持如下原则：
①长远与全局的战略原则——维持并引导城市布局结构的合理发展；
②效率优先原则——保障公共交通具有良性发展的线路组织、优先发展的必要条件；
③公平与效率兼顾原则——兼顾不同交通方式、不同距离出行者的交通需求；

④利己与利他原则——以效率为出发点，合理组织机动车路网体系，尽量为其他交通方式提供必要的时空资源，保障支路体系的适应性；

⑤共用与尽用原则——利用机动车路网之外的其他可利用空间与道路时空资源，促进近距离慢速交通的合理发展；

⑥系统的相对独立原则——合理的路网应当坚持网络分工，而不是道路分工；

⑦经济性与时效性原则——坚持循序渐进的扩容与升级。

参考文献

[1] 王有为，赵波平. 关于当斯定律与城市交通需求管理（TDM）的几点思考 [J/OL]. 城市交通，2003－05－19. http//www.china.utc.com.

[2] 交通拥堵中外有别. 中国建设报，2001－02－16.

[3] （美）Mark C. Childs. 停车场设计 [M]. 彭楚云译. 机械工业出版社，2003.

[4] 何玉宏. 中国城市交通问题形成的背景、原因及其发展趋势——兼论轿车进入家庭的制约因素 [J/OL]. 城市交通，2003－05－19. http//www.china.utc.com.

[5] J·M·汤姆逊. 城市布局与交通规划 [M]. 倪文彦，陶五馨译. 北京：中国建筑工业出版社，1982.

[6] 李德华. 城市规划原理 [M]. 北京：中国建筑工业出版社，2001.

[7] Alans Wevans. 城市经济学 [M]. 上海远东出版社，1992.

[8] 胡俊. 中国城市：模式与演进 [M]. 北京：中国建筑工业出版社，1995.

[9] 刘冰. 城市土地开发与交通设施的配置研究. 同济大学博士学位论文，1997.

[10] Carey Curtis. 都市群交通与用地的政策和规划 [J]. 王金秋译. 国外城市规划，2002（6）.

[11] （英）斯蒂芬·鲍特. 交通革新与城市用地结构都市群交通与用地的政策和规划 [J]. 王红译. 国外城市规划，1986（1）.

[12] 黄建中. 我国特大城市用地发展与客运交通模式研究. 同济大学博士学位论文，2003.

[13] 杨荫凯，金凤君. 交通技术创新与城市空间形态的相应演变 [J]. 地理学与国土研究，2002，15（1）.

[14] 王义. 北京公交新线将圆百姓"郊区住房梦". 北京娱乐信报，2002－12－5. www.cupta.net.cn.

[15] 李朝阳，王正. 城市道路时空资源供求模型及其应用 [J]. 应用基础与工程科学学报，1998，6（3）.

[16] 王春生. 一种科学、实用、有效的城市路网交通容量计算方法 [J]. 基建优化，1999，20（1）：46~47.

[17] Englewood Cliff. Urban Public Transportation [M]. New Jersey: prentice-hall. Inc, 1981.

[18] 陈炜，陈白磊. 将 HOV 引入我国城市交通规划的管理 [J]. 城市规划，2003（6）.

[19] 曹小曙，阎小培. 20世纪走廊及交通运输走廊研究进展 [J]. 城市规划，2003，27（1）.

[20] Carey Curtis. 地方城市活动走廊：一种真正整合土地使用和交通规划的有效方法 [J]. 王金秋译. 国外城市规划，2002（6）.

[21] 王骏阳. 库里蒂巴与可持续发展规划 [J]. 国外城市规划，2000（4）.

[22] 蒋谦. 国外公交导向开发研究的启示 [J]. 城市规划，2002，26（8）.

[23] 丁成日. 中国的城市人口密度高吗？[J]. 城市规划，2004（8）.

[24] 徐观敏，邵文鸿. 关于小区规模的探讨[J]. 城市规划，2004（8）.

[25] 朱喜钢. 城市空间集中于分散[M]. 中国建筑工业出版社，2002.

[26] 朱建达. 当代国内外住宅区规划实例选编[M]. 中国建筑工业出版社，1996.

[27] 唐子来. 居住小区服务设施的需求形态：趋势推断和实证检验[J]. 城市规划，1999（5）.

[28] 周俭，蒋丹鸿，刘煜. 住宅区用地规模及规划设计问题探讨[J]，城市规划，1999（1）.

[29] 陆锡明. 综合交通规划[M]. 上海：同济大学出版社，2003.

[30] 黄平. 重环路规划的理论与方法探讨[J]. 庆交通学院学报，1999，18（2）.

[31] 全永燊，金东星. 北京市中心区交通改善实施方案. 项目承担单位：北京市城市规划设计研究院，北京市市政工程设计研究总院，北京市市政专业设计院，北京市公共交通总公司，北京市公安交通管理局.

[32] 上海市工程建设规范. 城市道路平面交叉口规划与设计规程，2004.

[33] 周商吾，李贵林. 上海市快速高架道路网交通效益评析[J]. 城市道桥与防洪，2000（3）.

[34] 徐循初. 四论我国城市道路网规划中的问题——关于城市道路立交与高架的使用和分析[J]，城市规划汇刊，1999（5）.

10

结论与展望

10.1 主要结论

（1）我国的路网规划研究现状

国内学者指出了我国城市路网密度偏低、交通混行、道路功能划分不清、道路等级结构不合理等问题。但在某些问题的认识上还存在分歧，理性略显不足；路网规划还缺乏必要的技术支撑；路网分期建设研究较少，路网的动态利用较少论及。

（2）路网结构体系的基本内容与相互关系

本书从路网的五项评价内容出发（成长性、高效性、适应性、层次性、引导性），得出路网结构体系的四个组成部分（功能结构、等级结构、布局结构、组织结构），并指出它们之间的相互关系。

（3）路段通行能力的交叉口间距折减系数存在逻辑错误

通过理性分析，指出以往的路段通行能力的交叉口间距折减系数分析方法存在逻辑错误，这是导致我国倾向于采用低密度、大间距路网的理论依据之一。

（4）建立了路网运输效率评价体系，并运用这一体系对路网展开分析

采用交通承载力概念建立了路网运输效率评价体系，得出城市道路应当以协调控制的平交体系为主的结论，并确定了单向行驶路网体系的适宜路网间距及相应的选择条件。

（5）交通协同控制体系的基本规律及其应用

极少连续转向、散车归队决定了随机进入车辆延误时间与归队位置无关；相位协调决定了路网必须均匀有序；双向空档递减决定了增加支路的位置应当尽量接近交叉口；单向空档一致反映了单向行驶道路可穿越时间的分布规律；插队优先说明绿波交通与红绿灯交通控制存在局限性；木桶定律说明路网通行能力存在极限，突破薄弱环节是解决问题的关键；车队离散表明路段过长可以使绿波交通失效；相位最少决定了相位越少，绿波交通越有效；公交运行的协同规律与社会车辆之间的差异说明了公交运行与社会车辆之间存在矛盾，这一现象也同时为公交的交通组织提供了新思路。

（6）运用多种方法得出合理的路网密度与路网间距

采用居民私人交通出行效率分析法、公交出行效率分析法、交通协同控制分析法、有效运输效率分析法、转向比例法、居民出行最大时耗限制与路网密度分析法得出如下结论：

①不同交通方式的适宜出行距离与平均出行距离不同，因此不同交通方式自身的运输特性所要求的合理街区尺度不同、路网间距不同；机动车与非机动车的适宜路网密度存在较大冲突。

②同一出行者不同目的的出行距离不同，同一交通方式的出行距离不同；存在居民远近距离出行对最佳路网间距要求的冲突问题。

③依靠增大路网间距提高路段通行能力的做法会面临左转比例、迂回系数增大带来的

交叉口通行能力和路网实际通行能力下降问题。

④无论路网系统的交通量大小，双向行驶情况下的最佳路网间距基本介于400～600m之间，单向行驶的路网间距一般小于350m，城市干路网相应的路网密度为3～6km/km²。

⑤大城市路网平均出行距离远，路网密度应小一些，间距应当大一些；小城市路网平均出行距离近，路网间距应当小一些，路网密度应当大一些；但同时应注意，大城市交通压力大，车速较低，路网间距又应小一些。

⑥城市中心区交通压力大，车速低，路网密度应当大一些；边缘区交通压力小，路网密度应当小一点。

⑦路网规划的真正意义在于最大限度地满足各类交通方式需求，使不同距离、不同方式的出行者尽量达到效率最大化。

⑧合理的路网发展模式是建立在一定路网密度范围内的道路加宽，即使优先考虑机动车的出行效率，路网密度所起到的作用也不可能通过增加道路车道的方法达到。

⑨我国目前采用的最佳公交线网密度偏低，站距偏大，大间距路网很难使公交达到最佳运营状态。

⑩我国规范提出的快速路建议路网密度基本合理。城市发展不必过度追求机动性，快速路只能作为将必要的远距离出行限制在一定时间限度内的必要措施；对于新建区来讲，不应过量建设快速道路体系。

(7) 构建了11种路网组织模式，并进行了综合比较，使前文得出的合理路网密度得到有力支撑，指明了路网组织的工作重点

理论上的合理路网间距、路网密度可以在具体的路网模式中实现。路网间距的变化范围较大，介于100～800m；道路用地比例变化范围也很大，介于10%～40%；路网密度可达到20km/km²，干路网密度可以达到6km/km²，支路网密度可以达到14km/km²。

城市建设用地的路网承载力变化幅度也很大，可以从1万车公里/(km²·h) 增加到2.4万车公里/(km²·h)，可以从2.0万人公里/(km²·h) 增加到10万人公里/(km²·h)。不同路网模式的交通用地运输效率差异较大，现有的三块板断面分流混合路网的效率最低。分流、改良体系一般可比现有路网模式高出10%～20%。通过具体路网模式分析，可以得到公交线网密度的最佳值容许达到6～7km/km² 的结论。

合理的路网间距、路网密度、道路等级结构具有相当大的变动范围。密度较大、有组织的路网要比稀疏、无秩序的路网具有更良好的成长性，更有利于道路分级，但这必须建立在有效的交通管理基础上。在道路资源一定的情况下，单纯通过扩大平交路网的通行能力来增大路网运输效率的作用是极其有限的（最大增幅约20%左右），而通过路网组织，提供公交运行所需要的道路条件（密度、分流），对提高路网运输效率的作用是巨大的，增幅可达到若干倍。因此路网组织的重点不但在于提高路网以车公里来衡量的运输效率，更在于提供良好的公交运行条件，改善交通结构。

(8) 提出了进一步完善路网等级结构的建议

虽然我国的《城市道路规划设计规范》在城市规划中起到了重要作用，并纠正了以往的错误认识。但规范存在的问题依然不容忽视，主要表现在对路网规划基本原则的落实方

面，技术手段不足是造成这一问题的主要原因。规范建议的金字塔式道路等级结构是合理的，但干路建议路网密度偏低、支路与干路的衔接尚未得到明确。规范实际将支路作为城市路网结构体系的支撑体，承担着近距离交通、慢速交通，承担着城市公共活动职能，是"支撑之路"，而实际建设中则演变为"枝路"。本来由支路承担的功能只能由干路承担，降低了干路的运输效率。加密路网、改善路网等级结构的目的则是促进路网运输效率的提高和道路功能结构的改善。

道路等级结构、道路等级划分是路网交通组织的结果，不同路网组织模式的最佳路网等级结构不同，并不存在严格的不同等级道路的合理路网密度建议值，也不存在道路宽度与道路等级的严格对应关系。建立在低密度基础上的道路等级结构优化并不具有实际意义。在这种情况下，伴随交通需求强度的不断加大，部分支路会升级为干路。只有在400~600m 的干路间距范围内建立的连续的支路体系才是名副其实的支路网。

（9）指出了我国大间距、低密度路网的成因及其造成的问题

企业单位的影响、计划经济体制、基础设施投入不足、不合理的路网规划依据、路网规划技术支撑体系的缺乏是我国大间距、低密度路网的主要形成原因。由此造成如下问题：

①加剧了不同交通方式之间的矛盾，难以实现路网分流；

②远近距离出行混合；

③路网容量较低，交叉口压力过大与路段通行能力较低的情况并存；

④导致道路等级结构的不合理，等级划分模糊；

⑤微观土地利用模式恶化，没有足够的沿街面用于城市公共活动安排；

⑥导致公交线网密度不足，未能充分发挥公交的应有作用；

⑦导致左转比例与干路迂回交通增加，路网实际运输效率下降；

⑧难以实现路网分期建设，路网成长性差；

⑨信号协同控制体系的效率较低。

（10）公交引导的发展走廊的形成机制分析

公交的单一化、优先措施的缺乏与自行车出行的廉价和普及性决定了平原地区百万人口城市的交通结构，这种交通结构决定了目前的单中心圈层式城市布局及其发展趋势。对于百万人口以上的城市，会出现微观开发的合理性与宏观布局的不合理性共存的局面。通过对公交引导的发展走廊的形成机制分析得出如下结论：

①从理论上来看，在实施公交优先的情况下，对于人口规模较大的城市，公交主导的轴向发展模式这一宏观发展机制是可以形成的。

②微观发展机制的形成主要取决于公交优先体制下较大的公交出行比例和发展轴中公交体系的速度。

③如果这条发展轴可以联系大量的交通源，其作用会更加明显。

④如果能够对公交发展给予足够的重视，公交便可以引导城市布局从单中心圈层式发展向单中心星状布局模式发展。

⑤虽然轴向发展会增加居民的平均出行距离，但却有利于减少居民的平均出行时间，

为交通走廊的形成奠定良好的基础，为公共交通的升级做好准备。正是因为轴向发展从微观布局上不具有自发性才需要城市布局的宏观调控。

⑥公交优先，尤其是公交专用道的提供，不能仅建立在近期合理、经济的基础上，更应当考虑公交优先可能对城市布局结构优化的积极作用。

（11）指出应当从公交入手，从道路建设入手，循序渐进，扩容升级，促进道路交通与城市布局的协调发展

当前，我国城市的道路用地比例偏低，城市规模不断扩大，存在路网扩容的实际需要与实施可能。对于合理的路网体系，并不存在公共交通升级扩容的门槛，公共交统体系完全存在循序渐进，扩容升级的可能。

我国公交线网密度的偏低，提高了公交对运送速度的要求。公交优先政策、措施的缺乏又导致公交运送速度不断下降，再加上公交拥有量不足、线路配置与城市开发脱节，这些问题造成了自行车出行速度始终快于公交的不利局面。公交良性运行条件的缺乏是交通结构恶化的主要原因，而不能将交通结构恶化归因于自行车的过度发展。应当正视路网密度不足和公交线网密度不足造成的严重问题。

一座城市在进入特大城市规模之后，公交客运市场较大，公交发展水平可以对城市交通结构起到重要作用，成为城市交通结构转换的关键阶段。本书认为，我国正在进行的郊区化过程中，在私人机动化交通大量发展之前，我国的公共交通可以得到大幅度的改善。由于轨道交通建设所需要的资金大、周期长，城市承担的风险大。改善普通公交体系，加密线网密度，实施公交优先，完善经营体制，提高公交拥有率便是我国城市交通发展必须解决的问题。因此，改善普通公交体系应当成为我国多数城市改善交通结构的主要突破口。

路网扩容的关键是在高密度路网的基础上进行有效的交通组织，将绿化、广场、建筑基底、沿街活动场地之外的其他空间尽量组织到城市交通体系中，形成足够数量的、便捷的支路体系，并利用支路体系建设连续、完善的自行车路网体系，实现道路功能的合理划分。

（12）合理配置道路资源，实施公交优先，优化交通结构

交通结构恶化的实质是交通资源的低效配置。高效性、脆弱性构成了优先发展公共交通的充分与必要条件。"以车为本"的道路资源配置并不需要计划干预，而"以人为本"则需要积极的计划干预。计划干预、采用合理的路网模式是合理配置道路资源的前提和优化交通结构的必要手段。"公交优先"的实质就是"百姓优先"，多数人优先，高效交通方式优先。

（13）构建了城市中心区、发展轴、居住区分流交通模式的宏观交通组织模式

构建了以单向平面分流体系为例的城市中心区宏观组织模式，指出我国城市交通发展轴路网规划理论的不足，构建了发展轴路网组织模式和居住小区机非、人车分流路网模式，并指出：控制性详细规划应当把理顺支路体系，建设城市交通分流体系，确定各地块的外部交通条件作为重要内容之一。这是实现路网模式优化的基础条件。

（14）环射干路体系与快速路衔接体系分析

对环射干路体系进行了分析，归纳了基本规划原则。并指出：高架路与城市干路之间的衔接不应该是高架路与地面道路之间的惟一衔接方式。高架路可以与部分交通性支路相连。只要管理适当，交通性支路也可以承担高架路的部分交通集散功能。交通性支路是城市主干

路与快速路之间的良好衔接与缓冲，可以使交通系统的适应性得以加强，道路分工更加合理。

（15）总结了两类路网模式的差异

新城市主义、路网模式与居民交通出行行为的相关性研究从城市交通与城市生活的角度对以机动车为主导的低密度树枝状路网模式提出了质疑。本书将两种路网体系的差异总结如下：

①低密度树枝状路网

具有高密度路网的发达国家城市市区路网并不是完全交通工程理论控制下的产物。树枝状人车分流的路网体系是考虑车辆行驶与人行安全的产物，往往分布在大城市的郊区。低密度树枝状路网强调速度、安全，尽量采用道路设施（立体交叉）取消机非、人车、车流冲突，使设施建成后实现良好的自我运行状态，具有较高的车速，最初可以使驾车者的利益达到最大，但该体系诱导城市向低密度状态发展，诱发长距离出行，不利于培育公共交通体系。

②高密度平面分流体系

高密度平面分流体系不以追求速度为主要目的，而是以满足人们的各类出行需求为主要目的，主要利用看似复杂、实际简单、有众多信号灯协调控制的交通组织实现路网分流，车辆、行人、自行车在这一体系中按照规定的速度、秩序运行。由于机动车速度相对较低（控制在30~40km/h为宜），诱发长距离出行的可能性降低，使自行车、步行具有发展空间与使用的更大必要。高密度的路网有助于维持公交运行的路网密度要求，促进公共交通良性发展，有助于公交优先措施的采用。这样，在私人机动化交通出现拥挤之后，公共交通还能支撑城市交通的运行。

我国的城市土地混合程度高、人口密度大，近距离出行比例大。路网表现为密度低、连通性差，难以实现路网分流，制约了公交线网密度的提高，造成沿街面不足。于是出现了远近距离出行、快慢交通方式的混合，道路功能不清、交通管理难度大的局面。

高密度平面分流路网体系在路网成长性、高效性、层次性、适应性、引导性方面的具有优越性。从路网功能结构、等级结构、布局结构、组织结构四个方面对该路网模式的关键参数、组织原则进行了分析，使高密度路网具有相应的技术支撑，并对动态实现的措施与阶段划分提出了建议。

（16）提出了路网规划与路网宏观结构组织的基本原则

宏观交通组织是城市各组成单元内部、组成单元之间实现协调发展的基础条件和基本策略，脱离了宏观交通组织，城市交通的动态发展和分期建设也就难以实现。路网宏观交通组织与路网规划应坚持如下原则：

①长远与全局的战略原则——维持并引导城市布局结构的合理发展；

②效率优先原则——保障公共交通具有良性发展的线路组织，优先发展的必要条件；

③公平与效率兼顾原则——兼顾不同交通方式、不同距离出行者的交通需求；

④利己与利他原则——以效率为出发点，合理组织机动车路网体系，尽量为其他交通方式提供必要的时空资源，保障支路体系的适应性；

⑤共用与尽用原则——利用机动车路网之外的其他可利用空间与道路时空资源，促进近距离慢速交通的合理发展；

⑥系统的相对独立原则——合理的路网应当坚持网络分工，而不是道路分工；

⑦经济性与时效性原则——坚持循序渐进的扩容与升级。

（17）合理路网模式的结构体系简述

①功能结构：系统三分，彼此关联，各负其责

交通系统采用机动车、自行车、公共交通路网分流的模式，三者之间需要相互关联，可以顺利实现三者之间的交通转换（衔接），各自担负应承担的运输任务，由支路体系承担街道功能和慢速交通功能，由支路、干路承担公共交通的运输任务。

②等级结构：低大顶小，层级分明，各成体系

道路等级结构表现为金字塔形，功能划分明确，快主次支应当各成体系，也就是说任何等级的道路都应尽量能够脱离其他等级的道路独立完成运输任务，不能过度强调次级道路为上一级道路集散交通的作用。

③布局结构：内密外疏，内多外少，轴向加强

路网密度表现为中心区密，外围小；道路面积比例表现为中心区大，外围小；发展轴的路网密度、道路面积比例表现为轴的中心大，外围小，轴向道路应快捷地与中心、次中心、交通集散点便利联系，并强化轴向的可达性。

④组织结构：协调共存，扩容升级，动态发展

不同交通方式、不同等级的路网体系应当协调共存；路网应当具有合理扩容、升级的基础条件，应当着重考虑路网发展过程中的功能、等级转换，循序渐进，实现动态发展，促进交通与用地布局的良性互动。

10.2 需要进一步探讨的问题

从微观角度的理性分析来看，有些数据还需要进一步核实。如有可能，需要联立若干种方法，进一步核实确切的路网规划参数取值范围。

从宏观方面来看，决定城市路网结构体系的关键因素是城市用地布局。从城市用地布局，或者从城市的布局结构、发展方向来确定合理的城市路网结构，则需要城市综合交通规划的支持，即宏观方面的量化支持。微观模式与宏观模型分析的结合应当成为城市路网结构体系研究的重要组成部分。现实路网如何向书中构想的路网模式转化还需要深入探讨。本研究像一个结构工程师，他刚刚熟悉建筑材料的基本性能和基本受力计算方法，也学会了简单房屋的受力计算，仅仅提出了基本设想，但还未能把一栋大楼的结构体系完整地构建出来，路网的宏观组织结构研究才刚刚起步。

在横向上，货运体系、停车体系也是城市路网结构体系必不可少的组成部分，本书尚未涉及这两方面的内容。在城市路网规划的设计阶段划分层面，本书仅提出了部分建议，还有待深化。

在微观体系上如何量化和深化路网组织单元，在纵向上如何与综合交通规划衔接，在横向上如何与货运及停车体系衔接，在时间上如何将城市的现状与未来相衔接，在设计上如何合理进行阶段划分、确定设计深度还需要进一步探讨。目前的结论还需要在实践中进一步改进、完善。

附录

附录Ⅰ：Vissim 微观交通仿真在本书路网组织模式中的应用

本部分对城市交通微观组织模式的分析、对比主要采用了流量计算法。为了便于更直观地对这些路网组织模式进行评价，本书运用 Vissim 交通仿真软件建立了各路网组织模式的计算机模型。在此对该软件和该软件在本研究中运用展开讨论，并对仿真结果进行分析，作为对第 7 章研究成果的补充与验证。

1 Vissim 微观交通仿真软件简介

Vissim 交通仿真软件是基于驾驶行为模型的一种微观交通仿真程序，用以模拟和控制城市交通和公共交通情况。这个程序可以在自定义的各种交通条件下（如车道设置、交通组成、交通信号控制、公交站点等）分析交通现状和模拟远景情况，对于研究城市交通和城市规划十分有效。

Vissim 软件包内建了两个不同的程序，通过一个界面交互传递感应控制及信号状态的信息。它可以产生实时的交通动态过程，也可以生成测试统计数据文件。在 Vissim 中，交通模拟器是一个包含了跟车和车道变换逻辑的微观交通流模拟器；信号产生器是一个信号控制软件，它轮流检测从交通模拟器传递过来的不连续的交通信息（最小时间间隔可以达到 1/10 秒）。随后由它来决定下一秒的信号灯状态，并将此信息回馈给交通模拟器。

与一般简单的使用指定车速运行的交通模型相比，Vissim 使用了更为逼真的心理–物理驾驶行为模型——Widemann（1974）。这种模型模拟了当一辆快车跟随慢车的间距小于驾驶者的心理安全距离时，便开始减速，由于驾车者无法知道前车的准确速度，因此减速后的车速小于前车的速度，当车距大于驾驶者的心理距离时又开始加速，依次反复（我国学者周伟、王秉纲采用类似原理分析了高速公路的车流量）。这样整个路网中的车辆单元就能借助此模型极大程度地重现真实路网的交通情况。

2 交通仿真数据分析

笔者在同济大学交通工程学院的交通实验室，采用该软件对本书构建的多种路网模式进行了分析，前后历时两个月。在此期间，对城市交通组织、路网规划又有了更深入的认识。下面对仿真试验展开分析。

（1）基本参数标定

Vissim 有很多内定参数用于调节车辆驾驶行为。为了使模拟分析更接近现实中的理想状况，笔者对以下参数进行了标定：

①**城市道路驾驶行为**

通过合理数值标定，确定路段饱和流量。主要参数有平均静车距离（Average Standstill

Distance)、附加安全距离（Additive Part）、安全距离因子（Multiplic Part of Desired Safety Distance）、可视前车数量（Observed Vehicles）、可视距离大小（Look Ahead Distance），通过合理标定这些数值使饱和通行能力与我国相关规范建议数值接近。

②**转弯半径对通行能力的影响**

转弯半径对通行能力的影响较大。上海市《城市道路平面交叉口规则与设计规程》提出了计算公式。模拟分析中，主要通过对车速、驾驶行为的控制来实现对通行能力的控制。

③**黄灯反映行为**

本书选择时刻关注模式。

④**车流饱和度的改变**

将交叉口进口道的每车道饱和流量控制在1800pcu/h。

（2）不同路网组织模式的模拟分析

①路网组织模式1：断面分流双向路网混合模式

这是我国城市通常采用的路网布局与交通组织模式。仿真对双向4条机动车道，交叉口展宽出左转、右转各一条车道的十字形交叉口进行了模拟。自行车道按路段3车道、交叉口5车道考虑。机动车的左：直：右比例按1:8:1考虑，自行车的转向比例按1.2:6.4:1.2考虑。该交叉口首先在对机动车配时的情况下，再对自行车进行信号配时。对这个交叉口（图1）的处理花费了很大的时间和精力，这也表明了这一路口的交通复杂性。试验数据中大量的交通问题在交

图1 Vissim 对四相位交叉口的模拟

叉口产生，不适于采用短周期信号控制，机动车车流的饱和度与非机动车车流的饱和度存在此消彼长的特点。笔者还将两个四相位交叉口连接在一起（机动车双向4车道，间距600m，不考虑自行车的干扰），通过信号控制实现绿波交通组织，在不改变红绿灯信号周期（80秒）、配时、转向比例的情况下，不断增加车流量，直行车辆的车速变化如表1（运行1小时，取中间的30分钟）：

四相位协调交叉口的交通实验数据　　　表1

给定交通量 （pcu/h）	直行车辆的通过 时间（s）	直行车辆的通过 速度（km/h）	绿波带速度 （km/h）	平均每辆直行车辆的 时间延误（s/pcu）
1200	46.9	46.05	54	6.9
1400	52.9	40.83	54	12.9
1600	56.6	38.16	54	16.6

对于单个纯机动车四相位交叉口，每个进口给定交通量为1600pcu/h，在信号周期80秒的情况下，交叉口通行能力的实验数据为5452pcu/h，与笔者采用上海市交叉口规划设

计条例计算方法得出的饱和通行能力（5400pcu/h）比较接近，说明实验数据比较可信。表1表明，在尚未达到交口饱和的情况下（交叉口饱和度0.88），四相位交叉口还不能实现较好的协同。并且伴随交通量的增加，平均车速降低、延误增加。这一实验数据表明带有左转的多相位交叉口实现交通协调控制的难度较大。

②路网组织模式2：降序双向中心分流模式

该路网模式采用双向6车道、机动车干路间距600m，自行车专用道间距600m，两套路网错位叠加的路网模式（也可采用600~800m）见图2。机动车交叉口采用绕街坊行驶、远引交通两种方式进行交通组织，交叉口红绿灯周期按60秒考虑，采用两相位信号控制。路段上每车道给定流量为800pcu/h，模拟结果表明，这些车辆顺利通过联立的协调控制交叉口，双向6车道交叉口的通行能力可以达到9600pcu/h。该类型交叉口的交通处理难点在于出口道的汇流点和出口远引车道的设置。本书演示中左转、右转比例为10%，如果干路为双向4车道，容许的转向比例可达15%。对于转向比例较高的交叉口，可采用增加远引转向车道、出口道汇流车道的办法提高转向适应能力。该交叉口的基本尺寸与现有的四相位交叉口基本接近，现有干路交叉口大部分可改造为该类型。

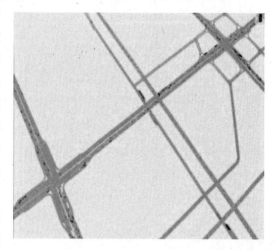

图2 降序分流模式的模拟分析

自行车与公交专用道与机动车干路垂直相交，可采用简单的两相位信号控制。可允许公交车在机动车干路上运行，转向交通设置在公交通行的绿灯时间内。自行车交叉口可采用远引交通模式、环岛模式。整个路网运行情况见演示画面。干路机动车平均车速为33.2km/h（按900pcu/车道测试），交通控制的协调性较好。自行车专用路的试验速度为12km/h。公交站点停靠时间按20秒上下浮动2秒考虑，站距为600m的公交专用道的运送速度为24km/h，站距为300m的线路运送速度为12km/h。如果按大小站间隔设置，这类公交线路的运送速度为18km/h。

③路网组织模式3：降序双向侧面分流模式

该路网模式较适合现有路网的改造。可以考虑将自行车从主干路转移出来，放在靠近主干路的支路上。也可将原有的自行车道用作公交专用道，或者将公交专用道放在如图3所示的位置。但在该路网模式中，自行车专用道的通行能力较低。如果适度增加自行车专用道与交叉口的相交路口的自行车道数量，可以进一步提高自行车专用路的通行能力。

模拟分析路网见图3、图4。主干路间距采用600m，仿真模拟结果表明公交专用路在每站停靠20秒上下浮动2秒的情况下，除干路交叉口外，公交专用路具有交通优先权，运送速度为18.15km/h（自西向东）、19.01km/h（自东向西），测试时间1小时。专用道的

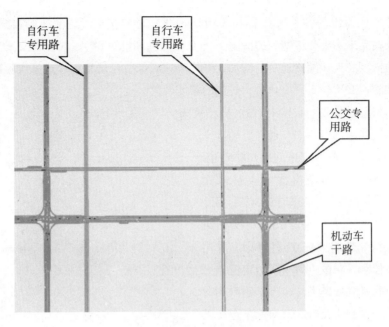

图3 降序双向侧面分流模式

公交运送速度与干路上的车流量无关。如果增加干路交叉口的信号周期长度，即使增加到120秒，公交专用道平均运送速度也维持在18.15km/h。在该模式下，自行车道不能达到路段饱和流量，伴随交叉口信号加长，自行车道的通行能力加大。

④路网组织模式4：断面机非互换双向路网混合模式

前文对该模式的交通组织进行了分析。在此构建了图5、图6两种模式，其交叉口内部的交通组织见图7。

在Vissim中构建了这一模型，交叉口的信号灯周期按80秒考虑。模拟结果表明在路段机动车为双向4车道、自行车为双向6车道的情况下，该交叉口的机动车通行能力为7200pcu/h，自行车为9600辆/h。其中机动车左转比例按14%考虑，自行车左转比例按15%考虑。

图4 降序双向侧面分流模式的组合交叉

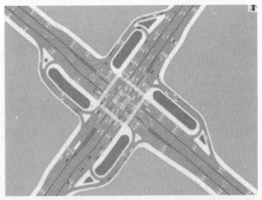

图5 机非互换断面分流——绕街坊行驶

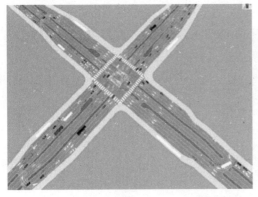 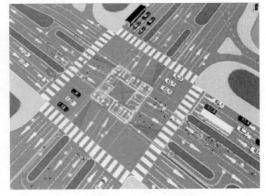

图6　机非互换断面分流——远引交通　　　图7　交叉口内部的交通组织

远引交通改良模式的交叉口模拟，通行能力与绕街坊改良模式基本接近。这类交叉口还具有较强的转向车辆适应能力。但不宜采用更短的周期，比如60秒。远引交叉口与现有的道路断面尺寸基本一致，可用于主干路的改造。

基于模拟结果，可以认为前文对该模式的分析计算是成立的。该模式的信号配时要比模式1简单得多，但构建交叉口的难度很大，主要是由自行车道引起的。

⑤路网组织模式5：单向路网分流模式

路网交通组织见图8。单向路网的间距为400m，红绿灯周期为70秒。公交的停站时间按20秒上下浮动2秒考虑，公交的期望行驶速度按40～45km/h考虑。如有需要可进一步增加公交发车频率或拓宽公交专用道，而且另一方向也具有设置公交专用道的条件。图8可用于城市发展轴，如果设置另一方向的公交专用道则可应用于城市中心区。这种路网将自行车、公交专用道、社会机动车设置在不同的体系内，彼此干扰极小。当红绿灯设置为70秒时，机动车干道已经达到900pcu/h，双向机动车支路则降低了机动车的交通迂回，支

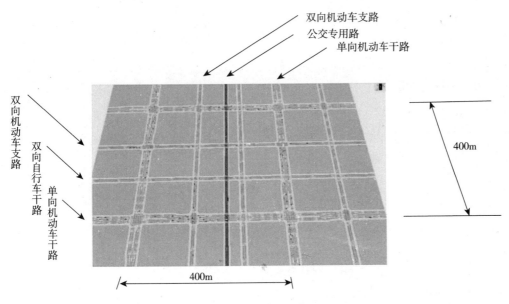

图8　单向路网分流模式

路流量按 300pcu/车道考虑，平均车速为 21km/h 左右。单向机动车专用道的模拟速度为 39.1km/h，机动车干路上公交线路的试验速度为 14.87km/h，而公交专用道上的公交模拟速度略高于 20km/h。双向自行车专用道的平均速度为 11~12km/h。

⑥路网组织模式 7：单双向断面分流模式

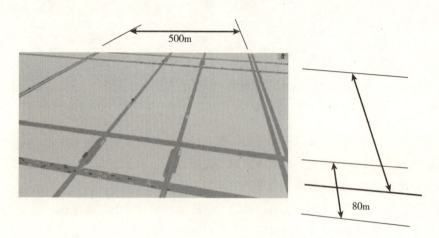

图 9 单双向路网断面分流模式

图 9 为交通仿真的演示。红绿灯周期采用 80 秒，公交发车间隔为 40 秒，运送速度的模拟值为 22.5km/h，停站时间为 20 秒上下浮动 2 秒，理想速度为 40~45km/h。这种路网比较适合交通发展轴。当然也可以在纵向上添加自行车专用道。

另外，该路网模式在干路之间任何位置均可以提供公交线路的通过时空，也就是说与干路平行的公交线路的密度可以很大。可用支路将 400m 的街区划分为 4 块，其中中间的支路作为自行车专用路，两侧作为公交专用线。用地布置模式见图 10。城市发展轴比较适合这种路网与用地组织模式。

⑦路网组织模式 9：单向临近中心分流模式

该路网的布局模式见图 11，配对的机动车干道之间的距离最好在 500~600m 之间。干路之外的支路还可以增加。机动车干路按协调控制进行信号配时，路段上按

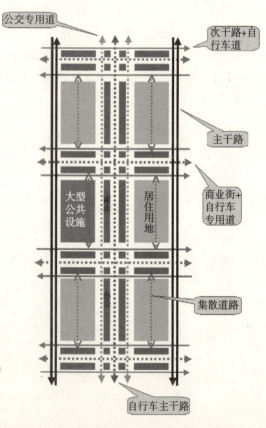

图 10 单双路网断面分流模式建议用地布局模式

照能够使每车道的通行能力达到 900 辆/h 进行配时，相位差根据到主交叉口的距离和理想车速进行控制。对于干路交叉口之外的其他路口均采用公交优先。除干路交叉口外，自行车专用路也采用协调控制。机动车支路允许自行车行驶。

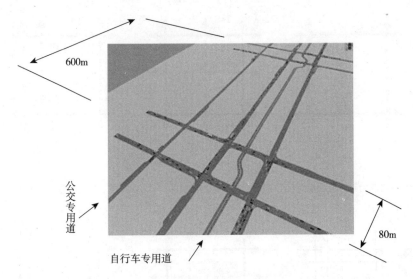

图 11　单向临近中心分流模式

图 12 为该分流模式的演示。每条单向干路采用 3 条机动车道。信号灯周期采用 90 秒。

模拟结果如下：公交专用道发车间隔按 60 秒考虑，停站时间 20 秒、浮动 2 秒，运送速度为 19.96km/h（东到西）、17.76km/h（西到东），自行车平均速度为 11.2km/h（期望速度为 12~15km/h）。公交在单向干路的运送速度与干路上的车流量关系较大，在交叉口流量达到 9600pcu/h 时，公交的运送速度为

图 12　单向临近中心分流模式组合交叉口演示

15.18km/h，此时直行社会车辆的平均速度为 33.9km/h。该类型路网的协同能力较差，将每个进口的流量增加到 2700pcu/h 时，直行社会车辆的平均速度为 24.15km/h。

如果公交专用道的位置不同，运送速度会有所差异，而且站点位置选取非常关键。在接近两条配对干路中间的位置宜将站点设在两条单行道之间。

附录Ⅱ：各路网模式的交叉口信号组织

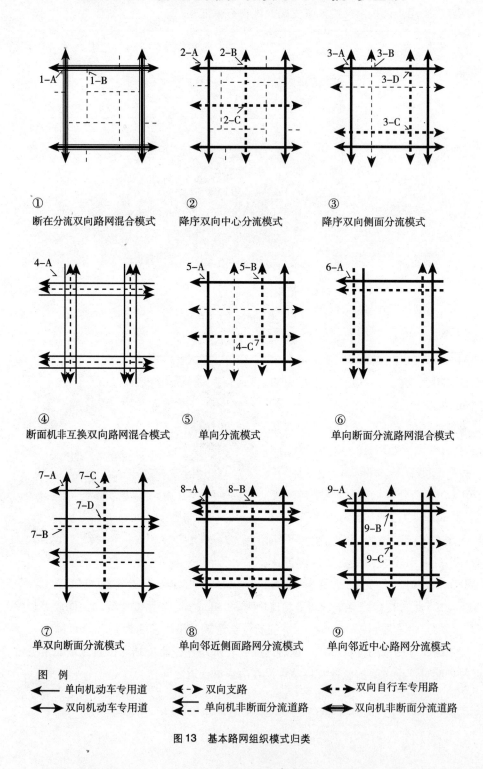

图13 基本路网组织模式归类

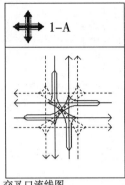
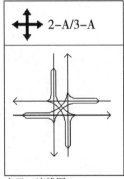
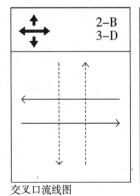

图14 基本路网组织模式的交叉口交通组织分析之一

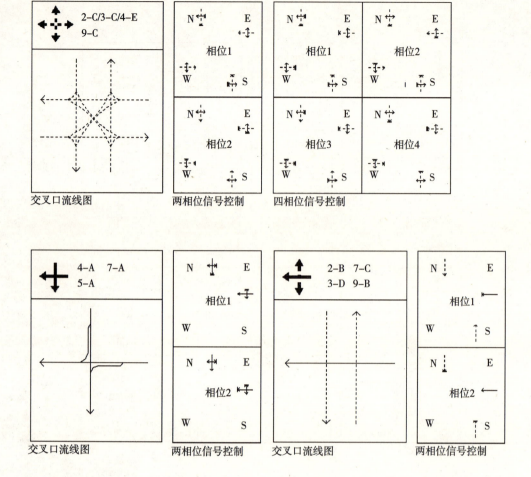
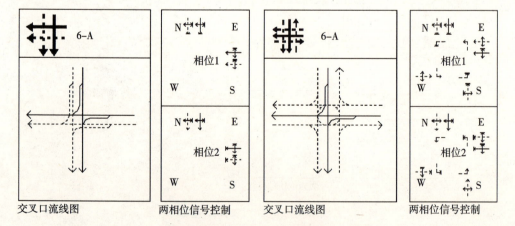

图15 基本路网组织模式的交叉口交通组织分析之二

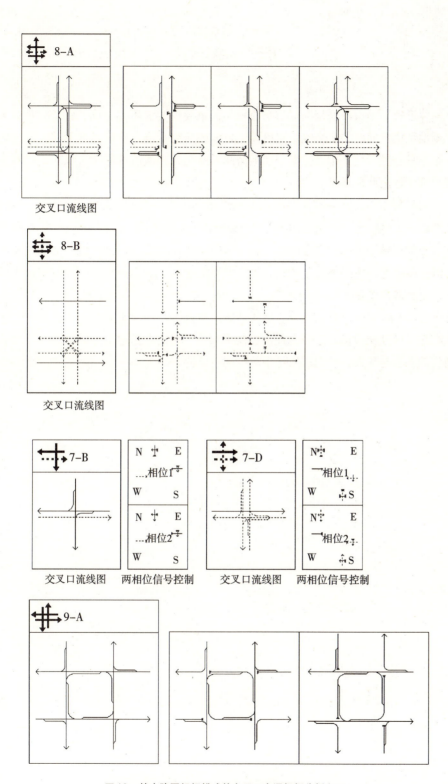

图 16　基本路网组织模式的交叉口交通组织分析之三

后　　记

　　路网体系规划是城市规划与城市交通规划的重要内容。研究至此，有了初步成果，同时更深刻地认识到问题的复杂性、艰巨性。目前的研究深度、广度尚嫌不够，仅接触到冰山的一角，只是进行了基础性探索。期望借此绵薄之力为城市道路交通规划工作和我国城市的规划事业作出些许贡献。

　　在研究与写作期间，得到了导师徐循初先生的点拨，几度山重水复，几度柳暗花明，从研究选题、大纲拟定，到资料收集、提纲调整、文稿审阅，始终凝聚着先生的大量心血。难忘导师指导至深夜的幕幕画面，难忘病榻前的谆谆教导……在此，由衷地感谢导师徐循初教授多年来的悉心指导与关怀，先生宽厚的为人、长者的风范、渊博的知识、严谨的作风，令我终身受益。

　　感谢各位专家对本研究的指导；感谢杨佩昆教授提出的宝贵建议；感谢同济大学交通试验中心在本研究交通仿真过程中提供的技术支持；感谢大连理工大学建筑艺术学院领导及诸同仁的关心与帮助；感谢家人给予的鼓励与支持。

蔡　军

2008 年 1 月于大连